CHINA ECONOMY

제4판

중국경제론

곽복선 · 김동하 · 서창배 · 장정재

박영사

제4판 머리말

  중국을 연구하는 학자들끼리 뜻을 맞추어 한국에서 처음으로 2014년 '중국경제론'을 발간한 이래 벌써 10년 가까운 세월이 흘렀다. 그동안 2판(2015), 3판(2018)을 거쳐 이제 4판을 선보이게 되었다. 지난 10년 동안 중국경제는 전통제조업은 물론 인공지능, 빅데이터, 클라우드컴퓨팅, 신재생에너지, 전기자동차 등으로 집약되는 4차 산업혁명의 물결을 잘 올라타고 괄목할 만한 발전을 이루었다. 그러나 2019년부터 시작된 Covid-19로 인해 경제성장이 둔화되면서 상당한 어려움을 겪었고, 지금도 회복 중에 있다. 2019~2023년 4년간 매월, 분기, 반기 중국정부가 발표한 경제실적자료를 살펴보면 '안정적 회복세'란 말이 주류를 이루었다. 2023년도 중국정부는 일 년 내내 '안정적 회복세'란 메시지를 국내외에 보내고 있는 가운데 '디지털경제'를 실현해 가고 있다.

  그동안 트럼프 대통령 시절부터 시작된 미국과의 지속되는 갈등은 해결되지 않은 상태이며, Covid-19로 인한 공급사슬의 교란 역시 상존하고 있다. 게다가 중국이 안고 있는 광물자원 및 에너지원의 안정적 확보 역시 쉽지 않은 상황이며, 러시아-우크라이나 전쟁, 이스라엘과 하마스의 전쟁 등 불안정한 국제정세는 중국경제의 안정적 성장에 어려움을 안겨주고 있다. 이러한 국내외적 어려움 속에서도 중국정부는 시진핑 집권 3기를 맞이하여 '사회주의 현대화 국가', '사회주의 현대화 강국'이라는 장기목표를 설정하고 국민경제 및 사회발전 5개년 계획을 세워 차근차근 경제발전을 추진해 가고 있다.

  대국을 넘어 강국으로 굴기하고 있는 중국은 우리나라 입장에서 참으로 중요한 시장이자 경쟁자로, 협력과 경쟁을 잘 조율해 가야 하는 힘든 상대이다. 1992년 외교관계 수립 이래 중국과의 경제교류가 빠른 속도로 확대되어, 중국이 우리나라의 최대 교역국 및 투자대상국이 되었지만 사드문제 등 그동안 중국이 한국에 대해 취한 태도는 중국이 전적인 신뢰성을 갖고 접근하기가 쉽지 않은 국가임을 여실히 보여주었다. 본서는 중국경제의 기본골격을 주로 다루는 경제서적이기 때문에 심도 있는 한-중 외교정치관계를 다루지 못하지만, 앞으로 우리나라가 한민족의 운명을 걸고 한-중 관계를 어떻게 끌고 가야 할지를 심각하게 검토하고, 대한민국의 미래 생존과 번영이란 차원에서 국방-외교-경제-문화 등 종합적인 대응이 필요함을 지적하고자 한다. 지금도 일부 학계나 언론은 중국을 과대포장하거나 반대로 과대폄하하여 반중정서나 지나친 친중정서를 조장하는 경향을 벗어나지 못하고 있다. 이러한 보도나 자료들은 흥미롭고 일부 유익한 경우가 있지만 중국경제의 단편적이며 단기적인 모습만을 다루는 경우가 대부분이다.

우리가 중국경제에 대해 손에 넣을 수 있는 신뢰도 높은 자료가 여전히 부족하다는 것이 현실적인 문제임을 감안하여, 본서는 중국경제 이해에 대한 어려움을 조금이나마 해소하고, 중국경제를 연구하거나 배우는 일반인, 연구자, 기업, 대학생을 대상으로 중국경제에 대한 기본적인 이해의 '틀'을 제시하고자 한다. 이러한 목적을 가지고 집필된 본서의 주요 수록내용은 아래와 같다.

중국 경제구조와 발전과정: 간략한 중국경제성장에 대한 기본적인 내용, 전체적인 경제구조, 기업제도 현황과 발전 등(1장, 2장)
중국 지역개발정책과 산업정책 및 주요 산업: 도시화를 포함하는 지역개발정책과 산업정책, 미래산업을 포함한 주요산업 현황 등(3장, 4장)
중국의 외국인투자유치 및 대외경제교류: 중국의 외국인직접투자유치 및 중국의 해외투자, 무역대국인 중국의 대외무역현황, 탈산소 탄소중립 무역장벽 등(5장, 6장)
중국 금융: 중국 금융구조, 시장, 위안화 국제화 등(7장)
중국 소비시장: 소비시장 현황, 내수확대정책, 신유통과 디지털경제 등(8장)
한중 경제교류: 한중무역, 한중FTA, 한국의 대중국투자, 중국의 대한국투자 등(9장)

이번에 출간하는 4판에서도 1, 2, 3판과 마찬가지로 가능한 기업인과 학생들이 이해하기 쉽도록 쉽게 서술하는 것을 원칙으로 하여 집필하였으며, 내용을 요점 위주로 작성하여 책 두께를 대폭 슬림화하였다. 저자들의 최신 자료만을 넣으려는 노력에도 불구하고 부분에 따라서는 오래된 자료도 부득이 포함된 점과 내용상 미비한 부분들이 있다는 점을 미리 밝히고 독자들의 넓은 아량과 지도를 구한다.

본서의 집필은 중국경제 특히 산업, 금융 분야에 대해 지속적인 연구를 하고 있는 김동하 부산외국어대 교수, 중국과의 경제교류와 정책수립 분야 및 WTO, FTA의 전문가인 서창배 부경대 교수, 중국현지에서 중국경제를 다년간 연구했으며 부산시의 주요 정책제안에 참여하고 있는 장정재 부산발전연구원 박사, 중국현장에서 기업지원 경험을 바탕으로 중국경제연구와 후학양성에 힘쓰고 있는 곽복선 경성대 교수가 참가하였다. 끝으로 경제서의 특징과 공동 집필로 인해 불가피하게 발생하는 난삽한 내용을 1·2·3판에 이어 이번 4판에서도 잘 정리해 주시고, 유용하며 깔끔한 책으로 출판해 주신 박영사에 다시 한 번 진심으로 깊은 감사를 드린다.

2024. 1

저자들을 대표하여 황령산 자락에서

곽복선

머리말

중국경제는 새삼 말할 필요도 없이 1978년 개혁개방선언 이래 비약적인 발전을 통해 세계 2위의 경제권이 되었으며, 머지않은 장래에 미국을 넘어서 세계 최대의 경제권이 되리라고 누구도 의심하지 않을 정도의 상황이 되었다. 1992년 외교관계 수립 이래 중국과의 경제교류가 빠른 속도로 확대되어, 중국이 우리나라의 최대 교역국, 최대 투자대상국이 되면서 우리 경제에 중국이 가장 중요한 변수의 하나로 등장한 지도 상당한 시간이 흘러가고 있다. 이에 따라 우리나라의 중국경제에 대한 이해와 대응은 중국경제연구자는 물론 기업, 정부에게 더욱 중차대한 일이 되고 있다.

지금도 중국경제와 관련된 정부의 각종 발표자료, 국내외 언론에 떠다니는 자료, 수많은 연구자들의 중국경제 분석자료, 중국거래기업들의 경험을 반영한 자료 등등 이루 헤아릴 수 없이 많은 자료가 공개되고 표면에 떠올랐다가 세월의 먼지를 뒤집어쓰고 사라져가고 있다. 이러한 자료들은 그 자체로 흥미롭고 유익한 경우가 대부분이지만 중국경제의 단편적이며 단기적인 모습만을 다루는 경우가 대부분이다. 우리나라에서 발표되고 있는 중국경제관련 자료들은 그때그때 부각되는 이슈를 쫓아 중국의 모습을 바라보고 분석하고 대책을 내놓는 방식의 자료들이 많은 편이며, 또는 거시정책이나 지역개발 등 일부분의 문제만을 다루거나, 가십성의 이야기, 흥미 위주의 이야기들을 다루는 경우도 많은 편이다.

마치 빙산의 물 위로 드러난 부문만 다루고 있는 듯한 모습이다. 빙산은 1/9가량만 물위에 떠있고 나머지는 물속에 있다고 한다. 우리가 중국경제에 대해 손에 넣을 수 있는 자료는 빙산의 표면과 같이 극히 일부이며, 그것도 신빙성 있는 자료가 많지 않다는 현실을 감안하면 이러한 현상들은 이해가 되는 부분이다. 실제로 중국경제의 속내, 본 모습은 어떠한지 전체적인 모습을 알기가 어렵다는 것이 저자들을 비롯한 중국경제를 다루고 있는 모든 사람들이 안고 있는 난제 중의 난제라고 아니 할 수 없다. 중국경제는 마치 중국 송대의 시인 소동파의 유명한 시구처럼 천변만화의 모습(橫看成岭側成峰, 远近高低各不同)을 보이고 있으며, 어느 한 가지만을 붙든다면 참 모습을 알기 어려운(不识庐山真面目, 只缘身在此山中) 상황이다.

본서는 이러한 중국경제 이해에 대한 어려움을 조금이나마 해소하고, 중국경제를 연구하거나 배우는 연구자, 기업, 대학생 나아가 일반인을 대상으로 중국경제의 전체적인 구조(중국경제를 파악하고 이해할 수 있는 사고의 '틀')를 제시하고자 하는 목적에서 집필되었다. 특히, 본서는 개혁개방 이후 특히 2000년대 이후에서 지금까지의 중국, 즉 현대의 중국경제에 초점을 맞추어 경제 각 분야를 다룸으로써, 중국진출과 시장 확대에 애쓰고 있는 기업인과 중국경제의 현재를 이해하고 싶어 하는 대학생들에게 실질적인 도움을 주어야 한다는 관점에서 집필하였다.

본서의 내용구성은 중국경제 전체를 아우르며 전체적인 구조에 대한 시각을 제시한다는 기본 집필 목적에 맞추어 중국경제의 주요 분야를 종합적으로 다루려고 노력하였으며 주요 내용은 다음과 같다.

중국경제구조: 중국경제에 대한 기본적인 이해와 전체적인 구조를 제시하기 위해 중국경제구조의 현황(기본적인 프레임)과 양적 성장에서 질적 성장으로 전환하고 있는 중국경제구조의 변화추세를 다루었다.

중국경제발전과정: 현대 중국경제는 1978년 덩샤오핑의 개혁개방 선언 이후의 일로 보아야 한다. 개혁개방 이후 중국경제가 걸어온 길을 제도의 변화적 관점에서 서술하였다.

중국경제정책: 사회주의시장경제를 지향하는 중국의 경제정책의 기본인 재정정책과 금융정책의 특징은 물론, 중국경제정책의 특징이라 할 수 있는 도시화를 포함하는 지역개발정책과 산업구조개선과 신흥산업발전을 축으로 하는 산업정책의 주요한 내용을 제시하였다.

중국대외경제교류: 무역부분에서는 세계 1, 2위를 다투는 무역대국으로 부상한 중국의 대외무역현황과 특징, 한-중 무역현황을 다루었으며, 투자분야에서는 중국의 투자유치는 물론 최근 확대되고 있는 대외투자(저우추취)의 현황을 분석하였다.

중국의 주요 산업 및 SOC: 자동차, 철강, 화학, 물류, 환경·에너지산업 등 중국의 주요 산업분야를 대부분 포함하여 중국의 산업구조를 보다 명료하게 이해할 수 있도록 하였다. 또한 산업구조와 밀접한 관계를 가지고 있는 중국의 사회간접자본(SOC)의 현황을 물류적 관점에서 다루었다.

중국의 시장: 세계의 시장으로 변화되면서 블루오션이 되고 있는 소비시장과 개방 폭을 더욱 넓혀가고 있는 금융산업을 중점으로 다루었다.

중국의 대외경제협력: 세계경제의 체제로 본격 편입된 WTO가입과 영향, 지역경제협력 및 FTA 등 경제협력 분야를 객관적 입장에서 분석 정리하였다.

본서의 특징 중 하나라면 내용의 포괄성과 구체성을 동시에 다루기 위해 중국경제 현장에서 연구와 기업지원 활동 경험이 있는 집필자들이 그동안 연구했던 자료들은 물론 새로운 연구내용을 추가하여 공동집필한 점이다. 또한 각자의 중점연구 분야를 중심으로 전문가적인 견해를 제시하면서도 독자가 이해하기 쉽도록 가능한 쉽게 저술하였다는 점을 들 수 있다.

본서의 집필진으로는 중국경제 특히 산업, 금융 분야에 대한 오랜 기간 연구를 하였으며 중국현장 경험이 풍부한 김동하 교수(부산외대), 중국과의 경제교류와 정책수립 분야에서 경험을 쌓고 지금도 경제협력분야에서 연구를 진행하고 있는 서창배 교수(부경대), 중국현지에서 물류분야를 집중적으로 연구했으며 심도 있고 현실적인 정책 제안을 제시해 온 김형근 교수(신라대), 중국현지에서 중국경제를 연구했으며, 현재는 부산과 중국과의 경제협력분야 연구와 정책수립지원에 정열을 쏟고 있는 장정재 연구위원(부산발전연구원)을 들 수 있다. 본인은 KOTRA에서의 이십여 년의 풍부하고 다양한 중국현장 기업지원 경험을 바탕으로 부산에 위치한 경성대에서 중국경제 연구와 후학양성에 힘쓰고 있다.

본서는 기업인과 학생들이 이해하기 쉽도록 서술하는 것을 원칙으로 집필하였다. 그러나 중국을 다루는 경제서라는 특징상 생경한 단어도 포함되었으며, 저자들의 노력에도 불구하고 연구가 미진한 부분들은 통찰을 위한 컨텐츠가 부족함을 미리 밝히고 독자들의 양해를 구하고자 한다. 집필진들의 최선에도 불구하고 참고문헌 누락과 내용상 오류 등은 전적으로 저자들의 책임이며, 독자들의 따끔한 지적들은 개정판 발간시 반영할 것임을 약속드린다. 끝으로 본서의 기획 단계부터 지원을 아끼지 않은 최준규 박영사 부산지사장에게 고마움을 전한다. 또한 경제서의 특징과 공동집필로 인해 불가피하게 발생하는 번거로움을 마다하지 않고 완벽한 한 권의 책으로 만들어 주신 박영사와 편집진들에게 진심으로 감사를 드린다.

2014년 2월
저자를 대표하여
부산 대연동에서 곽복선

일러두기

1. 본고에서 사용한 우리말 중국어 표기법은 첫째 '국립국어원'에서 정한 '중국어표기법'을 적용하였으며, 둘째 1992년 한중 수교이후 한국 내 주요 언론에서 사용한 표기법을 준용하였고, 셋째 적당한 용례(用例)가 없는 경우에는 각 공저자들이 독자가 읽기에 편할 것이라고 판단되는 표기법을 채용하였다. 따라서 중국어 발음 혹 우리 한자음으로 통일되지 않고, 공저자들의 기준에 따라 혼용·표기되었다. 그 예로 중국 정치지도자 '鄧小平'은 국립국어원 중국어표기법에 따라 '덩샤오핑'으로, 무역을 관장하는 중앙부처인 '商務部'는 중국어표기법에 따른 '상우부'가 아닌 한자음 '상무부'로 표기하였다.

2. 현재 중국에서는 간체자(한자의 획수를 줄인 자)를 사용하고, 한국·대만·홍콩·마카오는 번체자(획수를 줄이지 않은 자)를 쓰고 있으며, 일본은 약자(중국과 다른 방식으로 획수를 줄인 자)를 사용하고 있다. 본고에서는 일괄적으로 간체자로 통일하지 않고, 공저자가 자율적으로 간체자와 번체자를 혼용하도록 하였다.

3. 우리나라의 어문 정책을 연구·수행하고자 설립된 문화체육관광부 국립국어원(www.korean.go.kr)에서 정한 '외래어표기법' 중 '중국어표기법'은 독자들의 이해를 돕기 위해서 본고 말미에 실었다.

4. 독자의 이해를 더하고자 본고 말미에 '중국어 지명 발음 표기 대조표'를 실었다.

5. 한중간 수출입 혹은 동일한 사안을 두고 한국과 중국측 통계가 상이하게 공표되는 것이 현실이다. 이에 본고에서는 공저자별로 각기 활용·인용한 통계수치를 강제로 일치화시키지 않고, 공저자들이 참고한 원문의 통계를 원용하였다. 즉 중국측 자료를 본고 작성에 참조하였을 경우 중국 상무부 무역통계를, 그 반대의 경우에는 한국무역협회 무역통계가 쓰였다. 따라서 같은 사안, 같은 시기임에도 불구하고 한·중 양국의 통계기준(예를 들면 홍콩경유 재수출입 계산방식의 차이)에 따라 통계수치가 다른 경우가 있음을 밝힌다.

6. 본고는 4명의 공저자가 책임을 지고 공동집필한 결과물이다. 포괄하는 범위가 방대하여 여러 차례의 교열과 교정에도 불구하고, 혹시라도 참고문헌 표기가 누락된 경우가 있으면, 전적으로 공저자 책임임을 밝힌다.

제 **1** 장

중국경제구조 개황

제1장 중국경제구조 개황

제1절 개요

　세계 1/6의 인구를 가진 거대 국가인 중국은 1978년 개혁개방 선언 이래 비약적인 경제발전을 거듭하여 미국에 이어 세계 2위의 경제규모로 G2로 부상한 것은 물론 2030년경이 되면 미국을 앞지를 것으로 예측되는 경제규모를 가지고 있다. 중국은 사회주의+시장경제라는 자신들의 경제성장 모델을 발전도상국들에 전파할 정도로 영향력이 막강한 나라가 되었다.[1] 또한 미국과 양대 세력을 형성 실질적으로 세계경제를 이끌고 가는 역할을 하고 있으며, 세계의 공장역할을 넘어 세계의 시장으로 변모되었다.

　중국은 코로나19에도 불구하고 정부의 투자확대와 대외무역의 호조로 경제규모(GDP)가 2020년 100조 위안 시대에 진입한 이래 3년 연속 100조 규모를 넘어서며 2022년 121조 207억 위안(17조 9,924억 달러)을 기록, 2010년부터 유지하고 있는 세계 2위의 자리를 확고하게 유지하였다. 중국은 이제 양적 발전에서 질적 발전으로 방향을 바꾸면서 대국을 넘어 '강국'의 꿈을 펼치고 있다. 2035년까지 선진국 경제에 진입한다는 큰 그림을 그리면서, 제조강국·품질강국·우주항공강국·교통강국·인터넷강국·디지털중국·농업강국·교육강국·과학기술강국·인재강국 등 각 분야에서 '강국전략'을 수립하고 이를 착실히 추진해 가고 있다.

1. 경제약사

　1949년 10월 1일 중화인민공화국(이하 '중국')이 성립된 이후 중국경제의 역사는 크게 '개혁개방'을 기점으로 두 시기로 나누어진다.

---

[1] 세계경제에서 중국경제규모 순위는 1978년 10위, 1980년 11위, 1990년 11위, 1995년 8위, 2000년 6위, 2005년 4위, 2007년 4위, 2008년 3위, 2009년 3위를 기록하였으며, 2010년부터 일본을 제치고 2위가 되었다.

1) 건국에서 개혁개방까지 시기(1949~1978)

중국은 국가성립 후 1) 토지소유개혁을 통해 농민에게 토지를 분배하고, 2) 외국기업을 국유화하는 조치를 취하였으며, 3) 개인기업, 민간기업 육성 등 정책을 통해 건국이전 일본과의 전쟁 및 내전으로 인해 피폐해졌던 경제를 일정부분 회생시키는 상황을 보였다. 마오쩌둥(毛澤東)은 1953년부터 5년 단위의 경제 및 사회발전계획을 시행하면서 1) 중국 사회주의 체제 심화와 2) 중공업 육성을 통한 경제발전과 자주국방을 추진하기 시작하였다. 그러나 초기 일정부분 허용했던 사유제를 통한 경제성장정책에 따라 빈부격차가 생겨나자, 이를 해소한다는 방침 아래 1) 사기업의 국유화 조치를 취했으며, 2) 농민에게 분배하였던 토지를 거두어들여 농토의 집체화(사유화 부정 集體土地)를 실행하였다. 이러한 집체화된 경제를 운영하기 위하여 200~300호 농가를 단위로 공동생산을 하는 합작사(合作社)를 설립하였으며, 나아가 합작사의 합병을 통해 2~3천호 농가로 구성된 대규모 경제활동(생산) 공동체인 인민공사(人民公社)를 조직하여 농업생산 공동화를 추진하였다.

1945년 이후 미국을 중심으로 한 민주자본주의 국가들과 소련을 맹주로 한 공산사회주의 국가들이 대립하며 시작된 냉전의 분위기가 50년대 한국전쟁을 기점으로 더욱 심화되면서 중국에 대한 서구국가들의 자금원이 끊어졌고, 이에 따라 중국은 마오쩌둥과 스탈린 간에 갈등적 관계가 있기는 하였지만 전적으로 소련의 대외원조에 의지하여 경제를 이끌어 가게 되었다. 지금도 중국의 상하이, 청두(成都) 같은 지역들에 당시 구 소련이 지어준 전시장 등 건물들이 남아 있어 이러한 당시의 의존관계를 보여주고 있다.

▶ 대약진운동(1958~1961)

중국은 당시 농업국가이며 농민이 절대 다수인데도 불구하고, 미국의 공격에 대한 우려와 나아가 악화되어가던 소련의 공격 가능성을 염두에 두고 국방력강화에 힘을 기울이면서 중공업육성에 매진하였다. 결국, 농촌경제를 희생하는 대가로 도시지역 공장들을 돌리게 되는 결과를 가져오게 되었다. 설상가상으로 마오쩌둥이 추진했던 도시와 농촌을 다같이 평등하게 발전시키려던 대약진운동

(1958~1961)이 오히려 농촌지역에 몰아닥친 대기근을 더욱 심화시키고 극심한 궁핍화를 가져오면서 경제 전체가 붕괴되는 사회적인 대혼란을 가져왔다. 현실 경제를 잘 이해하지 못했던 마오쩌둥이 자신의 절대적 권위를 바탕으로 중국의 실제와는 괴리된, 이념에만 충실한 경제사회정책을 강력히 추진하였고, 피라미드화된 하부 조직들이 현실에 대한 정확한 판단과 피드백 없이 상명하달의 방식으로 일사천리로 정책이 진행된 결과였다.

▶신경제정책(1961~1965)

경제정책의 실패로 마오쩌둥의 권력기반이 다소 약해지고 당시 공산당 내에서 일정 권력을 쥐고 있던 리우샤오치(劉少奇), 덩샤오핑(鄧小平) 등이 파탄 난 중국 경제를 살리기 위해 1) 도시로 몰려왔던 농민들을 농촌으로 돌려보내고(귀농조치) 도시와 농촌의 호적(戶口, 戶籍)을 관리하는 제도를 실시하여 도시와 농촌사회를 안정화시키는 조치를 취하였고, 2) 공산당 조직과 전문 경제관료를 중심으로 민간에게 일정부분 경제 운영권을 부여하는 방식으로 자본주의적 요소를 가미한 이른바 신경제정책을 실시하면서 경제가 일부 살아나기 시작하였다. 그러나 이 시기부터 공산당의 혁명이념에 철저한 세력(이른바 홍(紅))과 전문 경제관료(이른바 전(專))의 싸움이 시작되었다.

▶문화대혁명(1966~1976): 중국경제와 문화의 후퇴

신경제정책 실시로 경제가 일부 회생되는 모습을 보였지만 동시에 1) 관료들의 권력확대와 국민들간의 빈부격차가 벌어지면서 사회적인 불만이 커지기 시작하였으며, 2) 마오쩌둥을 비롯한 공산당 보수파들이 정치권력의 위기를 느끼게 되었다. 이에 따라 마오쩌둥은 장칭을 비롯한 4인방을[2] 앞세워 해서파관(海瑞罷官)[3] 논쟁을 불러일으키면서, 당시의 개혁파를 자본주의를 쫓는 반혁명세력이

---

2) 4인방은 문화대혁명시기 마오쩌둥의 후광을 업고 정치를 주도해 나갔던 세력으로 마오의 처였던 정치국원 장칭(江青), 야오원위안(姚文元), 부주석 왕홍원(王洪文), 부총리 장춘차오(張春橋)를 일컬으며 마오 사후 권력에서 밀려났다.

3) 명시대 청렴한 관료였으며 황제에게도 바른 소리를 했던 하이루이(海瑞)를 주인공으로 1960년 당시 북경시 부시장이었으며 명(明)역사가였던 우한이 현실을 명시대와 빗대어 쓴 역사극으로 사인방이 문화대혁명을 시작하는 데 역으로 이용하였다.

란 뜻의 '주자파(走資派)'로 몰아 '평등사회'를 이루겠다는 구호아래 10대가 주축이 된 홍위병을 동원, 문화대혁명을 일으켜 권력을 재장악하였다. 문화대혁명은 1966~1968년 3년간이 가장 치열하게 전개되고 나중에는 마오쩌둥에게 절대 충성하던 인민해방군을 통해 홍위병이 제압되고 사회통치가 이루어졌으나 1976년 마오쩌둥이 죽을 때까지 그러한 상황이 지속되었다. 이러한 문화대혁명은 수백만 명의 사람들이 희생되는 참혹한 결과를 가져왔으며, 경제가 피폐되고 수천년 내려오던 중국전통문화가 해체되는 결과를 가져오면서 중국을 깊은 구렁텅이로 몰아넣었다. 이 결과 인구대국인 중국의 GDP는 1975년 미국의 10% 수준에 불과하게 되었고, 일본에게도 자리를 내주게 되었다.

2) 개혁개방이후(1979~현재)

마오쩌둥에 충실했던 저우언라이(周恩來) 총리의 사망(1976.1), 27만 명의 사상자를 낸 당산(唐山) 대지진(1976.7), 마오쩌둥의 사망(1976.9), 장칭을 비롯한 사인방의 몰락을 거치면서 개혁파인 덩샤오핑이 정권의 전면에 등장하였고, 1978년 12월 공산당 대회를 통해 역사적인 개혁개방을 선언하였다. 중국경제의 총설계사인 덩샤오핑은 '검은 고양이든 흰 고양이든 쥐를 잡는 것이 훌륭한 고양이다'라는 이른바 흑묘백묘(黑猫白猫)론과 일정 지역의 경제성장을 통해 다른 지역의 경제성장을 촉발시켜 전체를 잘 살게 하겠다는 불균형 성장론인 선부론을 통해 개혁개방의 방향을 정하고 적극적인 대외개방을 추진하였다. 우선 1980년에 심천(深圳), 산두(汕頭), 하문(廈門), 주해(珠海) 경제특구를 설치하고 대련(大連), 영파(寧波), 청도(靑島) 등 13개 연해도시를 개방하는 조치를 취하고 외국인투자에 대해 우대정책을 펴면서 중국경제는 오랜 침체에서 벗어나 빠른 속도로 성장하기 시작하였다.

그러나 개혁개방전 신경제정책 시기에 나타났던 것과 같이 선부론(불균형발전론)으로 빠른 속도의 경제발전을 이루어내기 시작하였으나, 빈부격차 역시 빠른 속도로 커지고 부정부패가 심해지자 공산당의 개혁개방 반대파들이 공격을 가하기 시작하였다. 이러한 상황 속에서 공산당 내 부정부패척결을 강력히 주장하였으며, 일정 부분 민주적 시각을 가졌던 후야오방 총서기의 실각과 사망(1989.4)으로 야기된 학생들의 민주화 운동은 철저한 공산주의자이자 군권을 장악하고 있던 덩샤오핑에 의해 진압되고(천안문사태 1989.6.4), 개혁라인이었던 자오쯔양 총리도 실각하면서 개혁개방은 주춤할 수밖에 없었다. 이에 따라 서방국가들의 중국에 대한 경제제재 움직임이 가시화되고 외국기업들의 중국투자가 급격히 줄면서 중국의 개혁개방의 앞날이 불투명해졌다.

▶ 남순강화(南巡講話)

1992년 1월 실권자인 덩샤오핑이 우한(武漢), 선전, 상하이를 돌면서 '발전은 결코 변할 수 없는 진리(發展才是硬道理)'라고 확고한 개혁방침을 천명한 남순강화를 함으로써, 중국은 확고한 개혁개방의 물결을 타게 되었으며, 천안문사태 이전보다 더욱 빠른 속도로 개혁개방을 하게 되었고 급속한 경제발전을 이룩하기 시작하였다.

▶ 세계무역기구(WTO) 가입과 균부정책[4]

중국이 점차 국내적으로 시장 경제적 요소가 강해지고, 세계적으로 경제교류 규모가 급속히 확대되면서 세계경제질서에 편입되어야 할 필요성이 높아지게 되었다. 가입협상에 있어 국제정치적 균형과 경제적 이유로 우여곡절을 겪기는 하였지만 마침내 2001년 세계무역기구(WTO)에 가입함으로써 중국은 정상적인 세계경제무역질서 안으로 들어오게 되었다.

한편, 개혁개방에 따라 경제가 앞서 있으며 대외접촉이 유리한 위치에 있어 정책적으로 먼저 개방되었던 동남부 연해지역과 도시지역들이 급속한 경제발전을 이루었으나 중서부 내륙지역과 농촌지역은 경제발전이 뒤처지게 되었다. 이로 인해 동남부연해 지역과 중서부지역, 도시와 농촌, 동일 지역 내 계층 간 빈부격차가 확대되어 심각한 사회문제가 되었으며, 공산당 정권으로서도 더 이상 방치할 수 없는 상황이 되었다.

이에 따라 중국의 4세대 지도자인 후진타오가 집권(2003)하면서 성장일변도의 정책에서 다같이 고루 잘사는 방향을 추구하는 조화로운 사회(和諧社會)를 모

---

4) 중국의 서부쪽 육상실크로드(新丝绸之路经济带)와 해상실크로드(21世纪海上丝绸之路) 추진전략으로 2013. 9월 시진핑주석이 제시.

토로 한 균부정책으로 방향을 전환하였다. 이에 따라 농민과 노동자들을 위한 정책, 지역불균형해소 정책 등을 내놓고 이를 추진해 가고 있으나, 빈부격차는 쉽사리 줄어들고 있지 않다. 제5세대 지도자인 시진핑이 2012년 11월 집권하면서 균부사회를 지향한 기본적인 정책방향을 견지하고 있으며, 중국이 대국임을 전 세계에 표방하면서 중화민족의 위대한 부흥이라는 중국의 꿈(中華民族偉大復興的中國夢)이라는 부국부민정책을 추진하고 있다.[5]

　2019년부터 격화된 미국과 중국의 무역전쟁은 전 세계 경제의 헤게모니를 놓고 벌이는 양국 간의 힘겨루기로 볼 수 있다. 이러한 무역전쟁은 글로벌 경제의 프레임이 바뀌고 있는 상황에서 미-중이 벌이고 있는 경제전쟁이자 1990년대 냉전종식 이후 새로이 벌어지는 신냉전시대의 진입을 알리는 신호탄이라고 할 수 있다. 한편, 2019년 하반기부터 발생하여 3년 이상 지속된 팬데믹(코로나19)에 따른 글로벌 공급망의 약화, AI와 로봇을 중심으로 벌어지고 있는 4차 산업의 주도권장악 경쟁, 에너지와 자원확보를 위한 국제경쟁, 기후변화 대응을 중심으로 한 경제구조 변화, 러시아-우크라이나 전쟁으로 인한 서방과의 마찰 등이 중국이 해결해 가야할 문제로 떠올랐다.

---

5)　중국의 꿈(China Dream)은 중국자체가 강대국이 되는 것이 꿈이지만, 우리가 흔히 이야기 하는 미국의 꿈(American Dream)은 외국인들이 미국에 가서 나도 성공할 수 있다는 꿈 또는 미국 내 일반 사람도 성공할 수 있다는 꿈을 지칭하고 있다는 차이가 있다.

표 1-1 중국정치 · 경제 약사

1949.10.1	중화인민공화국 건국
1958~1960	대약진운동
1961~1965	신경제정책
1966~1976	문화대혁명
1976.1	저우언라이(周恩來) 사망
1976.7	탕산(唐山)대지진 발생(공식통계 27만 명 사망)
1976.9	마오쩌둥(毛澤東) 사망
1978.12	덩샤오핑 개혁개방 / 선부론(先富論) 주창
1980	4대 경제특구(선전, 주하이, 샤먼, 산터우) 및 연해개방도시 지정
	* 1988년 하이난 경제특구 추가
1989.6	천안문사건(후야오방 4월 사망, 추도모임) (소득격차, 부패, 물가, 실업)
1992.1	남순강화(南巡講話)
	* 덩샤오핑(鄧小平, 등소평)이 1992년 1월 18일부터 2월 22일까지 우한(武漢), 선전(深圳), 주하이(珠海), 상하이(上海) 등을 시찰하고 개혁개방 노선을 지속할 것임을 발표
1997.7.1	홍콩반환(아편전쟁 이후 영국이 지배했던 홍콩지역의 중국 귀속)
1999.12.20	마카오반환(명말부터 포르투갈 지배, 442년간)
2001.11	세계무역기구(WTO)가입
2008.8	베이징 올림픽
2010.5	상하이 엑스포
2012.3	시진핑의 중국의 꿈(中華民族偉大復興的中國夢) 선언
2013.9	신실크로드(一帶一路)건설 표명
2014.3	뉴노말(신창타이 新常態)경제 진입
2015	아시아인프라개발은행(AIIB)설립
2015.6.1	한중FTA 정식서명
2017.11	19기 공산당전당대회를 통해 시진핑 체제 2기 5년 시작
2018.3	시진핑의 신시대중국특색사회주의사상 헌법 전문에 포함
2019.11	미국의 대중국 고관세부과와 중국의 대응으로 미중무역전쟁 시작됨
2022.10	20기 공산당전당대회를 통해 시진핑 체제 3기 5년 시작

제2절 경제 성장

1. 경제성장

중국경제는 1978년 12월 개혁개방을 선포하고 1979년부터 개혁개방정책을 실시한 이래 30여 년간 질주해오면서 2010년 일본을 넘어서 세계 제2의 경제대국(속칭 G2)이 되었다. 특히 중국은 '발전이야말로 변할 수 없는 진리(發展才是硬道理)'라고 개혁개방의 지속을 대외에 천명하였던 덩샤오핑의 1992년 남순강화(南巡講話)를 통해 1989년 천안문사태로 인해 불거졌던 노선논쟁을 끝내고 실사구시(實事求是)의 경제정책을 추진하면서 대단한 경제성과를 거두었다.

중국의 경제성장속도는 경이적인 속도를 보였다. 표 1–2를 보면 바로 알 수 있듯이 중국의 경제는 1979년부터 2012년까지 30년 이상을 연평균 9.8%라는 전 세계 유래가 없는 높은 경제성장을 보이면서 경제규모가 빠른 속도로 증가하였다. 특히 중국경제는 1998년 처음으로 1조 달러를 넘어선 이래 14년 만에 경제규모가 10배로 확대되었다. 미국과의 경제격차가 급격히 줄어들고 있으나 2022년의 경우는 코로나19영향으로 격차가 다소 벌어졌다.[6]

---

6) 미국의 2022년 명목GDP 추정액은 26조 1450억 달러임(https://www.bea.gov/news/2023/gross-domestic-product-fourth-quarter-and-year-2022-second-estimate).

년도	미국 (10억 달러)	중국 (10억 달러)	미국/중국
2001	10,622	1,325	8.04
2021	22,994	17,727	1.30
2022	26,145	17,993	1.45

[그림 1-1] 중국의 GDP 규모증가

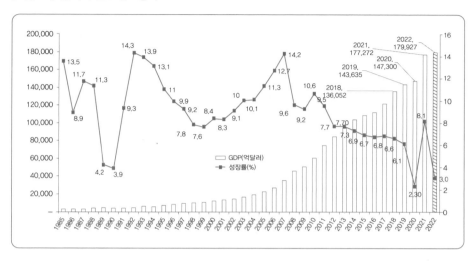

표 1-2　중국의 명목GDP 규모

연도	명목GDP (억 위안)	환율 (위안/달러)	명목GDP (억 달러)	성장률 (%)
1998	84,402	8.2791	10,195	7.8
1999	89,677	8.2783	10,833	7.6
2000	99,215	8.2784	11,985	8.4
2001	109,655	8.2770	13,248	8.3
2002	120,333	8.2770	14,538	9.1
2003	135,823	8.2770	16,410	10.0
2004	159,878	8.2768	19,316	10.1
2005	184,937	8.1917	22,576	11.3
2006	216,314	7.9718	27,135	12.7
2007	265,810	7.6040	34,957	14.2
2008	314,045	6.9451	45,218	9.6
2009	340,903	6.8310	49,905	9.2
2010	401,513	6.7695	59,312	10.4
2011	473,104	6.4588	73,250	9.3
2012	519,322	6.3125	82,269	7.7
2013	568,845	6.1932	91,638	7.7

2014	636,463	6.1428	103,611	7.4
2015	676,708	6.2284	108,649	6.9
2016	744,127	6.6423	112,029	6.7
2017	820,754	6.7518	121,561	6.8
2018	900,309	6.6174	136,052	6.6
2019	990,865	6.8985	143,635	6.1
2020	1,015,986	6.8974	147,300	2.3
2021	1,143,670	6.4515	177,272	8.1
2022	1,210,207	6.7261	179,927	3.0

자료: 「中國統計摘要(2017)」, 각 년도 중국통계공보(통계국)를 활용하여 저자 작성.

표 1-3 중국의 주요 경제실적

항목	실적
경제규모	세계 2위. 2022년 121조 207억 위안(약 17조 9,927억 달러)
교역규모	세계 1위. 2022년 6조 3,096억 달러. 수출 세계 1위. 수입 세계 2위
외환보유고	세계 1위. 2022년 말 31,276억 달러 (2014년 38,430억 달러)
외국인 투자유치	2016년 누계 1.76조 달러, 2010년부터 매년 1,000억 달러 이상 유입 외자기업(중국정부 등록기준)은 2012년말 440,600여 개 활동 포춘선정 500대기업 중 480여 개 기업이 중국에 투자
제조업 생산량	전 세계 2위. 2011년 전 세계생산량의 18.6% 점유, 1위 국가인 미국에 비해 1.3%p 낮음
자동차생산	세계 1위. 2016년 2,812만대(승용차 1,211만대, 신에너지차 45.9만대)

자료: 중국정부(통계국, 외환관리국, 해관총서, 상무부 등) 발표 각종 자료 종합.

2. 지역 경제

1) 동남부(연해) – 중부 – 서부 – 동북

중국경제의 빠른 성장은 특히 동남부 연해지역의 발전을 통해 이루어졌기 때문에 동부와 중서부지역간의 경제적 격차가 심한 상황이다. 2020년 현재 동남부와 중서부, 동북지역의 경제 격차는 여전하며 동남부에 경제력이 집중된 현상을 보여주고 있다.

GRDP: 동남부지역이 중국 전체에서 차지하는 비중이 감소 추세에서 2020년 상승세로 반전되었으며, 동북삼성을 제외한 중서부 지역의 비중 역시 증가하였다. 그러나 동북삼성 지역은 지속적인 경기침체로 국내생산총액이 감소하고 있다. 동남부지역이 전체 GRDP에서 여전히 50% 이상을 차지하고 있어 이 지역에 경제력이 집중되어 있음을 알 수 있다. 또한 일인당 국민소득에 있어서는 동남부지역이 중서부, 동북에 비해 월등히 높은 것으로 나타나 여전히 소득 격차가 큰 상황이다.

소비품소매총액: 소비수준을 나타내는 동 지표의 경우도 동남부 지역이 중국 전체 소매총액 중에서 차지하는 비중이 감소추세를 보이고는 있으나 여전히 50% 이상을 차지하고 있어 동남부지역이 중국의 주요 소비시장임을 알 수 있다. 지역별로는 중서부지역의 소비시장이 빠르게 커지고 있음을 알 수 있다.

표 1-4 중국의 광대역 경제 비교

		전국	동남부(10개성시)		중부(6성)		서부(12성시)		동북(3성)	
GRDP	('10)432,738		229,385	53.0%	85,437	19.7%	80,825	18.7%	37,090	8.6%
	('15)723,546		372,778	51.5%	147,140	20.3%	145,527	20.1%	58,101	8.0%
	('20)1,008,085		525,752	52.2%	222,246	22.0%	208,962	20.7%	51,125	5.1%
일인당 GRDP($)	('20)15,027		19,582		12,818		11,466		10,938	
소비품 소매총액 (억 위안)	('10)155,066		83,196	53.7%	30,681	19.8%	26,877	17.3%	14,312	9.2%
	('15)294,843		155,162	52.6%	62,576	21.2%	50,045	17.0%	27,060	9.2%
	('20)391,840		199,710	51.0%	92,198	23.5%	82,055	20.9%	17,877	4.6%
인구 (만 명)	('15)137,462		58,162	40.8%	36,443	25.5%	37,133	26.0%	10,948	7.7%
	('20)141,012		56,435	40.0%	36,445	25.8%	38,307	27.2%	9,825	7.0%

주: 1인당 GRDP는 GRDP와 인구로 추정한 근사치임. 각 지역 비중 합계는 100%임.
　상기 전국 수치는 각 성의 자료를 합한 것으로 중앙정부가 발표한 전국통계와 차이가 있음.
자료: 中國統計年鑑 각 년도

2) 성(省), 시(市), 자치구(自治區)

GRDP 및 1인당 GRDP: 광동, 강소, 산동, 절강, 하남 순으로 대외개방이 이른 시기에 이루어졌으며, 인구가 많은 지역들의 경제규모가 크다. 주강삼각주 경제권인 광동의 경제규모가 가장 컸으며, 장강삼각주에 속하는 강소, 절강의 경제규모가 큰 것으로 나타났다. 일인당 GRDP로 보면 베이징, 상하이, 천진 같은 직할시의 소득수준이 높은 것으로 나타났으며, 강소, 절강이 광동, 산동보다 훨씬 높은 소득수준임을 알 수 있다. 광동, 산동, 하남 같은 지역들의 경제규모가 크게 나타나는 것은 인구가 많은데 따른 요인이 많기 때문에 그 지역의 국민소득이 반드시 높은 것이 아님을 유의할 필요가 있다.

표 1-5 성, 시, 자치구 GRDP(2022년 기준)

지역	GRDP			지역	GRDP		
	억 위안	억 달러	비중		억 위안	억 달러	비중
북경시	41,611	6,186	3.5	요녕성	28,975	4,308	2.4
상해시	44,653	6,639	3.7	길림성	13,070	1,943	1.1
천진시	16,311	2,425	1.4	흑룡강성	15,901	2,364	1.3
강소성	122,876	18,268	10.2	**동북소계**	**57,946**	**8,615**	**4.8**
산동성	87,435	12,999	7.3	중경시	29,129	4,331	2.4
절강성	77,715	11,554	6.5	사천성	56,750	8,437	4.7
복건성	53,110	7,896	4.4	운남성	28,954	4,305	2.4
광동성	129,119	19,197	10.7	귀주성	20,165	2,998	1.7
하북성	42,370	6,299	3.5	광서	26,301	3,910	2.2
해남성	6,818	1,014	0.6	내몽고	23,159	3,443	1.9
동남부소계	**622,018**	**92,478**	**51.7**	섬서성	32,773	4,872	2.7
하남성	61,345	9,120	5.1	청해성	3,610	537	0.3
산서성	25,643	3,812	2.1	감숙성	11,202	1,665	0.9
호남성	48,670	7,236	4.0	신강	17,741	2,638	1.5
호북성	53,735	7,989	4.5	영하	5,070	754	0.4
안휘성	45,045	6,697	3.7	서장	2,133	317	0.2
강서성	32,075	4,769	2.7	**서부소계**	**256,986**	**38,207**	**21.4**
중부소계	**266,513**	**39,624**	**22.1**	**총계**	**1,203,463**	**178,924**	**100**

자료: 각 지역 통계공보
주: 2022년 중국중앙정부 발표 GRDP는 1,210,207억 위안(179,927억 달러)이며, 지방정부 발표자료 GRDP(지역 내 총생산) 합계는 그보다 적은 1,203,463억 위안(178,924억 달러)로 차이가 있다.

[그림 1-2] 성, 시, 자치구 일인당 GRDP(2022년 기준) (단위: 달러)

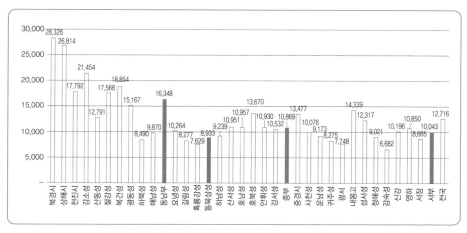

자료: 각 지역 통계공보

소비규모: 소비규모를 나타내는 지표인 소비품소매총액 규모를 보면 광동, 산동, 강소, 절강, 하남의 순이다. 경제가 발전한 동남부 연해지역의 성들이 역시 소비규모가 큰 것으로 나타났다. 일인당 소비규모를 보면 상해, 북경, 복건, 강소, 절강, 중경 순으로 직할시 지역과 동남부 경제발달지역의 소비수준이 높은 것으로 나타났다.

표 1-6 성, 시, 자치구 소비품소매총액(2022년 기준)

사회소비품 소매총액							
지역	억 위안	억 달러	비중(%)	지역	억 위안	억 달러	비중(%)
북경시	13,794	2,051	3.1	요녕성	9,526	1,416	2.2
상해시	16,442	2,445	3.7	길림성	3,808	566	0.9
천진시	3,574	531	0.8	흑룡강성	5,210	775	1.2
강소성	42,752	6,356	9.7	**동북삼성**	**18,544**	**2,757**	**4.2**
산동성	33,236	4,941	7.6	중경시	13,926	2,070	3.2
절강성	30,467	4,530	6.9	사천성	24,105	3,584	5.5
복건성	21,050	3,130	4.8	운남성	10,839	1,611	2.5
광동성	44,883	6,673	10.2	귀주성	8,507	1,265	1.9

하북성	13,720	2,040	3.1	광서	8,539	1,270	1.9
해남성	2,268	337	0.5	내몽고	4,971	739	1.1
동남부	**222,187**	**33,034**	**50.5**	섬서성	10,402	1,546	2.4
하남성	24,407	3,629	5.6	청해성	842	125	0.2
산서성	7,563	1,124	1.7	감숙성	3,922	583	0.9
호남성	19,051	2,832	4.3	신강	3,240	482	0.7
호북성	22,165	3,295	5.0	영하	1,338	199	0.3
안휘성	21,518	3,199	4.9	서장	727	108	0.2
강서성	12,854	1,911	2.9	**서부지역**	**91,358**	**13,583**	**20.8**
중부6성	**107,558**	**15,991**	**24.5**	**지방합계**	**439,647**	**65,364**	**100.0**

주: 1인당 소비총액(달러)은 소매총액과 인구 통계활용 추정한 것임.
자료: 각 지역 통계공보

[**그림 1-3**] 성, 시, 자치구 일인당 소매총액(2022년 기준)

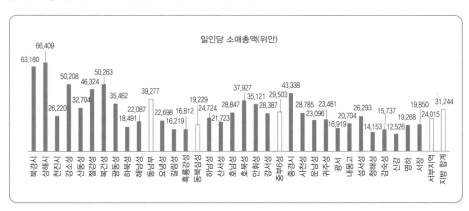

자료: 각 지역 통계공보

종합적 경제력: 인구, 국내총생산(GRDP), 1인당 GRDP, 소비품소매총액, 1인당 소비품소매총액, 수출, 수입 등 규모의 순서를 기준으로 중국의 31개 지역을 정리해보면 강소, 광동, 산동, 절강, 상해 등 동남부 지역이 종합적 경제력이 강한 것으로 나타난다. 매 항목 5위 안에 분포된 지역을 보면 강소(7개), 산동(5개), 광동(5개), 절강(4개), 상하이(3개), 하남(3개) 순이다. 반면에 소수민족 거주지인 자치구와 서남부지역의 경제력이 약한 것으로 나타난다.

표 1-7 31개 성, 시, 자치구의 종합적 경제력 순위(2022년 기준)

인구	GRDP	일인당 GRDP	소비품 소매총액	일인당 소매총액	수출	수입
광동성	광동성	북경시	광동성	상해시	광동성	북경시
산동성	강소성	상해시	강소성	북경시	북경시	광동성
하남성	산동성	강소성	산동성	복건성	강소성	상해시
강소성	절강성	복건성	절강성	강소성	절강성	강소성
사천성	하남성	천진시	하남성	절강성	산동성	산동성
하북성	사천성	절강성	사천성	중경시	상해시	절강성
호남성	호북성	광동성	호북성	호북성	복건성	복건성
절강성	복건성	내몽고	안휘성	광동성	사천성	천진시
안휘성	호남성	호북성	복건성	안휘성	하남성	요녕성
호북성	안휘성	중경시	호남성	산동성	중경시	사천성
광서	상해시	산동성	상해시	호남성	호남성	하남성
운남성	하북성	섬서성	중경시	사천성	강서성	중경시
강서성	북경시	호남성	북경시	강서성	안휘성	광서
요녕성	섬서성	산서성	하북성	섬서성	호북성	안휘성
복건성	강서성	안휘성	강서성	천진시	천진시	하북성
섬서성	중경시	영하	운남성	하남성	광서	흑룡강성
귀주성	요녕성	강서성	섬서성	귀주성	요녕성	호북성
산서성	운남성	요녕성	요녕성	운남성	하북성	호남성
중경시	광서	신강	광서	요녕성	섬서성	섬서성
흑룡강성	산서성	사천성	귀주성	해남성	산서성	강서성
신강	내몽고	해남성	산서성	산서성	해남성	해남성
감숙성	귀주성	하남성	흑룡강성	내몽고	내몽고	길림성
상해시	신강	운남성	내몽고	서장	흑룡강성	내몽고
내몽고	천진시	청해성	감숙성	영하	귀주성	산서성
길림성	흑룡강성	서장	길림성	하북성	길림성	감숙성
북경시	길림성	하북성	천진시	광서	신강	귀주성
천진시	감숙성	길림성	신강	흑룡강성	운남성	운남성
해남성	해남성	귀주성	해남성	길림성	영하	영하
영하	영하	광서	영하	감숙성	감숙성	신강
청해성	청해성	흑룡강성	청해성	청해성	서장	청해성
서장	서장	감숙성	서장	신강	청해성	서장

자료: 각 지역통계공보

3. 경제규모 확대속도

중국 경제는 30년간 발전을 통해 각 부문별로도 대단한 실적을 기록하였지만, 그 규모가 늘어나는 속도도 놀라울 정도로 빠른 상황이다.

1) 사회간접자본

중국경제성장은 선진국과 달리 고정자산투자(정부 및 민간투자)의 빠른 증가를 통해 이루어진 부분이 많다. 이러한 고정자산투자 중 대표적인 부분인 사회간접자본[7] 특히, 발전설비 구축과 고속도로 건설 상황을 보면 중국의 경제규모가 얼마나 빠른 속도로 이루어지고 있는지를 알 수 있다.

중국의 2022년 말 현재 발전설비 총량은 256,405만kW로 우리나라의 20배 정도 되는 규모이다. 중국이 우리나라 인구의 27배 규모이므로 일인당 규모로 따지면 중국의 발전설비규모는 아직 적은 상황이다. 그러나 매년 증가하는 신규 발전설비 규모를 보면 우리나라 발전설비 전체보다 훨씬 많은 양에 해당되는 발전설비가 신규로 추가되고 있음을 알 수 있다. 우리나라는 70년 걸려 약 1.3억kW의 설비를 갖추었는데 중국은 매년 1.5억kW 이상 신규 설비가 구축되고 있다.

고속도로의 경우 우리나라의 고속도로 총 연장은 4천km정도인데 중국은 매년 1만km 이상 늘어나고 있다. 우리나라 세 배 이상의 고속도로가 매년 증가하고 있는 것이다. 이와 같은 사회간접자본의 빠른 확대속도는 중국경제의 빠른 성장의 견인차 역할을 해왔으며, 코로나 시기에도 경제성장에 많은 공헌을 하였다.

표 1-8 중국의 사회간접자본 형성

SOC	현 황
발전설비	('10) 96,719만kW(전년대비 9,312万kW증가) ('15) 150,828만kW(전년대비 14,809万kW증가) ('20) 220,058만kw(전년대비 18,992만kw증가)

---

7) 사회간접자본은 Social Overhead Capital(SOC)이라고 하며 중국어로는 社會基礎設施라고 한다. 국민과 기업활동을 지원하는 공공시설(서비스)로 전력, 통신, 공항, 도로, 항구 등 국민의 생활과 생산에 필요한 기초적인 시설을 말한다.

	('21) 237,692만kw(전년대비 17,634만kw증가)
	('22) 256,405만kw(전년대비 18,713만kw증가)
	화력　　133,239(52.0%,발전량의 66.5%)　수력 41,350(16.1% 발전량의 15.3%)
	원자력 5,553(2.2% 발전량의 4.7%),
	풍력　　36,544(14.3%) 태양광 39,261(15.3%) (두 부문의 발전량은 전체의 13.4%)
	*풍력, 태양광은 전력망에 연결된 설비. 두 분야 모두 빠르게 증가(11.2%, 28.1%).
	*韓國　12,919万kw(20년)
	화력 8,033(62.2%-- 석탄 28.6, 유류 1.8, LNG 31.9)
	원자력 2,325(18.0%), 신재생 2,054(15.9%--수력 1.4, 태양광 11.3, 풍력 1.3, 기타 2.0),
	양수력 470(3.6%) (발전량: 원자력 29.0%, 화력 63.2%, 신재생 6.3, 양수 0.6)
고속철도	('10) 8,000km ('15) 18,909km(전년대비 3,306km 증가)
	('20) 35,089(전년대비 2,521km 증가) ('21) 37,257km(전년대비 2,168km 증가)
	('22) 42,000(전년대비 4,743km 증가)
고속도로	('10) 7.4 만km ('15) 12.22만km(전년대비 11,265km 증가)
	('20) 16.39만km(전년대비 12,713km 증가) ('21) 17.29만km(전년대비 9,208km 증가)
	('22) 17.7만km(전년대비 4,100km 증가)
	*한국 '20년 4,848km

자료: 각 년도 중국통계공보, 중국전력감독국, 한국전력 및 한국도로공사 홈페이지 자료 참조.

2) 소비시장

중국정부가 발표하는 사회소비품소매총액(社會消費品零售總額)은 중국소비시장의 상황을 판단할 수 있는 중요 지표이다. 2022년 중국의 사회소비품소매총액은 43조 9,733억 위안(약 65,377억 달러, GRDP의 36% 규모)에 달했다. 대체로 우리나라의 소매판매액(자동차 판매액 포함) 규모가 약 5천억 달러 규모인 점(통계청 자료로[8] 추산)을 감안하면, 중국의 소비시장 규모는 약 15배 정도여서 인구대비로 볼 때 아직은 작은 것임을 알 수 있다. 그러나 사회간접자본과 마찬가지로 소비시장의 규모증가 폭을 보면 중국시장이 왜 중요한지를 알 수 있다.

---

8) kosis(통계청통계)에 따르면 2022년 한국의 소매판매액은 약 4,840억 달러(한화 약 625조 5천5백억 원)였다.

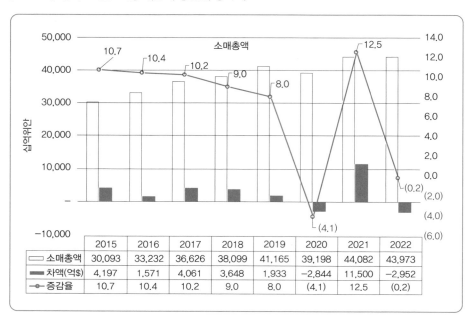

[그림 1-4] 중국소비품소매총액(금액, 증감율, 증가액)

	2015	2016	2017	2018	2019	2020	2021	2022
소매총액	30,093	33,232	36,626	38,099	41,165	39,198	44,082	43,973
차액(억$)	4,197	1,571	4,061	3,648	1,933	−2,844	11,500	−2,952
증감율	10.7	10.4	10.2	9.0	8.0	(4.1)	12.5	(0.2)

　　그래프로 표시한 것과 같이 중국의 소비품소매총액 증가규모는 2015년 이후 매년 큰 폭의 증가추세를 보였으나 코로나19 팬데믹 이후 2020, 2022년 규모 감소세를 보였다. 그러나 일상적인 상황에서는 한국시장 규모보다 큰 규모로 매년 소비시장이 확대되고 있어 우리기업의 필쟁의 시장이 되고 있다.

　　앞에서 간단히 살펴본 것으로도 중국의 사회간접자본 구축은 매년 우리나라 전체량의 1배~2배, 소비시장 확대는 매년 1~1.5배로 커지고 있을 정도로 중국의 경제규모 확대가 빠르고 큼을 알 수 있다.

제3절 경제 기본 구조

1. 거시적 경제 프레임

앞 절에서 중국의 사회간접자본과 소비시장의 확대규모를 보면서 중국경제가 얼마나 빠른 속도로 커나가고 있는지를 파악했다. 중국경제를 이끌어 온 부문이 경제의 어느 부문인지를 파악하려면 중국경제의 기본 프레임(기본경제구조 框架)을 파악해야 한다. 중국정부나 언론은 일반적으로 중국경제를 끌고 가는 트로이카(三驾马车)를 소비, 투자, 수출이라고 표현하곤 한다.

중국경제구조와 경제정책을 이해하려면 한 나라의 경제성장을 나타내는 대표적인 지표인 GRDP의 구성을 살펴볼 필요가 있다.

국내총생산(國內生産總値, Gross Domestic Product)

= 소비+투자+수출[9]

= 최종소비지출(C)+자본형성(I)+재화와 서비스의 수출입(X−M)[10]

= 최종소비지출(민간C+정부G)+총고정자본형성(고정자본형성+재고증감)

　+순수출(재화와 서비스의 수출재화와 서비스의 수입)[11]

---

9) 소비, 투자, 수출은 주로 언론에서 사용하는 용어이며, 일반적으로 최종소비지출, 자본형성, 재화와 서비스의 수출입으로 용어를 사용하고 있다. 경제원론에서는 대부분 GRDP=민간최종소비지출(C)+정부지출(G)+자본형성 또는 투자(I)+순수출(재화와 서비스의 수출(X)−수입(M))로 나누어 설명하는데 이는 재정정책과 금융정책의 효과를 설명할 때 편리한 면이 있다.

10) 자본형성은 일반적으로 고정자본형성(固定資本形成總額)과 재고증감(存貨變動)으로 나눈다. 한국의 경우 여러 가지 방식으로 통계를 잡고 있는데 1.자본재형태(건설투자−건물, 토목, 설비투자−운송장비, 설비류, 지식재산생산물투자, 재고증감), 2.주체별(정부, 민간, 재고증감), 3.경제활동별(농림어업, 광업, 제조업, 전기가스수도, 건설, 서비스, 재고증감) 등으로 구분하여 작성하고 있다.

11) 위의 경제구조식은 기본적이면서도 중요한 공식으로 중국정부 역시 경제정책 수립과 경제성장의 방식을 이를 통해 설명하고 있다. 최종소비지출은 용어자체로 해석이 되지만, 총고정자본형성은 용어가 어려운 편이다. 한국은행의 분류법을 따라 투자주체로 보면 정부투자와 민간투자로 자본재 형태별로 보면 건설투자(건물, 토목), 설비투자(기계류, 운송장비), 무형고정자산투자를 합친 것이다. 공항, 항구, 도로, 철도, 다리, 발전소, 학교 등 사회간접자본(Social Overhead Capital, 社會基礎設施) 같은 투자는 물론 공장건설, 신규 설비 설치, 아파트건설 등 우리가 흔히 알고 있는 투자액 전부와 재고증감을 합친 것이 총고정자본형성이다. 재고(Stock, 存貨)증감에 있어 주의해야 할 것은 몇 년 전부터 쌓인 재고를 통틀어 이야기하는 것이 아니라 국민소득을 계산하는 그 해(당

위의 경제구조식에 따라 중국의 GRDP 구성을 살펴보면 아래와 같다.

표 1-9 지출국민소득으로 본 중국의 GRDP 구조   (단위: 억 위안, %)

년	GRDP	최종소비지출		자본형성		순수출
2021년	1,145,283	619,688		495,784		29,811
		(민간)	(정부)	(고정자본형성)	(재고투자)	
		438,015	181,673	482,119	13,665	
구성비	100	54.1		43.3		2.6
공헌도	100	58.3		19.8		21.9
성장기여도	8.5	4.9		1.7		1.9

자료: http://www.stats.gov.cn

중국의 GRDP(명목)구성을 살펴보면 최종소비지출의 비중이 상당히 낮다는 것을 알 수 있다. 중국경제가 소비보다는 투자와 수출을 통해 성장해왔음을 보여주는 것이다. 특히 중국의 최종소비지출이 GRDP에서 차지하는 비중은 한국과 비교해 10%p에 가까운 현격한 차이를 보이고 있다. 좀 더 내부를 들여다보면 최종소비지출의 내용에 있어서도 중국의 경우 민간부문이 차지하는 비중은 37.8%(2020년)에 불과하기 때문에(한국의 경우 46.4%),[12] 민간소비지출 확대를 통한 경제성장의 안정성 확보문제가 시급함을 알 수 있다. 현재로선 중국경제의 삼두마차 중 소비, 투자 부문이 정부 주도로 이루어지고 있음을 보여준다.

해 연도)의 '신규' 재고라는 것에 유의해야 한다. '재화'는 '상품(貨物)'으로 용어를 대체할 수 있다. 서비스(服務)가 외래어지만 용역이라는 표현을 해석한 것이다.

12) 미국 상무부의 통계자료(https://www.bea.gov)에 따르면 2022년 미국의 GRDP 중 민간최종소비지출은 17조 3572억 달러로 GRDP의 68.2%이었다. 정부의 최종소비지출을 합칠 경우 80.2%로 미국은 소비 위주의 경제구조가 뚜렷함을 알 수 있다. 중국의 민간최종소비지출 비중(2022)은 37.8%로 비중이 높아지고 있으나 여전히 낮은 수준이다.

표 1-10 한국과 중국의 GRDP 구성 비교 (단위: %)

	2000		2010		2015		2020	
	한국	중국	한국	중국	한국	중국	한국	중국
최종소비지출	69	62.3	64.8	48.2	63.6	53.7	64.4	54.7
(민간)	55.6	46.4	50.3	34.9	48.5	37.6	46.4	37.8
(정부)	13.4	15.9	14.5	13.3	15.1	16.1	18.0	16.9
총자본형성	35.3	35.3	32	48.1	29.5	43.0	31.9	42.9
순수출	-6.4	2.6	-3.4	2.4	6.9	3.7	3.7	2.2

자료:「中國統計摘要(2017)」, 중국국가통계국 中國數据(https://data.stats.gov.cn), 한국은행경제통계시스템 (http://ecos.bok.or.kr).

중국의 최종소비지출이 GRDP에서 차지하는 비중은 2000년 초 60%를 넘어섰으나, 그 이후 지속적인 하락을 보였다가 2010년을 최저점으로 다시 증가하는 추세를 보이는 것은, 중국이 중진국경제의 성숙단계로 접어들고 있음을 보여주는 동시에, 자본형성을 통한 경제성장정책에서 서서히 벗어나고 있음을 즉, 경제구조를 내수소비의존형 구조로 변화시키고 있음을 나타낸다고 할 수 있다.

표 1-11 중국 GRDP 구성 변화 (단위: %)

	최종소비지출	자본형성	순수출
2000	63.3	34.3	2.4
2001	61.6	36.3	2.1
2002	60.6	36.9	2.5
2003	57.5	40.4	2.1
2004	54.7	42.7	2.6
2005	53.6	41	5.4
2006	51.9	40.8	7.5
2007	50.1	41.2	8.6
2008	49.2	43.2	7.6
2009	49.4	46.3	4.3
2010	48.5	47.9	3.7
2011	49.6	48	2.4
2012	50.1	47.2	2.7
2013	51.4	46.1	2.5

2014	52.3	45.6	2.1
2015	53.7	43.0	3.3
2016	55.1	42.7	2.2
2017	55.1	43.2	1.7
2018	55.3	44.0	0.7
2019	55.8	43.1	1.1
2020	54.7	42.9	2.4
2021	54.1	43.3	2.6

자료: 「中國統計摘要(2017)」, 國家數据(중국국가통계국 https://data.stats.gov.cn/easyquery.htm?cn=C01)

　　이러한 비교를 통해 알 수 있는 것은 중국이 지나치게 자본형성 의존형(투자의 존형) 경제구조를 가지고 있었으며, 총고정자본형성 즉, 정부와 민간 특히 정부주도의 투자를 통해 경제가 성장해왔다는 것이다. 즉, 중국경제가 개혁개방을 시작으로 중진국으로 진입하는 데까지 소비지출보다는 총고정자본형성과 외국인투자 유치와 수출 분야가 중요한 역할을 하였다.[13]

　　중국정부가 경제발전을 위한 기반으로 30여 년에 걸쳐 활발히 전개한 사회간접자본 투자는 중국경제 성장의 주요한 원동력이 되었으며 투자증가를 이끌어 왔다. 2008년 하반기 미국의 리만브라더스 사태가 신호탄이 되었던 세계적인 금융위기에서 중국이 비교적 순조롭게 벗어난 것도 상당 부분 고정자본형성에 투입된 정부의 4조 위안의 투자효과 때문이었다고 할 수 있다.[14] 비록 2010년에 5%대의 물가상승을 유발하기는 하였지만 중국의 이러한 과감한 투자는 중국경제를 위기에서 벗어나게 하였다. 사실상 중국경제구조상 소비지출부문이 경제성장에서 주도적인 역할

---

13) GRDP 구성으로 보아서는 눈에 잘 보이지 않지만 외국인 투자유치와 수출 드라이브 정책이 고정자본형성과 더불어 중국경제 성장에 공헌을 하였다. 중국에 진출한 44만여 개 외자기업의 역할은 적어도 중국경제에 세 부분에서 공헌을 하고 있다. 첫째, 외자유입이 되면서 수많은 공장건설을 통해 중국의 총고정자본형성에 막대한 공헌을 하였으며, 둘째는 외자기업이 공업생산액의 30% 가량을 담당해 왔으며, 이에 상응하는 상당한 고용창출을 해왔다. 마지막으로 2022년 기준 전체 기업 중 1%밖에 안 되는 외자기업이 중국 전체 교역의 32.9%를 담당하여 중국경제 성장에 지속적인 공헌을 하고 있다. 오랜 기간 동안 대외교역의 50% 이상을 외자기업이 감당하였으며 세수 중 10% 이상을 외자기업이 담당하였다.

14) 물론 중국정부는 농촌소비를 확대하려는 가전하향(家電下鄕), 기차하향(汽車下鄕), 이구환신(以舊換新)과 같은 소비진작책을 통해 소비와 생산의 동반 침체를 막았으며, 금리와 지준율을 조정하는 금융정책도 경제의 침체를 막는 데 중요한 역할을 하였다.

을 하지 못하고 있던 그동안의 상황에서 중국정부는 경제성장을 위해서는 물론 경기침체를 벗어나기 위해서는 '투자'카드를 매번 꺼내들 수밖에 없었다.

물론, 중국정부도 중복투자 문제나 비효율적 투자, 지나치게 투자 의존적인 경제구조를 가지고 있다는 문제점을 깊이 인식하고 있다. 경제가 발전한 국가들과 마찬가지로 보다 안정적인 경제발전 구조를 가지려면 중국으로서는 투자에 대한 의존도를 줄이고 소비지출이 GRDP에서 차지하는 비중을 늘려야 한다는 과제를 안고 있다. 선진국들의 70% 이상의 수준까지는 가지 않더라도 최소한 60% 이상으로 증가시켜야 하는 상황이 되고 있다. 이것이 정책으로 표현되고 있는 것이 중국경제의 장기적인 발전방향인 소비확대를 통한 '내수시장 확대'이다.

문제는 소비를 어떻게 확대하는가 즉, 소비지출 비중을 어떻게 끌어올려야 하는가이다. 민간소비지출은 사실 소득수준과 관계가 있어 단기간에 큰 폭으로 끌어올리기 어렵다. 중국정부는 이와 관련 최저임금인상, 소득세 공제한도 확대, 사회보험혜택확대, 도시화를 통한 소득확대기회 창출, 농촌지역에 대한 다양한 지원책, 전자상거래 활성화, 전자결제(모바일결제) 활성화 등 여러 방안을 내놓고 있다.[15]

결론적으로 중국정부는 그동안 투자(I) 의존적이었던 경제성장 방식(이러한 방식의 문제는 지속적인 투자로 인한 중복투자, 환경오염, 경제의 내부동력 약화 등 각종 문제 발생)에서 경제를 장기적 안정성장 또는 지속가능한 발전으로 끌고 가기 위해 소비(C)를 확대해야 하는 과제를 갖게 되었고, 이를 국민경제 및 사회발전 5개년 계획을 중심으로 지속적으로 '내수확대'정책으로 녹여내고 있다.

---

15) 소득을 올려주기 위한 방법으로 중국정부는 2010년부터 매년 20% 이상의 최저임금인상을 시키고 있으며 5년 내 노동자 임금을 2배로 올리기 위한 정책을 취하고 있다. 이와 더불어 중국정부가 심혈을 기울이고 있는 것은 사회보험제도의 확립과 보급확대이다. 2011년 7월부터 〈사회보험법〉을 실시하여 기업들이 반드시 직원들에 대해 양로보험(우리의 개인연금에 해당하며 총급여의 28%로 기업은 이 중 20% 부담), 의료보험, 실업보험, 산재보험, 양육보험의 5대 보험을 반드시 들어주도록 요구하고 있다. 나아가 직원의 주택마련을 돕도록 주택공적금(주택구입보조금)을 내도록 요구하고 있다. 중국정부의 노력으로 상당부분 해소되기는 하였지만 전 국민 양로보험이나 의료보험이 완전하지 않고 주택마련도 갈수록 어려워지고 있어 중국인들이 노후대책을 위해 저축을 많이 하면서 중국 가계저축률이 40% 이상에 달할 정도로 높다. 이러한 높은 저축률은 소비활성화를 가로막아 경제성장에 걸림돌이 되고 있다. 중국정부는 사회보장이라는 안정책과 소비지출 확대를 통한 경제성장이라는 두 마리 토끼를 잡기 위해 사회보험시스템을 대대적으로 보완하는 〈사회보험법〉을 실시하게 되었다.

2. 경제조직

1) 중앙과 지방정부 조직

사회주의 시장경제를 지향하는 중국은 중앙정부의 경제부서들이 강력한 관리 통제력을 가지고 있다. 중국의 행정부문을 총괄하는 국무원 밑에 각종 부서가 배치되어 있는데[16] 이 중 주로 경제부문과 연계되어 있는 부서는 아래와 같다.

▶국무원산하 정부부서

발전·개혁위원회(发展和改革委员会), 과학기술부(科学技术部), 공업·신식화부(工业和信息化部), 재정부(财政部), 농촌농업부(农业农村部), 상무부(商务部), 문화·관광부(文化和旅游部), 인민은행(中国人民银行) 등

▶국무원산하 직속기구(정부부서에 준하는 권한)

국유자산 감독관리위원회(国有资产监督管理委员会), 해관총서(海关总署), 세무총국(税务总局), 시장감독관리총국(国家市场监督管理总), 통계국(统计局), 지식재산권국(知识产权局) 등

지방정부의 부서는 중앙정부와 유사한 구조를 가지고 있으나, 조직표에서 볼 수 있는 것과 같이 직할시와 성(省) 지역간에 명칭의 차이를 보이거나 지방의 규모에 따라 한 조직이 여러 업무를 겸하는 경우도 있다.

예를 들면 중앙정부의 재정부(财政部)와 유사한 조직으로 베이징시는 재정국(财政局)을 두고 있으며, 호북성은 재정청(财政廳)을 두고 있다. 즉, 지방정부의 성격에 따라 국, 청의 조직을 갖고 있다. 한편, 위원회의 명칭을 가지고 있는 기구들은 중앙정부와 지방정부 관계없이 일반적으로 위원회 명칭을 그대로 유지하고 있다.

---

16) 중국 정부 조직은 기본적으로 국무원통지(国务院关于机构设置的通知国发国发〔2023〕5号 2023.3.16.)를 통해 전체적인 윤곽을 알 수 있다.

[그림 1-5] 중국 국무원 조직도(중앙정부)

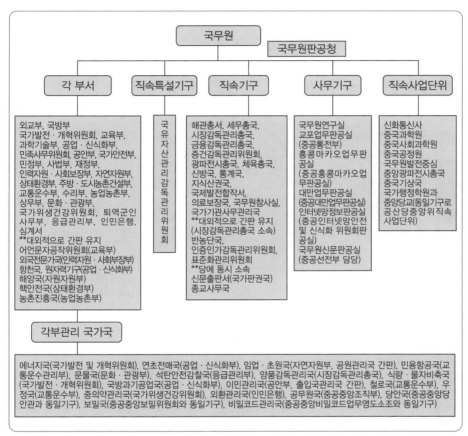

출처: 国务院关于机构设置的通知 国发〔2023〕5号 2023.3.16 등

표 1-12 지방 정부조직도 1(직할시)

정부 부처	환경보호국 (環境保護局)	발전개혁위원회 (發展改革委員會)	경제정보화위원회 (經濟和信息化委員會)	교육위원회 (教育委員會)	과학기술위원회 (科技術委員會)
	민족사무위원회 (民族事務委員會)	공안국 (公安局)	국가안전국 (國家安全局)	감찰국 (監察局)	민정국 (民政局)
정부 부처	사법국 (司法局)	재정국 (財政局)	인력자원사회보장국 (人力資源社會保障局)	국토자원국 (國土資源局)	인구계획생육위원회 (人口和計劃生育委員會)
	도시농촌건설위원회 (住房城鄉建設委員會)	교통위원회 (交通委員會)	규획위원회 (規劃委員會)	수무국 (水務局)	농촌공작위원회 (農村工作委員會)
	사회건설공작판공실 (社會建設工作辦公室)	상무위원회 (商務委員會)	문화국 (文化局)	위생국 (衛生局)	외사판공실 (外事辦公室)

특설 기구	국무원국유자산감독관리위원회(國務院國有資産監督管理委員會)				
직속 기구	지방세무국 (地稅局)	공상행정관리국 (工商行政管理局)	품질기술감독국 (質監局)	원림녹화국 (園林綠化局)	신문출판국 (新聞出版局)
	체육국 (體育局)	관광발전위원회 (旅遊發展委員會)	통계국 (統計局)	지적재산권국 (知識産權局)	금융공작국 (金融工作局)
	직속기구민방국 (民防局)	교무판공실 (敎務辦公室)	법제판공실 (人民政府法制辦公室)	연구실 (研究室)	서신및방문상담국 (信訪局)

표 1-13 지방 정부조직도 2(성정부)

정부 부처	발전개혁위원회 (發展改革委員會)	공업및정보통신화청 (工業和信息化廳)	교육청 (敎育廳)	과학기술청 (科學技術廳)	행정청 (行政廳)
	민족사무위원회 (民族事務委員會)	공안청 (公安廳)	상무청 (商務廳)	감찰청 (監察廳)	인구계획생육위원회 (人口和計劃生育委員會)
	민정청 (民政廳)	사법청 (司法廳)	재정청 (財政廳)	인력자원사회보장국 (人力資源社會保障局)	심계청 (審計廳)
	국토자원청 (國土資源廳)	주택도시농촌건설청 (住房和城鄕建設廳)	교통운송청 (交通運輸廳)	수리청 (水利廳)	환경보호청 (環境保護廳)
	외사판공실 (人民政府外事辦公室)	문화청 (文化廳)	위생청 (衛生廳)	국가안전청 (國家安全廳)	농업위원회 (農業委員會)
직속 특설 기구	국유자산감독관리위원회 (國有資産監督管理委員會)				
직속 기구	지방세무국 (地方稅務局)	공상행정관리국 (工商行政管理局)	품질기술감독국 (質量技術監督局)	문화라디오방송국 (廣播電視局)	임업국 (林業局)
	신문출판국 (新聞出版局)	체육국 (體育局)	안전생산감독관리국 (安全生産監督管理局)	통계국 (統計局)	인민방공판공실 (人民防空辦公室)
	관광국 (旅遊局)	식량국 (糧食局)	법제판공실 (法制辦公室)	금융서비스공작판공실 (金融服務辦公室)	빈곤구제개발판공실 (扶貧開發辦公室)

2) 기업조직

중국의 기업조직은 기본적으로 국유기업과 민영(사영)기업, 내자기업(중국국내기업)과 외자기업(외국인투자기업)으로 구분되며, 중국의 특징을 살린 특수한 기업형태도 있다.

표 1-14 중국의 기업조직형태

(내자기업)		
국유기업	國有	
집체기업	集體	
종업원소유회사	股份合作	
연합기업	聯營企業	
국유연합	國有聯營企業	
집체연합	集體聯營企業	
국유 및 집체연합	國有與集體聯營企業	
기타	其他聯營企業	
유한책임회사	有限責任公司	
국유독자	國有獨資企業	
기타 유한책임회사	其他有限責任公司	
주식회사	股份有限公司	
사영과 개인기업	私營和個體	
(외자기업)		
합자경영	合資經營	
합작경영	合作經營	
독자기업	獨資	
주식회사	股份有限公司	

■국유기업(全民所有制(國有)企業): 국가가 기업재산에 대한 점유, 사용, 처분의 권리를 갖고 전국민을 대신하여 경영하는 기업을 말한다.

■집체기업(集体所有制企業): 근로자들이 집단으로 소유하는 기업, 도시지역(城镇)과 농촌지역(乡村)의 근로자 집단소유기업을 말한다.

■연영기업(聯营企業, Associated Enterprises): 2개 이상 소유제 성격의 기업법인이 공동투자하여 구성한 경제조직을 말한다.

■사영(민영)기업: 생산자원을 민간에서 소유한, 직원 8명 이상의 영리성 경제조직을 말한다.

  - 독자회사: 1인이 투자 경영하는 기업으로, 기업채무에 대해 무한책임을 진다. 1개 회사만 설립 가능하며, 법적으로는 1인 유한책임회사로 지칭한다.
  - 합명회사(合伙企業): 2인 이상이 협의에 따라 투자하고, 공동경영, 이익과 손해를 공동처리하며, 기업채무에 대해 연대책임을 진다.

- 유한책임회사(有限責任公司): 주주(股东)가 출자액 한계 내에서 회사에 대해 채무변제책임을 지며, 회사는 회사재무에 대해 회사의 전체자산으로 책임진다.
  - ■ 주식회사(股份公司, Stock corporation): 회사자본이 주식(股份)으로 구성된 기업으로 주주는 구입한 주식 한도내에서 기업채무부담을 지는 법인으로, 2인 이상 200명 이하의 기업설립 발기인이 있어야 한다.

3. 경제법체계

1) 개요

중국의 법은 헌법과 법률, 행정법규, 지방성 법규로 구성되어 있다.[17] 국가의 입법권은 전국인민대표대회(全國人民代表大會, 한국의 국회 격)에 있으며 입법 관련 기관은 다음과 같다.

중국의 법의 구분과 위계순서는 근본법 > 기본법 > 보통법 > 행정법규 > 지방성법규 및 자치조례 > 부문 규정 순으로 되어 있으며 기본적 구분은 아래와 같다.

① 근본법: 헌법
② 기본법: 민법, 형법 등
③ 보통법: 희토류 반출금지법 등
④ 행정법규(行政法規): 국무원 제정 및 반포 법규
- 일반적으로 조례, 잠행규정, 실시세칙 등의 명칭 부여
⑤ 지방성법규 및 자치조례: 지방 성시별 자치조례
- 성, 자치구, 직할시 및 비교적 큰 도시의 전인대 및 인대상무위원회에서 제정
⑥ 부문규정: 외국기업 상주대표기구 등기관리방법 등 각 부처 제정 및 반포 법규
- 일반적으로 규정, 방법, 통지 등의 명칭 부여, '조례' 명칭은 사용하지 않음

---

17) 중국특색사회주의법률체계(中国特色社会主义法律体系 2011.10 国务院新闻办公室)

표 1-15 중국의 입법기관 및 기능

입법기관	입법종류	기능
전국인민대표대회	헌법	수정
	기본법	입안 및 수정
전국인민대표대회 상무위원회	헌법	해석
	기본법(율)	해석 및 수정
	보통법(율)	입안 및 수정
국무원	행정法規 (regulations)	법 조항 시행
		법제정기능 내의 제반 문제
		위임된 사항 입안
성급(省級)인민대표대회	지방법규	법과 행정법규 조항의 시행
		지방사무
		초기 지방법규
국무원 부문 및 위원회	부문규장(規章, rules)	법 및 행정법규 조항의 시행
성급 지방정부	지방규장	법, 행정법규, 지방법규 조항의 시행
		지방행정사무

2) 경제 관련 법규

중국경제의 규모가 빠른 속도로 커지고 시장경제의 요소가 주도적인 위치를 차지하게 되면서 중국의 경제 관련 법규는 기하급수적으로 늘어났으며, 현재도 지속적으로 입법이 되고 있다. 중국의 경제 관련 법규는 실무적 차원에서 보면 민법, 상법, 경제법으로 구성되어 있다고 할 수 있다. 주요 관련법들을 열거해 보면 아래와 같다.[18]

(민법, 상법)

민법전(民法典), 상표법(商标法), 특허법(专利法), 국유공업기업법(全民所有制工业企业法), 저작권법(著作权法), 해상법(海商法), 소비자권익보호법(消费者权益保护法), 회사법(公司法), 상업은행법(商业银行法), 수표법(票据法), 보험법(保险法), 경매법(拍卖法), 증권법(证券法), 합명기업법(合伙企业法), 개

---

18) 中国特色社会主义法律体系概述 2022.9.14. 彭道林

인독자기업법(个人独资企业法), 입찰법(招标投标法), 신탁법(信托法), 토지도급법(土地承包法), 증권투자기금법(证券投资基金法), 전자서명법(电子签名法), 기업파산법(企业破产法), 농민전업합작사법(农民专业合作社法), 선물·파생상품법(期货和衍生品法), 외사민사관련법률활용법(涉外民事关系法律适用法)

(경제법)

개인소득세법(个人所得税法), 통계법(统计法), 삼림법(森林法), 회계법(会计法), 초원법(草原法), 계량법(计量法), 어업법(渔业法), 광산자원법(矿产资源法), 우정법(邮政法), 물관리법(水法), 표준화법(标准化法), 수출입상품검험법(进出口商品检验法), 철도법(铁路法), 연초전매법(烟草专卖法), 수토보호유지법(水土保持法), 출입국동식물검역법(进出境动植物检疫法), 세수징수관리법(税收征收管理法), 제품품질법(产品质量法), 농업기술촉진법(农业技术推广法), 농업법(农业法), 반부정당경쟁법(反不正当竞争法), 등기회계사법(注册会计师法), 전국인민대표대회의 상무위원회의 외국인투자기업에 대한 부가가치세, 소비세, 영업세 등 잠정조례 결정(全国人民代表大会常务委员会关于外商投资企业和外国企业适用增值税, 消费税, 营业税等税收暂行条例的决定), 대만동포투자보호법(台湾同胞投资保护法), 예산법(预算法), 대외무역법(对外贸易法), 심계법(审计法), 광고법(广告法), 인민은행법(中国人民银行法), 민용항공법(民用航空法), 전력법(电力法), 석탄법(煤炭法), 향진기업법(乡镇企业法), 도로법(公路法), 동물방역법(动物防疫法), 홍수방지법(防洪法), 에너지절약법(节约能源法), 건축법(建筑法), 가격법(价格法), 종자법(种子法), 해역사용관리법(海域使用管理法), 정부조달법(政府采购法), 중소기업촉진법(中小企业促进法), 청결생산촉진법(清洁生产促进法), 항구법(港口法), 은행업감독관리법(银行业监督管理法), 농업기계화촉진법(农业机械化促进法), 재생가능에너지법(可再生能源法), 축목법(畜牧法), 농산품질안전법(农产品质量安全法), 자금반세탁법(反洗钱法), 기업소득세법(企业所得税法), 반독점법(反垄断法), 순환경제촉진법(循环经济促进法), 기업국유자산법(企业国有资产法), 석유천연가스채널보호법(石油天然气管道保护法), 차선박세법(车船税法), 관광법(旅游法), 항로법(航道法), 심해해저구역자원탐사개발법(深海海底区域资源勘探开发法), 자산평가법(资产评估法), 네트워크안전법(网络安全法), 환경보호세법(环境保护税法), 연엽세법(烟叶税法), 선박톤세법(船舶吨税法), 전자상거래법(电子商务法), 경지점용세법(耕地占用税法), 차량구매세법(车辆购置税法), 외국기업투자법(外商投资法), 자원세법(资源税法), 도시유지건설법(城市维护建设税法), 계약세법(契税法), 수출관리법(出口管制法), 장강보호법(长江保护法), 향촌진흥촉진법(乡村振兴促进法), 데이터안전법(数据安全法), 해남자유무역항법(海南自由贸易港法), 인화세법(印花税法), 개인정보보호법(个人信息保护法), 습지보호법(湿地保护法), 흑토지보호법(黑土地保护法)

이들 법과 사회법규 중 우리기업과 관련이 깊은 중국의 주요 법규를 간략히 살펴보면 아래와 같다.

- ■ 소유권, 채권 관련: 민법전(民法典), 농촌토지도급법(農村土地承包法) 등
- – 민법전(民法典): 2020년 5월 전국인민대표대회 통과되어 2021.1.1부터 시행. '민법전'에는 민법, 물권, 계약, 담보 등 사유재산 관련 법 규정이 전부 통합되었다. 이에 따라 혼인법, 계승법, 민법통칙, 담보법, 물권법, 권리침해책임법, 민법총칙은 폐지되었다.
- ■ 기업 관련: 회사법(公司法), 합명회사법(合伙企业法), 개인독자회사법(个人独资企业法), 상업은행법(商业银行法), 증권투자기금법(证券投资基金法), 농민전업합작사법(农民专业合作社法)
- – 외자기업 설립 관련: 2019년 3월 기존의 외국인투자 관련 법들을 정비하여 '외국인투자법(外商投資法)'을 전국인민대표대회에서 통과시키고 2020.1.1.부터 시행하고 있음. 이에 따라 기존의 중외합자경영기업법(中外合資經營企業法), 외자기업법(外資企業法), 중외합작경영기업법(中外合作經營企業法)은 폐지되었음.
- – 회사법(公司法): 기업 관련 가장 기본이 되는 법으로 1993년 처음 제정되었으며, 수정법률이 2006년 1월부터 적용되고 있다. 관련 법에는 회사의 형태(유한책임회사, 주식회사 등), 등록자본금, 이사회 구성, 주주의 권리 등을 다루고 있다. 회사법 내용과 삼자기업법(외자기업법, 합자, 합작기업법)의 내용이 상충될 경우에는 외국인투자기업에게 삼자기업법이 우선적으로 적용된다.
- ■ 상업활동: 증권법(证券法), 해상법(海商法), 어음(수표)법(票据法), 보험법(保险法) 등

■ 지식재산권(知識産權): 특허법(专利法), 상표법(商标法), 저작권법(著作权法), 컴퓨터소프트웨어보호조례(计算机软件保护条例), IC설계보호조례(集成电路布图设计保护条例), 저작권집단관리조례(著作权集体管理条例), 정보통신망전파권보호조례(信息网络传播权保护条例), 식물신품종보호조례(植物新品种保护条例), 지식재산권세관보호조례(知识产权海关保护条例), 특수표지관리조례(特殊标志管理条例) 등

■ 생태환경: 환경보호법(环境保护法), 수질오염방지처리법(水污染防治法), 해양환경보호법(海洋环境保护法), 대기오염방지처리법(大气污染防治法), 환경소음방지처리법(环境噪声污染防治法), 고체폐기물오염환경방지처리법(固体废物污染环境防治法), 방사성오염방지처리법(放射性污染防治法), 건설항목환경보호관리조례(建设项目环境保护管理条例), 위험화학품안전관리조례(危险化学品安全管理条例), 오염물비징수사용관리조례(排污费征收使用管理条例), 위험폐기물경영허가증관리법(危险废物经营许可证管理办法) 등

 - 환경보호법(环境保护法): 1989년 12월 발효된 환경관련 기본법이다(2014년 수정되었으며, 신법은 2015년 1월부터 발효되었다). 동 법을 주축으로 수질오염, 대기오염, 고체폐기물처리 등 주요 환경법규와 환경보호 관련 표준들이 서로 면밀히 연계되어 있다. 2010년 말 현재 중국에는 1,300여 개 환경보호 관련 표준이 있다.

■ 거시경제조절 및 관리: 예산법(預算法), 가격법(价格法), 중국인민은행법(中国人民银行法) 등

■ 세수제도: 기업소득세법(企业所得税法), 개인소득세법(个人所得税法), 자동차선박세(车船税法), 세수징수관리법(税收征收管理法), 부가가치세잠정조례(增值税暂行条例), 도시유지건설세잠정조례(城市维护建设税暂行条例) 등

 - 기업소득세법(企业所得税法): 중국진출기업의 경영 및 세무관리에 있어 중요한 법규의 하나이다. 2008.1.1.일부로 수정된 기업소득세법은 그동안 서로 다르게 시행되어 오던 내외국기업에 대한 소득세율을 25%로 통일하여 적용하는 중요한 조치를 취하였다.

■ 금융외환: 은행업감독관리법(银行业监督管理法), 반세탁법(反洗钱法), 외환관리조례(外汇管理条例) 등

■ 농업분야: 농업법(农业法), 종자법(种子法), 농산품품질안전법(农产品质量安

全法) 등

■산업촉진 및 관리감독: 철도법(铁路法), 도로법(公路法), 민용항공법(民用航空法), 전력법(电力法) 등

■자원이용개발: 토지관리법(土地管理法), 삼림법(森林法), 수자원관리법(水法), 광산자원법(矿产资源法) 등

- 토지관리법(土地管理法): 1999년부터 수정 시행해 오고 있는 토지관리법은 내외자기업에게 모두 적용되는 법으로 토지를 자원으로 인식하여 토지사용권 및 토지의 이용에 대한 기본적인 관리방향을 제시한 법으로 2000년 들어 엄격한 토지관리에 대한 근거법이 되고 있다. 중국에 진출한 우리기업으로서는 주의해서 준수해야 할 주요 법규 중의 하나이다.

■에너지: 에너지절약법(节约能源法), 재생가능에너지법(可再生能源法), 순환경제촉진법(循环经济促进法), 청결생산촉진법(清洁生产促进法) 등

- 순환경제촉진법(循环经济促进法): 2009년 1월부터 시행된 동 법은 에너지, 환경 분야를 모두 아우르는 법으로 중국경제의 지속가능발전을 위해 경제의 순환적 에너지, 자원 이용을 촉진하는 근거법이 되고 있다.

■공정경쟁: 공정거래법(反不正当竞争法), 가격법(价格法), 독과점금지법(反垄断法) 등

■대외무역제도: 무역구제제도(贸易救济制度), 세관관리감독(海关监管), 수출입상품검험검역제도(进出口商品检验检疫制度) 등

- 무역구제제도(贸易救济制度): 대외무역법(2004.7.1. 수정법 발효)을 통해(제40조~제50조) 반덤핑, 반보조금(상계관세), 긴급조치(세이프가드) 등의 근거를 마련하고 있다.

■노동: 노동법(劳动法), 노동계약법(劳动合同法), 취업촉진법(就业促进法), 노동쟁의중재법(劳动争议调解仲裁法), 광산안전법(矿山安全法), 직업병방지처리법(职业病防治法), 안전생산법(安全生产法) 등

- 노동계약법(劳动合同法): 2008.1.1.부터 시행된 법으로 그동안 자유로웠던 기업의 근로자 고용과 해고와 관련해서 경직성을 부과한 법으로(2번째 고용계약부터 노무자에게 결정권을 주고 있으며, 세 번째 계약부터 사실상 무고정기한 고용으로 들어가도록 규정) 중국의 기업과 노무자 사이의 관계를 완전히 바꾼

법규라 할 수 있다. 진출기업으로서는 유의하여 집행해야 하는 주요한 법규가 되고 있다.

■ 사회보장: 사회보험법(社会保险法), 실업보험조례(失业保险条例), 공상보험조례(工伤保险条例), 사회보험비징수잠정조례(社会保险费征缴暂行条例) 등

 - 사회보험법(社会保险法): 2011.7.1.일부터 내·외자기업 모두 근로자에 대해 반드시 5대보험(养老保险, 医疗保险, 工伤保险, 失业保险, 生育保险)을 들어주도록 규정한 법규로 진출기업이 반드시 지켜야 하는 법이다. 중국에서 근무하는(기업에 파견된) 외국인에 대해서는 별도의 법규(在中国境内就业的外国人参加社会保险暂行办法 2011.10.15. 발효)로 사회보험료납부를 요구하고 있다.

■ 중재: 중재법(仲裁法), 노동쟁의조정화해중재법(劳动争议调解仲裁法) 등

제 4 절 중국경제정책 현황과 특징

중국정부는 2008년 국제금융위기가 발생하여 자국내 경제가 어려움을 겪게 되자 2009년부터 시작해서 12·5(2011~2015), 13·5(2016~2020)을 거쳐 14·5(2021~2025)규획기간에 이르기까지 십여 년 이상을 '안정 속에 발전을 추구한다.'는 이른바 "온중구진(穩中求進)"을 경제정책의 전체적인 방향으로 정하고 있다. 이에 따라 구체적인 경제정책 방향으로는 '안정적 금융정책, 적극적 재정정책'이라는 거시조절정책(宏觀調控)의 프레임을 지속적으로 추구하고 있으며, 구체적인 세밀한 조치를 통해 조금씩 조금씩 경제를 조절하고 있으며, 이와 더불어 북경-천진-하북일대, 장강델타지역, 주강델타지역(광동-마카오-홍콩) 등을 중심으로 하여 각 지역에서 지역개발정책과 산업발전정책을 시행하고 있다.

중국에서 경제정책을 확정하는 프로세스를 보면 매 5년마다 실시되는 '국민경제 및 사회발전 5개년 계획'의 마지막 해에 공산당 중앙위원회의 회의를 통해 '국민경제 및 사회발전 5개년 계획'에 대한 정책의견을 국무원에 전달하며, 이 내용이 거의 그대로 '계획(규획)'에 반영되어 이듬해 즉 새로 시작하는 '국민경제 및 사회발전 5개년 계획'의 첫해 3월에 열리는 전국인민대표대회에 제출되며, 전국인민대표대회의 형식적 심의와 표결을 거쳐 '계획'이 확정된다. 이렇게 확정된 계획이 마스터플랜이 되는데 이를 근거로 정부 각 부문에서 자기 부문의 5개년 계획을 만들어 첫해 또는 둘째 해에 발표하고 집행에 들어간다.

또한 시기가 약간의 변동은 있지만 매년 11월 경 '중앙경제공작회의'와 '금융공작회의' 등을 개최하여 해당 년도 계획집행 현황과 차년도 집행계획을 세부조정하고, 전체적인 경제정책의 재점검, 차년도 정부 예산안 등을 심의한다. 즉, 5년에 한번 기본 계획(5개년계획)을 세우고 이를 근거로 매년 세부계획들을 세우고 집행하며 필요시 조정을 하고 있다.

이와는 별도로 '과학 기술 인프라 구축(2012~2030)', '신에너지자동차산업발전계획(2021~2035)', '지식재산권강국건설(2021~2035)', '계측부문발전규획(2021~2035)' 등 10~15년 기간의 장기적인 정책도 발표하고 있다.

1. 국민경제 및 사회발전 5개년 계획(지역개발과 산업발전의 매 트릭스)

앞에서 중국경제를 이끌고 있는 소비, 투자, 순수출 삼두마차를 간단히 살펴 보면서 중국이 기본적인 정책 방향을 '내수확대'로 가지고 가고 있음을 알게 되었 다. 이러한 중국경제정책 방향을 한 눈에 알아 볼 수 있는 것은 매 5년마다 중앙 정부와 지방정부, 각 산업부문별로 실시하고 있는 경제발전 5개년 계획이라고 할 수 있다.

1953년부터 시행해 온 중국의 5개년 계획은 현재 14번째를 맞고 있다. 14번 째 5개년 규획이라고 해서 중국에서는 간단히 14·5(十四三) 규획이라고 지칭하 는데, 정식명칭은 국민경제 및 사회발전 제14차 5개년규획(國民經濟和社會發展 第十四三五年規劃)으로 2021년부터 2025년 기간으로 실시하고 있다. 중국정부는 11번째 5개년 계획 즉 11·5(2006~2010)부터는 '계획(計劃)'이란 말 대신 '규획(規 劃)'이란 말을 쓰기 시작했다. 중국정부는 중국경제가 비약적으로 발전하고 민간 부문의 역할이 커져 감을 반영하여, 국가주도적인 뜻이 강한 계획이란 말 대신 민간경제의 의견과 자율성을 반영하는 차원의 '규획'이란 말을 사용하기 시작하 였다.[19]

중국을 이끌고 있는 중국공산당은 2020년 10월 26일에서 10월 29일 4일간 베 이징에서 개최한 제19기 중국공산당 중앙위원회[20] 제5차 전체회의(이하 '5중전회' 로 지칭)를 개최하고 2021년부터 시행되는 국민경제 및 사회발전 및 2035년 장기 발전목표에 대한 건의[21]를 통과시켰으며, 2021년 3월 전국인민대표대회를 통해 14·5계획 강요(綱要, 우리말로는 '요강')를 확정하였다.

---

19) 1차 계획은 1953~1957년 기간, 2차 계획은 1958~1962년 기간에 실시되었으며 3차 계획은 중간의 조정기를 거쳐 1966~1970년 기간에 실시되었다. 10차까지는 계획이란 이름으로 실시되었다.

20) 중국공산당은 5년마다 9천만 명이 넘는 공산당원 중에서 2,300~2,600명 가량의 전국대표를 뽑 고, 그중에서 200명의 중앙위원회 정위원과 약 170여 명의 후보위원을 뽑는다. 정위원 중에서 25 명의 정치국을 뽑으며 이 중 서열 순으로 7명이 중앙상무위원이 되며 이 중에서 서열 1위가 총 서기가 된다. 사실상 중국의 모든 중요 부문의 책임자는 중앙위원(또는 후보위원)이며 이들이 중국 전체를 움직인다고 할 수 있다. 이번 제19기 공산당 중앙위원회 제5차 전체회의에는 198명의 중 앙위원과 166명의 후보위원과 여타 기관의 인원들이 참석하였다.

21) 中共中央关于制定国民经济和社会发展第十四个五年规划和二〇三五年远景目标的建议, 新华 社 2020.1.3.

▣ 산업발전정책: 전략적신흥산업의 AI · 인터넷 · 빅데이터 · 디지털화와 융합

중국은 과학기술분야에서 '국가의 전략적 과학기술 역량강화'를 캐치프레이즈로 'AI, 양자정보통신, IC, bio-health, 뇌과학, 생물육종, 우주과학기술, 심해 · 지층심층부 탐사' 등에 대한 중요 프로젝트를 추진하면서, 이를 산업분야와 연계하여 제조강국[22], 품질강국, 인터넷강국, 디지털강국이 된다는 목표를 제시하고 있다.

이러한 목표아래 산업분야에서는 중국이 2010년부터 추진해 온 전략적 신흥산업[23]을 더욱 발전시킨다는 지속적인 목표를 제시하고 있다. 우리처럼 4차산업이란 용어를 쓰고 있지는 않지만 전략적 신흥산업안에 새로운 분야들을 모두 담아내고 있다. 특히 차세대정보기술, 바이오테크, 신에너지, 신소재, 첨단장비, 신에너지자동차, 환경보호, 우주항공, 해양장비 등 산업을 인터넷 · 빅데이터 · AI와 연계시켜 발전시킬 계획이다.[24] 나아가 첨단산업 클러스터를 형성하고 신기술 · 신제품 · 신업종 · 신모델을 육성하며 플랫폼경제 · 공유경제의 발전과 기업 간의 M&A를 장려할 것임을 제시하고 있다.

또한 서비스업발전 방향으로 우선 생산부문 관련 서비스를 전문화시키고 가치사슬의 상부를 차지하는 방향으로 발전시키며, 서비스산업을 표준화 · 브랜드화한다는 전체적인 목표를 세우고 있다. 이를 추진하기 위해 R&D · 설계, 현대물류, 법률서비스 등 서비스업의 발전을 가속화하며 서비스업의 디지털화를 추진할 계획이다. 생활서비스형 서비스 즉, 건강 · 양로 · 육아 · 문화 · 관광레저 · 스

---

22) 중국 국무원은 2015년에 〈중국제조2025〉를 발표하여 2020년에 기본적인 공업화 실현, 2025년 제조업 전체능력 제고, 2035년 제조업 강국 중등수준, 2050년 제조업강국을 달성한다는 목표를 제시하고 추진하고 있다. (国务院关于印发《中国制造2025》的通知, 国发〔2015〕28号, 国务院 2015.5.8.)

23) 전략적 신흥산업육성 및 발전에 관한 결정(国务院关於加快培育和发展战略性新兴产业的决定, 国发〔2010〕32号 2010.10.10.)을 발표하여 신흥산업 육성을 추진하기 시작한다. 이후, 중국정부는 2년 넘게 전략적 신흥산업에 포함시킬 제품과 서비스 분야를 검토하고 2013년 2월 '전략적 신흥산업 중점 품목 및 서비스 지도목록(战略性新兴产业重点产品和服务指导目录 2013.2)'을 발표하고 에너지절약 및 환경보호산업, 차세대 정보기술산업, 바이오산업, 첨단장비제조산업, 신에너지산업, 신소재산업, 신에너지자동차산업 7개 산업 24개 분야 125개 항목 3,100여 세부 품목 및 서비스를 발표하고 추진에 들어갔다.

24) AI경제를 이야기할 때 바로 연계되는 것이 로봇경제인데 '건의'에서는 이에 대한 직접적인 언급은 없다.

포츠 · 가사관리 · 건물관리 등 서비스업을 발전시킬 계획이다.

산업정책의 방향 중 빼놓을 수 없는 것은 전 산업부문의 디지털화를 가속한다는 것이다. 중국은 디지털경제발전을 추진하여 디지털의 산업화 · 산업의 디지털화를 추진하여 디지털경제와 실물경제를 근원적으로 통합하며, 국제경쟁력이 있는 디지털산업클러스터를 형성하여 디지털사회 · 디지털정부 건설을 강화하며 데이터자원의 재산권 · 거래유통 · 국가 간 전송 및 안전보호 등 기본제도와 표준규범을 구축하고 데이터자원의 개발 및 이용을 추진한다.

▣ 지역개발정책: 지역개발, 장강경제벨트 등 광대역 도시군 발전 중점

국토기능의 구획 및 지역간 협력발전의 기조아래 2000년 초부터 추진해 온 지역발전정책들인 서부대개발[25], 동북진흥[26], 중부굴기[27](2006년), 동남부지역 현대화 가속화 정책을 지속적으로 추진한다. 또한 시진핑 집권 이후 중점이 두고 있는 베이징 · 톈진 · 허베이(京津冀)통합발전, 장강경제벨트(長江經濟帶)발전과 2019부터 추진하는 광둥 · 홍콩 · 마카오 광대역 경제벨트(奧港澳 大灣區)건설, 장강삼각주 일체화 발전에 중점이 두어지고 있으며, 좁은 범위의 지역개발로는 슝안(雄安)신구[28]에 초점을 두고 있고, 지속적인 해양경제발전, 도시화 추진에 방점을 찍고 있다.

도시화의 경우는 중심도시와 주변 도시의 도시군 형성 발전을 지속추진하며

---

25) 서부대개발(西部大開發)정책은 2000년부터 충칭, 쓰촨, 구이저우, 윈난, 꽝시, 샨시, 깐수, 닝샤, 칭하이, 시짱, 신쟝, 네이멍구 등 12개 지역의 발전을 목표로 실시하고 있다.

26) 동북진흥(東北振興)은 동북지역에 위치한 동북삼성 즉, 랴오닝, 지린, 헤이룽쟝 3성의 발전을 목표로 2003년부터 실시하고 있다.

27) 중부굴기(中部崛起)정책은 중부지역에 위치한 산시, 후난, 후베이, 허난, 안후이, 쟝시 6개성을 대상으로 2006년부터 실시되고 있다.

28) 허뻬이 슝안신구(河北雄安新区总体规划 2018-2035年, 2018.12), 상하이 푸동신구, 톈진 빈하이 신구에 이어 3대 신구로 육성 계획이다. 기존에 중국정부가 국가급으로 허용한 신구는 상당히 많으나 시진핑 정권은 특별히 슝안신구를 강조하고 있다. 상기 3대 신구 외에 승인된 신구는 다음과 같다. 충칭량쟝신구(重庆两江新区, '10.5), 시센신구(西咸新区, '11.6), 란저우신구(兰 州新区, '12.8), 광저우난사신구(廣州南沙新区, '12.9), 시셴신구(西咸新区 '14.1), 구이안신구(贵 安新区 '14.1), 칭다오 서해안신구(青岛 西海岸新区 '14.6), 다롄진푸신구(大连 金普新区 '16.6), 쓰촨텐푸신구(四川天府新区 '14.10), 후난샹쟝신구(湖南湘江新区, '15.4), 난징쟝베이신구(南京江北新区, '15.6), 푸저우신구(福州新区, '15.8), 윈난띠엔중신구(云南滇中新区, '15.9), 하얼빈(哈尔滨, '15.12), 창춘(长春, '16.2), 쟝시깐쟝신구(江西 赣江, '16.6)

특히 청두 · 충칭 도시벨트 경제권(成渝地區雙城經濟圈)구축에 초점을 맞추고 있다. 개방형 경제체제 구축의 일환으로 자유무역시범구가 각지에 형성되고 있으며 이번 건의에서는 하이난(海南)자유무역항 건설 추진이 제시되었고 기존에 설치된 자유무역시범구[29]의 기능확대 등이 제시되었다.

▣ 사회간접자본: 5G통신망 · 궤도교통 · 스마트에너지시스템 구축 중점

산업발전과 지역발전에 필수적인 사회간접자본을 네 분야로 나누어 추진할 계획이다.

1) 새로운 간접자본으로 떠오른 5G통신망, 산업인터넷망, 빅데이터센터 구축 등 4차산업 시대에 필수적인 간접자본을 빠르게 구축할 계획이다.

2) 교통강국 건설에 박차를 가할 계획이다. 기존의 교통 및 물류망 확충을 기하면서 도시군에 포함된 도시들간의 궤도교통 및 개별 도시 하나하나의 도시권역내 궤도교통(전철, 고속철)망 구축을 가속적으로 추진한다.

3) 에너지혁신을 추진하여 에너지의 생산 · 공급 · 저장 · 판매 시스템을 고도화한다. 이를 위하여 중국내 석유 및 가스 탐사 및 개발 · 저장시설 건설 · 전국의 주요 지역간 파이프라인 건설을 추진하며 스마트에너지 시스템을 건설할 계획이다. 또한 신재생에너지의 소비수준제고 및 저장능력 강화, 전력 생산 및 송전통로 고도화를 추진할 예정이다.

4) 수리기초시설 건설을 강화하여 수자원의 유효적절한 배분 및 홍수 및 가뭄방지 능력을 제고할 계획이다.

---

29) 자유무역시범구는 일종의 보세구이자 각종 제한이 자유화된 특수지역이다. 상하이를 시작으로 계속 늘어나고 있다. 현재까지 중국정부가 허용한 자유무역시범구는 다음과 같다.
2013.9 상하이 자유무역시범구/2015.4 푸젠(福建), 톈진(天津), 광둥(广东)/2016.9 랴오닝(辽宁), 저장(浙江), 허난(河南), 후베이(湖北), 충칭(重庆), 쓰촨(四川), 산시(陕西)/2019.8 산둥(山东 119.98㎢--济南 37.99㎢), 青岛 52㎢, 烟台 29.99㎢), 강소(江苏 119.97㎢--南京 39.55㎢, 苏州 60.15㎢, 连 云港 20.27㎢), 광서(广西 119.99㎢--南宁 46.8㎢, 钦州 58.19㎢, 崇左 15㎢), 하북(河北 119.97㎢--雄安 33.23㎢, 正定 33.29㎢, 曹妃甸 33.48㎢, 大兴 机场 19.97㎢), 운남(云南 119.86㎢--昆明 76㎢, 红 河 14.12㎢, 德宏 29.74㎢), 흑룡강(黑龙江 119.85㎢--哈尔滨 79.86㎢, 黑河 20㎢, 绥芬河 19.99㎢).

14·5규획 주요 목표(2021~2025년)

지표	단위	2020년	2025년	연평균/누계
GRDP성장	%	2.3		합리적 구간 유지 매년 상황에 따라 제시
노동생산증가	%	2.5		GRDP성장 이상
상주인구도시화율	%	60.6	6.5	
R&D/GRDP	%			13.5규획기간 달성율 이상. 2022년 2.55%
고부가특허보유량	건/만 명	6.3	12	
GRDP 중 디지털경제 핵심산업 부가가치점유율	%	7.8	10	
주민 일인당 가처분소득증가	%	2.1		GRDP성장율과 동일
도시조사실업률	%	5.2		<5.5%
양로보험가입율	%	91	95	
기대수명	세	77.3		1세 증가
에너지소모감소율 (GRDP 1 단위당)	%			5년간 13.5% 감소 목표
CO2배출감소율 (GRDP 1 단위당)	%			5년간 18% 감소 목표
삼림피복율	%	23.2	24.1	

출처: 國民經濟和社會發展第十四個五年規劃和2035年遠景目標綱要 2021.3.12. 新華社

2. 정책 기본 프레임

중국의 경제정책은 기본적으로 "안정 속에 발전을 추구한다."는 이른바 "온중구진(穩中求進)"을 전체적인 방향으로 정하고 있다. 이에 따라 구체적인 경제정책 방향으로는 "안정적 금융정책, 적극적 재정정책"이라는 거시조절정책(宏觀調控)의 프레임을 지속적으로 추구하고 있다.

안정적 금융정책은 중국인민은행을 통해 주로 금리와 지급준비율 등을 통해 조정하고 있으며, 외환시장에 대한 개입을 통해 환율조정을 하고 있다. 통화량(M2)은 GRDP의 2배 수준으로 다소 높게 운영되고 있다.

적극적 재정정책은 여타 국가와 마찬가지로 조세와 재정투입을 통해 경제발전을 촉진하고 있는데 중국의 특징은 정부의 고정자산투자 분야 특히 사회간접자본 분야 투입이 상당히 많으며, 경기가 침체 국면일 때마다 투자를 늘려 경제하강을 막는 방식을 통하고 있다.

이러한 거시정책은 사실상 여타 국가와 비슷한 정책수단을 통해 이루어지고 있어 중국만의 특징이라 보기 어렵다. 중국의 경제정책 특징은 중앙정부 차원, 지방정부 차원의 헤아릴 수 없이 많은 다양한 산업부문별 정책, 각 지역개발 및 발전심화를 위한 정책이라 할 수 있다.

1) 지역균형개발(발전)정책

지역균형개발정책은 12·5규획 이전에 수립된 것들이 대부분이지만 12·5와 13·5, 14·5규획 안으로 다 통합되어 일관성 있게 추진되고 있다.

표 1-17 광대역 개발정책 대상지역(비준 기준)

명칭	관련 공문	대상지역
서부대개발 (西部大开发)	国务院关於实施西部大开发若干政策措施的通知 (国发[2000] 33號)	충칭(重慶), 쓰촨(四川), 구이저우(貴州), 윈난(雲南), 산시(陝西), 간수(甘肅), 칭하이(青海), 닝샤(寧夏回族自治區), 신장(新疆維吾爾自治區), 광시(廣西自治區), 네이멍구(內蒙古自治區), 시장(西藏自治區)
동북진흥 (東北振興)	中中共中央, 国务院关於实施东北地区等老工业基地振兴战略的若干意见 (中发[2003] 11號)	랴오닝(遼寧), 지린(吉林), 헤이룽장(黑龍江)
중부굴기 (中部崛起)	中共中央国务院关於促进中部地区崛起的若干意见 (中发[2006] 10號)	허난(河南), 산시(山西), 안후이(安徽), 후베이(湖北), 후난(湖南), 장시(江西)

자료: 국가발전개혁위원회 홈페이지(www.ndrc.gov.cn).

▶ **광대역개발**

개혁개방 이후 동남부와 여타 지역과의 경제격차가 벌어지자 중국정부가 지역간 불균형 해소를 위해 중국을 동남부, 중부, 서부, 동북의 네 지역으로 구분하

고 경제발달이 더딘 서부지역을 시작으로 실시한 서부대개발과 뒤이어 동북삼성
을 대상으로 한 동북진흥계획과 중부지역 6개성을 대상으로 한 중부굴기 정책을
'광대역개발'이라고 지칭할 수 있다. 이들 계획은 12ㆍ5규획, 13ㆍ5규획에 이어
14ㆍ5규획 속에 통합되었으며 각 지방정의 14ㆍ5규획에도 관련 세부계획들이 포
함되었다.

▶권역개발계획

중국 각 지방정부들은 여러 성 지역에 걸친 지역개발계획이나 한 개 성(省) 내
의 몇 개 지역을 묶는 개발계획들을 중앙정부의 비준을 받아 지속 발표해 왔다.
대규모의 광대역개발보다는 범위가 작지만 일개 도시를 대상으로 하는 도시개발
보다는 넓은 지역을 대상으로 하고 있어 이를 '권역개발'로 지칭한다.

이러한 권역개발 방식은 2010년 말에 중국중앙정부가 국토를 기능별로 구분하
여 개발 및 관리하려고 발표한 전국주체기능구역계획(全国主体功能区规划)에 이
들 지역개발계획을 대부분 포함시킴으로써 주요한 지역개발방식이 되었다. 또한,
중앙정부 및 각 지방정부의 국민경제 및 사회발전 5개년 규획에도 이들 지역개발
정책을 포함시켜 지역별 중점사업으로 추진하고 있어, 권역개발은 중국정부의 중
심적인 지역개발유형으로 자리 잡게 되었다.

한편, 중국정부는 2012년 10월과 11월 바다와 접한 11개 성, 시, 자치구 지역
에 대해 해양기능구역개발계획(海洋功能区规划(2011~2020年))을 승인해 주었는데
관련 연해도시나 지역의 개발이 포함되어 있기는 하지만, 주로 근해 해양지역의
산업발전에 초점이 맞춰져 있어 일반적인 지역개발계획으로 보기에 무리가 있지
만 크게 보면 권역개발의 일종으로 볼 수도 있다. 관련 해양기능구계획 해당 지
역은 톈진, 허베이(河北), 랴오닝(辽宁), 장수(江苏), 저장(浙江), 푸젠(福建), 산둥
(山东), 광시장족자치구(廣西壯族自治区), 상하이, 하이난, 광둥 11개 지역이다.

중국정부는 권역개발(또는 도시개발)로 볼 수 있지만 서비스 산업을 중점으로
한 새로운 형태의 자유무역시범지역, 국제전자상거래시범구를 설치하였다.

▶도시화 및 도시개발정책

도시화는 중국정부가 내수확대를 통한 경제발전정책의 핵심의 하나로 삼고 있

는 정책이다. 기본적인 내용은 기존 도시의 도심을 확대하고 인근 농촌지역에 신규 도시지역을 건설함으로써 각종 프로젝트와 소비시장 확대를 통해 도시경제를 발전시키고 이를 통해 국가 전체 경제발전을 추진하는 정책이다.

이러한 도시화정책과 긴밀히 연계되어 있으며, 동전의 양면처럼 권역개발정책과 동시에 추진되고 있는 것이 도시개발정책이다. 이러한 도시개발정책은 기존 도시의 기능 확대와 발전을 추구하는 도시종합개발계획과 신도시 건설에 주안점이 주어진 신구(新區)건설계획으로 나누어진다. 도시종합개발은 기존 도시의 내부정비와 도시와 농촌의 경계지역을 도시화하는 지역개발 유형이다. 최근에 중국정부나 언론에 많이 거론되는 신구의 경우 일종의 신도시 개발로 볼 수 있는데 첨단기술개발구, 수출가공구, 보세구, 금융무역구 등 다양한 기능을 복합적으로 갖춘 도시건설이라고 할 수 있다.

중국의 지역개발정책은 2000년 서부대개발정책 발표를 기점으로 하여 동북지역, 중부지역을 대상으로 한 광대역개발로 변화를 보였다. 11 · 5계획기간(2006~2010)의 중반 이후부터는 권역개발, 도시개발의 형태로 정책의 유형이 변화하였으며, 모두 12 · 5, 13 · 5. 14 · 5규획 안에 통합되어 추진되어 왔고, 14 · 5규획 기간에도 지속 추진되고 있다.

표 1-18 11 · 5 / 12 · 5 / 13 · 5 / 14 · 5규획 중반 이후 발표된 주요 지역개발계획

구분	도시(지역)
자유무역시범구 (自由貿易實驗區)	(2013.9) 상하이 자유무역시범구 (2015.4) 푸젠(福建), 톈진(天津), 광둥(广东) (2016.9) 랴오닝(辽宁), 저장(浙江), 허난(河南), 후베이(湖北), 충칭(重庆), 쓰촨(四川), 샨시(陕西) (2019.8) 산동(山东 119.98㎢--济南, 青岛, 烟台) 　　　　강소(江苏 119.97㎢--南京, 苏州, 连云港) 　　　　광서(广西 119.99㎢--南宁, 钦州, 崇左) 　　　　하북(河北 119.97㎢--雄安, 正定, 曹妃甸, 大兴机场) 　　　　운남(云南 119.86㎢--昆明, 红河, 德宏) 　　　　흑룡강(黑龙江 119.85㎢--哈尔滨, 黑河, 绥芬河)

도시군(城市群)	* 2015.3 장강중류도시군 발전계획(长江中游城市群发展规划)
	* 2015.10 스폰지도시 건설추진(推进海绵城市建设的指导意见)
	* 2016.2 하얼빈−창춘 도시군 발전계획(哈长城市群发展规划)
	* 2016.4 청두−충칭 도시군 발전계획(成渝城市群发展规划).
	  成渝地区双城经济圈建设规划纲要 2021.10.20
	* 2016.5 장강삼각주 도시군 발전계획(长江三角洲城市群发展规划)
	* 2017.1 북부만도시군 발전계획(北部湾城市群发展规划)
	* 2018.1 관중평원도시군발전계획(关中平原城市群发展规划−−陕西,
	  山西, 甘肃)
	* 2018.2 후빠오어위 도시군 발전계획(呼包鄂榆城市群发展规划−−内
	  蒙古, 陕西)
	* 2018.2 란저우−시닝 도시군발전계획(兰州−西宁城市群发展规划)

신구(新區)	충칭량장신구(重庆两江新区, '10.5), 시센신구(西咸新区, '11.6), 란저우신구(兰州新区, '12.8), 광저우난사신구(廣州南沙新区, '12.9), 시셴신구(西咸新区, '14.1), 꾸이안신구(贵安新区, '14.1), 칭다오서해안신 구(青岛西海岸新区, '14.6), 다롄진푸신구(大连金普新区, '16.6), 쓰촨톈푸신구(四川天府新区, '14.10), 후난샹장신구(湖南湘江新区, '15.4), 난징쟝베이신구(南京江北新区, '15.6),푸저우신구(福州新区, '15.8), 윈난띠엔중신구(云南滇 中新区, '15.9), 하얼빈(哈尔滨, '15.12), 창춘(长春, '16.2), 장시깐장(江西赣江, '16.6), 허베이 슝안신구(河北雄安新区总体规划 2018−2035年 '18.12)

주: 괄호안의 시기표시는 중국정부의 비준시기임.
자료: 중국정부 홈페이지(www.gov.cn), 국가발전개혁위원회 홈페이지(www.ndrc.gov.cn).

표 1-19 각종 시범구 개발

구분	도시(지역)

창조혁신시범구
(國家自主創新示
范區)
	• 정저우−뤄양−신샹(郑 洛新国 家级 高新区)(2016.4)
	  (郑 州, 洛阳, 新乡 国家高新技术产业开发区 지
	  역)
	• 산동반도(山东 半岛国 家高新区)(2016.4)
	  (济南, 青岛, 淄博, 潍坊, 烟台, 威海 国家高新技术产业开
	  发区지역)
	• 션양다롄(沈大国 家高新区)(2016.4) (沈阳, 大连 国家高新技术产业
	  开发区 지역)

	• 푸저우-샤먼-취안저우(福厦泉国 家高新区)(2016.6) 　　　　　(福州, 厦门, 泉州 国家高新技术产业开发区 지역) • 허페이-우후-벙부 첨단신구(合芜蚌 国家高新区)(2016.6) 　　　　　(合肥, 芜湖, 蚌埠 国家高新技术产业开发区 지역) • 충칭(重庆国 家高新区)(2016.7) (重庆 高新技术产业开发区 지역) • 닝보-원저우(宁波, 温州高新技术产业开发区)(2018.2) • 란저우-바이인(兰州, 白银高新技术产业开发区)(2018.2) • 우루무치창지스허쯔(鲁木齐昌吉石河子高新技术产业开发区)(2018.11) • 하얼빈, 따칭, 치치하얼(哈尔滨, 大庆, 齐齐哈尔高新技术产业开发区)(2022.5)
개방시험구 (开放试验区)	• 쑤이펀허-동닝(黑龙江绥芬河-东宁 开放试验区)(2016.4) • 핑샹(广西凭祥开放试验区)(2016.8) • 구이저우내륙(开放型经济试验区)(2016.8) • 장시(江西内陆开放型经济试验区)(2020.4)
국제전자상거래 시범지역 (跨境電子商务综 合试验区)	2015.3 杭州 2016.1 天津市, 上海市, 重庆市, 合肥市, 郑州市, 广州市, 成都市, 大连市, 宁波市, 青岛市, 深圳市, 苏州市(12개 도시) 2018.7 北京市, 呼和浩特市, 沈阳市, 长春市, 哈尔滨市, 南京市, 南昌市, 武汉市, 长沙市, 南宁市, 海口市, 贵阳市, 昆明市, 西安市, 兰州市, 厦门市, 唐山市, 无锡市, 威海市, 珠海市, 东莞市, 义乌市(22개) 2019.12 石家庄市, 太原市, 赤峰市, 抚顺市, 珲春市, 绥芬河市, 徐州市, 南通市, 温州市, 绍兴市, 芜湖市, 福州市, 泉州市, 赣州市, 济南市, 烟台市, 洛阳市, 黄石市, 岳阳市, 汕头市, 佛山市, 泸州市, 海东市, 银川市(24개) 2020.4 雄安新区, 大同市, 满洲里市, 营口市, 盘锦市, 吉林市, 黑河市, 常州市, 连云港市, 淮安市, 盐城市, 宿迁市, 湖州市, 嘉兴市, 衢州市, 台州市, 丽水市, 安庆市, 漳州市, 莆田市, 龙岩市, 九江市, 东营市, 潍坊市, 临沂市, 南阳市, 宜昌市, 湘潭市, 郴州市, 梅州市, 惠州市, 中山市, 江门市, 湛江市, 茂名市, 肇庆市, 崇左市, 三亚市, 德阳市, 绵阳市, 遵义市, 德宏傣族景颇族自治州, 延安市, 天水市, 西宁市, 乌鲁木齐市(46개) 2022.1 鄂尔多斯市, 扬州市, 镇江市, 泰州市, 金华市, 舟山市, 马鞍山市, 宣城市, 景德镇市, 上饶市, 淄博市, 日照市, 襄阳市, 韶关市, 汕尾市, 河源市, 阳江市, 清远市, 潮州市, 揭阳市, 云浮市, 南充市, 眉山市, 红河哈尼族彝族自治州, 宝鸡市, 喀什地区, 阿拉山口市(27개)

2) 산업발전 및 구조개선 정책

중국의 산업정책 역시 지역정책과 마찬가지로 시기적 필요에 따라 특정 테마 아래 발표된 산업발전이나 구조조정계획과 5개년 규획이란 큰 틀 안에서 발표된 정책으로 나누어 볼 수 있다.

▶ 전략적 신흥산업

전략적 신흥산업(戰略的新興産業) 발전정책은 우리나라의 신성장동력산업과 유사한 분야로 중국정부가 중국경제의 지속가능 발전의 차원에서 2010년부터 추진하고 있는 중점 산업정책이다. 12 · 5, 13 · 5에 이어 14 · 5 5개년 규획에도 전략적신흥산업 심화확대가 주요 방향으로 설정되었다.

표 1-20 전략적 신흥산업 분야

13 · 5 규획
(산업규모 확대) 차세대 정보기술 산업, 신에너지 자동차, 바이오기술산업, 환경 및 저탄소산업, 첨단 설비 및 소재산업, 디지털 창조 분야
(신규 성장분야) 첨단 반도체, 로봇, 3D프린트, 스마트 시스템, 차세대 항공장비, 공간기술 종합 서비스시스템, 스마트 교통, 고정밀 의료, 고효율 에너지 저장시스템 및 분산형 에너지 시스템, 스마트 소재, 고효율 에너지절약 및 환경보호, 가상현실, interactive movie 등 영역의 창조혁신 및 산업화

▶ 중국제조업 선진화 계획(中國製造 2025, 2015년 5월 발표)

현재 중국은 세계 제조업에서 20%에 달하는 높은 비중을 차지하고 있지만, 혁신역량이 부족해 제조 '강국'이 아닌 '대국'으로만 불리고 있는 상황이다.

게다가 중국의 인구보너스가 점점 사라지고 노동력 공급 감소, 원가 상승, 노동집약형 제조업 취업 기피 현상 등의 영향으로 중국 제조업의 국제 경쟁력이 위기를 맞고 있다. 이와 관련 중국정부는 2015년 5월 아래와 같은 내용의 중국제조업 선진화 계획을 발표 추진하고 있다.

'제조강국', '혁신강국'의 꿈

■ 역점: 제조업의 혁신 역량 강화, 정보화와 산업화의 융합, 산업기반 강화 등

■ 목표: △2025년 제조강국 대열 진입

　　　　△2035년 전체 제조업수준을 세계 주요 제조강국의 중간 수준까지 제고

　　　　△2049년 세계 선두 제조 강국으로 도약

■ R&D투입: 2025년까지 규모 이상 제조업의 R&D비용이 주력사업 매출액에서 차지하는 비중을 현재의 0.95%에서 1.68%로 제고

■ 5대 중점사업: △국가 제조업혁신센터 건설 △스마트제조 △제조업기반 강화 △녹색제조 △첨단장비 혁신 추진

■ 10대 분야: 차세대정보기술 / 고정밀 수치제어기와 로봇 / 항공, 우주장비 / 해양장비와 첨단선박 / 첨단궤도장비 / 에너지절감과 신에너지 자동차 / 전력설비 / 신소재 / 생물의약과 첨단의료설비 / 농업기계설비

▶14 · 5 규획으로 발표된 주요 산업정책[30]

중국정부가 14 · 5규획 또는 중장기 계획 형식으로 다양한 분야에 대해 산업구조조정 및 발전정책을 발표하였으며, 이를 추진해 나가고 있다.

[국무원 및 국무원판공실]

신에너지자동차산업(新能源汽车产业 2021~2035), 계측분야(计量发展 2021~2035),
* 분야별 14 · 5 발전규획
지식재산권보호(知识产权), 콜드체인물류(冷链物流), 관광레저(旅游业), 해양경제(海洋经济), 디지털경제(数字经济), 현대물류(现代物流), 중의약(中医药), 문화(文化)

[공업화신식부, 발전개혁위원회 등]

의약공업(医药工业), 석유화학(石化化工), 민용항공(民用航空), 청결생산(清洁生产), 빅데이터산업(大数据产业), 소프트웨어 및 정보기술서비스업(软件和信息技术服务业), 정보통신산업(信息通信行业), 공업녹색발전(工业绿色发

---

30) 공업화신식화부(工業和信息和部, http://www.miit.gov.cn), 상무부(商務部, http://www.mofcom. gov.cn)의 홈페이지에 각 산업의 14 · 5 발전 계획이 발표되어 있다.

展), 원재료공업(原材料工业) 등

[상무부]

전자상거래(電子商務), 국내무역유통(国内貿易流通), 서비스무역(服務貿易),
상업무역물류(商 務物流), 전자상거래물류(電子商務物流), 대외무역고품질발전

표 1-21 중국의 주요 경제지표

구 분		2015년	2020년	2022년
GRDP(억 위안)		689,052	1,015,986	1,210,207
(US 억 $)		110,631	147,300	179,927
	1인당GRDP (위안, $)	50,251 ($8,068)	72,447 ($10,504)	85,698 ($12,741)
	경제성장률(%)	6.9	2.3	3.0
소비자물가상승률(%)		1.4	2.5	2.0
고정자산투자(억 위안)		562,000	518,907	572,138
	증가율(%)	9.8	2.9	5.1
소비재소매총액(억 위안)		300,931	391,981	439,733
	증가율(%)	10.7	−4.1	−0.2
교역액(US억 $)		39,530	46,559	63,096
	수출(US억 $)	22,735	25,900	35,936
	증가율(%)	−3.0	3.6	7.0
	수입(US억 $)	16,795	20,660	27,160
	증가율(%)	−14.3	−0.6	1.1
	무역수지	5,940	5,240	8,776
FDI(실행기준, US억 $)		1,263	1,444	1,891
	증가율(%)	5.6	4.6	9.0
외환보유고(년말, US억 $)		33,304	32,165	31,276
	증가율(%)	−13.3	3.5	−3.8
평균환율(RMB/$)		6.2284	6.8974	6.7261

자료: 國民經濟和社會發展統計公報, 국가통계국 등

중 · 국 · 경 · 제 · 론

제 **2** 장

중국경제 발전 과정

제2장 중국경제 발전 과정

제1절 대외 개방

1. 경제적 침체와 개혁 · 개방의 필요성

1949년 10월, 마오쩌둥(毛泽东) 중심의 신(新)중국이 출범하였으나 정치 · 경제 · 사회적 혼란은 여전했다. 장기간의 항일전쟁(抗日战争)과 국민당 정부와의 내전(内战)으로 사회 생산기반 시설은 정상적으로 작동하지 못했다. 더욱이 한국전쟁에의 참전(1950년 10월), 인도와의 국경분쟁(1962년) 등이 발생하며 경제회복은 요원한 상태였다.

제1차 5개년 경제개발계획을 추진한 1953년부터 1957년까지 연평균 8.9%의 고성장을 기록하였으나, 마오쩌둥은 중국 현실에 적합하지 않다고 비판했다. 이에 대한 대안으로 노동력 집중화 산업 추진을 통한 경제성장을 도모한다는 대약진운동(大跃进运动)[1]을 제시하였다. 그러나 대약진운동은 크게 실패하였고, 이어진 문화대혁명 시기에는 농업부문을 제외한 모든 부분에서 생산력 감소가 발생했다. 문화대혁명 당시 심각한 분열 상태를 겪은 중국은 1976년 9월 마오쩌둥의 죽음과 10월 사인방(四人帮)[2] 축출 과정에서 또다시 심각한 정치 · 경제 · 사회적 혼란을 경험하게 된다.

이러한 혼란을 조기에 수습하고자 '실용주의' 노선을 표명한 덩샤오핑(邓小平) 체제는 경제회복을 가장 큰 당면과제로 설정하였다. 그러나 매우 제한된 중국 내

---

1) 농촌의 잉여노동력을 이용하여 산업생산량을 제고하고 산업기술을 보급하고자 했던 운동으로 1958년부터 1960년까지 진행되었다. 그러나 노동자들에게 부과된 목표량 달성을 강제함으로써, 생산량만을 중시하게 되어 제품의 품질 저하와 불량품을 양산하는 비효율적 시스템으로 변질되었다. 또한, 농촌 인력의 도시 강제 이주에 따라, 농촌은 노동력 부족으로 인한 생산력 저하를, 도시는 생필품 부족난을 겪게 된다. 이러한 농업생산량 저하와 흉작이 소련과의 관계악화에 따른 원조 중단 등과 겹치면서 수천만 명의 아사자가 발생하였다. 그 결과, 대약진운동은 중국의 경제적 · 문화적 수준을 20년 이상 퇴보시켰다는 비판에 직면하게 되었고 마오쩌둥은 국가주석직을 사임하였다.

2) 문화대혁명 시기에 무소불위의 권력을 휘두르며 중심에 있었던 마오쩌둥의 부인인 장칭(江淸)을 비롯한 야오원위안(姚文元) · 왕홍원(王洪文) · 장춘차오(張春橋)를 지칭하는 표현이다.

자본 상태와 낙후된 기술 수준이라는 한계에 직면하게 된다.[3] 이에 따라, 중국은 대외개방의 필요성을 인식하고 중앙·지방정부 공동으로 대외 교류 확대 계획을 검토하였다.

1978년 5월, 중국 정부는 구무(谷牧)[4] 부총리를 대표로 한 독일·벨기에·덴마크·스위스 등 서유럽 조사단을 통해 중국경제의 낙후된 수준을 재확인하는 동시에 대외개방 정책의 조기 확립하였다. 동 조사단의 보고를 바탕으로, 덩샤오핑은 1978년 9월 선진기술, 관리 경험, 선진국으로부터의 자본 유치 필요성을 확인하고 준비단계에 착수하였다.

1978년 12월, 베이징에서 개최된 '제11기 중국공산당 전국대표회의 제3차 중앙위원회 전체 회의(제11기 3중 전회)'에서 중국은 사회주의 경제체제를 개혁하고 대외개방 정책으로의 이행을 선언하였다. 특히 자력갱생 기본 아래 세계 각국과의 경제협력을 추진하고 선진기술 및 설비의 적극적인 도입 등 주요 결정들을 확정하였다. 덩샤오핑은 "반우파(反右派) 운동이 대외적으로는 폐쇄적이고 대내적으로는 계급투쟁을 정점으로 삼았기 때문에 생산력 발전이 상대적으로 소홀하게 되었다"고 비판하였다. 이를 바탕으로, 덩샤오핑은 대외개방이 개혁과 발전을 위한 장기적 국책과제인 동시에 세계적인 흐름에 순응하는 중요 정책이라 평가하고 지지하였다. 덩샤오핑은 1980년 6월 외국 방문단의 접견 자리에서도 중국의 대외경제정책의 핵심이 "대외개방"이라는 점을 명확히 전했다.

개혁·개방은 덩샤오핑 이론의 핵심이며 중국식 사회주의 건설을 기본 목표로 하고 있다. 즉, 해외 선진 경험을 중국 현실에 적용함으로써 궁극적으로 중국적인 특색을 지닌 사회주의 국가로 발전시키고자 하는 목적에서 출발한 것이다. 당시에 덩샤오핑은 개혁·개방을 중국공산당의 사회주의 기초단계 기본 노선 중 하

---

3) 중국은 냉전 시대에 소련과의 관계악화 속에서 국제적 고립을 피하고자, 미국·일본을 비롯한 서방국가들과 문호를 개방하고 협력하는 외교정책을 선택했다. 중국은 풍부한 지하자원과 인적자원을 효율적으로 사용하기 위해 서방국가의 기술과 자본 유치에 적극적으로 나서는 실리를 추구하였다.

4) 구무(谷牧) 부총리는 중국의 개혁개방 초기 경제 분야를 지휘한 책임자 역할을 했다. 덩샤오핑의 경제개혁정책의 적극적인 지지자인 동시에 설계자였으며, 1978년 8월부터 국가수출입관리위원회(国家进出口管理委员会), 국가외국투자관리위원회(国家外国投资管理委员会) 주임을 겸임하는 등 외국 자본 유치와 차관 유입 전면에서 중요한 역할을 하였다. 이후 국무원 부총리, 정치협상회의 부주석 등을 역임하면서 정치력도 발휘했다.

나이며, 중국이 부강한 나라로 나아가는 과정에서 반드시 거쳐야 하는 과정이라고 확신하였다. 이를 정당화하기 위해 중국식 사회주의를 주장하고, 대내적으로는 개혁을, 대외적으로는 개방을 추진하였다. 경제적 개혁은 계획경제체제를 사회주의 시장경제체제로의 개혁을, 정치적 개혁은 법제의 강화 속에 민주적 절차의 발전과 정경분리(政经分离)를 의미한다. 개방은 대외개방뿐만 아니라 대내개방도 포함함으로써, 세계 모든 국가를 대상으로 한 경제, 정치, 문화 등 각 방면에 대한 전방위적 개방이다.

사회주의 국가의 경우, 생산수단 공유화로 개인경영은 사실상 불가능하고 대부분의 경제활동은 당과 국가에 종속하게 되나, 중국은 개혁·개방을 통해 지방정부와 기업에 대해 가격 관리기능을 대폭 이양하고 단일가격체제를 복수가격체제로 전환하였다. 특히, 복수가격체제로의 전환은 다양한 유통경로[5]가 형성되고 시장기능을 활성화함으로써 전면적 개혁·개방에 돌입하는 촉매제가 되었다. 이처럼 중국은 개혁개방을 통해, ① 경제발전을 위한 체제상의 장애 요인의 점진적 개선과 제거, ② 분야별 효율성 제고와 외자의 적극적인 도입, ③ 산업의 재조정과 고도화 추진을 핵심 목표로 설정하였다.

1981년 11월, 제5기 전인대 4차 회의에서 덩샤오핑은 "대외개방정책의 실행은 국제무대에서 경제교류를 강화하고자 하는 확고부동한 방침"이라고 명확히 하였다. 그 후, 1982년 12월, 대외개방정책을 중국 헌법에 정식으로 명시하였다.

2. 대외개방 추진전략과 과정: 점(点) → 선(线) → 면(面) → 전면(全面)

1979년 6월, 제5기 전국인민대표대회 제2차 회의에서 화궈펑(华国锋) 국무원 총리는 중국이 현대화 과업을 달성하고 경제적으로 선진국을 따라잡기 위해서 국가 간의 경제교류와 선진기술의 도입이 절대적으로 필요하다고 강조하였다. 같은 해 9월 15일, 중국공산당 중앙위원회 '제50호 문건'에 따라 국무원은 광동성(广东

---

5) 1983년 중국정부는 유통체계에 대한 개선에 돌입해서, 단일화된 유통 전담 부서로 하여금 관리하도록 했다. 농민들의 자율적 시장판매와 개인의 상업이 허가되었으며 임대업으로까지 확대되었다.

省)과 푸젠성(福建省)에 대해 1980년부터 대외경제 활동에서의 특별한 정책과 조치를 추진하였다.[6] 이는 경제특구(점) – 연해개방도시(선) – 연해개방구(면) – 내륙(전면 또는 전방위)으로 이어지는 대외개방 전략의 일부분이라 할 수 있다.[7]

이에 따라, 1980년 8월 제5기 전국인민대표자대회(전인대)에서 선전(深圳), 주하이(珠海), 산터우(汕头)를 경제특구로 정식 선포하였다.[8] 같은 해 10월, 국무원이 샤먼(厦门)을 추가 지정했고, 1988년 4월 하이난다오(海南岛)를 성(省) 승격과 동시에 다섯 번째 경제특구로 지정했다. 중국의 경제특구는 단순히 공업제품의 수출가공지역이 아니라 1차산업부터 3차산업까지 제조업 위주의 모든 산업을 포괄하는 종합 경제구역이라는 특징을 지닌다.[9]

경제특구는 중국 개혁·개방 정책의 초기 실험지역으로서 중앙정부의 특별한 지원정책 속에 선진기술과 자본 유입에 큰 영향을 가져왔다. 경제특구는 다음과 같이 크게 다섯 가지의 우대정책이 존재했다. 첫째, 기업소득세(법인세)는 일반지역(30% 세율)과 달리 15% 세율이 적용되고, 수출위주형(型)기업과 선진기술형 기업에 대해서도 일반지역(15%)과 달리 10%의 낮은 세율을 적용했다. 둘째, 지방소득세(3%)의 면제이다. 셋째, 수출위주형 기업과 선진기술형 기업에 대한 관세의 면제이다. 넷째, 선진기술형 기업에 대한 토지사용료는 5년간 면제이다. 다섯째, 중국 국유기업과 동일 수준의 에너지, 통신 등 인프라 사용료의 적용과 함께 우선적인 공급을 받는다.

1984년 4월, 덩샤오핑은 선전·주하이·샤먼 시찰을 통해 경제특구를 점검하고 더욱 적극적인 개방의 추진을 강조했다. 이에 국무원은 1984년 3월부터 14개 연해도시들에 대한 개방을 제안하였다. 또한, 덩샤오핑은 1992년 남순강화(南巡讲话)[10]를 통해 개혁·개방의 가속화를 재차 강조했다.

---

6) 오용석(1991), 중국경제특구 전략의 평가와 한국기업의 대응, 대외경제정책연구원, pp. 25~26.

7) 백권호(1999), 중국의 대외개방정책 변화에 관한 연구, 계명대학교 국제학논총 제4집, p.44.

8) 1979년 7월, 중국 국무원은 선전과 주하이를 수출특구로 시범 지정하고, 다음 해 전국인민대표대회에서 국무원이 제출한 '광둥성 경제특구 조례'를 정식 비준함으로써 공개적인 지정·선포에 이르렀다.

9) 초기 경제특구는 종합성 경제특구와 수출가공구로 구분하여 계획되었다. 당초 선전과 주하이는 종합성 경제특구로, 산터우와 샤먼은 수출가공구로 계획되었으나, 1984년을 기점으로 모든 업종을 포괄하는 경제특구로 통일하였다.

10) 덩샤오핑은 1992년 1월 18일부터 2월 22일까지 우창(武昌), 선전(深圳), 주하이(珠海), 상하이(上

한편, 개혁 · 개방 정책에 대한 비판도 제기되었다. 천윈(陈云)[11]은 특구제정으로 투기가 과열되고 전국적으로 특구 설치 요구에 직면할 것이라는 우려감을 제기하였다. 특히 천윈은 "시장은 계획의 범위 안에서 이루어져야 한다(鸟笼经济化)"라는 주장으로 계획경제를 지지하고 시장개방에 보수적이었다.

3. 환태평양경제동반자협정(RCEP)

국제무역질서의 최근 주요 추세 중 하나는 메가(Mega) FTA[12]의 결성이다. 지역무역협정(RTAs)[13]의 첫 단계인 FTA에 '크다'라는 뜻의 메가(Mega)라는 그리스어 접두어를 더한 신조어로 국제통상질서의 새로운 틀로 떠오르고 있다. 일반적으로 FTA가 양자 간의 협정이라는 점에서 제한적인 효과임에 비해, 메가 FTA는 이미 존재하는 FTA와 FTA에 가입한 국가들이 동시에 참여하는 큰 틀의 FTA를 새롭게 형성한다는 점에서 참여국 모두에게 커다란 영향을 줄 수 있다.

유럽연합(European Union, EU), 범대서양무역투자동반자협정(TTIP)[14], 포괄적 · 점진적 환태평양경제동반자협정(CPTPP)[15], 아 · 태자유무역지대(FTAAP)[16], 역내포

海) 등 중국 남부지역을 시찰하며 개혁 · 개방 관련 중요 담화문을 발표했는데, 이를 남방담화(南方谈话) 또는 남순강화(南巡讲话)라고 한다. 담화내용은 크게 6가지로 요약되는데, ① 개혁 · 개방 노선을 흔들림 없이 100년 동안 지속시켜야 한다. ② 개혁 · 개방의 판단을 자본주의 또는 사회주의 선택에 두지 않고, 사회주의 사회의 생산력 · 사회주의 국가의 종합적 국력 · 인민의 생활수준 향상에 유리한지 아닌지를 판단하는 데 있다. ③ 발전이란 시기를 잘 잡아서 모든 역량을 집중하는 것이고 과학기술과 교육이 바탕이 되어야 한다. ④ 개혁 · 개방이 자산계급의 자유화를 허용하는 것은 아니다. ⑤ 정확한 정치노선을 기반으로 "四化(혁명화, 청년화, 지식화, 전문화)"에 기반한 인재를 선발하여 양성하고 지도계층으로 성장시켜야 한다. ⑥ 사회주의 신념을 유지하는 가운데, 발전과정이 지나면 자본주의로 대체하게 될 것이고 이것은 역사발전의 추세이다.

11) 중국공산당 8대 원로이고 개혁 · 개방 시기에 보수파 중진으로 활동했으며 국무원 부총리, 중앙정치국 상임위원을 지냈다.

12) FTA: Free Trade Agreement(자유무역협정)

13) RTAs: Regional Trade Agreement

14) TTIP: Transatlantic Trade and Investment Partnership

15) CPTPP: Comprehensive and Progressive Agreement for Trans-Pacific Partnership

16) FTAAP: Free Trade Area of the Asia-Pacific

괄적경제동반자협정(RCEP)[17] 등이 대표적인 메가 FTA이다.[18] 미국 주도 아래 일본, 호주, 캐나다 등 아시아ㆍ태평양 국가들과 세계 최대 무역동맹을 맺어 중국을 견제하겠다는 목적하에 진행되었던 환태평양경제동반자협정(TPP)[19]은 2017년 1월 미국이 탈퇴함으로써 일본 주도의 CPTPP로 변경되어 2018년 12월 발효되었다.

[그림 2–1] 3대 MEGA FTA 경제 지표

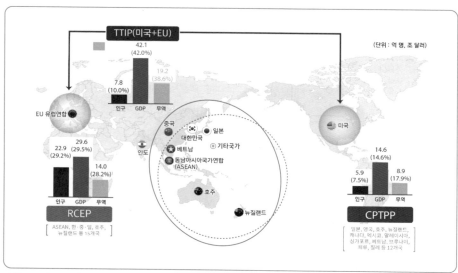

자료: IMF(2023.4), World Economic Outlook.

반면에, RCEP은 당초 아세안(ASEAN) 10개국을 비롯해 한국, 중국, 일본, 호주, 뉴질랜드, 인도 등 16개국이 참여하여 세계 GRDP의 약 29.4%, 세계 인구의 약 46.2%를 차지하는 거대 경제권을 형성한다는 점에서 높은 관심을 받았다. 특히 중국은 RCEP을 통해 무역과 투자 자유화 이익을 누리고, 동아시아 지역 경제통합의 주도권을 확보함으로써 새로운 글로벌 통상질서 수립에 이용하고자 한다[20]는 점이 주목되었다. 더욱이 최근 미ㆍ중 전략경쟁이 심화함에 따라 중국은

---

17) RCEP: Regional Comprehensive Economic Partnership

18) 서창배(2019), 『환태평양지역 경제통합과 중국의 FTA 정책』, 한국학술정보(주), p.327.

19) TPP: Trans-Pacific Partnership

20) 라미령ㆍ김제국(2017.2.15.), "역내포괄적경제동반자협정(RCEP)의 추진 현황과 시사점," KIEP 오

RCEP의 타결에 더욱 적극적이었다.

2011년 ASEAN의 제안으로 시작된 RCEP에 앞서, 중국은 2004년 ASEAN+3(한·중·일) 형태의 동아시아자유무역협정(EAFTA)[21]을 제안하였고, 일본은 중국을 견제하기 위해 호주, 뉴질랜드, 인도 등이 추가된 동아시아포괄적경제동반자협정(CEPEA)[22]을 제안함으로써 병행 추진되었다. 2011년 11월, 동아시아 정상회의를 계기로 ASEAN이 RCEP을 제안하였고, 2012년 11월 공식적인 협상 개시를 선언하게 된다.

RCEP은 2015년 협상 종결을 목표로 2013년 5월부터 공식적인 정부 간 협상을 시작했다. 그러나, 참여국 간 이해관계가 복잡하고 뚜렷한 주도 국가가 없어 협상에 난항을 겪었고, 당초 목표로 했던 2015년을 넘어 2016년에도 타결이 어려워지자 공식적인 타결시한을 선언하지 않는다고 결정한 바 있다. 대신에 2016년 9월 제29차 아세안 정상회의 및 관련 회의에서 16개국 정상은 RCEP 협상의 조속한 타결을 위해 각국이 협력해 협상을 더욱 심화시키기로 합의하였다. 2012년 이후 8년간 정부 간 협상 31회와 각료협상 19회를 진행한 끝에 2019년 11월 제3차 RCEP 정상회의에서 인도를 제외한 15개국이 협정문 타결을 선언하였다. 그 후, 2020년 11월 제4차 RCEP 정상회의에서 정식 서명이 이루어졌고 2022년 1월 1일부터 발효되었다.[23] RCEP의 발효에 따라, 2022년 기준으로 세계 GRDP의 약 29.5%, 세계 인구의 약 29.2%, 세계 무역의 28.2%를 차지하는 세계 최대 규모의 메가 FTA가 형성되었다. 이는 다시 공전하고 있는 한-중-일 FTA의 추진동력으로 작용할 가능성이 커졌다.

RCEP 협정문은 상품, 서비스, 투자, 지식재산, 전자상거래, 중소기업, 협력 등을 포함한 20개 장(Chapter)과 17개의 부속서[24]로 구성되어 있어, 상품 및 서비

늘의 세계경제, Vol.17 No.5, p.14.

21) EAFTA: East Asia FTA

22) CEPEA: Comprehensive Economic Partnership in East Asia

23) RCEP 주요국별 비준은 중국(2021.3), 태국, 일본(2021.4), 한국(2021.12), 인도네시아(2023.1) 순으로 이루어졌다.

24) 부속서는 원산지규정, 통관 절차 및 무역원활화, 무역구제, 서비스 무역, 투자, 지식재산, 경쟁, 정부조달, 제도규정 장에 포함되어 있다. 오수현·라미령·연원호(2020.12.11.), "역내포괄적경제동반자협정(RCEP)의 주요 내용과 시사점," KIEP 세계경제 포커스, Vol.3 No.36, p.4.

스 무역, 투자, 경제협력 등 경제 관계 전반을 포괄하고 있다.[25] 더욱이 기존 양자 간 FTA에 없거나 의미 있는 조항이 부재했던 전자상거래, 경쟁, 정부조달, 표준·기술 규정 및 적합성 평가 절차(기술무역장벽), 자연인의 일시 이동 등 통상규범을 독립적인 장으로 포함하고 있다. 상품 무역의 관세철폐 수준은 품목 수 기준으로 약 92%를 차지하고 있으며, 서비스 무역 개방 방식으로 열거주의를 채택한 국가는 발효 3년 이내(캄보디아, 라오스, 미얀마는 12년 이내)에 포괄주의 방식으로 전환하는 절차를 시작할 것을 의무로 규정하였다. 원산지규정의 경우, 원산지 증명 시 기관뿐 아니라 수출자 또는 생산자에 의한 자율증명제도를 도입하였고, RCEP 회원국 전역에서 재료를 조달·가공하더라도 재료누적을 인정하고 있다. 전자상거래의 경우, 종이 없는 무역, 전자인증, 전자서명을 사용하는 무역원활화 조항과 국경간 전자상거래 증진 조항(컴퓨터 설비의 위치, 데이터 국경 간 이전 관련 조항)을 포함하고 있다. 또한, 정부조달에 대한 투명성을 개선하기 위해 부속서에서 각국의 정부조달에 관한 정보를 공표하기로 했다.[26]

중국 정부는 국무원과 외교부 발표 등을 통해 RCEP 협정문 타결에 대한 의의 및 성과를 대대적으로 홍보하며 중국의 주도적 역할을 강조하였다. RCEP 협정문 타결 직후, 중국 국무원은 "RCEP은 아·태지역, 중국 및 세계의 경제·무역에 중요한 의미를 갖는다"고 언급하였다. 외교부는 "아·태지역 최대 규모, 가장 중요한 자유무역협정으로서 역내 산업 밸류체인 융합과 경제 일체화를 촉진하는 데 큰 의미가 있다"고 강조하였다.

다만, RCEP 출범 시부터 협상에 참여했던 인도의 불참은 아시아·태평양지역 최대 규모의 메가 FTA를 주도하고자 했던 중국에게는 큰 아쉬움으로 남게 되었다. 인도는 국내 산업 보호를 위해 자국 시장의 개방에 소극적인 입장을 견지한 끝에 RCEP 참여에 따른 무역적자 심화를 우려하여 불참을 선언하였다. 인도의 불참 배경으로는 對중국 무역적자[27], 침체된 농촌 경기, 제조업의 국제경쟁력

---

25) 오수현·라미령·연원호(2020.12.11.), "역내포괄적경제동반자협정(RCEP)의 주요 내용과 시사점," KIEP 세계경제 포커스, Vol.3 No.36, p.4.

26) 오수현·라미령·연원호(2020.12.11.), "역내포괄적경제동반자협정(RCEP)의 주요 내용과 시사점," KIEP 세계경제 포커스, Vol.3 No.36, p.2.

27) 2018년 기준, 인도의 對中무역적자는 −740억 달러를 기록하였다.

취약성, 불확실한 서비스 시장개방 등이 꼽히고 있다. 특히 인도는 RCEP 발효 이후 관세 인하될 경우, 중국産 공산품 및 농산물의 대량 유입에 따른 국내 산업 붕괴 및 對중국 무역적자 확대를 우려하는 것으로 알려지고 있다. 한편, 중국은 환구시보 사설 등을 통해 인도의 RCEP '참여 연기'라는 표현과 함께 인도의 RCEP 불참에도 불구하고 중국-인도 경제 관계에 부정적인 영향은 없을 것이라고 하며 일종의 인도 달래기를 위해 노력 중이다.[28]

4. 아시아 · 태평양 무역협정(APTA)

아시아 · 태평양 무역협정(Asia-Pacifie Trade Agreemen, 이하 APTA)는 한국, 중국[29], 인도, 스리랑카, 라오스, 방글라데시, 몽골(2013.10. 가입 결정) 등 7개 회원국 간에 체결된 일반특혜무역협정이다. APTA는 아시아 · 태평양지역 내의 유일한 다자간 무역협정으로 회원국 간에 공식적인 특혜무역을 실행한다는 선언으로 평가받는다. 아시아 · 태평양 경제사회위원회의(ESCAP) 개발도상 회원국 간 무역협상에 관한 제1차 협정(방콕협정)이 2006년 "APTA(아시아 · 태평양 무역협정)"로 명칭 변경(동 조항 제40조에 명시)된 것으로부터 유래한다.

APTA와 FTA는 같은 특혜관세제도라는 공통점이 있기 때문에 APTA를 FTA의 한 종류 또는 동일시하는 경향이 있으나 서로 다른 차이점이 있다. 첫째, APTA는 체약국간 상호 양허한 물품에 대해서만 관세인하 혜택을 부여하지만, FTA는 상품, 서비스, 투자, 지적재산권 등 관세 · 비관세 장벽 완화를 모두 도모하는 포괄적 특혜무역협정이다. 둘째, FTA는 주로 양자 간에, APTA는 다자간에 관세철폐를 목적으로 협상한다. 셋째, APTA는 관세법에 의해, FTA는 FTA 특례법 규정에 의해 적용된다. APTA는 협정과 관세법, 아시아태평양 무역협정 원산지 확인기준 등에 관한 규칙, 원산지 제도 운영에 관한 고시에 따르고, 반면에 FTA는 각 FTA협정, 자유무역협정의 이행을 위한 관세법의 특례에 관한 법률 · 시행령 · 시

---

28) 서창배(2022.9.7.), "경제안보의 중요성과 중국의 FTA정책: RCEP/CPTPP 비교와 한국에의 영향," 동서대학교 FTA 중국통상세미나2 특강자료, pp. 42~56.

29) 여기서 홍콩, 마카오는 독립된 경제자유지역이기 때문에 중국으로 인정되지 않는다.

행규칙과 자유무역협정의 이행을 위한 관세법의 특례에 관한 법률 사무처리에 관한 고시에 근거한다.

〈APTA 주요 경과〉

* 1975.7.31. 방콕협정 채택
* 1976.6.17. 방콕협정 발효(제1라운드 실행)
* 1984~1990, 제2라운드 협상 및 시행
* 2001.10. 제3라운드 협상 개시
* 2002.1.1. 중국 가입 발효
* 2005.11.2. 제1차 각료회의(중국 베이징), 제3라운드 협정문·양허표 서명
* 2006.9.1. 아시아·태평양무역협정으로 명칭 변경 및 제3라운드 발효
* 2007.10.26. 제2차 각료회의(인도 고아), 제4라운드 협상 개시 및 협상 범위 확대(관세 이외 무역원활화, 서비스, 투자 및 비관세조치 등)
* 2009.12.15. 제3차 각료회의(한국 서울), 몽골 가입신청서 제출
* 2017.1.13. 제4차 각료회의(태국 방콕), 제4라운드 타결 선언 및 서명
* 2017.2.14. 제5라운드 협상 관련 공청회 개최
* 2018.7.1. 제4라운드 발효
* 2013.10. 몽골의 신규 가입 결정

자료: FTA 강국, KOREA: 아시아·태평양 무역협정(Asia-Pacifie Trade Agreemen, APTA), https://www.fta.go.kr/main/support/etc/5/1/

표 2-1 APTA와 FTA 비교

구분	APTA	FTA
협상 주체	• 다자간 협상	• 양자 간 협상(다자간 협상도 있음)
협정 범위	• 협의의 무역협정(상품에 한정한 관세 장벽 완화)	• 광의의 무역협정(상품, 서비스 등 관세와 비관세의 장벽 완화 목적)
관세양허 품목과 폭	• 최빈개발도상국가(방글라데시, 라오스)의 수입품목에 관세특혜 폭을 추가 양허 • HS 10단위 1,263개 품목(전체의 10%)에 대해 평균관세 특혜폭 39.2%	• 모든 역내국가에 일률적으로 적용(한-아세안 FTA) • 민감품목 이외의 全 품목에 대해 관세 완전 철폐 목표
특혜관세 점유율	• APTA의 무역규모는 전체 특혜관세 적용교역액 대비 8.6%	• FTA 확대에 따라 APTA의 전체 특혜관세에서의 점유율 감소추세

법적근거	• 관세법 적용 　① 협정(부속서Ⅰ-국별 양허표, 부속서Ⅱ-아시아·태평양 무역협정 원산지 규정) 　② 관세법 　③ 아시아태평양 무역협정 원산지 확인 기준 등에 관한 규칙 　④ 원산지 제도 운영에 관한 고시	• FTA 특례법 적용 　① FTA 협정 　② 자유무역협정의 이행을 위한 관세법의 특례에 관한 법률·시행령·시행규칙 　③ 자유무역협정의 이행을 위한 관세법의 특례에 관한 법률 사무처리에 관한 고시
직접운송 의무	• 직접 운송되어야 특혜관세 혜택	• 직접 운송되어야 특혜관세 혜택

자료: 저자 정리.

APTA 4라운드 협상이 논의 개시 8년 만에 타결되어서 2018년도 7월 1일부터 발표되어 적용 중이다. 협상국가들은 이행절차 진행 중의 이유로, APTA 제4라운드 협정체결의 구체적 적용대상 품목 및 관세인하율을 비공개하고 있다. 현재 알려진 바로는 협정 발효 시 우리나라와 중국, 인도 등은 총 품목수 28~30%에 대해 평균 관세율을 종전 대비 33~34% 인하될 것으로 예상된다. 한국은 2,794개 품목에 대해 관세율 33.4% 인하, 중국은 2,191개 품목에 대해 관세율 33.1% 인하, 인도는 3,142개 품목에 대해 관세율 33.4% 인하가 예상되고 있다. 스리랑카, 라오스, 방글라데시, 몽골은 경제개발 단계를 고려해 관세율 인하가 20%대 초반대로 결정되었다.

표 2-2 APTA 회원국의 관세양허 현황

국가		양허품목수 (특혜품목수비중)		MOP(%) (MFN대비관세인하율)[30]	
		제3라운드	제4라운드	제3라운드	제4라운드
한국		1,367	2,797(28%)	35.7	33.4
중국		1,697	2,191(29%)	26.7	33.1
인도		570	3,142(29%)	25.5	33.4
개도국	방글라데시	209	598(10%)	14.0	21.8
	스리랑카	427	585(17%)	16.0	22.6
	라오스	-	999(8.9%)	-	-
	몽골	-	366(6.5%)	-	24.2
총계		4,270	10,678	23.6	28.5

자료: 기획재정부(2017).

---

30) 최혜국 대우(MFN) 대비 관세인하율(MOP).

APTA 제4라운드 개정안은 2,191개 품목으로 관세인하가 확대됨에 따라 중국과의 교역이 더욱 증가될 전망이다. 현재 한·중국 FTA는 관세장벽 완화가 크지 않기 때문에 교역증대 효과가 기대에 못 미쳤으나 APTA를 통한 대중국 교역이 보완될 것으로 전망된다. 한·중국 FTA는 양허 유형에 따라 매년 일정 세율의 관세가 인하되는 품목이 대부분이지만 APTA는 이번 개정안으로 대폭 인하 효과가 있는 품목이 많다. 석유제품과 플라스틱제품, 편직물, 건전지 등 1,200개 품목의 관세율이 한·중국 FTA 세율보다 낮아질 것으로 예상된다. 구체적으로는 석유제품 세율이 APTA 5.6%, FTA 6.4%이며 선박해양구조물 및 부품은(2.5% vs 3.5%), 원동기 및 펌프(6.5% vs 8.5%), 축전지(9.6% vs 10.6%) 등으로 한·중국 FTA 세율보다 더 낮다.

그러나, APTA는 FTA의 원산지증명서 양식, 관리가 서로 다르기 때문에 보다 엄격한 전문적인 대응이 필요하다. 한·중국 FTA의 경우 선적일로부터 7근무일 이내에 발급할 수 있고, 기한을 초과해도 1년까지는 소급 적용할 수 있었다. APTA의 원산지증명서는 수출시점 또는 선적일로부터 3근무일 이내에 발행하는 것이 원칙이기 때문에 기한 경과 시 특혜관세 적용을 받지 못한다. 이러한 이유로 최근 관세청 조사에서도 원산지증명서가 무효로 판정되는 가장 큰 이유는 "APTA가 정한 발급기한 경과"였다. 또, APTA는 특혜관세 적용이 수입신고 시점이기 때문에, 수입신고 수리 후 원산지증명서를 추가 보완해서 관세 경정 청구를 할 수 없다. 다만, 우리나라에서 수입할 경우에는 원산지증명서가 없어도 협정세율로 우선 신고(통관) 후 15일 이내 보완 제출하는 것을 허용하고 있다. 이것은 우리나라 관세청이 수입자의 원산지증명서 입수가 늦어짐에 따른 불이익을 최소화하기 위해, 원산지증명서가 당장 없더라도 세관에 담보 제공 후 물품을 먼저 반출(수입신고수리 전 반출)을 허용하기 때문이다.

표 2-3   APTA와 한중 FTA 원산지증명서 비교

구분	APTA	한중 FTA
발급기관	관세청 세관, 상공회의소	관세청 세관, 상공회의소
발급 기한	선적일로부터 3근무일 이내	선적일로부터 1년 이내
사후 경정 청구	불가능	가능
원산지증빙서류 보관기간	수출신고수리일부터 3년	수출신고수리일부터 5년
원산지(포괄)확인서	발급대상 아님	발급대상

자료: 저자 정리.

제2절 기업제도 현황과 발전

1. 국유경제

1) 국유경제 현황

중국이 2001년에 WTO에 가입한 후 점차 시장경제 시스템에 편입해가고 있는 지금, 정확한 국유경제 비중을 가늠하는 것은 어느 누구도 불가능한 지경에 이르렀다. 또한 국가통계국에서도 「중국통계연감(2011)」 이후로는 공업생산에서 국유부문을 따로 분류한 통계를 제공하지 않고 있다.

2008년 중국의 GRDP는 30조 위안. 이 중 2차산업의 공업부문 GRDP는 12.91조 위안으로 총 GRDP의 43%를 대표하고 있다. 2010년에는 그 비중이 40% 수준으로 3%포인트 축소되었다. 즉 2008년 중국의 공업생산액 50.74조 위안 중 28.4%에 해당하는 14.39조 위안이 국유기업 혹은 국가가 절대지분을 점유하고 있는 기업에서 산출된 생산액이다. 이는 1998년도 동일 통계에서 국유비중이 49.6%였던 것을 고려하면, 무려 절반가량인 21.2%포인트가 축소된 것이다.[31]

또한 2010년 수치를 보면 국유부문 공업생산액은 18.58조 위안이며, 그 비중은 26.6%로 2008년 대비 1.7%포인트 축소되었다. 다음 표 2-4(중국 공업생산액 현황)은 각 기업별 공업생산액 비중을 나타내고 있다. 여기서 국유기업, 집체기업, 연합경영기업, 유한책임회사 중 국유독자기업 등이 국유 생산액을 차지하고 있으며 그 합계는 14.9%이다. 나머지 국유 비중인 13.5%은 주식유한회사와 외상투자기업(홍콩, 마카오, 대만기업 포함) 그리고 합자기업, 합작기업 중 지방정부가 절대지분을 점유하고 있는 기업에서 나온 수치이다.

그렇다면 1차산업과 3차산업까지 포함한 중국의 전체 국유경제 비중은 얼마나 될까? 중국 내 전문가의 추론에 의지할 수 밖에 없다. 재정부 국유자산연구실 원

---

31) 본고에서 명기한 공업생산액의 원래 중국어 표기는 공업총산치(工業總産値)로 영문으로는 Gross Industrial Output Value 라고 표기된다. 중국통계연감 해석에 따르면 공업총산치는 일정기간 내 생산된 최종제품(완성품, 부품) 또는 공업 노동활동의 총가치량이라고 정의된다.

종위(文宗瑜) 주임[32]은 2008년말 현재 국유경제의 비중을 68% 이상으로 추정한 바 있다. 예일대학의 금융경제학과 천즈우(陳志武) 교수[33]는 76%로 추정했다. 이를 종합하면 '사회주의 시장경제'를 실시하고 있는 중국에서, 국유경제를 대표하는 '사회주의'는 70%이고 '시장경제'는 30%인 셈이다.

즉, 공업부문에서 국유비중은 이전의 1/2 수준에서 지금은 1/4 수준까지 축소되었지만, 전체 산업(1차, 2차, 3차)에서의 국유비중은 여전히 중국을 지배하고 있음을 알 수 있다.

표 2-4 2008년 및 2010년 공업생산액 현황

		2008년		2010년	
		공업생산액 (억 위안)	비중 (%)	공업생산액 (억 위안)	비중 (%)
내자기업		357,654	70	508,673	72.8
	국유기업	46,857	9.2	57,013	8.1
	집체기업	8,956	1.8	10,383	1.5
	주식제 합작기업	3,289	0.6	3,789	0.5
	연합경영기업	1,673	0.3	1,237	0.1
	유한책임회사 (그중 국유독자기업)	108,571 (18,374)	21.4 (3.6)	156,232 (27,305)	22.3 (3.9)
	주식유한회사	50,204	9.9	63,804	9.1
	사영기업	136,340	26.9	213,339	30.5
	기타기업	1,764	0.3	2,876	0.4
홍콩 마카오 대만투자기업		51,308	10.1	65,358	9.4
외상투자기업		98,486	19.4	124,560	17.8
합계		507,448	100%	698,591	100%

주: 지분 관계 다양화와 주식회사의 발전으로 이후 통계에서는 국유 공업생산액을 별도로 분리해서 공포하지 않고 있음.
자료: 중국통계연감(2009) 및 (2011).

32) 추정일자는 2009년 10월 14일.

33) 추정일자는 2008년 7월 1일.

표 2-5 공업지표 중 국유 및 국유절대지분 기업 현황

	기업 수(개)		공업생산액(억 위안)		총자산(억 위안)	
	전체기업	국유비중 (%)	전체기업	국유비중 (%)	전체기업	국유비중 (%)
1998	165,080	39.2	67,737	49.6	108,822	68.8
2001	171,256	27.3	95,449	44.4	135,402	64.9
2004	276,474	12.8	201,722	34.8	215,358	50.9
2006	301,961	8.2	316,589	31.2	291,215	46.4
2008	426,113	5	507,448	28.3	431,306	43.7
2010	452,872	4.4	698,591	26.6	592,882	41.8

주: 지분 관계 다양화와 주식회사의 발전으로 이후 통계에서는 국유 공업생산액을 별도로 분리해서 공포하지 않고 있음.
자료: 중국통계연감(2009) 및 (2011).

다음 표 2-6은 2013년과 2021년 주요 공업기업의 기업 수, 자산, 매출액 등 주요 경제 지표를 나타내고 있다. 먼저 2013년 55.3%였던 사영기업 수는 2021년에는 73.8%로 18.5%포인트나 늘어났으며, 홍콩·마카오·대만투자기업과 외상투자기업 수 비중은 각각 7.4%, 8.8%에서 4.5%, 5.4%로 축소됐다. 또한 사영기업의 자산총액과 매출액 역시 2013년 각각 20.5%, 32%에서 27.9%, 39.4%로 현저히 확대되었다.

반면 국유기업 비중의 축소가 두드러진다. 2013년 국유기업의 기업 수, 자산총액, 매출액은 각각 1.9%, 12.9%, 8%에서 2021년 0.6%, 3.2%, 2.4%로 축소되었다. 그러나 주목할 점은 유한책임회사 중 국유독자기업(국가가 지분 100%를 소유한 기업)의 비중은 모두 늘어난 것이다. 2013년 국유독자기업의 기업 수, 자산총액, 매출액은 각각 0.4%, 6.4%, 3.3% 수준이었으나, 2021년에는 각각 1.1%, 9.6%, 5.5%로 늘어났다. 이는 이전의 국유기업들이 현대화 된 유한책임회사로 빠르게 전환되고 있음을 의미한다.

표 2-6 2013년 주요 공업기업 경제지표 현황

	기업 수 (개)	비중 (%)	자산총액 (억 위안)	비중 (%)	매출액 (억 위안)	비중 (%)
내자기업	295,144	83.7%	665,015	78.2%	787,762	76.5%
국유기업	6,831	1.9%	110,002	12.9%	82,580	8.0%
집체기업	4,817	1.4%	6,173	0.7%	11,514	1.1%
주식제 합작기업	2,384	0.7%	3,292	0.4%	4,391	0.4%
연합경영기업	479	0.1%	1,113	0.1%	1,201	0.1%
유한책임회사 (그중 국유독자 기업)	69,439 (1,478)	19.7% (0.4%)	254,430 (54,234)	29.9% (6.4%)	248,839 (33,875)	24.2% (3.3%)
주식유한회사	9,077	2.6%	106,159	12.5%	94,144	9.1%
사영기업	194,945	55.3%	174,771	20.5%	329,694	32.0%
기타기업	7,172	2.0%	9,074	1.1%	15,399	1.5%
홍콩 마카오 대만투자 기업	26,202	7.4%	71,815	8.4%	88,016	8.6%
외상투자기업	31,200	8.8%	113,796	13.4%	153,371	14.9%
합계	352,546	100%	850,626	100%	1,029,150	100%

자료: 중국통계연감(2014).

표 2-7 2021년 주요 공업기업 경제지표 현황

	기업 수 (개)	비중 (%)	자산총액 (억 위안)	비중 (%)	매출액 (억 위안)	비중 (%)
내자기업	398,062	90.2%	1,187,537	81.0%	1,031,841	78.5%
국유기업	2,656	0.6%	47,176	3.2%	31,179	2.4%
집체기업	890	0.2%	1,717	0.1%	1,553	0.1%
주식제 합작기업	747	0.2%	1,580	0.1%	1,055	0.1%
연합경영기업	88	0.0%	341	0.0%	190	0.0%
유한책임회사 (그중 국유독자기업)	59,747 (4,639)	13.5% (1.1%)	532,668 (141,092)	36.3% (9.6%)	362,897 (71,735)	27.6% (5.5%)

주식유한회사	7,949	1.8%	194,590	13.3%	117,262	8.9%
사영기업	325,752	73.8%	409,303	27.9%	517,444	39.4%
기타기업	233	0.1%	159	0.0%	259	0.0%
홍콩 마카오 대만투자기업	19,771	4.5%	122,780	8.4%	116,056	8.8%
외상투자기업	23,684	5.4%	156,397	10.7%	166,660	12.7%
합계	441,517	100%	1,466,714	100%	1,314,557	100%

자료: 중국통계연감(2022).

2) 신국가자본주의

　신(新)국가자본주의는 국가자본주의(國家資本主義, state capitalism)와 다른 새로운 개념이라기보다는 중국식 국가자본주의라고 해야 옳다. 국가자본주의는 국가가 대자본과 결합하여 국민경제를 통제하고 관리하는 자본주의를 말한다. 즉, 국가가 특정한 자본주의적 기업을 그 관리하에 둠으로써 자본주의 경제제도 속에서 발전하는 경제제도이다. 이는 경제체제가 아니라 체제를 구성하는 경제제도의 하나이다. 자본주의 국가에서는 국유화가 불가피한 경우라든지, 정치·군사적 고려로 국유화가 필요해진 경우에 생긴다. 사회주의 국가에서는 국민경제를 사회주의 방향으로 추진하기 위해서 국가자본주의가 이용된다. 대표적인 예로서 1921년 이래 구소련의 신경제정책(New Economic Policy)을 들 수 있다.

　2006년 5월 뉴스위크지는 신국가자본주의(New State Capitalism)라는 제목으로 커버스토리를 다루었다. 싱가포르, 두바이, 러시아, 베네수엘라, 중국 등의 정부가 나서서 국유기업 및 국부펀드를 설립한 후, 해외기업을 인수합병하는 신국가자본주의 시대에 접어들었다는 내용이다. 중국 측 주인공은 중국화공집단공사(China National Chemical Corp.)이다. 중국화공은 2004년 5월, 국무원이 나서 8개 자회사와 5개 상장사를 합병하여 탄생시킨 중국 최대 기초화학소재 생산기업이며, 전 세계 화학기업 중 19위 규모이다. 중국화공은 탄생하자마자 해외 중소 화학기업을 인수합병했으며, 전 세계 에틸렌 시장의 중요한 플레이어로 부상했다. 뉴스위크가 지적한 것은 이들이 가짜 자본주의(fake capitalists)라는 점이다. 정부로부터 거의 보조금에 해당하는 저금리 대출을 지원 받고 이를 통해 시장을 장악해 나가고 있기 때문이다.

중국의 신국가자본주의는 한국에 어떠한 영향을 미치고 있을까? 2009년에 벌어진 한국 조선기업의 수주 실패에서 그 사례를 볼 수 있다. 2009년 8월 말이란 NITC(National Iranian Tanker Co)사는 12척의 초대형유조선(VLCC)을 발주했다. 한국과 중국 기업이 막판 수주전을 벌였고, 두 나라 업체들이 제시한 가격은 크게 다르지 않았다. 그럼에도 12척 모두 중국 업체가 쓸어갔다. '선주에 배 값의 90%를 융자해 주겠다'는 파격적인 조건 때문이었다. 2008년에 시작된 미국발 경제위기로 선박금융도 얼어붙은 상황에서 선수금도 아닌 배 값(1척당 약 1억 달러)의 90%를 빌려주겠다는 '물주'는 중국수출입은행이었다. 국가가 100% 지분을 갖고 있는 국가정책은행인 이 은행은 2008년 4월 자국 조선업계에 1600억 위안(약 27.2조 원)을 지원키로 했고, 그중 일부가 이란 배 수주전에 사용됐다. 국가(정부)가 국유기업을 앞세워 시장에 직접 참여하는 국가자본주의의 전형인 셈이다.[34]

3) 국진민퇴(國進民退)

2010년 3월에 개최된 전국인민대표대회(전인대)에서 화두 중 하나는 국진민퇴였다. 국진민퇴의 국(国)은 국유기업을 상징하며, 민(民)은 민영기업을 나타낸다. 즉 2008년말부터 본격화된 금융위기로 어려움에 빠진 민영기업에 대해, 국유기업이 무차별적인 인수합병에 나선 점을 지적한 것이다. 전인대 대표들의 초점은 과연 국진민퇴가 올바른 방향인가, 비대해진 국유기업이 다시 비효율성에 빠지지 않을 것인가 하는 문제의식을 담고 있다.

최근 막대한 지원금을 업계에 공급하고 있는 정부정책(내수진작 및 확장적 거시경제정책)과 시장 상황은 국진민퇴를 더욱 강화시키고 있다. 민영기업은 산업구조 조정 명목으로 추진되고 있는 정부의 '재(再)국유화' 정책을 울며 겨자 먹기 식으로 받아들일 수밖에 없는 처지다. 이러한 현상은 철강, 자동차, 자원개발 심지어 정보기술(IT) 분야에서도 일어나고 있다.

---

34) 중앙일보(2009.12.1)

덩샤오핑이 개혁개방 정책을 시작한 1979년 이후, 국유기업들은 민영화 추세에 밀려 점차 주도권을 민영기업에게 내어주었다. 먼저 지방정부 부처와 기업이 동일체였던 지방 국유기업들이 정부에서 분리되었다. 이후 국유기업만 생산할 수 있었던 제품을 민간기업도 생산하고, 비국유기업에 대한 진입장벽도 하나 둘 제거되었다. 그러나 1994년부터 중국이 현대기업제도를 도입하여, 많은 기업을 주식회사화 하면서 1차 국진민퇴 현상이 나타난다. 즉 개혁조치로 기업의 소유자에 머물렀던 지방정부는 기업 운영자 역할을 제대로 수행할 수 없었다. 그러나 주식회사 제도가 도입되면서, 각급 지방정부는 투자자 신분으로 수 많은 주식회사에서 최대 주주로 등장하게 된 것이다. 이들은 직간접적으로 임원 및 이사회 진출을 통해서 이전보다 적극적으로 해당기업의 경영활동에 간여하였으며, 그 결과는 기업의 성공은 물론 실패로도 나타나고 있다.

중국정부는 2001년 WTO 가입을 계기로 다시 큰 개혁조치를 취하게 된다. 즉 2003년에 국유자산감독관리위원회(국자위)를 설립하여, 중앙정부 차원에서 운영하는 중앙국유기업을 엄선하고 그 수를 196개사로 대폭 축소하게 된 것이다. 국자위 설립이전 중앙정부 관할 국유기업 수는 236개에 달했다. 무려 40개사를 통폐합을 통해 축소하거나, 지방정부에 소유 관리권을 이양하게 된다. 뉴스위크(2006.5.1)에서 지적한 신국가자본주의 주인공인 중국화공(ChemChina)이 등장한 것이 바로 이 무렵이다.

다음 표 2-8은 2003년부터 2010년까지 최근 8년간 중앙정부 산하 국유기업의 현황을 보여주고 있다. 기업 수는 최초 196개에서 2010년말 117개로 60%나 감소하였지만, 자산은 259%, 매출은 333%, 세전이익은 191.5% 증가하였다. 기업 이익률을 보면, 2005년 10.1%에 달했으나, 2010년에는 5.4% 수준까지 떨어졌다. 즉, 통폐합 후 남은 국유기업은 갈수록 거대화 되고 있는 반면 수익성은 그렇지 못함을 알 수 있다. 이러한 국유기업의 대형화 추세는 각급 지방정부에게도 반영되어 지방정부가 소유·운영하는 국유기업도 대형화 바람을 타고 있다.

중국정부의 중앙국유기업 관리근거는 안정적인 국가경제의 운영이다. 먼저 중국최대 석유화학 그룹인 시노팩(SinoPec. 중국석유유화집단공사)을 보자. 중국 원유 생산량의 57%, 국내 천연가스 생산량의 80%를 점유하고 있다. 중국 최대 이동통신인 차이나모바일이 보유한 고객은 4.6억 명으로 중국인구의 34%에 달한다. 이

외에도 국내 전기생산의 55%, 항공운송 매출액의 82%, 수자원 설비의 75%를 중앙국유기업이 담당하고 있다.

이들 중앙국유기업 117개사(2011년 기준)는 핵, 전력, 항공우주, 조선, 천연가스, 원유, 화학, 석탄, 중장비제조, 철강, 알루미늄, 해양·항공운수, 철강판매·연구, 화공, 기초화학소재, 건축재료, 비철금속, R&D, 철도, 철도엔지니어링, 임업, 건축설계, 국부펀드 자산운용, 항공기제조, 황금, 수자원 관리 등 전통적으로 국가가 관리해 온 중요 기간산업에 주로 포진해 있다. 그러나 이들 영역 외에도 양곡(곡물), 자동차 제조, 이동통신, 경공업, 제염(소금), 부동산개발, 방직, 여행, 보험, 인쇄, 전자, 정보통신(IT) 등 구미 지역에서는 이미 민영기업이 시장 주도권을 확보하고 있는 영역에서 조차 중앙국유기업이 시장을 좌지우지 하고 있는 형편이다. 중앙국유기업은 그 후에도 M&A를 통해 통폐합을 거듭하여 2021년에는 97개까지 기업 수를 축소했다.

2021년 8월, 미국 포춘지는 글로벌 500대 기업을 발표했다. 500대 기업 순위에 들어간 중국(홍콩 포함) 기업은 전년보다 11개 늘어난 135개로 2년 연속 1위를 차지했다. 특히 이 중 국무원 국자위가 감독하는 중앙기업이 49개나 포함되었다. 또한 자오상은행(招商銀行)과 화룬부동산(华润置地) 등 2급 중앙기업 2개, 지방국자위 감독기업 33개, 재정부 출자기업 12개, 복건성이 출자한 흥업은행(兴业银行)도 리스트에 이름을 올렸다.

표 2-8 중앙정부 관할 중앙국유기업 현황 (단위: 억 위안)

	2003	2004	2005	2006	2007	2008	2009	2010	2011
기업 수	196	186	169	169	151	143	129	117	117
자산	-	92,150.7	105,200	106,000	n.a.	180,965	221,229	239,000	278,000
매출액	-	44,678.1	55,917.8	59,917.7	85,864	107,600	111,000	149,000	202,409
세전 이익	-	4,188.9	5,649.9	5,649.9	5,054	6,830.4	7,109.6	8,022.6	9,173
이익률	-	9.37%	10.1%	9.4%	5.9%	6.3%	6.4%	5.4%	4.53%
M&A 기업 수	22	10	18	0	18	6	14	12	0

	2012	2013	2014	2016	2017	2018	2019	2020	2021
기업 수	116	115	113	106	101	97	96	96	97
자산	314,000	350,000	526,056	678,698	762,000	803,391	870,000	940,000	1,021,000
매출액	225,000	244,000	251,000	234,000	264,000	291,000	308,000	303,000	363,000
세전 이익	1,300	13,000	14,000	12,000	14,230	17,000	13,000	14,000	19,500
이익률	5.77%	5.32%	5.57%	5.13%	5.39%	5.84%	4.22%	4.62%	5.37%
M&A 기업 수	1	1	2	7	5	4	1	0	0

자료: 매 연도 국유자산감독관리위원회 연도보고 참조하여 저자 작성(2023.3)

2. 기업의 분류

1) 〈회사법〉에 따른 분류

중국의 기업분류는 〈회사법(公司法)〉이 최초로 공포되고 시행된 1994년 전후로 구분된다. 〈회사법〉 공포 이전에는 중국 내에서 기업 분류는 소유제를 기준으로 하였다. 국가가 소유한 국유기업, 개인이나 민간이 소유한 사유기업, 그리고 집단이 소유한 집체기업, 외국자본이 소유한 외자기업 등 4가지로 구분하였다. 또한 이들 4가지 소유권 주체 중 2가지 이상이 복합적으로 소유한 기업은 연영기업(聯營企業, Associated Enterprises) 혹은 합영기업(合營企業)으로 불리었다. 국유경제와 집체경제가 소유권을 복합적으로 가진 기업의 경우가 이에 해당한다.

1993년 12월에 중국 최초의 〈회사법〉이 공포되고, 1994년 7월부터 시행되면서 중국의 기업 분류는 점차 개방경제 하의 선진국들과 유사하게 바뀌게 된다. 〈회사법〉은 그동안 네 차례 수정되었는데, 가장 최근에는 2018년 10월에 수정되어 지금에 이르고 있다.

〈회사법〉에 따르면 현재 중국에 있는 모든 기업은 유한책임회사, 주식유한회사, 국유독자회사 등 3가지로 구분된다. 〈회사법〉 제58조−제64조에는 1인 유한책임회사에 대한 특별 규정을 두었기 때문에, 이전 소유제 분류 시 개체호에 해

당되었던 간이사업자 역시 모두 '유한책임회사'로 분류될 수 있다.[35]

다만 〈회사법〉 공포이후에도 중국정부는 외국투자기업 즉 외상기업(外商企業)에 대해서는 여전히 별도의 관련 법률·법규를 두어 중복적으로 관리를 하고 있다. 따라서 외상투자기업은 여전히 외국자본과의 결합 형태에 따라 단독투자기업(독자기업), 합작기업, 합자기업으로 구분된다. 단 중국이 WTO에 가입한 이후인 2004년부터는 외상투자성공사(外商投资性公司) 즉, 지주회사(Holding Company)의 설립을 허용했다. 외상투자성공사는 중국 〈회사법〉에 근거하여 유한책임회사 형태로 설립되게 된다. 지주회사는 참여회사·자본관리회사라고도 한다. 일반적으로 지주회사는 다른 회사의 주식을 소유하기 위한 목적으로 설립된 회사를 말한다. 즉, 주식의 소유를 통하여 국내회사의 사업내용을 지배하는 것을 주된 사업으로 하는 회사이다. 순수지주회사는 별도의 사업을 영위하지 않으면서 오직 다른 회사의 지배·관리만을 목적으로 하는 회사를 말한다.

다시 말해 중국에 진출한 다국적기업들의 중국 내 사업장이 많아지자 이를 총괄하기 위한 지주회사 설립을 허용한 것이다. 이에 따라 미국의 마이크로소프트, 모토로라, IBM, GM, GE 등이, 독일의 지멘스, 보쉬, 헨켈 등이, 프랑스의 까르프, 알스톰, 미쉐린, 일본의 도시바, 히타치, 소니, 캐논, 미쓰비시 등이 중국 내 지주회사를 설립했다.

한국의 경우, 삼성전자는 관련 법률이 마련되기 훨씬 이전인 1995년에 이미 지주회사를 설립한 바 있으며, LG화학은 1997년에 베이징에 처음 진출한 이후, 중국 내 사업장이 11개 지역에서 8개의 생산법인과 2개의 판매법인, 3개의 지사로 늘어나자 2005년 1월에 지주회사인 'LG화학 중국투자유한공사'를 출범시킨 바 있다. 현대중공업은 중국 내 4개 지역에서 건설장비 생산법인 등 5개 생산법인을 운영하고 있는 바, 2006년 5월에 상하이 푸동지역에 자본금 3천만 달러 규모의 지주회사를 설립하였고, 포스코 역시 2003년 11월에 '포스코 차이나'라는 지주회사를 설립시킨 바 있다.

---

35) 회사는 중국어로 공사(公司, 궁쓰)이나, 본고에서는 '회사'로 통칭했다. '공사법(公司法, 궁쓰파)'도 '회사법'으로 통칭했다. 주식회사는 고분공사(股份公司, 구펀궁쓰)이나, '주식회사'로 통칭하고, 법률·법규에서 명기할 때는 '股份公司'를 병기했다.

가. 유한책임회사와 주식유한회사

유한책임회사와 주식유한회사는 〈회사법〉에서 규정한 2가지 형태의 유한회사로서 모두 주주제기업이고 기업법인형태를 취하고 있으며, 주주가 출자액 범위에서 회사의 채무에 책임을 부담하는 영리목적의 회사이다. 유한책임회사와 주식유한회사는 다음과 같은 사항에서 차이를 보이고 있다.

[그림 2-2] 중국의 기업 분류

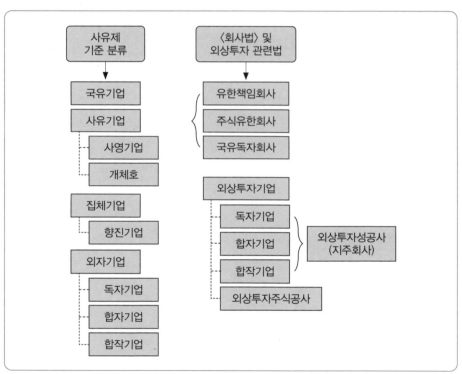

주: 2020년 〈외상투자법〉 실행으로 기존 '외자 3법'에 근거하여 존재했던 중외합자기업, 중외합작기업, 외상독
   자기업은 2024년 12월 31일전까지 기업 규모나 유형을 고려하여 그 명칭을 〈회사법〉에서 규정한 유한책임
   회사나 주식유한회사 중 하나로 변경해야 한다(유예기간 5년).

– 자본금 조달방법

유한책임회사의 주주는 50인 이하이다. 이러한 주주수의 제한은 회사의 자금

조달능력에 영향을 미치게 된다. 기업의 성장측면에서 볼 때, 기업규모와 기업업무가 비교적 작으며 기업의 자금조달 수요가 크지 않은 회사의 초기에는 유한책임회사가 적합한 형태일 수 있으나, 회사의 규모가 확대되어 일정한 수준에 이른 경우에는 주주 수에 비교적으로 제한이 적은 주식유한회사가 기업 발전에 유용할 수 있을 것이다.

– 주주 간 관계 및 결합정도

유한책임회사는 주식유한회사와 비교하여 주주 수가 적기 때문에 주주 상호 간의 인적결합이 공고한 편이다. 즉, 소수의 주주 사이의 상호신뢰를 바탕으로 경영권을 공유하는 것이 일반적이다. 이에 반하여 주식유한회사는 주주 수가 유한책임회사에 비하여 상대적으로 많아서 주주관계는 순수한 자본 간의 결합이라는 측면이 강하다.

– 출자 표현형식 및 출자지분 양도

유한책임회사는 주주의 출자에 대하여 회사에 대한 '출자비례'라고 표현하고 주식을 발행하지 않는다. 주식유한회사의 주주는 자본금을 동액의 주식으로 나눈 지분을 출자하며, 이러한 출자에 대하여 '주식발행'이라고 표현한다. 유한책임회사의 주주가 출자지분을 양도하는 경우, 다른 주주의 동의를 받아야 하고 다른 주주의 우선매수권이 인정되며 원 설립비준기관으로부터 주주(출자자) 지분변경에 대하여 비준을 받는 등 비교적 많은 제한을 받는다.

반면 주식유한회사의 경우, 회사의 발기인·이사·감사·고급관리임원 등을 제외한 일반주주는 정관상 특별한 제한을 두지 않은 한, 자유롭게 소유주식을 양도할 수 있다.

표 2-9 유한책임회사와 주식유한회사와의 차이점

	유한책임회사(有限责任公司)	주식유한회사(股份有限公司)
회사채무에 대한 책임	주주가 납입한 출자액 범위	주주가 보유(인수)한 주식 범위
상호 회사유형 변경	주식유한회사로 변경가능	유한책임회사로 변경가능
주주 수	50명 이하	상장사 규정에 의거

발기인	–	2~200명. 자본금 20% 이상 출자
등록자본금	3만 위안 이상	500만 위안 이상
화폐 출자 기준	30% 이상	30% 이상
지배구조	주주회, 이사회(3-13명), 감사회(3명)	주주총회(1주 1표), 이사회(5-19명), 감사회(3명 이상)
중요 사안결정	주주 2/3 이상 동의	주주 2/3 이상 동의
특별조항	1인 유한책임회사 가능 (자본금 10만 위안 이상)	공모방식 설립시 발기인은 주식 수 35% 이상 인수, 상장사는 독립(사외) 이사 보유

자료: 〈회사법〉 참고하여 저자 정리(2012.5)

2) 집체기업(集體企業)

집체기업(Collective Enterprise)은 사회주의적 소유인 공유제의 범위에 포함되는 기업형태이며, 농촌집체기업과 도시집체기업으로 구분된다. 집체기업은 집단(도시민, 농촌 농민)의 구성원이 공동으로 소유하는 기업으로 해석된다. 많은 집체기업의 경우, 단순히 개인뿐만 아니라 해당 행정구역의 지방정부도 지분참여를 하고 있는 경우가 많다. 즉 단순히 국유와 사유의 양분법으로 살펴보면, 국유와 사유가 혼합된 소유구조이나, 집체기업에서의 '사유'는 반드시 단체(마을 등)의 구성원 자격을 유지해야만 소유권을 주장할 수 있는 것이 원칙이다.

농촌집체기업은 향정부(鄉政府)에서 설립·운영하는 촌판(村辦)기업 및 여러명의 농민들이 연합하여 설립한 협동조합기업으로 구분된다. 그중 향판(鄉辦)기업과 촌판기업은 자산소유권이 향과 촌정부에 귀속되는 공유제 기업이기는 하지만 국유기업은 아니다. 농촌협동조합기업은 공유제 기업이기는 하나, 사유기업의 성격을 많이 띠고 있다. 도시집체기업은 도시 지역별 정부 산하에서 설립·운영하는 기업과 여러 명의 도시 주민들이 연합하여 설립 운영하는 합작사 등의 기업형태가 있다.

집체기업의 설립과 운영에 근거가 되는 법률 법규로는 1983년 4월 14일 국무원이 공포한 〈성진집체소유제경제에 대한 약간정책문제잠정규정(关于城镇集体所有制经济若干政策问题的暂行规定)〉, 1984년 11월 20일 국무원이 승인한 〈경공업

집체기업 약간문제잠행규정(关于轻工业集体企业若干问题的暂行规定)〉, 1990년 5월 11일 국무원이 공포한 〈향촌집체소유제기업조례(郷村集体所有制企业条例)〉, 1991년 6월 21일 국무원이 공포한 〈성진집체소유제기업조례(城镇集体所有制企业条例)〉, 1996년 10월 29일 제8기 전인대에서 통과시킨 〈향진기업법(郷镇企业法)〉 등이 있다.

3) 향진기업(郷鎮企業)

향진기업(Township-Village Enterpries)은 중국 농촌에 설립된 대표적인 집체기업이다. 중국이 개혁개방 정책을 시작하면서 1978년부터 중국 각 지역의 농촌에 설립되기 시작했는데, 가장 성장이 활발했던 1992년 9월까지 약 550만 개가 설립되었다.[36] 향(郷)과 진(鎮)은 중국 농촌에 설치된 행정단위를 의미하며, 시(市) 아래 진과 향을 두고 있다. 향진기업은 향진 소속의 주민들이 중소기업을 형성, 경영과 생산 및 판매를 자율적으로 결정하는 기업이다. 향진기업의 정의는 다음과 같이 내릴 수 있다.

첫째, 향(郷)·촌(村)을 단위로 하는 집체소유의 기업은 모두 향진기업에 속한다.

둘째, 농촌지역의 종합기업과 개인기업은 모두 향진기업에 속한다.

셋째, 독립채산제로 운영되며, 행정기관에 등록하고, 납세단위로 취급된다.

따라서 큰 의미의 향진기업은 농촌지역에 사업장을 두고 있는 비국유기업이라는 해석이 가능하다. 실제 향진기업은 합자, 합작, 주식합작제, 개체사영 등 다양한 소유제 형식을 포함하고 있다. 즉 향진기업은 단일 소유제를 의미하지 않으며, 실제는 하나의 종합적인 법률개념으로 이해할 수 있다.

1997년 1월 1일자로 실시되고 있는 현행 〈향진기업법〉에 따르면, 향진기업에 대해 보다 정확한 정의를 내리고 있다. 즉, 향진기업은 농촌 집체경제조직 혹은 농민의 투자를 위주로 향진(촌)에서 설립한 농업을 지원하는 의무를 맡은 각종 기업으로 규정하고 있다.[37] '농민의 투자를 위주로' 라는 개념은 농촌 집체경제 조직

---

36) 심영수 · 주염(2006), 중국 향진기업의 발전방향에 관한 연구, 「사회과학연구」 제12권 제2호, 237-239쪽.

37) 〈향진기업법〉 제2조.

혹은 농민의 투자가 50%를 넘거나 아니면 50%를 넘지 못하지만 경영 통제권을 가지고 실질적인 지배역할을 할 수 있다는 의미이다.

향진기업은 1979년 개혁개방 정책으로 농촌에서 발전을 시작했지만, 실질적으로 본격 발전 궤도에 오르게 된 것은 1984년 중국 공산당이 '1984년 농촌공작통지'라는 중앙 1호문건을 통해서 농민연합기업의 고취와 장려를 지시하면서이다. 이후 이들 향진기업 전신인 농민연합기업에 많은 신용대출이 이루어졌다. 또한 1992년 덩샤오핑의 남순강화 이후 대폭 증가하였다가, 〈회사법〉이 공포되면서 규모를 갖춘 기업들이 유한책임회사, 주식제회사 등으로 전환되면서 현재는 정체기를 맞이하고 있다.

중국농업신식망 통계자료에 따르면 중국의 WTO 가입직후인 2001년 각종 향진기업 수는 2,115만 개에서 2005년에는 2,249만 개 수준을 보였다. 또한 향진기업 중 2001년 집체기업 수는 66.8만 개였으나, 2002년에는 40만 개, 2003년 29.2만 개, 2004년 20.8만 개로 줄어들었고, 2005년에는 17.5만 개로 축소되었다.

반면에서 향진기업 중 주식합작기업 수는 2002년 79,235개에서 2005년에 114,543개로 늘었고, 유한책임회사(향진기업)는 2002년 15만 개에서 2005년 33.6만 개로, 주식유한회사(향진기업)는 2002년 17,185개에서 2005년 39,040개로 늘어나 향진기업들이 집체기업 형태에서 〈회사법〉 테두리 안의 유한책임회사, 주식유한회사 형태로 빠르게 전환하고 있음을 알 수 있다.

4) 사기업(私企業)

사기업 혹은 사유기업은 개체기업(혹은 개체호)과 사영기업으로 구분된다. 사영기업은 기업 자산이 개인(私人)에 의해 소유되고, 8명 이상을 고용하여 이윤추구를 목적으로 하는 경제조직을 말한다. 사기업 역시 중국의 개혁개방 정책 시작으로 1979년부터 발전을 시작하였다. 개체호(個體戶)라고 불리우는 1인 혹은 7인 이하의 소규모 자영업자로 시작된 사기업이 도시지역에서 발전을 시작하게 된다.

1981년에 이르러서는 이들 개체호가 상당한 자금을 축적하여 많은 개체 상공업자들이 생산규모를 확대하였고, 이들은 고용인원 8명을 초과한 사영기업으로 발전하게 된다. 1988년에 이르러 전국 도시와 농촌의 사기업은 615만 개로 늘어났고, 1,585만 명이 사기업에 종사하게 되었다.

사영기업에 대한 최초의 법률적 근거는 1988년 6월 25일 국무원이 공포한 〈사영기업잠행조례(私營企業暫行条例)〉에서 찾을 수 있으며, 동 조례 제7조 1항에서는, '사영독자기업은 1인이 투자경영하는 기업으로 1명의 자연인이 투자하고 경영하며, 노동력을 고용하고, 투자자는 기업채무에 대해 무한한 책임을 지는 기업이다'라고 명시하고 있다. 또한 제2조에서는 '사영기업'을 개인이 소유한 기업으로 8명 이상을 고용한 영리목적의 경제조직으로 정의하고 있다.

또한 1998년 8월 28일, 국가통계국과 국가공상행정관리국이 공포한 '기업 등록유형 구분에 관한 규정(关于划分企业登记注册类型的规定)'에 따르면, 동 규정 제9조에서 '사영기업은 자연인이 투자하여 설립하거나 자연인이 지배권을 행사하고 노동력을 고용한 기초아래 영리를 목적으로 하는 경제조직이다.'라고 규정하고 있다.

사영기업은 기존 법률·법규인 〈회사법〉, 〈합화기업법(合伙企业法)〉, 〈사영기업잠행조례〉에 의거하여 기업 형태를 등록할 수 있으며, 상황에 따라서 사영유한책임공사(私營有限责任公司), 사영주식유한공사(私營股份有限公司), 사영합화기업(私營合伙企业·동업회사·Partnership Enterprise), 사영독자기업(私營独资企业) 등으로 등록된다.

3. 국유기업 개혁

1) 개념

중국에서는 1993년 〈헌법〉 개정 때 '국영기업(國營企業)'을 '국유기업(國有企業)'으로 바꾸어 '국가가 소유와 동시에 경영을 하는 기업'이라는 의미의 국영기업 개념을 '국가가 소유는 하되 경영은 기업자신이 자주적으로 하는 기업'이라는 의미의 국유기업으로 전환하였다. 이러한 정의는 단순히 기업의 발전을 위한 경영 자주권의 확대라는 의미에서 통용되고 있다.

사회주의 국가인 중국에서 국유기업은 '사회주의 공유제의 유일한 실현 형식으로서 국유경제의 미시경제조직이며 기본단위이다. 또한 그 소유권은 완전히 국가에 귀속되는 경제조직이며 '전민소유(全民所有, 전 인민의 소유)'로 이해되고 있다. 따라서 중국에서는 국유기업과 같은 의미로 '전민소유제 기업(全民所有制企業)'이라는 용어도 같이 쓰이고 있다.[38]

2) 특징

국유기업은 중국경제에서 가장 큰 비중을 차지하는 중요한 부문으로써 1978년 개혁개방 이후 그 경제적 위상이 크게 낮아지긴 하였으나 국유기업이 2001년을 기준으로 실제 납부한 세금은 6,682.6억 위안으로 전년대비 1,343.5억 위안 증가한 25.2%의 증가율을 보였으며, 이는 전국 세수 수입의 43.7%를 차지하고 있다. 또한 국유자산감독관리위원회가 직접 관리하는 중앙기업의 자산총액은 2005년에 10조 위안을 초과하는 등 여전히 생산, 고용 및 여러 분야에서 중요한 역할을 담당하고 있다.

1998년부터 2004년까지의 전국 국유기업 중 제조부문의 현황을 보면, 국유기업수가 1998년에는 64,737개로부터 2004년에는 31,750개로 국유기업은 퇴출, 파산, 합병, 매각 등의 개혁을 통해 무려 절반이상으로 감소하였으며, 그중 11,112개 기업이 적자를 기록했다.

1980년대 이후 적극적인 외자유치로 국유기업에 대한 우대정책을 취소함에 따라, 외자기업과 기타 소유형태기업의 급속한 발전을 가져왔다. 2003년과 2004년 제조업 분야에서 국유 및 비국유기업의 현황을 보면 국유기업 수가 2003년에 3.43만 개로부터 2004년에는 3.18만 개로써 −7.3% 하락하였고 반대로 삼자기업(단독투자, 합작, 합자기업)은 10.9% 증가했다. 동시에 경쟁력이 낮거나 경영이 악화된 중대형 국유기업들은 합병 혹은 새로운 기업조직으로의 통폐합을 통해 정리되고 중소형 국유기업은 파산, 매각, 소유형태의 변경 등을 통해 민영화를 추진하였다.

2000년부터 2004년까지 제조업 분야에서 국유 및 비국유 기업의 매출증가와

---

38) 전신욱(2009), 중국 국유기업의 개혁과정과 운영방향, 「한국동북아논총」 제50집, 158−159쪽.

총생산액을 보면, 국유기업은 주식제기업과 삼자기업보다 훨씬 낮으며 다른 소유 제기업의 기업현황 및 여러 지표도 국유기업보다 좋았다.

표 2-10 국유 및 사영 공업기업 경영현황

		매출액(억 위안)	세전이익(억 위안)	직원수(만 명)
2004	국유기업	24,180.57	1,088.92	892.41
	사영기업	47,415.22	2,415.94	3,225.14
2010	국유기업	58,957	3,303	638
	사영기업	207,838	15,103	3,312.1
연평균 증감율	국유기업	16%	20.3%	−5.4%
	사영기업	27.9%	35.7%	0.4%

자료: 중국통계연감(2002) 및 (2011).

다만 표 2-10에서 보이는 것처럼, 2004년부터 2010년까지 7년간의 지표를 보면, 국유기업의 매출액이 연평균 16% 증가한데 반해 사영기업은 27.9%나 증가세를 기록하여 11.9%포인트 우월한 성적을 거둔 것으로 나타났다. 이윤총액은 그 차이가 더 커져서 같은기간 사영기업이 국유기업보다 15.4%포인트 높은 이윤총액 연평균 증가율을 기록한 바 있다. 반면, 종업원 수는 국유기업이 같은기간 연평균 5.4% 감소한데 반해, 사영기업은 0.4% 증가를 기록했다.

수익성을 보면, 국유기업 세전이익률은 2004년 4.5%에서 2010년 5.6%로 1.1%포인트 증가한 반면, 사영기업은 같은 기간 세전이익률이 5.1%에서 7.26%로 2.16%포인트 증가했다. 즉 성장성, 수익성 모두 지난 7년간 사영공업기업이 국유공업기업을 능가한 것으로 나타나고 있다.

여전히 대부분의 국유기업들이 낮은 경제 효율성을 지니고 있을 뿐만 아니라 과도한 조세부담으로 인해 높은 부채비율을 가지고 있다. 1990년대 초부터 국유기업은 중복투자를 통해 과잉설비와 재고가 많아지면서 생산물 가격과 추가적인 생산을 줄이게 되었을 뿐만 아니라, 노후된 생산설비와 낮은 기술수준, 부실한 경영으로 질적으로 떨어지는 제품을 생산하게 되었다. 또한 낮은 생산은 저수익성으로 이어져 부채를 증가시켜 저생산성과 비효율로 국유기업의 상당수가 적자를 기록하게 되는 악순환이 지속되었다.

[그림 2-3] 중국의 국유기업의 단계별 개혁 과정

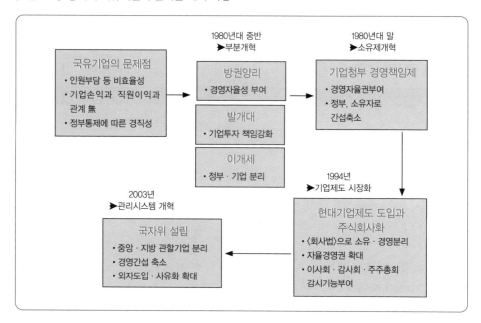

3) 국유기업 개혁 조치(1980년대)

국유기업의 개혁은 인센티브제 도입과 중앙집권적인 통제를 완화하고 기업의 자발성을 장려하는 것으로부터 시작되었다. 기업의 인센티브 부과를 위한 주요 조치로는 의욕 고취를 위하여 임금인상, 보너스 지급 등을 시행하였다. 또한 기업은 생산과 판매에 있어서 보다 많은 자율권이 주어지고 유보이윤을 확보할 수 있게 하였으며 더 나아가 이윤납부에서 세금납부로 전환되는 등 기업의 활력을 증가시키기 위한 제도가 수립되었다. 국유기업의 20여 년간 개혁을 살펴보면 크게 3단계로 나눌 수 있는데 첫 번째 단계는 1979년-1986년간으로 국유기업에게 자주권을 부여한 방권양리(放權讓利) 개혁단계, 두 번째는 1987년-1992년으로 국유기업의 소유권 개혁단계이다. 중국정부는 '기업청부경영책임제'를 중심으로 여러가지 개혁적인 경영방식을 도입하였다. 세 번째는 1993년-현재까지로 '현대기업제도' 도입을 중심으로 한 개혁 단계이다.

1970년대 말~1990년대 초의 개혁은 기업 경영자주권을 확대에 중점이 두어졌다. 계획경제시대 국유기업 관리자의 경영자 주권의식은 미약한 수준이었다. 국유기업은 정부계획에 따라 구매, 생산, 판매를 추진했기 때문이다. 기업관리자는 국가간부, 기업의 공산당위원회 간부 등으로 구성되어 있었으며, 주요 경영사안은 정부와 기업관리자에 의해 결정되었다. 기업관리자 선임, 투자결정 등 중대사항은 기업 주관부서인 정부의 승인을 받아야 했다.

1970년대 말~1980년대 초 중국정부는 상품 부족문제를 해결하기 위해 '기업에 일부 권리와 수익을 배분'하는 정책으로 기업의 생산성을 자극했다. 즉 1979년 국무원은 '국유기업의 경영관리 자주권 확대에 관한 의견'을 공포하고 1980년 6,600개 중대형(中大型) 국유기업에게 이러한 개혁조치를 적용했다.

1984년, 국유기업의 자주권을 더욱 강화하였는데, '국유기업의 자주권 확대에 관한 잠정규정'에서는 국유기업이 경영기획권, 제품판매권 및 가격결정권, 물품구매권 등 10개의 자주권을 보유해야 한다고 밝힌 바 있다.

가. 방권양리(放權讓利, 1979년-1986년)

전통적인 중앙 집권적 계획경제체제하에서 국유기업은 자율적으로 경영을 할 수 없었고, 제품의 생산과 자원의 배분 역시 국가의 지령성 명령에 의해 이루어졌다. 이러한 국가의 독점적 권력 행사는 기업의 경영능력과 노동자의 근로의욕에 부정적인 영향을 미치게 되었고, 구조적으로 국유기업의 비효율성을 낳게 하는 결과를 가져왔다.

이의 해결을 위해 중국정부는 이윤분배를 중심으로 한 방권양리(放權讓利) 개혁을 시도하게 된다. 1978년 10월 국무원의 〈국영기업 경영관리 자주권 확대에 관한 여러가지 규정〉이 발표되면서 사천성의 중경강철공장, 녕강선반공장 등 6개의 국유기업을 실험대상으로 선정하였다.

경영자주권 확대의 주요내용은 기업에게 총생산량의 목표를 정해주고 기업의 임무완성에 따라 소량의 이윤을 기업에 유보하고, 직원들에게 보너스로 배분할 수 있도록 하였다. 3개월간의 실험이 성공적으로 평가되자 1979년 2월 100개 공업기업과 40개 상업기업에 대한 실험을 추진하여 좋은 효과를 거두었다. 국가통계국에 따르면 100개의 실험대상기업 중 84내 기업의 총자산은 14.9% 증가하였고 세전총액도 33% 증가하였다.

'자주권 확대' 실험이 일정한 성과를 얻자 1979년 5월, 중국정부는 북경, 천진, 상해 등 3개 도시에서도 8개기업을 대상으로 자주권 확대를 추진하였다. 또한 국무원은 개혁의 성과를 강화하기 위하여 1979년 7월 13일에 아래 4가지 규정을 더 공포하였다. 〈국영기업 이윤확보 실행에 관한 잠정규정〉, 〈국영제조업의 고정자산세 징수에 관한 잠정규정〉, 〈국영제조업의 고정자산 감가상각 비율을 높이고 개선에 관한 잠정규정〉, 〈국영제조업 유동자금의 전액대출정책에 관한 잠정규정〉 등을 발표함으로써 기업의 방권양리 정책이 전국에서 전면적으로 실시되었다.

　1979년 후반부터는 개혁 실험대상을 4,200개로, 1980년 6월에는 6,600개로 확대하였는데, 이는 당시 총국유기업 수의 16%에 해당하는 규모였다. 이 실험기업들의 생산총액은 국유기업 총생산액의 60%를 차지하였다. 1981년, 산동성에서는 처음으로 경영책임제를 도입하였는데, 기업이 이윤을 분배하고 손익을 책임지게 하였고, 월급도 인센티브가 가미된 임금제도를 실행하여 근로자 임금과 근로성과를 연결시켰다. 그 결과, 근로자의 적극적인 생산성 제고가 이루어졌으며, 이를 토대로 기존 자주권 확대시험기업도 점차 경영책임제로 전환하였다.

　이윤분배, 자주권확대 규정에 포함된 내용은 다음과 같다. 기업은 반드시 국가가 하달한 여러가지 계획경제목표를 완성하여야 한다. 고정자산 감가상각률을 높이고, 이윤유보(利潤留保)를 실행한다. 이윤유보는 국영기업이 국가에 상납하는 이윤 이외에 일정한 규정 및 비례에 의해 재생산용이나 장려금으로 기업에 이윤의 일부를 남겨두는 것을 의미한다. 고정자산(기계·설비 등)에 대한 세금을 징수하여 고정자산을 유상으로 점용하는 제도를 실행한다. 기업에서 신상품개발을 격려하고, 기업은 상품수출을 신청할 권한이 있으며, 근로자를 채용하고, 중간간부를 승급·면직할 권한을 부여 받았다.[39]

　이윤분배의 목적은 기업의 재정권한을 확대하며 경영책임을 강화함으로써 기업과 종업원들의 적극성을 동원하는데 있었다. 그 결과, 기업자주권 확대는 근로자들의 적극성, 경영관리방면, 이윤증가 등에서 많은 성과를 거두었고, 증가한 이윤의 대부분은 기업이 사용함으로써 독립적인 생산을 할 수 있었다.

---

39) 고정자산 감가상각률: 설치 장비나 시설의 시간에 따른 가치 저하율

나. 발개대(撥改貸)

전통적으로 국유기업은 중공업 중심의 발전전략을 추구하였다. 이를 위해 정부는 인력 및 자원을 중공업분야의 발전에 우선 투입했다. 또한 이러한 투입을 위해 정부는 이자율, 환율, 농산품, 광산품 가격을 조정하였고, 근로자 임금수준과 생활필수품 가격도 통제하고 있었다. 또한 모든 투자는 국가재정에서 무상으로 지원하였다. 이처럼 계획에 따라 재정자금을 기업생산에 투자하고 모든 기업의 이윤을 회수하여 재분배하는 계획경제제도 하에서는 기업의 책임과 권리 간의 비대칭성이 발생했다. 특히 사회간접자본(Social Overhead Capital, SOC)을 포함한 국가기본건설에 대한 막대한 정부의 재정지원은 오히려 과도한 투자의 낭비와 많은 부실기업을 초래하였다.[40]

1979년 정부는 SOC투자를 이전 재정지원 방식에서 은행대출로 전환하는 '발개대' 개혁을 실시하기로 결정하고, 근거 문건인 〈기본건설투자의 실행대출에 관한 의견〉과 〈기본건설대출실행에 관한 규정〉을 발표하였다. 동 문건에서 서술한 발개대(撥改貸) 정책을 보면, 국가의 일괄적인 투자계획 전제 하에 국유기업의 경영자주권 확대를 목적으로 효율적인 투자의 효과를 추가하여 기업과 종업원들의 경제이익을 서로 연결시키는 것에 정책 주안점을 두고 있다. 그 주요 내용은 아래와 같다.

첫째, 국가의 투자계획과 은행대출의 관계를 명확히 구분하여 처리한다. 둘째, 기본건설사업에 대한 원자재, 설비의 공급을 보증하고 기본건설의 수요를 충족시킨다. 셋째, 국유기업에 대한 대출금의 회수를 보장하기 위해 대출할 수 있는 기업의 대상을 주로 독립채산제 공업부문과 교통운수업부문 등 중대형 국유기업으로 제한한다.

발개대(撥改貸)는 1979년, 1980년에 먼저 경공업, 방직, 관광업 등 분야와 북경, 상해, 광동 3개 지역 중 저투자, 고효율, 고이윤이 보장되는 프로젝트를 선택하여 실행하였다. 1980년 11월 18일 국무원은 〈기본건설은 정부지원에서 대출로 전환하는 실행보고〉를 발표하여, 법률 근거를 마련하였다. 그 결과, 1981년부터는 독립채산제를 하는 기업과 대출 상환능력이 있는 기업을 중심으로 발개대 제

---

40) 撥(Bo, 발)은 비축한 자금, 식량 등을 내어 놓는다는 의미이다.

도를 적용하였다. 발개대를 적용받는 국영기업이 투자금을 사용하려면 원금과 이자를 기간 안에 상환해야 하므로, 기업들의 비효율적인 투자를 방지할 수 있었다.

다. 이개세(利改稅)

전통적인 계획경제하에서 기업의 자주권확대는 제대로 실현되지 못하였을 뿐만 아니라 국가, 기업, 및 노동자 간의 이익관계도 문제점으로 나타났는데 그중 국가와 기업간의 이윤분배문제가 제일 큰 문제점이었다. 이러한 상황을 해결하기 위해 중앙정부는 1983년부터 이윤납부와 세금납부제도를 병행하는 이개세(利改稅) 개혁을 실시하였다. 이개세는 국유기업이 예전에 이윤상납을 기업소득세로 변경함으로써 세금을 납부하고 나머지 이윤을 기업이 관할하는 것이다. 그 목적은 독립경영을 하도록 하고 스스로 손익을 책임질 수 있게 함으로써 정부와 기업의 분배관계를 세금 형태로 고정하기 위해서였다.

1980년부터 일부 성·시와 자치주에서는 이개세 개혁을 시험·실시하였는데 좋은 효과를 거두었다. 이후 1983년 4월, 국무원에서는 〈국영기업 이개세 실험실시 방법〉을 발표하여 이개세(利改稅) 개혁을 전국에서 실행하기 시작했다. 그 개혁 내용을 보면 아래와 같다. 첫째, 중대형기업의 경우 기업이윤의 55%를 소득세로 상납하고 나머지 45%는 일부분을 국가에 납부하고 일부분을 기업내부에서 유보한다. 둘째, 소형기업인 경우 10~55%까지 8단계 누진 과세표에 의해 이윤과 세금을 징수한다. 셋째, 국영호텔, 식당과 음식서비스 업종에는 15% 영업세를 납부한다. 넷째, 국영기업은 대출을 반환할 때 재정부처의 동의를 거쳐 소득세를 납부하기 전에 대출항목의 새로 증가한 이윤만 반환한다. 다섯째, 적자 경영기업에 대한 보조금은 각기 달리 처리한다. 여섯째, 기업은 세금 납부 후 이윤을 합리적으로 사용하여야 한다. 일곱째, 기업은 유보이윤을 신제품 개발과 생산발전기금, 비축기금, 종업원복지기금, 종업원 장려기금으로 사용할 수 있다.

이개세 개혁은 세금과 이윤의 관계를 초보적으로 분리함으로써 정부와 기업의 관계, 특히 국가와 기업의 이익분배 문제를 정의하는데 기여를 하였다. 그러나 소득세가 상품 품종의 구분없이 이익에 대해 징수되면서 그 효과가 반감되었다. 또한 구조적 원인으로 국유기업별 이익수준 차이가 많이 있음에도 불구하고, 이러한 현황을 이개세 개혁에 반영하지 못하였다.

1984년 9월, 국무원에서는 두 번째 이개세 개혁 조치를 발표하여 이전의 세금과 이익병존(稅利幷存) 조치를 세금이 이익을 대체(以稅代利)하는 진정한 개혁조치로 전환하였다. 그 주요 내용을 보면, 첫째, 공상세는 납세대상에 따라 상품세, 부가가치세, 소득세로 구분하며 소득세와 조절세(調節稅)를 징수하며, 자원세, 도시건설유지세, 부동산세, 토지사용세를 추가했다. 둘째, 1983년 기업의 이윤을 조정 후 수치를 기준으로 조절세(調節稅)를 결정했다. 셋째, 국영 소형기업을 기준으로 국가는 이익이 많은 기업에 대해 임대비를 받는다. 넷째, 부실기업과 이익이 적은 기업에 대해서 보조금과 감세 혹은 면세 혜택을 부여한다.

　　이개세는 경제를 조절하고 생산을 촉진하며 기업과 종업원들의 적극성을 일으키는데 일정한 작용을 하였으며, 정부와 기업의 관계와 국가재정 수입방면에서도 도움이 되었다. 그러나 시장체제가 형성되지 않은데다 상품의 가격은 국가가 결정하고 세금징수의 관리도 규범화되지 않아, 1985년과 1986년 예산내의 국영기업의 이윤은 20개월 연속적으로 하락하는 현상이 나타났다. 앞서 서술한 발개대(撥改貸) 개혁조치가 실행되면서부터 기업은 필요한 자금을 은행에서 대출해야할 뿐만 아니라 원리금도 상환해야 하므로, 해당 기업은 세금을 납부 전에 대출을 먼저 갚는 부작용도 나타났다.

라. 기업청부 경영책임제(企業承包經營責任制)

　　중앙정부는 1986년부터 국유기업의 경영권에 대한 개혁을 소유권에 대한 개혁으로 전환하기 시작하였다. 계획경제체제 하에서 기업 경영활동은 그 주관부처에서 결정하였으며, 기업은 단순히 생산단위였다. 기업은 자주권한이 없었으며 부실경영에 대한 책임도 부담하지 않았으므로, 이익최대화를 추구할 수 없었다. 이런 경영체제하에 방권양리(放權攘利), 발개대(撥改貸), 이개세(利改稅) 개혁은 큰 성과를 거둘 수 없었다.

　　국유기업 개혁의 완성을 위해서는 시장을 중심으로 한 소유권 개혁이 반드시 필요했고, 기업의 이익이 경영의 최고목표가 되어야 했다. 이러한 맥락에서 국가, 기업, 근로자 간의 이익관계 조정이 필요했으며, 중국정부는 소유권과 경영권을 분리시키는 개혁조치 채택을 고민하기 시작했다. 즉 국가가 소유와 경영을 모두 전담하던 구체제에서 탈피하여, 국가는 소유만하고 기업이 책임지고 경영하는 개혁조치가 바로 기업청부 경영책임제(企業承包經營責任制)이다.

1986년 12월 5일, 국무원은 〈개혁을 심화하고 기업활력을 증강시키는데 관한 약간의 규정〉을 공포하여, 여러 형식의 청부경영책임제를 실시하기로 결정한다. 이는 기업 경영자에게 충분한 경영자주권을 주는 것에 주안점을 둔 개혁조치였다. 1987년 3월, 중국정부는 정부공작보고회의에서 소유권과 경영권의 분리원칙에 의해 여러형식의 청부책임제를 실시한다는 것을 명시하였다. 그 결과, 1987년 말에 전국 국유기업의 78%가 청부제를 실시하였고, 1988년 말에 이 비중은 90%를 초과하였는데 이 중 중대형기업은 95%에 달했다.

기업청부 경영책임제란 소유자(정부)가 청부인(承包人, CEO)에게 국유기업을 맡겨 경영하게 하는 것이다. 양자(정부와 CEO)는 쌍방협의를 통해 소유자가 고정수익을 가지도록 하고, 나머지 수익은 청부자(CEO)가 소유하거나 계약에 따라 비율을 나누게 된다. 또한 경영과정 중 소유자(정부)는 경영방식과 경영결정에 간섭하지 않기로 한다.

1988년 2월 27일, 국무원은 〈전민소유제공업기업 청부경영책임제 잠정규정〉을 공포하여 청부경영책임제(承包經營責任制)에 대한 법적근거를 마련하였다. 동 규정에 따르면 국유기업은 사회주의 전민소유제(공유제) 기초 위에서, 소유권과 경영권의 분리원칙에 의거, 국가와 기업의 책임권한과 이익의 관계를 확정하고 기업이 독립적인 경영과 손익을 스스로 책임질 수 있는 경영관리체제를 수립하는 것이 청부경영책임제이다.

청부경영책임제(承包經營責任制)의 기본내용은 다음과 같다. 첫째, 국유기업 자산은 공유제를 기본으로 한다. 둘째, 국가와 기업 및 경영자와 생산자의 이익을 함께 고려하여 기업 경영자와 생산자가 적극적으로 참가하도록 함으로써 기업 내부의 잠재력을 발굴하여 국가에 납부할 이윤을 확보하고, 기업의 자기발전 능력을 높이며 직원들의 생활을 개선한다. 셋째, 청부경영책임제의 실행은 반드시 책임·권리·이윤의 상호결합 원칙에 따라서 기업의 경영자주권을 적절히 행사하도록 하고, 기업의 합법적인 권익을 보호하도록 한다. 넷째, 기업에게 독자적인 법인지위를 부여하며, 이는 청부경영책임제의 최종 목적이다.

이상과 같은 청부경영책임제는 전통적인 계획경제와 상품경제의 두 가지 체제 하에 생성된 것으로서, 기업의 자주권도 확대되었고 정부의 간섭도 줄었으며 이개세 개혁 이후 나타난 이윤하락과 국가 재정수입 감소 문제를 해결하였다. 하지만 청부경영책임제 역시 일정한 한계를 드러냈다. 이는 이윤분배제도와 본질적으로 큰 차이가 없었고, 정부와 기업의 이익 분배관계를 조정하는 것인 청부경영책임제는 단지 경제이익관계를 나타낸 계약서에 불과하다는 평가가 존재했다. 즉 청부경영책임제 정책은 근본적인 정부와 기업의 분리(政企分離)를 실현할 수 없었다. 청부경영책임제 하에 국유기업은 항상 정부에 의지해야 했고 투자, 자산처분, 수익분배, 인사권 등 중요한 경영의사 결정권은 역시 정부의 결정에 따라야 했다. 청부경영책임제 하에 비록 기업의 자주권이 확대되었지만 본질적으로는 행정상 상하 관계에서 크게 벗어날 수 없었다. 또한 해당 국유기업은 독립적인 법인자격을 확보하지 못했다. 청부계약서의 내용에 의해 정부와 협상할 수 있지만, 문제는 명확한 재산권을 확보하지 못한 기업이 독립적인 법인자격을 확보하지 못했기 때문이다.

매년 1년 내지 2년간의 임기를 보장받은 기업경영인은 단기이익에 편중한 경영방식을 추구했고, 기업의 중장기 발전목표와 진정한 기술개혁도 기대하기 어려운 실정이었다. 또한 기업이윤 초과달성시에는 기업이 각종 혜택을 얻을 수 있지만, 반대로 적자나 부실기업 등에 대한 책임은 지지 않았다. 이는 여전히 중국 정부가 국유기업 경영결과에 대한 최종책임자 위치에 있기 때문이었다. 불공평한 경쟁현상도 존재했다. 기업이 임무를 완성하면, 정부는 이익에 비례하여 세금을 적게 받거나 받지 않아 조세 법제도과 징수율 등이 통일되지 않고 비규범적으로 운영되어 탈세현상이 보편화, 공개화 되었다. 국유기업과 정부와의 직접계약은 고위 관리층간의 담합으로 산업내 불공정 경쟁을 조성하고 장기적으로는 국유기업이 고도화와 구조조정을 저해하였다.

청부경영책임제는 정부와 기업 경영인이 위탁계약서를 통해 실현하는데, 이는 정부와 경영자의 권리와 의무가 명확히 규정되어 있다. 경영인이 기한 내 이윤상납과 자산증가의 책임을 완수하면 정부에서는 기업활동을 간섭하지 않게 된다. 따라서 실질적인 통제권한을 보유한 CEO는 외부인의 감독을 받지 않고 국유기업의 자산을 유출 하는 등 도덕적 해이 현상이 만연하였다.

청부경영책임제의 도입으로 국유기업 경영에 일정한 성과를 거둔 것이 사실이나, 기업자율권 확대가 실질적인 경영권 보장을 의미하는 것이 아니었다. 따라서 국유기업 재산권의 근본적인 개편없이는 국유기업 개혁의 완결을 거둘 수 없었다. 이러한 맥락에서 중국정부는 '주식제'를 근간으로 하는 '현대기업제도'를 도입하게 된다.

마. 군대기업의 개혁

군대기업은 현재 군수업체를 중심으로 구성되어 있어서, 군공기업(軍工企業)으로 불리고 있으나, 1998년 이전에는 군대가 소유한 모든 국유기업을 군대기업으로 통칭했다. 1998년 이전 중국 군대인 인민해방군은 군수와 관련된 항공 및 중화학뿐만 아니라 경공업, 제약, 식당, 서비스업까지 기업을 소유·운영하고 있었다. 1980년대 말 10만 개 군대기업에서 70만 명이 근무했다. 1998년부터 군대기업의 개혁이 시작되면서, 군대기업들이 대형화 그룹화(집단화) 되었고, 1999년 말에 이르러 이들 국유 군공기업은 약 500여 사(그룹 기준)로 150만 명이 종사하고 있었으며, 수천억 위안의 고정자산을 보유하고 있을 정도로 중국 국유경제의 일부분을 책임지고 있었다.[41]

생산대로서의 인민해방군의 자급자족 전통은 창군시기부터 내재된 인민해방군의 본래적 속성이었으나 영리적 활동을 통한 재원의 확보와 이윤의 창출에 몰두한 것은 개혁개방 이후 시장 시스템의 확대와 더불어 가속화 되었다. 개혁개방의 가속과 함께 시장 시스템의 도입은 군대의 생산경영 활동에 종사하는 기업의 수를 급속하게 증가시켰다.

급기야 당중앙군사위원회와 국무원은 1985년 5월에 제도적 범위 안에서 군의 경제활동을 활성하는 조치인 '군대가 생산경영과 대외무역에 종사하는 것에 관한 임시규정"(關于軍隊從事生産經營和對外貿易的暫行規定)을 3군 총사령부에 시달하였다. 군대의 생산경영의 필요성을 충분히 긍정하면서, 개혁개방 이후 생산경영활동의 경험을 총괄하여, 새로운 정황과 문제에 근거하여 구체적인 정책을 시달하는 것을 내용으로 하고 있다. 하지만 이러한 군의 영리적인 경제활동은 사업영역에서뿐만 아니라 규모에서도 그룹화(집단화)를 추구하는 규모로 급속하게 발전하기 시작했다. 즉 기존 군수산업을 확대시킨 제조업, 공업 및 서비스산업과 대

---

41) 胡晓峰(2005), 国有军工企业改革任重道远, 航空工业经济研究, 2005年 06期, 23−25쪽.

외무역 등 산업전반에 영향력을 확장시켰다. 또한 스스로 군대기업의 개혁을 통하여 낙후하거나 중복된 투자를 지양하고 군대기업의 통제를 확보하기 위하여 그룹화(집단공사화)되는 경향을 보여주었다.

군의 영리활동으로 획득한 재원은 주로 군의 경상비에 충당되거나 낙후된 군인복지에 쓰인 것으로 알려지고 있으며, 군대기업을 통하여 군속들과 전역 장교와 병사들의 취업문제를 상당부분 해소하고 있었다. 그러나 군의 경제활동 확대에 따른 부패 연루와 이로 인한 군사준비태세의 소홀은 군 정체성의 의문과 대군통제의 효율성이라는 문제를 제기하게 되었다.

제15차 공산당 전국대표대회 이후인 1998년 7월, 장쩌민 정부는 개혁을 가속화하는 과정에서 군의 영리적 경제활동을 금지시켰으며 이에 대한 보상을 군부에 지급하였다.[42] 군경영기업의 폐지 결정에 대한 군부의 반발은 적지 않았다. 당시 장완니엔(張萬年) 중국군사위 부주석이 군경영기업을 폐쇄하는 대신에 주룽지(朱鎔基) 총리로부터 500억 위안을 제의받았는데, 이는 군기업 폐쇄에 따른 손실보상을 요구한 군간부들 주장보다 300억 위안 부족한 수준이었다.[43] 1998년 군의 상업적 활동의 금지결정이 내려진 이후 군비 부족으로 곤란을 겪자 중앙군사위원회는 '노동을 통해 군 경비에 보충하기 위한 계획'에 착수하였다. 또한 상업 활동 금지로 인한 군비 손실을 중국제 무기를 팔아 수익으로 군현대화 경비에 충당한다는 생각을 가지고 있다.

중국정부는 인민해방군의 오랜 전통이기도 했던 '생산대'와 유사한 역할을 재조정함으로써 경제활동으로 인한 부패와 군의 일탈적 행동을 과감하게 척결하였으며, 이는 관련 군소유 국유기업 개혁으로 이어졌다. 이와 같은 일련의 개혁 조치후 군대기업은 항공, 우주, 군비물자 등 꼭 국방에 필요한 부분만 남기는 것으로 정리되었으며, 그 결과 2002년에 이르러서는 152개로 줄었고 종사자 역시 50만 명 이내로 축소되었다.[44]

---

42) 人民日報(1998.7.23)

43) South China Morning Post(October 9, 1998)

44) 나영주(2004), 중국 인민해방군 연구의 동향과 쟁점, 「統一問題研究」 통권 제42호, 119~121쪽.

4) 현대기업제도의 도입

방권양리(放權攘利), 청부경영(承包經營) 형식의 개혁과 산업구조조정 개혁 등은 국유기업에게 많은 변화를 가져다주었지만, 관련 기업제도의 미비로 국유기업은 여전히 많은 문제점들이 존재하였다. 결국 중국정부는 기업의 재산권 관계를 중심으로 한 현대기업제도(現代企業制度)를 도입하여, 국유기업 개혁에 박차를 가하게 된다.

1993년 11월 14일, 공산당 제14기 3중전회에서 통과된 〈사회주의 시장경제체제 수립에 있어서의 몇 가지 문제에 관한 결정〉에서 '현대기업제도의 수립은 대량생산과 시장경제 발전을 위한 필연적인 요구이며 국유기업 개혁의 나아갈 방향'임을 제시하게 된다. 이를 통해 중국정부는 공유제가 주체인 '현대기업제도'가 사회주의 시장경제체제의 기초임을 명확히 지적함으로써 중국의 기업개혁은 중앙통제 및 계획경제를 폐지하는 대신 '현대기업제도'를 수립하는 단계에 진입하였다고 천명하였다. 1997년 9월, 공산당 제15차 전국대표대회에서는 현대기업제도의 건립에 대한 향후 개혁의 방향을 더욱 구체적으로 제기하였다. 또한 국유기업의 개혁을 위한 소유권제도의 개선, 분배방식의 개선, 시장기능 강화, 대외개방의 가속화, 정부기능의 구조조정 등을 국가 경제정책의 중심으로 하였으며 '명확한 재산권 구분, 명확한 책임과 권한 구분, 정부와 기업분리, 과학적인 경영관리'를 현대기업제도의 주요 내용으로 도입하였다.

현대기업제도의 원칙은 국유기업을 시장 매커니즘에 의해 운영되는 회사(公司)로 전환한 후, 유한회사 또는 주식회사와 같은 규범화·표준화를 실현하여 소유권 문제의 명료화, 권리와 책임구분, 시장수요에 부응하는 경영시스템 확립을 효과적으로 실현하자는 것에 있다. 중국정부는 근본적인 경영개혁을 위하여 기업의 재산권 개혁이 수반되어야 한다고 결정하였으며, 주식제 실험, 기업의 M&A 등 재산권 개혁을 시도하였다. 특히 중대형기업을 대상으로 한 주식제 도입, 기업 그룹화(集團化), 소형국유기업을 대상으로 M&A를 통한 사유화 등을 활발하게 전개하였다.

가. 현대기업제도의 특징

1994년부터는 대형 국유기업이 민간기업의 경영제도를 도입하기 시작했다. 1993년 중국공산당 14기 중앙위원회 3차 전체회의에서 '재산권을 분명히 하고, 권한과 책임을 명확히 하며, 정부와 기업의 기능을 분리하고, 과학적으로 관리(産權淸晰, 權責明確, 政企分開, 管理科學)'하는 현대기업제도를 국유기업의 개혁 목표로 채택하게 된다. 이후 1994년 국무원은 100여 개 중대형 국유기업에 현대기업제도 도입을 요구했고, 1999년 중국공산당 15기 4중전회에서 '국유기업은 규범화된 기업제도 개혁을 통해 효과적인 지배구조를 구축할 것'을 제안하기에 이른다. 〈국유기업의 개혁 발전에 대한 중국공산당중앙위원회의 결정〉에서 나타난 현대기업제도에 대한 주요 관점을 보면 다음과 같다.

첫째, 정부와 기업의 기능을 분리하며, 정부는 기업의 일상 경영활동에 개입하지 않는다. 둘째, 중앙과 지방정부는 급별로 국유자산을 관리하며, 기업그룹과 지주회사에 국유자산 경영권을 부여한다. 셋째, 중대형 국유기업에 대해 규범화된 기업제도개혁을 추진하며, 기업법인 지배구조는 개혁의 핵심이다.

이를 위해 주주회, 이사회, 감사회와 경영진의 직책을 명확히 하고 효과적인 기업법인 지배구조를 형성한다. 이사회는 기업성장목표와 경영활동, 경영자 영입, 감사 및 평가를 통해 투자자의 권익을 보호하고 주주회에 대해 책임을 진다. 감사회는 기업재무와 이사회, 경영자 행위에 대한 감독기능을 수행한다. 주주권 다원화는 규범화된 기업법인 지배구조 조성에 유리하므로 소수의 국가 독점경영 기업을 제외하고는 투자주체 다원화로 기업 소유구조를 형성한다. 넷째, 이사회, 경영진 등은 직책과 공헌도에 따라 보수를 받는 등 현대기업제도에 부응하는 수익분배제도를 도입한다.

즉 '현대기업제도'의 핵심은 주주총회, 이사회, 감사회 등으로 이루어진 경영감독체계를 수립한 점과, '주식회사화'를 위한 기업지배구조 기반을 마련한 점에 있다.

나. 주식제의 도입과 발전방향

1990년대 초 향진기업과 중소 국유기업을 중심으로 주식제 개혁이 확산되었다. 비공유 경제와 자유경쟁이 심화되던 1990년대 국유기업은 가중되는 채무와 사회부담(퇴직자 연금·의료비 등 부담), 거액의 적자에 직면하게 된다. 중국정부는 이미 1980년대 후반부터 주식제 시행을 허용한 바 있다. 1980년대 후반 처음 시작된 주식제는 1991년까지 법인과 직원이 주식을 보유한 기업은 각각 380개 사와 2,751개 사, 주식을 공개발행한 기업은 89개 사에 달했다.

주식제 개혁이 본격화된 것은 1990년대 일이지만 시작은 1980년대 중반부터였다. 1983년 심천보안연합투자공사(深圳宝安聯合投資公司)가 공개적으로 주식을 발행하였으나, 주식회사로 전환하지는 않았다. 1984년 7월 북경에서 중국 최초의 주식회사인 천교백화주식유한공사(天橋百貨株式有限公司)가 설립되었으며, 지분구조를 보면 국가주는 50.97%, 은행보유주식은 25.89%, 기업보유주식은 19.69%, 직공개인 주식은 3.46%로서 여러 가지 지분구조로 구성되었다.

1984년 11월, 상해에서 두 번째 주식회사인 상해비락음향공사(上海飛樂音像有限公司)가 설립되었다. 同회사 주식은 중국최초로 매매가 허용된 주식이었다. 1986년~1987년에는 초보적이나마 증권시장의 형성과 함께 중국정부는 주식제 개혁을 위한 여러 법률 제정 및 행정조치를 취함으로 주식제 기업수가 급격히 증가하게 되었다. 1986년 12월 국무원은 〈기업개혁을 심화시켜 기업활력을 강화하기 위한 약간규정〉을 공포하여 각 지방에서 일정조건이 구비된 중대형국유기업을 선택하여 주식제 실험을 진행할 수 있도록 규정하였다.

국가체제개혁위원회의 통계자료에 의하면 1988년 말까지 전국 3,800개 주식제 기업이 있었는데 그중 800개 기업은 국유기업이 전환한 것이며 60개 기업은 신규로 주식을 발행하고, 나머지 기업은 원래의 집체기업이었다. 지역적으로 보면 주식제의 실행은 동부 연안의 경제가 비교적 발달한 곳에 집중되었는데 상해시는 1255개, 심양은 707개, 광동성은 290개 기업이 있었으며, 무한시는 133개가 주식제 기업이었다. 1991년말까지 3,320개의 주식제 기업이 전환되었다. 그중 원래 집체기업은 63%, 국유기업은 22%, 기타유형의 기업은 15%를 차지하였다.

1996년에는 2,342개의 기업이 '현대기업제도'의 실험대상 기업으로 선정되었으며 그중 540개의 기업이 주식유한회사, 540개의 기업이 유한책임회사로 전환하여 각각 전체의 23%를 차지하였다. 또한 국유독자회사는 909개 기업이 전환하여 38.8%를 점유하고, 회사제로 전환하지 않은 국유독자기업은 307개로써 전체의 13.2%, 기타 유형기업은 47개로써 2% 점유했다.

2000년에 이르러 대부분의 중대형 국유기업은 주식제를 근간으로 하는 '현대
기업제도'를 수립하였으며, 국무원이 지정한 2700개 기업 중 대부분이 이사회,
주주총회, 감사회를 구성하는 회사제(公司制) 개혁을 실시하였다. 국가통계국에
따르면 2,473개 기업 중 81.5%가 개혁조치를 취했고, 이들 중 유한책임회사가
603개로서 개혁한 기업의 29.9%, 주식유한회사는 713개로서 35.4%, 국유독자회
사는 700개로서 34.7%를 점유하였다. 개혁한 기업 중 82.2%가 주주총회를 구성
하였고, 95.1%가 이사회, 84.5%가 감사회를 구성하였다.

[**그림 2-4**] 중국 최초의 매매 주식, 상해비락음향공사 증권(1984.11)

자료: 바이두 이미지 D/B(2022.2)

2003년 말까지 상장기업 1,287개 중 국유기업 주식회사가 940개 사로 총상장
기업 수의 73% 차지했다. 다음으로는 민영기업(18.3%), 유한공사(4.7%), 집체기
업(3.1%), 외자기업(0.9%) 순이었다. 소유 주체에 따라 A주식은 국가주, 법인주,
사회개인주, 기업직공개인주로 구분된다. 회사가 공개발행한 A주식 중 '개인주'

인 사회개인주와 기업직공개인주는 증권거래소에 상장거래되나, 국가주와 법인주는 상장거래에서 제외되는 비유통 주식이었다. 비유통 주식은 정부와 법인이 일정한 지분이상을 소유하고 해당 기업에 대한 소유권과 권리행사를 위해 보유한 주식이었다.

1992년부터 2001년까지의 상장기업의 총 주식자본구조 변화추세를 보면, 비유통주식 비중이 1992년에는 총주식의 69.2%에서 2001년 65.3%로 크게 변하지 않았다. 유통주식의 비율이 증가한 것은 국내증시에서의 유통주 증가가 아니라 홍콩증시에 상장한 중국기업 때문이었다. 1997년 이후의 주식시장 자본구조에서 보이는 변화는 정부가 회사에서의 권익을 유지 · 보호하고 특정산업에 대한 이익을 통제 · 강화 하였음을 알 수 있다.

기업지배구조는 여전히 공유개념에 기초해서 국가가 지배주주로서의 역할을 하고 있다. 비록 국유기업들이 주식제로 개편되어 이사회에서 경영을 책임지고 있지만 이사를 지명하는 권한이 중앙정부나 지방정부 혹은 관련부서에 있기 때문에 실질적인 경영권은 정부에 있는 셈이다. 비록 상장기업이라 할지라도 시장에서 거래되는 주식이 제한적이기 때문에 외부통제시스템이 제대로 작동되지 못하고 있다. 기업의 소유구조가 이중주식제도(유통주와 비유통주)로 이루어진 경우가 많아, 국가 기관 간의 이해갈등이 발생할 수 있다. 형태만 주식회사 제도로 전환된 채, 소유권은 여전히 국가에 귀속되어 있어 국유기업 지배구조의 근본적인 특징은 국유지분이 많은 점을 우선 들 수 있다.

5) 국유자산감독관리위원회 설립을 통한 개혁

중국정부는 2003년에 대형국유기업의 효율적인 관리감독을 목적으로 국유자산감독관리위원회(国务院国有资产监督管理委员会. 약칭 국자위)를 설립했다. 즉, 국자위가 설립되면서 국유자산 소유자가 명확해지게 되었는데, 이는 이전까지 대형국유기업의 투자자가 불명확했을 뿐만 아니라 관리체제에도 폐단이 존재했기 때문이다. 또한 대형국유기업에서 중앙과 지방, 정부부처 간의 권한과 책임이 불명확했고, 정부부처에서조차 공공관리와 국가소유권 기능을 담당하는 등 폐단이

있었다. [45]

국자위가 설립되면서 중앙기업(중앙정부 관리·감독기업)의 투자자가 명확해지게 된다. 국자위에서 설립한 기관이 투자 관련 직무를 수행하며, 공공관리부서와 분리됨으로써 정경분리의 기반을 마련했다. 이사회와 감사회에 대한 국자위의 관리는 투자자 직무수행인 동시에 기업이 합법적으로 경영권을 확보하도록 유도하게 된다. 또한 대표적인 국유자산 투자자인 국자위를 통해 소유자 권익을 보호함으로써 국유자산가치 보증과 상승을 실현하고자 하였다.

이러한 국자위 개혁을 통해, 기업지배구조 개혁이 정상궤도에 진입했으나, 경영자 권한이 불명확하고 주주권 다원화 측면에서는 다소 미진하다고 평가할 수 있다. 2003년 이후 대형국유기업 지배구조 개혁의 초점은 주주권 다원화 추진, 이사회제도와 경영자 스톡옵션제도 개선에 두었다. 종합적으로 보면, 국유기업 관리체제의 혁신은 아직 걸음마 단계이다. 국유기업은 태생적으로 애매한 역할규정, 체계적이지 못한 관리체제라는 한계를 내포하고 있다.

대형국유기업은 역사적으로 '국무원 산하부처 → 경영성 총공사 → 기업(그룹)'의 발전과정을 거쳐왔다. 따라서 지금까지 국유기업은 생산성 제고를 통한 수익창출 보다는 저효율, 저생산 경영방식을 견지했다. 자회사에 대한 모회사의 관리기준이 낮고, 상호 공조체계가 견고하지 못하다. 기업그룹은 산하기업의 가치창출을 지원하기 보다는, 정부의 의향을 전달하는 수준으로 관리가 되고 있다. 국유기업그룹은 국유자산관리부문과 그 산하기업의 중간기관으로 이중적인 위탁·대리인 관계를 유지하고 있다. 국자위 입장에서 국유기업그룹은 '가치창출과 보전'의 대리인인 반면, 산하기업 입장에서는 '투자자 권력'의 위탁자라는 이중적인 역할을 수행하고 있다.

---

45) 중앙기업에 대한 상세한 설명은 공저자(김동하)가 기술한 네이버 지식백과, 「중국현대를 읽는 키워드 100」, '중국의 중앙기업'을 참고할 것.

[그림 2-5] 중앙기업의 개혁목표

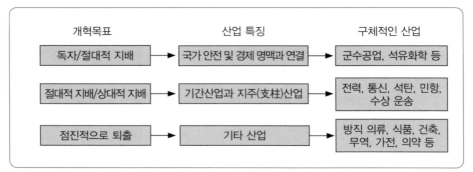

개혁목표　　　　　　산업 특징　　　　　　구체적인 산업

독자/절대적 지배 → 국가 안전 및 경제 명맥과 연결 → 군수공업, 석유화학 등

절대적 지배/상대적 지배 → 기간산업과 지주(支柱)산업 → 전력, 통신, 석탄, 민항, 수상 운송

점진적으로 퇴출 → 기타 산업 → 방직 의류, 식품, 건축, 무역, 가전, 의약 등

자료: 국무원 국유자산감독관리위원회(2008).
주: 중앙기업은 중앙정부 관할 기업을 의미함.

가. 중앙기업의 국내외 상장

2005년 5월에 실시된 '비유통주 유통화' 개혁을 통해 주주와 관리자, 대 · 소주주 간 이해관계가 정립되게 된다. 비유통주는 대형 국유기업의 '주식분류' 조치에 따른 폐단을 불러왔던 주인공이었다. 즉 상장회사의 일부주식은 유통되고, 일부주식은 일정기간 유통되지 않도록 분류한 정책조치는 상장회사와 자본시장에 불합리성을 초래했다. '주식분류'는 상장회사의 비유통주가 지배적 지위를 차지하여 주주권 구조에 불합리성을 조성하는 등의 폐단을 야기했다. 특정 주주가 기업 소유와 지배를 독점하는 현상을 초래함으로써 중 · 소 유통주의 합법적인 권익에 손상을 입힌 것으로도 평가된다.

비유통주의 유통화 개혁은 모든 주식의 유통, 주주 간 이해관계를 통일하여, 대주주가 차지하는 상장회사 자원 통제를 실현하고자 한 것이다. 비유통주의 유통화 개혁 이후 관리자 이익과 상장회사의 이익이 긴밀하게 연결되면서 관리자의 투자자에 대한 태도가 능동적으로 전환되었다.

최근 자본시장에서는 주주권 다원화 개혁이 활발히 진행 중이다. 2003년 이후 석유, 통신, 운송, 야금 등 43개 분야의 중앙기업이 잇따라 중국 내에서 공개상장 했고, 중앙기업의 상장 자회사 대부분은 주주권 다원화를 실현한 동시에 이사회 관리제도를 도입했다. 2006년 8월까지 해외시장에 상장된 중국기업은 350개를 상회한다. 또한 2007년 초까지 중앙기업그룹이 주식시장에서 보유한 상장회사는

165개에 달한다. 신규 투자자는 국유기업의 이사회 구축, 의사결정관리시스템과 정보공개 메커니즘을 요구하고 있으며, 차이나모바일 등 국유기업은 상장과정에서 경영자 스톡옵션 제도 등 장려책을 활용하고 있다. 국자위는 중앙기업을 분류하고 명확한 주주 다원화를 위한 개혁목표를 제시했는데, 중앙기업을 3개 부류로 나누고 군수산업 등을 제외한 모든 기업에 외자, 민자 유치를 추진하고 있다.

표 2-11   일부 대형 상장 국유기업의 소유구조(2007년)   (단위: %)

기 업 명	상장 지역	국유 지분	국내 일반주	외자 일반주	경영자 스톡옵션
시노펙	홍콩 · 뉴욕 · 런던 · 상하이	76.51	4.24	19.25	없음
중국석유천연가스	홍콩 · 상하이	86.29	2.18	11.53	없음
중국공상은행	홍콩 · 상하이	74.90	4.50	20.60	없음
차이나모바일	홍콩	74.57	0	25.43	있음
중국생명보험	홍콩 · 뉴욕 · 상하이	68.37	5.30	26.33	있음
중국은행	뉴욕 · 상하이	70.79	2.56	26.65	있음
중국건설은행	뉴욕 · 상하이	70.38	3.85	25.77	없음
차이나텔레콤	홍콩 · 뉴욕	82.85	0	17.15	있음
보산강철주식 유한공사	상하이	72.96	27.04	0	있음
중국철도건설주식 유한공사	홍콩 · 상하이	74.07	15.89	10.04	없음

자료: Gang Qiu · Xiao-liang Zhang(2008), 중국 대형국유기업의 지배구조 개혁과 관리체계 혁신, SERI China Review 제2008-6호, 10쪽.

나. 구조조정을 통한 중앙기업 축소

2004년 6월 국자위는 일부 중앙기업을 대상으로 '국유독자기업 이사회 구축'을 시범적으로 시행했다. 2004년 바오스틸그룹에 이어 현재까지 이사회제도를 시행한 기업은 19개 사에 달한다. 그중 17개사는 독립이사(Independent Director)가 이사회 구성인원의 50% 이상을 차지하고, 3개 사는 독립이사가 이사장직을 담당하고 있다.[46]

---

46) Gang Qiu · Xiao-liang Zhang(2008), 중국 대형국유기업의 지배구조 개혁과 관리체계 혁신, SERI China Review 제2008-6호, 11쪽.

국자위는 2009년까지 현대기업제도, 규범화된 이사회, 완벽한 기업지배체제 정비를 중앙기업에 지시한 바 있다. 즉 투자자가 이사회, 감사회 구성인원을 결정하고 이사회에서 고위관리자를 채용하며, 이사회 산하에 인사·임금 관련 전문위원회를 설립하게 하는 것이다. 아울러 국자위는 경영자 스톡옵션 제도와 공개경쟁 채용방식 채용했다. 경영자에 대한 효과적인 동기부여는 기업성장의 원동력이기 때문이다. 국자위는 상장국유기업에 경영자 스톡옵션 제도를 단행하는 등 중장기적 경영자 독려 방안을 모색하고 있다. 실제 세계최대 가전사인 하이얼(Haier, 海爾)은 2007년부터 경영자 스톡옵션 제도를 실시하고 있다. 국자위 설립 이후 국내외 공개경쟁을 통해 82개 중앙기업에 고위관리자 103명을 채용했는데, 이는 전체의 30% 수준이다.

국자위는 새로운 그룹경영이념과 다각화에 부응하기 위해, 구조재편을 주축으로 국유기업구도와 산업구조조정을 추진 중이다. 주력분야는 집중, 기타분야는 분할, 관리체인은 압축, 그리고 분야별상장을 추진하고 있다. 국자위는 현재까지 총 153개 중앙기관 산하 국유기업의 주력분야에 대해 심사·확정했으며, 국무원은 2010년까지 국자위 산하 국유기업을 80~100개로 조정하고 재편할 계획을 수립한 바 있다.

최근 8년간 80여 중앙기관 산하 국유기업이 40여 차례의 재편을 추진해 온 결과, 2011년말 기준으로 중앙정부 국유기업수는 기존 196개에서 117개로 축소되었다. 장기 적자를 지속한 국유기업은 정책적 파산을 통해 시장에서 퇴출했다. 국가 발전계획 리스트에 포함된 312개 기업에게 정책적 파산을 선고했으며, 아울러 지방국유기업에 대한 재편을 빠르게 추진하고 있다. 2021년말 현재 중앙기업수는 97개로 다시 축소되었다.

표 2-12 국자위 소관 중앙기업 명단 (2021년 말 기준)

1	中国核工业集团有限公司	50	中国旅游集团有限公司[香港中旅集团]
2	中国航天科技集团有限公司	51	中国商用飞机有限责任公司
3	中国航天科工集团有限公司	52	中国节能环保集团有限公司
4	中国航空工业集团有限公司	53	中国国际工程咨询有限公司
5	中国船舶集团有限公司	54	中国诚通控股集团有限公司

6	中国兵器工业集团有限公司	55	中国中煤能源集团有限公司
7	中国兵器装备集团有限公司	56	中国煤炭科工集团有限公司
8	中国电子科技集团有限公司	57	中国机械科学研究总院集团有限公司
9	中国航空发动机集团有限公司	58	中国中钢集团有限公司
10	中国融通资产管理集团有限公司	59	中国钢研科技集团有限公司
11	中国石油天然气集团有限公司	60	中国化学工程集团有限公司
12	中国石油化工集团有限公司	61	中国盐业集团有限公司
13	中国海洋石油集团有限公司	62	中国建材集团有限公司
14	国家石油天然气管网集团有限公司	63	中国有色矿业集团有限公司
15	国家电网有限公司	64	中国稀土集团有限公司
16	中国南方电网有限责任公司	65	有研科技集团有限公司
17	中国华能集团有限公司	66	矿冶科技集团有限公司
18	中国大唐集团有限公司	67	中国国际技术智力合作集团有限公司
19	中国华电集团有限公司	68	中国建筑科学研究院有限公司
20	国家电力投资集团有限公司	69	中国中车集团有限公司
21	中国长江三峡集团有限公司	70	中国铁路通信信号集团有限公司
22	国家能源投资集团有限责任公司	71	中国铁路工程集团有限公司
23	中国电信集团有限公司	72	中国铁道建筑集团有限公司
24	中国联合网络通信集团有限公司	73	中国交通建设集团有限公司
25	中国移动通信集团有限公司	74	中国信息通信科技集团有限公司
26	中国卫星网络集团有限公司	75	中国农业发展集团有限公司
27	中国电子信息产业集团有限公司	76	中国林业集团有限公司
28	中国第一汽车集团有限公司	77	中国医药集团有限公司
29	东风汽车集团有限公司	78	中国保利集团有限公司
30	中国一重集团有限公司	79	中国建设科技有限公司
31	中国机械工业集团有限公司	80	中国冶金地质总局
32	哈尔滨电气集团有限公司	81	中国煤炭地质总局
33	中国东方电气集团有限公司	82	新兴际华集团有限公司
34	鞍钢集团有限公司	83	中国民航信息集团有限公司
35	中国宝武钢铁集团有限公司	84	中国航空油料集团有限公司
36	中国铝业集团有限公司	85	中国航空器材集团有限公司
37	中国远洋海运集团有限公司	86	中国电力建设集团有限公司
38	中国航空集团有限公司	87	中国能源建设集团有限公司
39	中国东方航空集团有限公司	88	中国安能建设集团有限公司
40	中国南方航空集团有限公司	89	中国黄金集团有限公司
41	中国中化控股有限责任公司	90	中国广核集团有限公司

42	中粮集团有限公司	91	中国华录集团有限公司
43	中国五矿集团有限公司	92	华侨城集团有限公司
44	中国通用技术(集团)控股有限责任公司	93	南光(集团)有限公司
45	中国建筑集团有限公司	94	中国电气装备集团有限公司
46	中国储备粮管理集团有限公司	95	中国物流集团有限公司
47	国家开发投资集团有限公司	96	中国国新控股有限责任公司
48	招商局集团有限公司	97	中国检验认证(集团)有限公司
49	华润(集团)有限公司		

자료: 국유자산감독관리위원회 홈페이지(2023.4) www.sasac.gov.cn

제3절 경제개발구

1. 경제특구 건설

1) 연해도시의 개방 목적

중국 연해도시들은 내륙도시에 비해 공업이 발달하기는 했으나 세계시장에서 경쟁력 있는 제품으로 판매되기에는 부족함이 있었다. 그래서 중국정부는 연해도시 개방을 통해 외국자본과 선진기술 도입으로 자국의 낙후된 제조업의 발전을 기대했다. 중국은 저임금의 풍부한 노동력, 풍부한 천연자원과 원자재 공급 그리고 연해도시에는 부족하나마 공업 인프라를 갖추고 있었다. 연해도시는 대외 경제협력 통로로 외국인들에게 개방됨에 따라 비즈니스 및 기술 교류 허브로 성장해서 중국 경제성장에 큰 기여를 하게 되었다. 연해개방도시에 대한 우대정책으로는 ① 외국투자의 도입과 설립에 관한 인가를 지방정부에 자주권 보장 ② 외상투자기업에 대한 우대세제 적용 ③ 경제특구와 같은 우대정책을 적용할 수 있는 경제개발기술구의 설치를 인정 ④ 기술개조를 위한 설비와 기술수입에 대한 관세면제와 재정지원 우대(1996년 4월 폐지) 등을 제시하였다.[47]

2) 면적, 인구 및 산업구조

경제특구 우대조치와 비교한 연해개방도시들의 형평성 문제가 제기되었으며 외자도입 및 수출확대 가속화를 위한 대외개방을 한층 더 촉진하기 위하여 14개 지역의 연해항 도시 개방이 허가되었다. 1984년 5월 국무원은 다롄(大连), 친황다오(秦皇岛), 톈진(天津), 옌타이(烟台), 칭다오(青岛), 롄윈강(连云港), 난통(南通, 장쑤성), 상하이(上海), 닝보(宁波, 저장성), 원저우(温州, 저장성), 푸저우(福州, 푸젠성), 광저우(广州), 잔장(湛江, 광둥성), 베이하이(北海, 광시성)를 연해지역 도시

---

47) 장정재 · 금성근(2012).

개방으로 지정하였다.[48] 그리고 잉커우(1985년), 웨이하이(1988년)가 추가로 지정되었다. 지정 면적으로는 옌타이 13,864㎢, 잔장 13,263㎢ 순으로 넓으며 베이하이는 가장 작은 3,337㎢이다. 상주인구 기준으로 상하이 2,489만 명, 광저우 1,881만 명, 톈진 1,373만 명, 칭다오 1,025만 명 등 모두 천만 명 이상 도시이며 난퉁, 원저우, 잔장, 푸저우, 닝보, 옌타이, 다롄은 700~1,000만 명이 상주하는 도시이다. 2022년 기준 지역총생산량은 상하이 44,652억 위안, 광저우 28,839억 위안, 톈진 16,311억

[그림 2-6] 중국 도시 GRDP 상위 20위(2022년)

순위	도시	2022년 GRDP (억 위안)	2022년 GRDP증가율
1	상하이	44,652.8	-0.2%
2	베이징	41,610.9	0.7%
3	선전	32,387.7	3.3%
4	충칭	29,129.0	2.6%
5	광저우	28,839.0	1.0%
6	쑤저우	23,958.3	2.0%
7	청두	20,817.5	2.8%
8	우한	18,866.4	4.0%
9	창저우	18,753.0	1.5%
10	난징	16,907.9	2.1%
11	톈진	16,311.3	1.0%
12	닝보	15,704.3	3.5%
13	칭다오	14,920.8	3.9%
14	우시	14,850.8	3.0%
15	창사	13,966.1	4.5%
16	정저우	12,934.7	1.0%
17	포산	12,698.4	2.1%
18	푸저우	12,308.2	4.4%
19	취안저우	12,103.0	3.5%
20	지난	12,027.5	3.1%

자료: https://baijiahao.baidu.com/s?id=1760704137791733053&wfr=spider&for=pc 그림수정

48) 옌타이 산하 귀속돼 있던 웨이하이(威海) 현급시는 1987년 6월 국무원 비준에 따라 지급시로 승격 되면서 연해개방 도시는 15개로 늘어났다.

위안, 닝보 15,704억 위안, 칭다오 14,920억 위안, 푸저우 12,308억 위안이다. 이들 지역의 1차산업 비중은 6% 이하이고 상하이, 광저우, 톈진은 2% 미만에 불과하며 3차산업에서 가장 많은 부가가치 창출이 이루어지고 있다.

3) 수출 및 소득

중국의 대외개방을 가장 먼저 시작한 연해도시는 수출(2021년 기준)에서 상하이 15,718억 위안, 닝보 7,642억 위안, 광저우 6,312억 위안, 칭다오 4,921억 위안, 톈진 3,875억 위안, 다롄 1,931억 위안 등 중국 내 다른 도시들 대비 앞서 있다. 2022년 상하이 주민 가처분소득은 79,610 위안으로 베이징 주민 77,415위안 보다 높으며 저장성 주민 60,302위안, 톈진시 주민 48,976위안, 광둥성 47,065위 안 등 연해도시의 주민가처분소득은 전국평균 보다 높게 나타났다. 상하이, 베이징, 저장성, 장쑤성, 톈진, 광둥성, 푸젠성 및 산둥성 등 연해지역의 주민가처분 소득은 중국 평균보다 높으며 농촌거주자의 소득도 빠르게 증가해서 도시거주자 의 소득 증가율을 앞서고 있다.

표 2-13 중국 성·시 주민가처분소득 현황(상위20)   (단위: 위안)

지역	2022년	2021년	증감율
상하이	79,610	78,027	2.0
베이징	77,415	75,002	3.2
저장성	60,302	57,541	4.8
장쑤성	49,862	47,498	4.9
톈진	48,976	47,449	3.2
광둥성	47,065	44,993	4.6
푸젠성	43,118	40,659	6.0
산둥성	37,560	35,705	5.2
랴오닝성	36,089	35,112	2.7
네이멍구	35,921	34,108	5.3
충칭	35,666	33,803	5.5
후난성	34,036	31,993	6.3
후베이성	32,914	30,829	6.7

안후이성	32,745	30,904	5.9
장시성	32,419	30,610	5.9
하이난성	30,957	30,457	1.6
허베이성	30,867	29,383	5.0
쓰촨성	30,679	29,080	5.5
샨시성(陝西省)	30,116	28,568	5.4
닝샤회족(宁夏回族)	29,599	27,904	6.0

자료: 中华人民共和国国家统计局(http://www.stats.gov.cn/)

2. 경제기술개발구

1) 경제기술개발구 시작과 현황

1984년부터 시작된 1세대 경제기술개발구(Economic and Technological Development Zone)는 대부분 중국 동부연안지역에 위치하고 있으며 교통이 편리하고 산업기반 시설이 비교적 잘 발달한 지역이다. 그래서 일찍부터 중국을 생산기지로 활용하기 위한 목적으로 한국·일본·타이완 등 외국기업의 진출이 이뤄졌다.

경제기술개발구의 시작은 연해지역 도시개방 지역에 설치된 기술 밀집형 특정구역에서 비롯되었다. 이것이 나중에는 중국 전역으로 확대 설립되었으며 특수한 우대정책으로 외국자본의 유치를 이끌어냈다. 뿐만 아니라 제조가공을 주력으로 지역경제의 총체적 발전을 도모하는 데 기여하였다.

1981년 중국 국무원에서는 연해개방도시들에 경제기술개발구 건설을 승인하였다. 1984년 5월 다롄 등 14개 도시가 개방되었으며, 이들 도시에 17개의 경제기술개발구 건립이 지정되었다. 1986년 8월과 1988년 8월에 상하이의 민항구(闵行区)경제개발구, 홍차오(虹桥)경제개발구와 차오허징(漕河泾) 신흥기술개발구가 추가적으로 승인되었다. 2010년 3월에 국무원에서는 34개 성급 경제개발구를 국가급 경제기술개발구로 승격시켰다. 2014년 《2013中国开发区投资建设与转型升级研究报告》에 따르면 중국 동부 84개, 중부 49개, 서부 38개 등 모두 171개의 국가급 경제기술개발구가 있다.

2) 경제기술개발구 목적과 특징

경제기술개발구는 우대조건을 바탕으로 외자기업을 유치하여 내자기업을 양성하는 것이다. 경제기술개발구에 대한 우대정책으로는 ① 기업소득세는 15% 세율로 징수 ② 기업소득세 감면기간 만료 후, 수출비중이 70% 이상인 경우 10%의 세율 적용 ③ 지방정부에 대한 중앙정부의 재정지원이 뒤따른다. 기술과 자본을 갖춘 외자기업의 유입은 내자기업과의 협력으로 더 효과적인 생산력을 발휘할 수 있다. 내자기업은 외자기업과의 협력을 통해 선진기술을 습득하고 성장 기반을 마련함으로써 장차 경쟁력 있는 기업으로 성장해 나간다는 데 의미가 있다. 중국 경제 전체적으로는 특정 지역의 경제기술개발구가 성장함에 따라 지역경제 역시 동반 성장하게 되고 주변지역으로 발전이 확대되는 전기를 마련할 수 있다.

경제기술개발구의 지리적 위치가 다르고 지역 간 경제·문화 발전 정도 차이에서 오는 원인때문에 발달 유형상의 몇 가지 특징이 발견된다. 첫째, 첨단 과학기술이 발전한 지역에 신흥산업 개발구가 건립되었다. 산업기반 시설이 완벽하고 기술 발전과 관리시스템 능력이 비교적 높은데, 상하이·톈진이 여기에 해당된다. 둘째, 대내외 경제 관계가 잘 형성된 곳에 수출형 중개무역 개발구가 형성되었다. 일반적으로 가까운 곳에 심수(深水)항이 있어서 국제 항운물류가 발달한 곳이다. 항구 가까운 곳에는 드넓은 배후 공업단지와 물류기지를 조성할 수 있는 장점도 갖추고 있으며, 다롄(大连)과 닝보(宁波)는 중국의 대표적 심수항 중 하나이다. 셋째, 지역에 명승고적이 많고 수려한 관광자원을 이용한 3차 산업 관련 개발구가 형성되었다. 여행업뿐만 아니라 상업·서비스업이 발달하였는데 하이난(海南)의 양푸경제개발구(洋浦经济开发区), 샤먼(厦门)의 하이창타이완상인투자구(海沧台商投资区) 등이 대표적이다. 마지막으로, 풍부한 지역 자원을 이용하기 위해 합작형 기업이 많이 유입된 개발구도 있다. 폭스바겐 자동차와 합작하여 자동차 생산기지를 형성한 창춘(长春)의 창춘서신경제기술개발구(长春西新经济技术开发区), 싱가폴 정부와 합작한 쑤저우공업원구(苏州工业园区)가 있다.

3) 경제기술개발구 성장과 발전계획

경제기술개발구 성과는 '제11차 경제개발 5개년 계획(十一五规划)'을 통해 지역총생산 2조 위안 달성(전국 총량의 약 8%를 담당하는 규모)과 1인당 평균 생산량 300,000 위안을 달성하였다. 수출총액은 3,000억 달러이고 하이테크기업 생산액은 2조 3,000억 위안을 달성했다.

경제기술개발구는 2016년 '제13차 경제개발 5개년 계획(十三五规划)'부터 고부가가치 서비스업(高端服务业), 고부가가치 제조업(高端制造业), 하이테크기술산업 및 전략적 신흥산업(高新技术产业和战略性新兴产业) 등 소위 '3고1신(三高一新)' 정책추진을 통한 경제개발구의 재도약을 추진하고 있다. 베이징 경제기술개발구(北京经济技术开发区), 쑤저우 공업단지(苏州工业园区), 지린 하이테크구(吉林高新区), 난창 하이테크구(南昌高新区) 등에서 스마트 단지 시범사업이 진행 중이다. 그리고 경제기술개발구의 정주여건 개선 위한 주택, 병원, 학교, 쇼핑몰 및 레저시설 건설을 지속적으로 진행시켜서 세계적 경쟁력을 확보한다는 계획이다.

3. 자유무역구시범구

1) 자유무역시범구 시작과 현황

중국정부는 상하이 기존 보세구 지역을 자유무역지대(FTZ: Free Trade Zone)로 승격·개편하는 방안을 확정하여 2013년 10월 1일자로 '상하이 자유무역지대'를 정식 출범했다. 정식 명칭은 '중국(상하이) 자유무역시범구(中国(上海)自由贸易试验区)'로, 9월 29일 한정(韩正) 상하이시 서기·양슝(杨雄) 상하이 시장·가오후청(高虎城) 상무부 부장 등이 참석한 가운데 '상하이 자유무역구 관리위원회(上海自由贸易试验区管理委员会)' 현판식을 개최했다.

상하이 자유무역구의 범위는 양산(洋山)항구 보세구역·와이가오차오(外高橋) 보세구역·푸동(浦东)공항 보세구역이다. 자유무역구는 상하이 총면적 6,340.5km² 중 28.78km²(0.45%)에 불과하지만 점진적으로 푸동신구(浦东新区) 전 지역과 상하이 전체로 확대될 것으로 전망된다.

자유무역지구란 원재료·중간재 등을 세관 수속을 거치지 않고 즉시 수입해 임가공 처리·제조할 수 있도록 특별히 허용되는 비관세 지역을 의미한다. 보세구는 중국 정부가 대외개방을 본격화하기 위해 1990년부터 연해개방 도시에 설립한 특별경제 구역으로 보세구 내 기업은 무역과 외환결제에서 세관의 관리감독을 받아왔다. 그러나 그동안 보세구의 수출입 통관 절차가 까다롭고 세관의 지나친 간섭에 대한 비판이 제기돼 왔으며, 자유무역지대로의 전환 요구가 계속 제기되었다. 자유무역구는 중국이 기존에 운영하는 보세구(保稅区)와 비교할 때 통관 절차가 간소화되고, 세금 혜택이 주어지며 금융거래의 자율성도 보장되었다는 평가이다.

표 2-14 중국의 보세구와 자유무역구 비교

종합 보세구	구분	자유무역구
• 국무원(2013년 9월 25일 현재 국무원 인가 종합보세구역 총 32개)	지정/승인	• 국무원(상하이 2013년 8월 22일 국무원 정식 인가)
• 중화인민공화국 해관(海关)총서	관리 주체	• 중국(상하이)자유무역시험구 관리위원회
• 보세구에 진입한 국내화물은 반드시 화물이 실제 국경을 나간 후 수출퇴세(환급) 수속 진행 • 법인세 25%(국적과 상관 없음)	세금혜택	• 세관 관할 외 지역인 관계로 무관세 수출입 가능 • 법인세 15%(계획)
• 2~5년	보관기간	• 기간 제한 없음
• 장부 관리방식(账册管理方式)	화물관리 방식	• 보세구역 대비 절차 간소화
• 화물의 자유로운 진출입 및 저장	기능	• 보세구역 기능 외 인력, 자유무역, 통화의 자유로운 유통 가능
• 기업은 규정에 따라 외환계좌 개설 가능 • 수출외환 회수 및 수입외환 지불 정산 불필요	금융 (외화정책)	• 통제 가능한 리스크 범위 내에서 위안화의 자유태환, 이자율 자유화, 위안화의 경외 사용을 우선적으로 실시할 예정

자료: 新浪财经(http://finance.sina.com.cn/stock/jsy/20130926/022716852042.shtml), 코트라
(2013.10.1) '상하이 자유무역구 운영 로드맵 세부내용과 시사점', 중국(상하이)총영사관 '2013년 통관제도 설명'.

세계는 상하이 자유무역구 출범 당시 '중국의 제2 개혁개방'으로 인식하고 예의 주시하였다. 1978년 대외개방 선포에 이은 1979년 선전(深圳) 경제특구 설립은 외국자본을 적극 유치하는 촉매제가 됐는데, 상하이 자유무역구는 1979년 시장

경제를 제한적으로 받아들인 '경제특구' 조성 정책과 유사했기 때문이다. 중국의 개혁개방 당시에는 '제조업 중심의 수출 임가공 기지 건설'이 목표였으나 상하이 자유무역구는 자본자유화, 서비스산업 개방 확대로 개방 폭이 대폭 확대되었다.

자유무역구를 상하이에서 '시범(시험)'적으로 운영하는 것이며, 시범기간에 제도의 보완·수정을 거쳐 푸둥신구 전체는 물론 전국으로 확대시켜 나갔다. 마치 중국 개혁개방 당시 부분적 '경제특구' 시행으로 경험을 축적한 후 연해개방도시로 확대해 외자유치에 적극적으로 나섰던 전례를 그대로 답습하였다. 2022년 현재 중국 상하이 외에 광둥, 톈진, 푸젠, 랴오닝, 저장, 허난, 후베이, 충칭, 쓰촨, 산시(陝西), 하이난, 산둥, 장쑤, 허베이, 윈난, 광시, 헤이룽장, 베이징, 후난(湖南), 안후이(安徽) 등 21개 지역에서 자유무역시범구가 운영되고 있다.

2) 자유무역시범구 추진 목적

마오쩌둥(毛泽东)체제 이후 중국 역대 지도부는 실용주의 노선에 입각한 경제발전을 가장 큰 당면과제로 설정하고 수시로 추진 동력을 제시해 왔다. 덩샤오핑(邓小平)은 개혁개방을 통해 ① 경제발전을 위한 체제상의 장애요인 점진적 개선과 제거 ② 분야별 효율성 제고와 외자 적극 도입 ③ 산업의 재조정과 고도화 추진을 핵심 목표로 국정과제를 설정하였다. 장쩌민(江泽民)은 WTO 가입을 계기로 외자도입을 확대하고 안정적인 통상정책 운용으로 수출 증대의 성과를 거두었다.

후진타오(胡锦涛)는 '서부대개발(西部大开发)'·'동북진흥(东北振兴)'·'중부굴기(中部崛起)'를 통해 지역균형 개발을, '전략적 신흥산업(战略性新兴产业) 육성계획'⁴⁹⁾을 통해 산업구조 고도화와 효율화를 도모하였다.

이러한 측면에서 상하이 자유무역구는 침체된 중국경제에 활력을 불어넣기 위한 시진핑·리커창 5세대 지도부의 전략이다. 이전의 중국 지도부는 건설투자 방식을 통한 재정지출 확대로 경기부양을 도모했으나 현 지도부는 자유무역구를 통한 지역개발에 박차를 가하고 주도권을 시장에 주는 경제모델을 채택한 것이다. 무역·금융부문에 대한 개혁과 불합리한 행정규제를 개선하기 위한 '리코노믹

---

49) 정식명칭은 '国务院关于加快培育和发展战略性新兴产业的决定'으로 2010년 9월 국무원 상무위원회에서 심의 승인됐으며 10월 10일 정식 공표됨.

스'[50]의 실행에 본격적으로 나선 것이기도 하다.

자유무역구는 첫째, 상품 유통 중심지로서의 지위를 이용하여 수출 및 중계 무역을 확대하고 국제 무역에서 외환거래의 중심지 역할을 기대하였다. 둘째, 자유무역구 운영을 통한 외자 유치, 선진 기술 도입 및 관리 경험 도입을 확대하고자 하였다. 셋째, 대대적인 외자유치를 통한 질 좋은 고용 기회를 확대 확대시켜서 지역경제 발전을 촉진시키고자 하였다. 마지막으로 항만, 육상교통 인프라 개선에 과감한 투자로 내수경제 활성화를 도모함과 동시에 대외무역 중심지로 재도약하는 플랫폼을 구축하는 목적에서 추진되었다.

3) 자유무역시범구 지정 배경

중국의 자유무역구 지정배경을 국내 요인과 국외 요인으로 분석할 수 있다. 국내요인으로는 첫째, 중국 내부에서 다각적인 제도 개혁 필요성이 제기되었다. 세관 행정의 불합리성과 통관 과정에서의 부정부패를 척결하고자 하는 의지도 보인다. 둘째, 중국 국내시장의 낮은 경제효율성을 개선하기 위해 새로운 활로 개척의 방안이다. 중국은 지속적인 노동비용 상승, 세계 경제위기 등으로 인한 공급 과잉과 재고증가, 대외 수출경쟁력 약화로 중국 경제의 성장동력을 상실했다. 그 결과 기업의 투자효율이 저하되고 탈 중국 기업 현상도 큰 문제로 제기되어 왔다. 셋째, 불공정한 사회적 문제가 좀처럼 개선되지 않고 있는 상황이다. 투자 인허가 과정에서의 부패행위를 없애기 위해 사전심사를 사후심사로 변경한 것도 이러한 배경 때문이라는 것이 설득력을 얻고 있다. 마지막으로 상하이의 세계적 '4대 중심' 지위를 가속화하기 위한 추진 동력이 필요한 시점이다. 상하이는 '국제무역'·'국제경제'·'국제금융'·'국제항운'의 4대 중심 건설을 목표로 모든 역량을 집중하고 있으나 가시적인 성과까지는 시간이 오래 필요하다. 따라서 자유무역구 지정으로 상하이항과 배후지 개발을 결합해 경쟁력 있는 국제무역항 육성에 박차를 가하고 금융항만으로 파급효과를 넓혀 간다는 계획이다. 현재로서는 2020년까지 4대 중심 건설로 홍콩을 추월할 수 있으리라는 전망도 나오고 있다.

---

50) 리커창(李克强) 총리의 경제정책을 의미하는 신조어로 '새로운 개혁바람'을 담고 있음.

국외 요인으로는 첫째, 위안화 국제화[51] 추진을 위한 실험 무대로 활용이다. 중국경제의 영향력은 크게 확대됐으나 국제통화체계에서 위안화 위상은 매우 낮기 때문에 위안화 국제화를 계속 추진해 왔다. 2008년 세계 금융위기를 계기로 중국정부는 달러화 가치하락에 따른 외환보유고 손실 가능성과 과다한 외환보유에 따른 관리비용 증가를 고민하게 되었다. 중국은 위안화 국제화를 통해 환거래 비용절감과 화폐 주조차익(鑄造差益)[52] 효과를 기대하고 있다. 그래서 자유무역구 내에 위안화 자본 항목을 개방해 위안화 국제화의 가능성을 실험하는 것이다. 2003년부터 위안화 무역결제를 시범적으로 시행한 중국은 역외 유통되는 위안화를 역내(국내)로 유입시켜 투자 활성화의 효과를 기대[53] 한다. 2011년 중국의 위안화 무역결제 금액은 2조 위안을 초과했으며 대부분이 홍콩에서 이뤄졌다. 둘째, WTO(세계무역기구)를 대체하는 미국 중심의 경제공동체를 견제하고자 한다. 미국·유럽·일본은 TPP(환태평양경제동반자협정)[54], TTIP(환대서양경제동반자협정), PSA(다변서비스업협정)를 통해 새로운 글로벌 무역서비스 질서를 모색하고 있다. 이에 맞서 중국은 FTZ 설립을 통해 주변국들과 무역을 증진해 미국 중심의 경제공동체 형성에 대응한다는 전략이다. 중국이 TPP에 참여하기에 앞서 관세철폐·금융서비스업 개방에 대비하기 위한 사전 준비단계에 돌입한 것이다.

4) 자유무역시범구 주요 내용

2013년 상하이자유무역시범구를 시작으로 2022년 현재 중국 전역에 21개 지역에서 자유무역시범구가 운영되고 있는데 각 각의 발전목표와 역할에서 차이점

---

51) 위안화 국제화란 거주자와 비거주자 간 거래는 물론 비거주자끼리 경상(또는 자본) 거래에서 위안화가 자유롭게 통용됨으로써 한 국가의 통화 사용범위가 국제적으로 확대되는 것. 위안화가 국제적으로 계산단위·결제·가치저장 수단으로서 원활한 역할을 할 때 가능.

52) 화폐발행 당국은 화폐를 발행하면 액면가에서 발행비용을 뺀 만큼 이익을 얻게 되는데 화폐 발행으로 얻는 이익 즉, 화폐주조차익 또는 화폐발권차익이라고도 함.

53) 중국은 2003년 8개 접경국과 국경무역 시 위안화 사용을 허용했고, 2007년에는 상하이 등 5개 도시가 홍콩·마카오·아세안 국가와의 위안화 무역결제를 허용.

54) 환태평양경제동반자협정(Trans-Pacific Partnership)은 12개국(호주, 브루나이, 캐나다, 칠레, 말레이시아, 멕시코, 뉴질랜드, 페루, 싱가포르, 일본, 미국, 베트남)이 2014년 말 이전 타결을 목표로 추진 중인 지역 자유무역 통합화 협정이며, 중국도 2013년 5월 참여의사를 표명.

이 있다.

'상하이 자유무역시범구 총체방안(中国上海自由贸易试验区总体方案)'에서는 투자분야의 개방을 확대하며 금융시장을 개혁하는 것이 주요 내용이다. 금융제도 혁신을 통해 민간자본의 자유로운 유출입을 보장하였다. 자유무역구내에서 외자은행이나 중외 합작은행 설립이 가능해졌다. 또한 중국에서는 개인의 연간 환전 한도가 5만 달러인데, 자유무역구에서는 위안화 자유 교환 한도를 단계적으로 확대해 나간다는 방침도 정해졌다. 그리고 국제표준에 부합하는 무역시스템 구축과 효율적 관리로 투자자의 만족도를 제고하였다. 외국인 투자에 대해서는 투자 실행 이전 단계부터 내국민 대우를 하는 방안을 추진하고, 차별조항을 철폐함으로써 외국자본의 적극 유치와 선진기술 도입을 함께 실현하였다. 총체방안 '부칙(附件)'에서는 금융서비스 · 운송서비스 · 비즈니스서비스 · 전문서비스 · 문화서비스 · 사회서비스 등 6개 서비스 분야 18개 항목의 개방 확대를 고지했다. 불합리한 규정 개선 등 외국인투자관리제도를 점검해서 투자동기를 부여했다.

충칭자유무역시범구는 중국 내륙에 위치하는 지리적 특성을 고려하여 내륙지역의 국제물류 허브, 국제무역 중심지, 서부지역 금융 중심지 및 국제적 서비스업 수준으로 도약 등을 목표로 한다. 그리고 《중국(충칭) 자유무역시범구 14 · 5계획(中国(重庆)自由贸易试验区 "十四五"规划(2021−2025年)》을 통해 2025년까지 충칭자유무역시범구에 신생 기업 및 사업장 10만 개(누적기준) 육성과 대외 교역 6300억 위안 달성을 제시하였다. 또한 쓰촨자유무역시범구와 상호 협력하는 상호 개방형 시범구 역할과 량장신구(两江新区), 서부(충칭)과학도시(西部(重庆)科学城), 중국 · 싱가포르(충칭)전략적 연결 시범 프로젝트(中新(重庆)战略性互联互通示范项目) 등 주요 개방형 플랫폼에서도 효과를 나타내야 하는 사명감이 부여되었다.

2022년 3월 베이징시의 《중국(베이징) 자유무역시범구조례(中国(北京)自由贸易试验区条例)》통과 및 중국 국무원의 《중국(베이징) 자유무역시범구총체방안(中国(北京)自由贸易试验区总体方案)》승인을 통해 베이징 자유무역시범구 건설에 대한 법적 근거가 마련되었다. 약 120제곱킬로미터(㎢) 규모의 부지에 과학혁신 구역, 국제비즈니스 서비스 구역, 첨단산업 구역 등으로 조성되어서 베이징자유무역시범구조례를 통해 산업 발전, 투자 원활화, 인재 유치 등 개혁 정책의 방향성을 제시하였다. 조례는 총 11장 68개 조항으로 구성되어서 자유무역시범구의 발전방향, 관리체계 및 중점 분야를 설명하고 있다. 베이징자유무역구는 건강·의료, 전문 서비스, 교육 서비스, 문화관광, 항공 서비스 등 베이징의 경쟁력 산업을 육성하여 현대 서비스 산업이 집결된 개방형 플랫폼 구축을 목표로 하고 있다. 전 세계로부터 인재유치를 위한 의료편리 보장, 출입국 편리 보장 및 주택 확보편리 보장을 제공하며 '원스톱인재서비스 창구'를 설치 운영한다. 또한 인공지능 의료기기 관련 연구개발을 장려하고 문화산업(인터넷게임, e스포츠, 음악, 온라인 콘텐츠) 발전 지원계획을 담고 있다. 자유무역시범구 내 차세대 IT 인프라 강화, IT 기술 보안, 데이터 개인정보 보호 등 관련 규정 마련으로 디지털무역 시범구 조성에도 노력하기로 했다.

표 2-15 중국 자유무역시험구 설립 현황

순번	설립 시기	지역명	분포 지역
1	2013.9.	상하이 자유무역시험구역	상하이와이가오차오보세구 상하이 와이가오차오 보세 물류 센터 양산보세항구 상하이 푸동공항 종합 보세구
	2015.4.		루자주이금용구 진차오개발구 장쟝고과학기술구
	2019.7.		린강신구
2	2015.4.	광둥 자유무역시험구역	광저우난샤신구 선전첸하이샤커우구 주하이헝친신구
3	2015.4.	톈진 자유무역시험구역	톈진항 지역 톈진 공항지역 빈하이신구센터 비즈니스 지역
4	2015.4.	푸젠 자유무역시험구역	핑탄지역 샤먼지역 푸저우지역
5	2017.3.	랴오닝 자유무역시험구역	다롄 지역 선양 지역 잉커우 지역

6	2017.3.	저장 자유무역시험구역	주산 리도구 주산도 북부 지역 주산도 남부 지역
	2020.9.		닝보 지역 항저우 지역 진의 지역
7	2017.3.	허난 자유무역시험구역	정저우 지역 카이펑 지역 루양 지역
8	2017.3.	후베이 자유무역시험구역	우한 지역 샹양 지역 이창 지역
9	2017.3.	충칭 자유무역시험구역	량쟝 지역 시용 지역 과수원항
10	2017.3.	쓰촨 자유무역시험구역	청두톈푸 신구 청두 청바이쟝 철도항 촨난임항
11	2017.3.	샨시 자유무역시험구역	중심지역 시안국제항무지역 양링시범구
12	2018.10.	하이난 자유무역시험구역	하이난섬 전체
13	2019.8.	산둥 자유무역시험구역	지난 지역 칭다오 지역 옌타이 지역
14	2019.8.	장쑤 자유무역시험구역	난징 지역 쑤저우 지역 롄윈강 지역
15	2019.8.	광시 자유무역시험구역	난닝 지역 친저우항 충쭤 지역
16	2019.8.	허베이 자유무역시험구역	슝안지역 정딩지역 차오페이지역 따싱공항구
17	2019.8.	윈난 자유무역시험구역	쿤밍 지역 훙허 지역 떠훙 지역

18	2019.8.	헤이룽장 자유무역시험구역	하얼빈 지역 헤이허 지역 쑤이펀허 지역
19	2020.9.	베이징 자유무역시험구역	과학 기술 혁신 신구 국제 비즈니스 서비스구 첨단산업구
20	2020.9.	후난 자유무역시험구역	창사 지역 위양 지역 천저우 지역
21	2020.9.	안후이 자유무역시험구역	허페이 지역 우후 지역 벙붕 지역

자료 : KOTRA 상하이무역관 (2022.2.9)

중·국·경·제·론

제 **3** 장

중국지역개발 정책

제3장 중국지역개발 정책

제1절 광대역 개발

1. 서부대개발 정책

1) 정책 개요

1979년 중국의 개혁개방 정책 착수 후, 동부 연안지역과 서부 내륙지역 간 경제격차가 날로 확대되자, 중국정부가 이의 해소를 위해 2000년부터 서부권 12개 지역을 대상으로 시작한 중장기(50년) 지역발전 정책이 서부대개발 정책이다.
- 해당 권역: 내몽고자치구(內蒙古), 중경시(重慶), 광서장족자치구(廣西), 운남성(云南), 섬서성(陝西), 영하회족자치구(寧夏), 사천성(四川), 서장자치구(西藏), 귀주성(貴州), 청해성(靑海), 신강자치구(新疆), 감숙성(甘肅)

[그림 3-1] 서부대개발 권역도

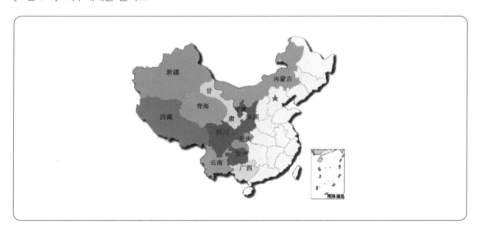

1개의 직할시와 6개의 성 그리고 5개 자치구를 포함하고 있는 서부권은 지역개발 권역 중 가장 큰 면적을 보유하고 있다. 중국 전체 국토면적의 56.4%에 해

당하는 541.4만km²가 서부권역이다. 주목할 만한 점은 전통적으로 7대 경제구, 9대 경제구와 같은 권역 구분법에서는 화남권에 소속되었던 광서자치구와 화북권에 소속되었던 내몽고자치구가 서부대개발 해당 서부권역에 포함되어 있다는 점이다. 이는 소득수준이 낮은 지역을 발전시켜야 하는 경제적 이유와, 소수민족 자치구의 사회적 안정을 추구하는 정치적 이유에 기인한다.

중국 국토의 과반수가 넘는 면적을 포괄하고 있음에도 불구하고 서부권 인구 비중은 26.9%에 불과하여 넓게 분포된 고산지대와 사막지대로 인한 자연지리적 특성을 엿볼 수 있다. 또한 이 중 소수민족은 1억 449만 명으로 서부권 전체인구의 28.8%에 달한다. 이에 따라 지역 내 총생산(GRDP)은 중국 전체의 19.8%에 불과하다. 주요 산업별로 보면 중국 내 전체 1차산업 중 서부권 비중이 27.4%로 1차산업 비중이 높음을 알 수 있다. 이에 반해 2차산업은 20.1%, 3차산업 비중은 17.6%에 불과하다.

표 3-1 서부권 주요 개황(2014년 기준)

구성	총 12개 지역 - 1개 직할시(중경), 6개 성(운남 · 섬서 · 사천 · 귀주 · 청해 · 감숙), 5개 자치구(광서 · 내몽고 · 영하 · 신강 · 서장)	
인구	3억 6,836만 명(중국 전체의 26.9%) - 이 중 소수민족은 1억 449만 명(28.3%) - 도시화율 (47.37%) [중국 전체: 54.77%]	
면적	541.4만km²㎢(중국 전체의 56.4%)	
경제 (중국 전체 규모 중 점유비)	GRDP	20.2%
	1인당 GRDP	37,481위안(6,102달러) [중국 전체: 7,590$]
	수출입	7.8%
	FDI	8.5%
	경지면적	33.4%
	공업생산	14.3%
	소매판매(소비)	18.1%
산업구조	1차 산업 11.9%, 2차 산업 47.4%, 3차 산업 40.7% [중국 전체: 1차 9.2 / 2차 42.7 / 3차 48.1]	

자료: 중국통계연감(2015).

2) 서부대개발 정책 목표 및 발전 전략

서부대개발 정책 목표는 다음 몇 가지로 요약된다. 첫째 목표는 지역 간 경제발전 격차 심화로 인해 5개 소수민족 자치구에서 일어날 수 있는 사회불안 요인의 해소이다. 둘째 목표는 개혁개방을 먼저 시작했던 기존 연해동남 지역에 이어서 경제성장 엔진 역할을 대체 할 지역을 육성하는 것이다. 서부권에 대한 대규모 SOC 인프라 투자, 노동집약적 생산·수출기지 역할 부여, 新내수시장으로 부상 등을 통해 미래 중국의 GRDP 견인을 도모하려 한다.

셋째 목표는 연해동남지역의 안정적이고 지속적인 발전을 위한 안정적인 에너지 공급기지를 건설하는 것이다. 이를 위해 서부권에 철도, 내륙수운 등 물류망 프로젝트를 착공했다.

서부대개발 정책은 총 3단계로 나누어 50년에 걸쳐 장기적으로 진행하는 국책사업이다. 먼저 1단계는 2000~2005년까지로 同정책을 총괄할 중앙 및 지방정부 내 부처(기구)를 설치하고, SOC 분야 대형 프로젝트를 발주 집행했다. 이 시기 투자 주체는 중앙 및 지방정부이며, 예산 및 정책대출이 재원으로 활용되었다.

2단계(2006~2015년)는 먼저 동남연해 소재한 중국기업의 서부 내륙권 진출을 유도하며, 다음 단계로 외국기업의 해외직접투자(FDI)를 유치하고자 했다. 마지막 3단계는 2016~2050년까지로 서부권의 도시화를 가속화하여 자체 구매력을 보유한 내수시장으로 육성하는 것이다. 또한 현재 소수민족 자치구는 대외개방 정도가 연해지역 대비 뒤떨어지나, 2050년 전까지 시장 개방도를 연해지역 수준으로 제고할 계획이다.

표 3-2 단계별 서부대개발 정책 목표 및 전략

개발 초기 단계 (2000~2005)	대규모 개발 단계 (2006~2015)	전면적인 발전 단계 (2016~2050)
- 개발 계획 및 정책 수립 - 중앙 및 지방에 주요 관련 기구 설립 - SOC부문 기초건설 가속화	- FDI를 통한 서부지역 자체 개발능력 제고 - 非SOC분야로 투자규모 확대	- 서부지역 도시화, 시장화를 통한 구매력 제고 - 전면적인 대외개방으로 국제화 수준제고

자료: 공개자료 종합(2013.3)

표 3-3 서부지역 광물 매장량과 중국 내 비중

	석유	천연가스	석탄	철광석	망간	크롬	바나듐	티타늄
매장량	95.585	30,744	1,610	63	10,160	516	953	22,811
비중	32.4	82.9	50.5	29.3	54.7	98.7	75.7	97.9
	구리	납	아연	보크 사이트	마그네 사이트	황철광	인광	고령토
매장량	1,188	907	2,962	49,355	236	77,155	17	19,158
비중	40.3	67.7	77.2	58.8	0.1	47.6	52.4	30.1

주: 단위는 천연가스 억㎥, 석탄, 철광석, 인광 등은 억 톤, 기타는 만 톤임.
자료: 중국 통계연감(2010)

3) 주요 경과 조치

덩샤오핑 후임으로 제3세대 新정부를 구성한 장쩌민 총서기는 1999년 3월부터 서부지역 발전을 위한 전략 수립에 착수한다. 1999년 9월에 개최된 중국 공산당 제15기 4중전회에서 '서부대개발 전략 실시'가 정식으로 결정되었다.

이후 2000년 3월에 국무원 산하에 '서부지구 개발 영도소조 판공실'이 정식 중앙정부 산하 정책 조정기구로 설치된다. 2002년, 10차 5개년 기간(2001~2005년) 내 집행할 '10·5 서부개발 종합규획'이 공포되었고, 동 '규획'에 따라 서기동수(西氣東輸), 서전동송(西電東送) 등 10대 프로젝트와 2대 공정이 제정되었다.

2006년, 11차 5개년 기간(2006~2010년) 내 집행할 '서부대개발 11·5규획'이 공포되었고, 동 '규획'은 사회주의 신농촌 건설, 특색·경쟁우위산업 육성, 중점개발지역 지원, 환경보호, 자원절약, 공공서비스 강화 등에 중점을 두기로 했다.

2008년, 첫 번째 서부권 내 개별권역 발전전략인 '광서북부만 경제구 발전규획'을 공포하였으며, 그 후 '관중-텐수이 경제구 발전규획(2009)'도 공포된다. 2010년에는 '청위경제구 발전규획'을 공포했으며, 2016년에는 '서부대개발 13·5규획'을 공포했다.

표 3-4 서부대개발 정책 주요 경과 조치

연도	주요 동향 및 변화	중국 GRDP 성장률(%)
1999	9월, 공산당 중앙위원회 15기 4중 전체회의에서 '서부대개발 전략 실시' 천명	7.7
2000	• 1월, 국무원 서부지구개발 영도소조 구성(주룽지 총리 조장, 원자바오 부총리 부조장) • 3월, 국무원 서부개발 판공실 설치	8.5
2001	3월, 전인대 9기 4차회의. 서부대개발 전략 포함한 10·5계획강요(十个五年计划纲要) 통과 (2001-2005년)	8.3
2002	2월, 국가계획위원회, 국무원 서부개발판공실. 10·5서부개발총체규획('十五'西部开发总体规划) 공포	9.1
2003	5월, 장강삼협(长江三峡) 공정 완공	10.0
2004	• 3월, 국무원, 서부개발 진일보 추진 의견(关于进一步推进西部大开发的若干意见) 공포 • 10월, 서기동수 1선 완공(신장–상하이)	10.1
2005	10월, 사회주의 신농촌건설 실행에 관한 몇 가지 의견 제시 (공산당 16기 5중 전회)	11.4
2006	• 7월, 칭장철도(青藏铁路) 개통 • 12월, 국무원 〈서부대개발 十一五 규획(2006-2010년)〉 통과.	12.7
2007	국무원, 서부대개발 11·5 규획(西部大开发 "十一五" 规划)	14.2
2008	미국발 금융위기 발발	9.7
2009	1-2월, 10대 산업진흥계획(十大产业振兴规划) 공포	9.4
2010	6월, 국무원 서부대개발 전략의 심도 깊은 실시에 관한 약간 의견 공포(关于深入实施西部大开发战略的若干意见)	10.6
2011	22개 서부권 프로젝트(투자규모 2,079억 위안) 착수	9.6
2012	• 2월, 국무원 〈서부대개발 十二五 규획(2011-2015년)〉 통과 • 12월, 서기동수 2선 완공(신장–광둥)	7.9
2013	중국 GRDP, 3차산업이 2차산업 추월	7.8
2014	• 8월, 서기동수 3선 서쪽구간 완공 • 11월, 시진핑 주석 신창타이 선언 • 12월, 남수북조 중선 1기 개통(후베이–베이징)	7.4
2015	3월, 일대일로(一带一路) 정책 발표 및 서부권 內 관련 프로젝트 시행	7.0
2016	3월, 국무원 〈서부대개발 十三五 규획(2016-2020년)〉 통과	6.8
2017	1월, 국무원, 국가발전개혁위원회. 서부대개발 13·5규획 공포 (西部大开发 "十三五" 规划)	6.9
2018	28개 서부권 프로젝트(투자규모 4825억 위안) 착수	6.7

2019	3월, 중앙전면심화개혁위원회. 신시대 서부대개발 추진에 신국면 형성에 대한 지도 의견 공표(关于新时代推进西部大开发形成新格局的指导意见)	6.1

자료: 공개자료 종합(2021.7)

2020년 5월 17일 중국공산당 중앙위원회와 국무원이 신시대 서부대개발 추진의 새로운 구도 형성에 관한 지도의견(中共中央, 国务院关于新时代推进西部大开发形成新格局的指导 意见, 이하 '의견')을 공포했다. 이는 앞으로 서부대개발 발전의 길을 제시한 지도원칙적인 문건으로, 중국 지도부가 서부대개발에 다시 본격적인 시동을 건 것이다.

2000년 중국 국무원 서부지역 개발영도소조(国务院西部地区开发领导小组)가 구성되면서 서부대개발의 서막이 열렸으며, 지난 20년 동안 서부지역은 환골탈태의 변화가 있었다. 경제 발전은 물론 생태환경도 대대적으로 개선되었으며 칭짱철도(青藏铁路), 서부지역 가스의 동부 수송, 서부지역 전기의 동부 전송으로 서부지역의 장기적인 발전 잠재력을 강화함은 물론 중동부와의 관계를 강화했다.

《의견》은 서부대개발 발전의 길을 제시한 지도원칙적인 문건으로, 중국 지도부가 서부대개발에 다시 본격적인 시동을 건 것이다. 《의견》은 3대 공성전(빈곤퇴치, 환경보호, 금융 리스크 방지) 이행, 혁신 발전 역량 제고, 현대화 산업 체계 구축 추진 등 36개의 구체적인 의견을 제시했다. 2020년 서부지역 생태환경, 비즈니스 환경, 개방 환경, 혁신 환경을 확실히 개선하여 중국 전체와 통일되는 전면적인 샤오캉 사회(小康社会, 중산층 사회)를 만들 것이라고 밝혔다. 2035년까지 서부지역의 사회주의 현대화를 기본적으로 실현하고 기본 공공서비스, 인프라 접근성과 인민생활 수준이 동부지역에 상당한 수준으로 발전시키기로 했다.

서부대개발 전략이 처음 가동된 1999년부터 20년이 지난 지금, 서부지역 경제 사회는 눈부신 발전을 거뒀다. 1999~2019년 중국 서부지역의 GRDP는 큰 변화를 보였는데 그중 구이저우(贵州), 샨시(陕西), 시짱(西藏·티베트)는 15배나 성장했으며 구이저우는 17.5배나 확장되었다. 특히 구이저우는 2010년 공업강성(工业强省)전략을 출시했으며 그해 12월 26일 108개 중앙기업이 구이저우의 47개 프로젝트에 투자했고 규모는 2,929억 위안에 달했다. 그 결과 2019년 12월 말 기준,

구이저우성의 온라인 기업 숫자는 360곳에 이르렀고 구이저우성의 빅데이터 산업 발전 지수는 76으로 베이징과 광둥을 이어 3위를 차지했다. 구이저우는 전자정보 제조산업, 소프트웨어 · 정보서비스 산업, 통신업 발전에 박차를 가함은 물론, 산업 육성, 정부 거버넌스, 민생을 위한 서비스에 대한 빅데이터 발전 체계 구축에 힘써 구이저우성 경제 사회 질적 발전을 뒷받침했다.

《의견》에는 교통, 에너지 등 여러 신인프라와 전통적 인프라에 관한 조치 외에도 서부 자본시장에 관한 조치도 포함된다. 《의견》은 서부지역의 직접융자 비율을 높이고 조건에 부합하는 기업은 국내외 상장 융자, 재융자 발행이 가능하도록 지원하며, 회사 신용형 채권 발행과 자산 증권화 상품을 통해 융자가 가능하도록 하겠다고 밝혔다. 이밖에도 서부 빈곤지역 기업이 처음으로 공개 상장하거나 신삼판(新三板) 상장, 채권 발행, 인수합병 등을 할 때 신속하고 간소화된 절차를 이용할 수 있는 '녹색통로' 정책을 적용하도록 한다고도 언급되었다.

서부지역은 일대일로(一帶一路) 사업의 중심지로 내륙항 건설, 물류, 교통, 배전 및 송전, 물류 보관 등, 인프라에 대한 수요가 매우 크다. 물류, 창고 등 관련 분야 발전에 대해 시안항(西安港)은 이미 일대일로 사업의 중요 허브 역할을 하고 있으며 비즈니스 무역 물류, 전자상거래, 신금융, 문화 · 스포츠, 항만경제 등 5대 주도산업 클러스터가 형성되었다.[1]

표 3-5 2000–2018년간 중국 권역별 경제(GRDP) 비중

	2000년	2005년	2010년	2015년	2018년
동북3성	9.9%	8.6%	8.6%	8.0%	6.2%
기타연해지역	53.4%	55.5%	53.1%	51.6%	52.6%
중부지역	19.2%	18.8%	19.7%	20.3%	21.1%
서부지역	17.5%	17.1%	18.6%	20.1%	20.1%
합계	100.0%	100.0%	100.0%	100.0%	100.0%

자료: 国家统计局 Data 및 《中国统计年鉴(2019)》 자료로 저자 계산.

1999년부터 2019년까지의 20년 동안 서부지역의 경제 · 사회는 크게 발전했으나 여러 요인들로 인해 지역별 성장 불균형 문제가 생겨났다. 1999년부터 2019년

---

1) KIEP(2020.5.28), CSF 이슈 트렌드, '中 10년 만에 서부대개발 중대문건 발표, 내용 및 전망'.

까지 서부지역 12개 성의 GRDP 변화를 정리해본 결과, 구이저우(贵州), 샨시(陝西), 시짱(西藏) 등 3개 성의 경제는 15배 이상 성장했으며 특히 구이저우는 20년 간 경제가 17.5배나 성장했다. 2019년 구이저우의 GRDP는 1조 6,769억 3,400만 위안으로 전년비 8.3% 증가했는데, 1999년 구이저우의 경제총량이 907억 위안에 불과했다는 것을 감안할 때 구이저우의 경제는 괄목할만한 성장을 이뤘다. 구이저우의 경제가 비약적으로 발전할 수 있었던 것은 지방정부가 정책을 잘 활용하고 발전 기회를 포착했기 때문이다. 교통 인프라를 대대적으로 개선함과 동시에 동부 연해지역의 산업을 이전시키는 기회를 포착하여 산업 발전을 이룰 수 있었다.

경제총량을 기준으로 볼 때, 1999년 쓰촨(四川), 광시(广西), 윈난(云南)의 GRDP는 각각 3,711억 6,000만 위안, 2,001억 6,800만 위안, 1,899억 8,200만 위안을 기록했었는데, 2019년에는 쓰촨, 샨시, 충칭(重庆)이 1~3위를 차지했다. 특히 2019년 쓰촨 GRDP는 4조 6,600억 위안에 달했으며, 샨시, 충칭, 윈난, 광시도 GRDP가 2조 위안(약 344조 원)을 돌파했다. 지난 20년간의 GRDP 순위 변화를 살펴보면, 구이저우, 샨시, 충칭의 순위가 비약적으로 상승했다. 특히 구이저우는 12개 성 중 기존의 9위에서 7위로 상승했고, 충칭은 5위에서 3위로, 샨시는 4위에서 2위로 상승했다. 이와 비교해 원래 2위를 차지했던 광시는 2019년 5위로 하락했으며, 윈난은 3위에서 4위로 간쑤(甘肃)는 8위에서 9위로 밀려났다.

4) 서부대개발 주요 프로젝트의 추진 현황

(1) 장강삼협 공정(长江三峡水利枢纽工程)

1994년에 착공되어 2009년에 완공된 장강삼협 댐은 중국 중부를 흐르는 장강(長江) 중류에 높이 185m, 길이 2,309m의 댐을 조성하여 홍수를 방지하고, 1,820만㎾의 발전설비(발전량 1,000억㎾/h)를 설치하는 공사이다. 장강삼협 댐 완공으로 서부권에 안정적인 전력 공급기반을 마련하게 되었다(2009년 삼협발전소 발전량 798.53억㎾/h). 초기에는 독립 프로젝트로 착수되었으나, 서부대개발 정책 추진 후 서전동송 프로젝트로 편입되었다.

'키안(Quian)이라 불리는 이 강은 세상에서 제일 크다. 1.5만척 선박이 일시에 항해하는 것을 봤다. 16개 지방을 관통하며 주변엔 200개 이상의 도시가 있다.'

13세기 후반에 중국을 17년 동안 여행한 마르코 폴로는 장강(長江)을 이렇게 묘사했다. 강을 뜻하는 강(江)과 하(河)의 두 한자 중 강은 본래 장강의 고유명사다. 하는 황허(黃河)를 뜻한다. 장강 또는 大江으로 불리기 시작한 것은 위진남북조(221~589년) 시대 이후다. 장강과 혼동해 쓰는 양쯔(揚子)강은 장강의 일부인데, 강소성 양저우(揚州)에서 바다에 이르는 하류의 옛 이름이다. 명나라 때 마테오 리치 등 선교사들이 장강을 양쯔강으로 서방에 소개하면서 비롯한 잘못이다.[2]

장강은 청해성 탕구라 산맥에서 발원한다. 11개 성급 행정구역을 관통해 동해로 흘러 나간다. 길이는 6,300㎞. 세계에서 나일(6,695㎞)강과 아마존(6,400㎞)강 다음으로 길다. 장강 본류는 세 부분으로 나뉜다. 호북성 이창(宜昌)까지가 상류에 해당하며 길이는 4,529㎞다. 지류를 포함해 장강의 수계 면적은 180만㎢로 국토의 18.8%를 차지한다. 장강은 1,500~2만 t급 선박이 하구로부터 사천성 신스(新市)까지 2900여㎞ 구간을 운항할 수 있는 중국의 대동맥이다.

'봉우리가 하늘과 만나니 배는 굴속을 지나는구나(峰與天關接 舟從地窟行)'. 청대 시인 何明礼이 싼샤(三峽)를 지나면서 읊은 노래다. 강 양쪽 절벽이 하늘 높이 솟아 있어 배가 마치 굴속을 지나는 것 같다는 얘기다. 이곳의 뱃길은 그만큼 험했다. 유비(劉備)가 숨을 거둔 사천성 동쪽 끝 바이디청(白帝城)에서 호북성 서쪽 이창(宜昌)까지 500리 물길이 장강삼협이다. 삼협은 취탕샤(瞿塘峽) 우샤(巫峽) 시링샤(西陵峽)의 3개 협곡(峽)을 이르는 말이다. 만리장성 이후 최대 공사였다는 삼협댐이 이곳에 있다. 중류는 강서성 주장(九江)까지로 길이가 938㎞다. 중국 경제의 중심인 장강 삼각주를 포함하는 하류는 835㎞에 달한다.

장강삼협댐의 높이는 185m, 길이는 2,309m, 너비는 135m이며, 최대 저수량은 393억 t, 최고수위는 175m, 총 시설용량은 1,820만㎾, 연간 발전량은 847억 ㎾이다. 1994년 착공하여 물막이 제방과 수문건설, 발전기 26개를 가동해 시간당 총 1,820만㎾를 생산할 수 있는 발전소 건설, 1만 t급 선박 2척이 댐을 넘나들 수 있는 갑문식 운하건설, 3000t급 선박을 20분 만에 끌어올릴 수 있는 대형 리프트 건설 등 4단계로 나누어 진행되었다. 1997년 11월 1차 물막이 공사가 끝나고, 2003년 7월 시간당 70만㎾ 발전 용량의 1호 발전기가 가동되었다. 2006년 토

---

2) 중앙일보(2007.11.13)

목공사가 완공되었고, 2008년 10월 26번째 발전기가 설치됨으로써 완공되었다. 공사 책임은 중국싼샤댐개발총공사(CTGPC)가 맡았고, 총 사업비는 250억 달러가 소요되었다.

공사가 완료됨으로써 장강을 따라 길이 660㎞, 평균 너비 1.1㎞, 총면적 632㎢, 총저수량 393억 t에 달하는 거대한 인공호가 만들어졌다. 이 저수량은 일본 전체의 담수량과 동일하며, 27억 t인 우리나라 소양호 저수량의 13배가 넘는다. 또 중경까지 1만 t급 선박이 운항해 장강유역의 물류환경이 크게 개선되었다. 매년 빈발하는 장강 유역의 홍수도 방지되었다.

[그림 3-2] 장강 수계도 및 삼협댐 위치

자료: 중앙일보(2007.11.13)

(2) 청장철도(칭짱철도. 靑藏铁路)

청장철도는 청해성 거얼무와 서장자치구 수도인 라싸를 연결하는 총연장 1,142㎞ 철도 노선으로 대표적인 서부대개발 개별 프로젝트이다. 2001년 6월에 착공된 칭짱철도는 2005년 10월에 전노선의 기초공사 및 궤도부설을 완료했고, 2006년 7월에 거얼무-라싸간 여객운행을 시작했다. 칭짱철도 완공으로 철도망이 기존 청해성 수도 시닝(西寧)과 연결(1,956㎞)되어 북경까지 개통됨으로써 서부권 물류에

획기적인 전기가 마련된 것으로 평가된다.

　　세계 최장의 고원철도인 청장철도의 이용객이 개통 6년 만에 1천만 명을 넘어섰다. 2011년 칭짱철도 이용객은 1,060만 명, 화물 운송량은 5,164만 t에 달했다. 개통 첫해인 2006년 이용객 640만 명, 물동량 2,400만 t과 비교하면 6년 만에 승객은 1.7배, 화물은 2.2배가 늘었다. 해발 최고 5,072m의 고원지대를 통과하여, 청해성의 거얼무(格爾木)에서 서장의 수도 라싸(拉薩)까지 1,142㎞ 구간을 연결한 청장철도는 세계에서 가장 긴 고원철도다. 2006년 7월 개통된 이후 관광객이 몰려 서장자치구 성장의 견인차 구실을 하고 있다.[3]

　　중국은 2015년 라싸에서 서장 제2의 도시인 르카쩌(日喀則)까지 253㎞ 구간을 연장하고 2017년에는 네팔 수도 카트만두까지 확장할 계획이다. 또 거얼무에서 감숙성 둔황(敦煌)을 잇는 철도와 라싸에서 서장자치구 동부인 린즈(林芝)를 연결하는 철도 건설에도 나서는 등 서부 고원지대 철도 확장에 의욕을 보이고 있다. 중국 당국이 서부철도 확장에 적극적인 것은 이 지역이 지하자원의 보고로 떠올랐기 때문이다. 2007년 서장자치구 고원에서 1천280억 달러 규모의 아연과 구리, 납 등의 자원이 발견됐다.

[그림 3-3] 칭짱철도 노선도

자료: 文匯報 (2006.6.27).

---

3)　人民網(2012.3.8)

쓸모없는 동토의 땅으로 여겨졌던 칭하이에서 '타는 얼음'으로 불리는 천연 가스하이드레이트가 원유 350억 t에 맞먹는 규모로 매장된 것이 확인됐고, 각각 1억 t 규모의 가스와 유전도 찾아냈다. 이 지역 철도 확장에는 자원개발 이외에도 관광업 육성 등을 통해 경제발전을 도모함으로써 서장자치구 등 낙후한 서부지역 소수민족의 불만을 잠재우려는 의도도 있다.

(3) 서기동수

서기동수(西氣東輸)는 서부권 천연가스를 개발하여 신강 타리무에서 상해까지 설치된 4,000㎞ 파이프라인을 통해 연해 도시에 에너지를 공급(120억㎥/年)하는 프로젝트이다. 2004년에 1기 공정(신강-상해)이 완공되었고, 4,895㎞ 규모의 2기 공정(300억㎥/年. 신강-화남)은 2008년 2월 착공 후 2011년 6월에 완공되었다. 서기동수 프로젝트로 동부권은 안정적 에너지 공급 채널을 확보하였으며, 서부권은 관련 산업(철강, 화학, 에너지)의 동반 발전을 꾀하고 있다.

2차 서기동수 프로젝트는 중앙아시아와 신강(新疆)위구르 자치구의 가스를 장강과 주강삼각주 지대로 보내는 사업이다. 주 가스관은 이미 완공됐으며 8개의 보조라인도 2013년에 완성되었다. 제2차 서기동수 사업 완성까지는 총 1천422억 위안이 투입되며, 완성되면 매년 300억㎥의 가스를 수송하게 된다. 제2차 서기동수 사업으로 4억명 이상의 중국인들이 청정에너지를 사용할 수 있게 됐다고 시공자인 중국석유천연기집단공사(CNCP)는 밝혔다.

2012년 10월 16일에는 제3차 서기동수 프로젝트가 착공되었다. 3차 파이프라인은 북경, 복건성, 신강위구르자치구 등 3개 지역에서 동시에 착공됐다. 이 파이프 라인은 중국의 10개 성과 자치구를 지나며 총 연장은 모두 7,378㎞에 이른다. 간선은 신강의 호르고스를 출발, 복건성 성도 푸저우(福州)까지 이어지며 길이는 5,000㎞다. 완공되면 매년 300억㎥ 천연가스를 신강위구르 지역에서 북경과 복건성으로 수송하게 된다. 이 중 250억㎥는 중앙아시아 지역에서 수입되며 50억㎥는 신강위구르 지역에서 생산된다. 사업비는 모두 1,250억 위안이 투입될 것이다. 이 중 서쪽 구간이 2014년 8월에 완공되었다. 현재는 동쪽 구간 공사가 진행 중이다.

[그림 3-4] 서기동수 1·2·3기 개념도

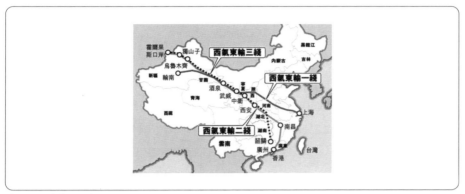

자료: 文匯報(2013.9).

(4) 서전동송

서전동송(西電東送)은 수자원과 석탄자원이 풍부한 서부 지역에서 수력 및 화력발전소를 건설하여 동부 지역으로 송전하려는 프로젝트이다. 현재 同프로젝트는 화북망(황허상류→북경, 천진), 화동망(장강삼협, 금사강→화동지역), 화남망(귀주, 운남→광동) 등 3대 전력망으로 나뉘어 진행 중이다. 화동망은 2009년 장강삼협댐 준공으로 1차 완공된 상태이며, 화북망은 산서성 화력발전소 위주로 신증설이 진행 중이다.

화남망은 운남성 금사강(金沙江) 내 샹자댐(2006.11~2015년. 발전용량 600만㎾)과 시뤄두댐(2007.12~2015년. 발전용량 1,260만㎾)이 건설 중에 있다. 사천성과 운남성에 걸쳐있는 금사강에 2020년까지 20개의 수력발전소가 추가 건설될 예정이며, 또 다른 초대형 댐인 우둥더, 바이허탄 댐(총 발전용량 1,990만㎾)도 2010년에 착공되어 건설 중에 있다. 화남망의 귀주 역시 우장(烏江)을 중심으로 1,000만㎾ 규모의 수력발전 설비가 신증설 되고 있다.

서전동송 프로젝트가 2차 완결되는 2020년이면 광동 지역을 중심으로 한 화남지역 전력난이 대폭 해소될 전망이다. 2005년말 기준 중국 전체 전력 발전용량 중 수력발전 비중은 24%(1.17억㎾) 수준이었으나, 서전동송 프로젝트(2차)가 완공되는 2020년에는 46%(2.5억㎾) 수준으로 제고될 예정이다.

내몽고자치구는 중국의 중요한 에너지 기지로 석탄 생산량과 발전장비 면에서 가장 앞서 있다. 2011년 내몽고자치구에서 타지역으로 송출한 전력은 1억 1천 60억kW로 湖南省 및 上海의 1년 전력 소비량과 맞먹는다. 하지만 이는 내몽고자치구 발전총량의 37% 수준이며, 발전용 석탄량 또한 전체 매장량의 6%에 불과할 정도로 서부지역 에너지원 개발 잠재력은 크다.

국가전력공사 관계자는 현재 내몽고자치구에서 타지역으로 전기를 수송하는 통로가 모두 부하에 걸렸다고 말한다. 현재의 500kW 초고압선로로는 북경, 천진 등 지역에는 가능하나 1천km 이상 떨어진 지역으로는 송전은 한계에 직면해 있다. 그 해결방안은 특고압선로이다. 특고압선로란 교류 1천kW 이상, 직류 800kW 이상의 전기를 수송하는 기술이다. 특고압선로는 초고압선로에 비해 전기 수송 능력은 4, 5배, 수송 거리는 3배 정도 높일 수 있다. 중국은 이를 위해 이미 내몽고의 시밍(錫盟)~난징(南京), 준거얼(准格爾)~창사(長沙)의 2개 특고압선로 건설 계획을 세운 바 있다.[4]

[그림 3-5] 서전동송 개황도

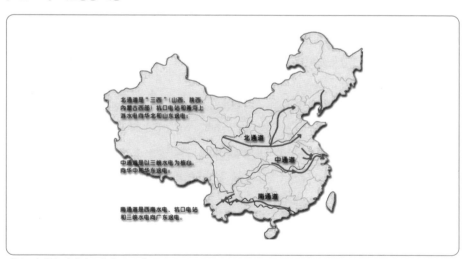

자료: 바이두 이미지 D/B(2013.9).

---

4) 매일신문(2012.11.8)

(5) 남수북조

중국은 수자원 총량이 약 2조 8,000억㎥로 세계 6위권이지만 대부분 남방에 치중되어 있다. 장강 유역을 비롯한 남부 지역은 중국 하천 유량의 80%를 차지하는 데 비하여 황하 등 북부 지역은 10%대에 그쳐 해마다 물부족 현상에 시달리고 있다. 남수북조(南水北調) 프로젝트는 이러한 불균형을 해소하기 위해 1950년대부터 추진해온 수자원 확보 정책의 일환이다. 이 사업의 골자는 장강의 물을 황하로 끌어들이는 것이며, 이를 위해 동선(東線)·중선(中線)·서선(西線)의 3개 노선으로 공사를 진행하는 것이다.

동선 공사는 2002년 12월에 착공하였다. 총길이 1,150㎞의 이 노선은 강소성 양주시에서 시작되며, 산동성에 이르러 다시 2갈래로 나뉘는데, 하나는 북쪽으로 황하를 넘고 다른 하나는 동쪽으로 교동(膠東)지역을 통해 산동성 웨이하이(威海)까지 물을 수송한다. 동선 1기 공정 중 강소성 관통 구간은 2013년 5월 30일에 개통된 바 있다.

2003년 1월 착공한 중선 공사는 총길이 1,246㎞로 베이징과 톈진을 향한다. 이를 위해 2007년 7월 황하 밑으로 2개의 터널을 뚫는 공사가 착공되었다. 하남성 자오쭤(焦作)시 원현 천거우(陳溝)촌에서 착공된 터널은 길이 4,250m, 지름 7m에 이르는 세계 최대의 하저터널로서 황하 밑을 지나 정저우(鄭州)에 도달한다. 이와 연결될 산서성 평정산 터널공정은 2013년 5월 27일 완공되었다. 2014년 12월에는 중선 1기(후베이-베이징)가 개통되었다.

서선 공사는 장강 상류의 물을 청해성 등 가뭄에 시달리는 서북의 6개 지방으로 끌어들이는 공정이며, 현재 타당성 조사 단계에 있다. 3개 노선이 완공되면 연평균 448억㎥의 수량을 수송할 계획인데, 이 가운데 동선이 148억㎥, 중선이 130억㎥, 서선이 170억㎥를 차지한다. 2050년 쯤 완료되는 남수북조 사업에는 총 620억 달러의 사업비가 투입될 예상이다. 남수북조 프로젝트로 이미 수십만 명의 주민이 이주했다.[5]

---

5) 헤럴드경제(2012.2.6), 新華網(2013.5.27), China Daily(2013.5.27).

[그림 3-6] 남수북조 프로젝트 현황

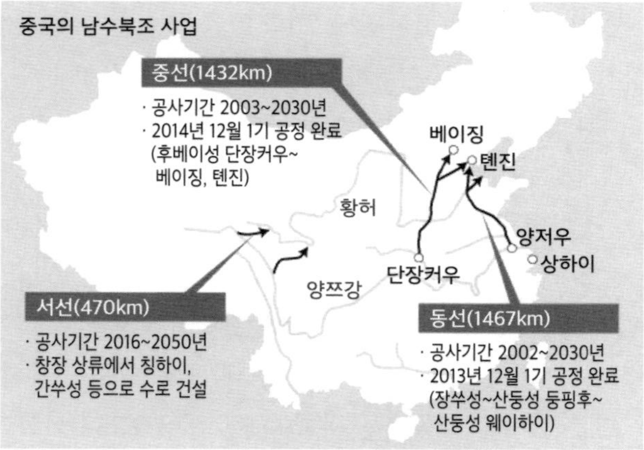

중국의 남수북조 사업

중선(1432km)
· 공사기간 2003~2030년
· 2014년 12월 1기 공정 완료
  (후베이성 단장커우~
  베이징, 톈진)

베이징
톈진
황허
양저우
상하이
양쯔강
단장커우

서선(470km)
· 공사기간 2016~2050년
· 창장 상류에서 칭하이,
  간쑤성 등으로 수로 건설

동선(1467km)
· 공사기간 2002~2030년
· 2013년 12월 1기 공정 완료
  (장쑤성~산동성 둥핑후~
  산동성 웨이하이)

자료: 한중지역경제협회 · 중국망(2014.12.29).

2. 동북진흥정책

1) 정책 개요

1960년대까지 중국의 대표적인 중공업 기지였던 동북3성이 1979년 중국의 개혁개방정책 착수 후에도 국유기업에 대한 투자 및 업그레이드 부재로 산업전반이 노후화 되어가자, 이를 해결하기 위해 2003년부터 동북3성을 대상으로 시작한 지역발전 정책이 '동북진흥정책'이다.

동북지역은 계획경제시기에 중국경제 발전의 견인차 역할을 담당하던 지역이었다. 1 · 5계획(1953~1957년) 기간 중 구소련의 지원을 받아 중국 전체에서 이루어졌던 156개의 대규모 건설투자(총투자액 611.58억 위안) 중 58개 사업(124.34억 위안)이 배정되었다. 주요 산업은 기계, 석유, 화학, 제련 등이었다. 또한 2 · 5계획(1958~1962년) 기간에도 183.67억 위안이 추가로 투자되고, 다칭 유전(흑룡강성)이 개발되어 관련 석유화학단지가 활성화됨으로써 동북지역은 중국의 대표적

인 중화학공업기지로 발돋움하는 기틀을 마련하게 된다.[6]

[**그림 3-7**] 동북진흥전략 권역도

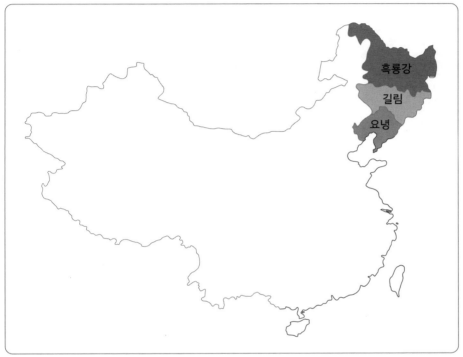

자료: 바이두 이미지 D/B(2013.9).

　　그러나 1980년대 개혁·개방정책의 시작으로 동남연해 지역의 경제특구로 중앙정부의 지원정책이 집중되면서 동북지역에 대한 지속적인 산업 업그레이드가 단절되었다. 그 결과, 기존 중화학 국유기업들은 구설비로 수익을 낼 수 없는 지경에 빠지고, 개혁·개방정책으로 경영 효율성을 확보한 연해지역 기업들과의 경쟁에서 뒤쳐지게 되면서, '경영부진－부실채권 양산－조업중단'이라는 악순환이 1990년대 내내 지속되게 되었다.

　　이러한 현상(동북현상)을 극복하기 위하여 2003년부터 중앙정부 주도로 동북3

---

6)　진병진(2008), 중국의 동북진흥계획 추진성과와 전망, 「한국동북아논총」 제47권, 8-9쪽.

성에 대한 지역발전 정책을 집행하게 된다.
 – 해당 권역: 흑룡강성(黑龍江省), 요녕성(遼寧省), 길림성(吉林省)

<table>
표 3-6   동북3성 주요 개황(2014년 기준)
</table>

구성	흑룡강, 요녕, 길림 3성(省) – 중국 북동쪽에 위치하며 북한 · 러시아와 국경을 인접 – 옌벤 조선족자치구 포함(길림성)	
인구	1억 976만명(중국 전체 중 8.02%) 도시화율(60.82 %) [중국 전체: 54.77%]	
면적	78.8만km²(중국 전체의 8.2%)	
경제 (중국 전체 규모 중 점유비)	GRDP	8.4 %
	1인당 GRDP	52,357 위안(8,523달러) [중국 전체: 7,590$]
	수출입	4.2 %
	FDI	6.7 %
	경지면적	13.3 %
	공업생산	7.7 %
	소매판매(소비)	6.5 %
산업구조	1차 산업 11.2%, 2차 산업 47.4%, 3차 산업 41.5% [중국 전체: 1차 9.2 / 2차 42.7 / 3차 48.1]	

자료: 중국통계연감(2015).

　　동북진흥정책이 8년째 집행되었던 11 · 5규획 기간(2006~2010년) 동북지역은 경제총량이 두 배로 늘어나고, 성장속도는 동부지역 평균수준 보다 높았다. 1인당 GRDP는 2005년 15,318 위안에서 2010년에는 33,312위안으로 연평균 13.5% 성장하는 결과를 보였다.

　　국유기업 개혁을 중점으로 하는 체제 메커니즘 혁신이 중대한 성과를 이루고, 다양한 소유제의 경제가 활성화되었으며, 경제구조가 더욱 고도화 되었다. 비공유제 경제부가가치 비중을 보면 2005년에는 36% 수준이었으나, 2010년에는 54%로 18%포인트 제고되었다. 또한 자주혁신 능력이 현저하게 향상되었다. 대외개방 수준이 현저하게 제고되었으며, 인프라 시설이 개선되었다. 중점 민생문제가 점차 해결되고, 사회사업이 빠르게 발전했다. 동 기간 도시화율을 보면, 2005년에는 52% 수준이었으나, 2010년에는 57%로 매년 1%포인트 증가하는 성장세를 보였다. 또한 2014년 기준 동북3성의 1인당 GRDP는 8,523$인데, 이는 중국 평균치(7,590$)를 12.3% 상회하는 수준이다.

2) 동북진흥정책 목표 및 발전 전략

동북진흥전략은 다음과 같은 정책목표와 발전전략을 제시했다. 첫째, 신개발지역 신규투자 중심의 종전 연해지역 개발과 인프라 건설을 위주로 한 서부대개발 전략과 달리, 동북진흥전략은 노후된 공업시설을 개조(Reorganization)하여 산업구조를 개선에 중점을 두고 있다.

둘째, 광동성을 중심으로 한 화남지역, 상해를 중심으로 한 화중지역에 이어서, 동북3성 중심의 동북 지역을 안정적으로 세계 경제에 편입시키려는 계획이다.

셋째, 국경을 마주하고 있는 불확실한 북한을 정치·경제적으로 고려하여 추진되는 경제발전 전략이며, 북한과의 시너지 효과 발휘를 위한 여러 단계의 발전전략이 동시에 수행되고 있다.

지역별 전략을 보면, 요녕성은 省수도인 선양시를 동북3성 중심도시로 발전시키고, 동북권 최대항인 다롄시의 물류 인프라 건설에 중점을 둔다. 길림성은 경내 북한과 국경을 마주하고 있어서 기존 지역전략인 두만강유역 개발과 훈춘합작구 건설 등에 중점을 두고 있다. 흑룡강성은 역시 국경을 마주한 러시아와 에너지·자원 부문 협력강화를 통해 경제발전을 꾀하고 있다.

동북진흥전략은 12·5규획 기간 발전목표로 4개의 큰 중점 항목을 먼저 선정한 바 있다. 첫째, 개혁개방을 심화하고 체제, 메커니즘의 지속적인 혁신을 적극 추진한다. 둘째, 동북 노후공업기지의 조정 개조를 가속화하고, 경제전환이 더욱 큰 진전을 이루도록 한다. 셋째, 과학기술 혁신능력을 강화하고, 지역발전의 질과 효익의 향상을 추진한다. 넷째, 민생을 보장 개선하고, 문화와 사회사업의 전면적인 진보를 추진하며, 생태건설과 환경보호를 강화하고, 생태문명 수준을 현저히 향상시킴 등이다.

또한 7개 분야에 중점을 두기로 하였는데, 산업 전환 고도화를 중시, 과학기술혁신을 중시, 수요구조 최적화를 중시, 총괄적이고 조화로운 발전을 중시, 자원

절약과 환경보호를 중시, 민생보장과 개선을 중시, 개혁개방 심화를 중시하기로
하였다.

표 3-7 동북진흥을 위한 단계별 발전전략

	요녕성	길림성	흑룡강성

중심
도시 발전
전략
	– 선양(省都) 중심의 경
	  제구 구성
	– 동북권 최대항인 다롄
	  집중 육성
		– 도시와 농촌 간 균형
		  발전에 중점
			– 도시와 농촌 간 균형
			  발전에 중점

대외
개방
	– 국유기업에 대한 FDI
	  투자 장려
	– 과학기술형 투자장려
		– 수출 증대에 노력
		– 두만강유역 개발, 훈
		  춘합작구 건설
			– 러시아 연계 투자(에
			  너지) 유치 강화
			– 대형 합작기업 신설
			  유도

인프라
건설
	– 도시, 에너지, 수리
	  관련 인프라 건설
	– 수자원 건설강화
		– 수리시설, 교통, 통신
		  시설 인프라 중점
			– 종합교통운수망 건설
			– 도시기초시설 건설

중점 발전
산업
	– 장비제조(자동차·조
	  선·항공·기계), 군
	  수, 석유화학·철강·
	  건자재, 첨단기술, 농
	  업·농산품가공, 서비
	  스업(6대산업 육성)
		– 자동차, 석유화공, 농
		  산품 가공, 중약·바
		  이오, 첨단 기술(5대
		  산업 육성)
			– 장비제조, 석유화학,
			  에너지공업, 녹색식
			  품, 의약, 임업(6대산
			  업군 육성)
			– 현대서비스업 발전

자료: 각 지역 〈東北振興計劃綱要〉, 〈11.5規劃〉(2003. 2006)

　　중점 산업기지 건설도 추진하기로 했는데, 먼저 선진 장비제조업 기지의 경우,
중견기업에 대한 의존과 자주혁신 강화를 통해 선양·다롄·치치하얼·안산의
야금광산, 중형기계 기지를 건설할 계획이다. 통용설비 산업기지는 선양·다롄·
치치하얼의 CNC 공작기계가 있으며, 하얼빈·선양·다롄·치치하얼의 전력설비
와 신에너지장비 산업기지가 있고, 창춘·선양·하얼빈·다롄의 자동차 및 부품
산업기지가 있다. 다롄·후루다오의 선박 및 해양사업 산업기지 및 창춘·다롄·
치치하얼의 궤도교통설비 산업기지, 선양·하얼빈의 항공 및 엔진 산업기지를 중
점적으로 건설할 계획이다.
　　강재 산업기지를 조성함에 있어, 기업의 M&A를 재추진하고 산업구조조정을

강화하며, 생산능력 총량을 축소하고 안산강철, 바위취안 등 철강산업기지를 중점적으로 건설할 계획이다. 현대석유화학 산업기지는 가공도를 높이고 고급제품을 발전시키며 다칭·지린·푸순·다롄·랴오양 등 대형 석유화학 산업기지를 중점적으로 건설할 계획이다.

농산품가공 산업기지는 동북지역의 풍부한 농(목축)업자원을 충분히 활용하고 재배−사육−가공의 일체화 발전모델에 근거하여 삼강평원, 넌장평원과 동북 중부, 내몽고 동부지역의 농업 주산지에 녹색농산물 가공 산업기지를 건설할 계획이다. 신형 석탄화학공업기지는 물·석탄자원분포를 최적화하고 내몽고 동부지역, 흑룡강 동부지역과 요녕 서부지역에 신형 석탄화학 공업기지를 건설할 계획이다.

3) 주요 경과 조치

2002년 11월, 중국 공산당 16차 전국대표대회에서 동북지역을 포함한 노후 공업기지에 대한 구조조정 추진안을 발표했다. 2003년 3월, 중국정부는 전인대 제10기 1회 회의에서 발표한 〈정부공작보고〉에서 동북지역 등 노후 공업기지 개발 방향을 제시한 바 있다.

2003년 9월, 국무원 판공실은 '동북지구 등 노공업기지 진흥전략의 실시에 관한 약간의 의견' 통과하여, 중앙정부 차원에서 정책입안을 착수한다. 2003년 12월, 동북진흥전략 판공실이 국무원 산하 직속기구로 설치되었으며, 동북진흥을 위한 100개 프로젝트가 발표되었다.

2004년부터 중앙정부 방침에 따라 동북3성 각 지역은 현지 실정에 적합한 '동북진흥계획' 입안에 착수한다. 2006년 3월, 국가 11차 5개년 경제발전 계획(11.5계획)에 동북진흥 전략 포함하여 공포되었다. 2007년에 동북진흥전략에 관한 중앙정부 차원의 단독 발전정책인 '동북지구 진흥규획'이 공포되었으며, 그 주체는 국무원 동북진흥 판공실이었다.

2009년 7월, 동북3성 중 요녕 연해지역 발전전략에 해당되는 '요녕 연해경제지역 발전규획'이 국무원을 통과하여, 국가급 발전전략으로 승격되게 된다. 가장 최근에는 2021년 4월에 국무원이 동북전면진흥 14·5 실시방안(东北全面振兴 "十四五" 实施方案)을 공포하여 14·5규획기간(2021−2025)에 동북진흥 정책 가이드라인을 제시한 바 있다.

표 3-8 동북진흥정책 경과 조치

시기	주요 경과 조치
2002.11	동북지역을 포함한 노공업기지의 구조조정과 개혁안 추진을 공포 (중국 공산당 16차 전국대표대회)
2003.3	〈정부공작보고〉에 동북지역 등 노공업기지 개발방향 제시
2003.9	'동북지구 등 노공업기지 진흥전략의 실시에 관한 약간의 의견' 통과(국무원 판공실)
2003.12	• 동북진흥전략 원년 • 국무원 직속 산하 동북진흥 영도소조와 판공실 설치 • 동북진흥을 위한 100개 프로젝트 발표(총투자액 610억 위안)
2004	동북3성, 각 지역의 동북진흥계획 입안 착수
2005.6	'동북노후공업기지의 대외개방 확대실시에 관한 의견'(국무원 36호 문건) 공표
2006.3	국가 11.5 계획(2006~2010년) 중 동북진흥전략 편제
2007.8	'동북지구 진흥규획' 공포(국무원 동북진흥 판공실)
2009.7	'요녕 연해경제지역 발전규획' 국무원 통과
2009.9	'동북지구 노공업기지 진흥전략의 진일보 실시에 관한 약간 의견' 통과(국무원)
2009.11	국무원, 창-지-투 개발개방 선도구 발전규획 공포
2010.4	국무원, 요녕성 선양경제구를 국가신형공업화 종합개혁시범구(國家新型工業化綜合配套改革試驗區)로 지정
2015.8	요녕성 민영경제발전 실시방안(辽宁省发展民营经济实施方案)
2015.12	공산당 중앙위, 동북지역 등 낙후공업 기지 전면적 진흥에 관한 약간의 의견(关于全面振兴东北地区等老工业基地的若干意见)
2016.10	• 국무원, 새로운 동북진흥 전략 시행을 통한 동북지역 경제 안정 추진 가속화 관련 약간의 중요조치 심화 추진에 관한 의견 • 국무원, 동북진흥 제13차 5개년 규획(东北振兴 "十三五" 规划)
2016.8.25	국무원, 동북지구 등 노화공업기지 진흥 추진 3년 실시방안(2016-2018) 《推进东北地区等老工业基地振兴三年滚动实施方案(2016-2018年)》
2016.11.1	국무원, 동북지역 경제발전 추진을 위한 신라운드 동북진흥전략 추진 실시 조치 의견 (深入推进实施新一轮东北振兴战略加快推动东北地区经济企稳向好若干重要举措的意见)
2019.6.25	국무원, 최근 동북진흥 지지를 위한 중대 정책 조치에 관한 의견 (近期支持东北振兴若干重大政策举措的意见)
2021.4.2	국무원, 동북전면진흥 14·5 실시방안(东北全面振兴 "十四五" 实施方案)

자료: 공개자료 종합(2021.7)

가. 최근 정책 동향

2019년 7월, 차오위안밍 국가발개위 지역경제사 부국장은 중국의 중요한 공업 기지이자 농업기지인 동북지역의 경제 운영이 전체적으로 안정적이었다고 밝혔다. 지난 2016~2018년 동북지역의 경제성장률이 각각 2.5%, 5.1%, 5.1%에 달해 중국 전체 평균과의 격차가 점차 줄어들고 있다. 2018년 동북지역의 공업 부가가치 증가율은 6.1%로 동부지역보다 0.5%p 높았고, 특히 2019년 상반기 랴오닝(辽宁)의 규모 이상(연매출 2,000만 위안) 공업 부가가치 증가율은 7.2%로 중국 전체 평균 수준을 1.2%p 웃돌았다.

동북지역은 중국의 국방안보와 식량안보, 생태안보, 에너지안보, 산업안보에서 그 전략적 지위가 매우 중요하며, 국가 발전의 전반적인 정세와도 연관성이 높다. 동북지역의 전면적인 진흥을 추진하는데 비즈니스 환경 개선이 중요한 역할을 한 것으로 분석되었다. 차오 부국장은 동북 3성 모두《비즈니스 환경 최적화 조례(优化营商环境条例)》를 출범하고 특별히 성(省) 직속의 비즈니스 환경 건설 부문을 조직했다면서 투자유치와 민영경제 육성, 인재 유치 등에 비즈니스 환경 개선이 모두 중요한 영향을 미쳤다고 설명했다.

비즈니스 환경 개선과 관련해 랴오닝성은 '프로젝트 관리인 제도(项目管家制度)'를 구축해 2018년 5,717건의 중대 프로젝트와 중점 기업에 대해 프로젝트 관리인을 두었다. 지린성(吉林省)은 행정 절차 간소화와 권한 이양, 서비스 최적화를 지향하는 '단 한번만 가면(只跑一次)' 처리 가능한 행정 처리 사항이 97%를 넘어섰고 기업의 평균 개업 시간을 11일에서 3일로 단축했다. 헤이룽장성도 하얼빈 신구(哈尔滨新区) 투자 프로젝트 심사비준 개혁을 추진해 '즉시 착공을 약속(承诺即开工)'하는 개혁을 통해 이 곳에 입주한 기업의 경우 9일이면 시공 허가를 받을 수 있도록 했다.

국무원 '동북지역 등 낙후 공업기지 진흥 영도 소조(振兴东北地区等老工业基地领导小组)' 조장인 리커창(李克强) 국무원 총리가 2019년 6월 6일 영도소조 회의를 열어 동북지역 진흥을 추진하기 위한 방안을 논의·제시했다. 리 총리는 이번 회의에서 동북지역 진흥을 위한 새로운 3가지 처방으로 개혁·개방을 기반으로 더 많은 시장 활력 주입, 경제구조 전환·선진화 추진을 통한 신(新) 경쟁 비교우위 육성, 각 분야 인재 확보 주력, 동북진흥과 고도의 질적 성장 추진을 위한 지속적 새로운 국면 열기 등을 제시했다.

2014년부터 동북3성 성장률이 둔화됐고 전국 순위도 최하위권으로 밀렸다. 낙후 공업기지 난제에 중국 경제구조 조정과 속도 조절까지 겹치는 등 동북이 많은 난제에 직면하고 경제·사회에 분야 리스크가 계속 축적되었다. 그 해 7월 리 총리는 국무원 동북지역 등 낙후 공업기지 진흥 관련 업무 회의를 열어 개혁 심화를 강조했다. 2015년 12월에는 시진핑 국가주석이 주최한 공산당 중앙정치국 회의에서 《동북지역 등 낙후공업 기지 전면적 진흥에 관한 약간의 의견(关于全面振兴东北地区等老工业基地的若干意见)》을 승인했다.

2016년 10월에는 국무원이 《새로운 동북진흥 전략 시행을 통한 동북지역 경제 안정 추진 가속화 관련 약간의 중요조치 심화 추진에 관한 의견(关于深入推进实施新一轮东北振兴战略部署加快推动东北地区经济企稳向好若干重要举措的意见)》과 《동북진흥 13·5규획(东北振兴十三五规划)》을 발표했다. 《규획》은 2020년까지 동북지역 체제 개혁·혁신과 경제성장 모델 전환에 있어 중대 진전을 거두고 성장의 균형·조화·지속가능 정도를 크게 높이며 전국 각지와 전면적 샤오캉 사회(小康社会, 중산층 사회) 도약의 위대한 목표를 이루겠다고 밝혔다.

13·5규획 기간 절반이 지난 2018년 현재 동북 3성 경제가 뚜렷한 회복세를 보이기 시작했다. 2018년 랴오닝성 GRDP는 2조 5,300억 위안으로 전년비 5.7% 증가했다. 일정 규모 이상 공업기업의 공업부가가치는 전년비 9.8% 증가해 2018년 성장률을 5.4%p 웃돌았다. 이처럼 성과를 거뒀지만 동북지역 진흥은 여전히 많은 도전에 직면한 상태이다.[7]

동북3성의 각 성장(省长)은 정부업무보고에서 신(新)·구(舊) 성장 동력 교체에 시간이 필요한 상황이며 민영경제 발전 수준이 부족하고 민생에도 많은 취약점이 존재한다고 밝혔다. 또, 일부 공무원의 봉사정신 부족, 업무태도가 불성실한 등 문제도 여전히 존재한다고 덧붙였다. 동북지역 인구와 관련해서는 우려되는 상황인데, 2018년 동북3성 인구 순유출 규모는 30만 명 이상으로 노동가능인구는 100만 명 정도 감소했다. 동북경제 진흥과 인구위기 해소 등을 위해 동북3성은 앞장

---

7) 일정규모 이상 공업기업(规模以上工业企业): 핵심 산업의 연매출 2,000만 위안 이상 공업분야 기업.

서서 전면적으로 '두 자녀 정책'을 추진하고 이를 바탕으로 가계 세수, 교육, 사회
보장, 주택 등 육아 지원 정책을 장려하고 있다.

4) 동북진흥정책 주요 프로젝트의 추진 현황

(1) 동변도 철도망

동변도(東邊道) 철도망 프로젝트는 북쪽 흑룡강 무단강서에서부터 남쪽 다롄
시까지 러시아와 북한 국경에 연해서 총연장 1,520km 구간 철도망(총 13개 주선 및
지선)을 구축하는 프로젝트이다. 동변도 철도망은 무단장−투먼−통화−번시−단
둥−좡허−다롄 등 10여 개 도시를 관통하며, 이 중 일부 구간에는 기존망이 있어
구간별 신증설 형태로 진행하고 있다.

[그림 3−8] 동북3성 동변도 철도망 현황

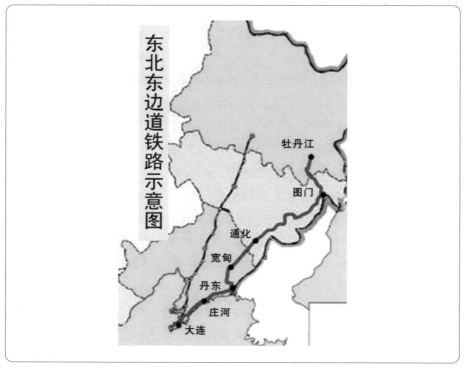

자료: 바이두 이미지 D/B(2016.1)

2005년에 일부 구간이 착공되었으며, 이 중 길림성 일부 지선 구간은 2008년 말에 완공되었다. 흑룡강 무단장-지린 훈춘 구간(220㎞)은 2010년에 착공되었으며, 2013년에 완공되었다. 다롄-단동 구간(310㎞)은 2015년 12월에 개통되었다. 동변도 프로젝트는 국경지역을 개발하려는 '창-지-투' 개발개획과 맞물려 전체 노선 완공 시기가 앞당겨 지고 있다. 2016년 10월에는 동변도 철도망 동부 구간 전노선이 개통된 바 있다.

(2) 창·지·투 발전규획

2009년 11월, 국무원은 '창-지-투 개발개방 선도구 발전규획'을 공포하였으며, 이는 길림성 내 국가급 지역발전 계획이 실현되었음을 의미한다. 1992년 UNDP는 5개국(한·중·러·북한·몽고)이 참여하는 두만강지역 합작개발 프로젝트를 가동하였고, 중국은 훈춘시(옌벤조선족자치주)를 합작구역도시로 지정한 바 있다. 창-지-투 발전계획은 길림성 주요 지역인 창춘시, 지린시, 옌벤자치주(훈춘시, 투먼시)를 해당 권역(9만㎢)으로 하고 있다. 同계획의 개발기간은 2009년부터 2020년까지이며, GRDP 총량을 4배로 확대시키는 것이 목표이다. 자동차, 석유화학, 농산품 가공, IT, 철강, 장비제조, 바이오, 신소재 등 8대 산업을 육성하며, 국경도시인 훈춘시에는 국경수출가공기지, 국제물류단지, 동북아 국경무역센터 등을 조성할 계획이다.

창·지·투 개발계획은 이번이 첫 시도는 아니다. 1992년 유엔개발계획(UNDP)이 훈춘시를 중심으로 한·북·중·러·몽 5개국 협력개발 프로젝트를 내놓은 것이 시작이었다. 1999년에는 옌벤조선족자치구가 포함된 2차 개발계획을 내놓으면서 범위가 한층 확대됐다. 2009년 국무원을 통과한 3차 계획은 투먼에서 415㎞ 떨어진 창춘시까지를 두만강 개발범위에 포함시켰다. 두만강 일대를 넘어 만주 중심부를 가로지는 핵심 경제 벨트로 규모로 확대한 것이다.

3차 개발계획은 그동안 발전을 가로막던 교통망 해결에 주안점을 뒀다. 창·지·투를 가로지르는 고속철도는 현재 창춘-지린 구간부터 건설에 들어갔다. 지린-투먼 구간은 2010년에 착공이 승인되었다. 이 창·지·투 철로는 유럽의 유레일처럼 국경을 넘나드는 노선이다. 서쪽으로는 몽골 동부 초이발산에서 중국 내몽고를 잇는 중·몽 대륙횡단 철로와 이어진다. 동쪽으로는 중국이 2010년 3월

10년 사용권을 획득한 북한의 나진항과 이어질 예정이다. 훈춘에서 러시아 자루비노항으로 넘어가는 연계 운송망도 이미 시범 운행 중이다.[8]

[**그림 3-9**] 창지투 개발 계획의 주요 지역

자료: 「〈창지투의 거점 지린성〉 중 새로운 경제 중심지로 부상하는 지린성」(2012.6.18.), 「아주경제」.

표 3-9　창지투 개발사업의 주요 내용

대상지역	• 창춘시: 창춘시 도시지역, 더후이(德惠)시, 지우타이(九臺)시, 눙안(農安)현 • 지린시: 지린시 도시지역, 자오허(蛟河)시, 융지(永吉)현 • 두만강 일대: 연변조선족자치주(면적은 3만㎢, 인구는 770만 명, 각각 지린성의 1/3을 차지. GRDP는 길림성의 절반가량)
발전목표	• 1단계: 2012년까지 2008년 GRDP의 2배 달성. 대외통로 건설의 현저한 성과 취득 • 2단계: 2020년까지 2008년 GRDP의 4배 달성. 종합 운송통로 구축 완료 및 물류의 원활화 달성. 동북지역의 중요한 성장거점으로 자리매김

---

8) 중앙일보(2010.10.6)

개발구도	▶ 중심도시인 창춘시와 지린시를 지역발전의 배후지로 함. 　- 창지 일체화 추진, 중국 내에서 경쟁력 있는 선진 제조업기지로 육성, 대외 개방의 플랫폼 역할 수행 ▶ 연변조선족자치주에 속한 옌지(延吉), 룽징(龍井), 투먼(圖們)을 개방의 전초지로 함. 　- 옌룽투 일체화 추진, 가공, 물류, 관광 및 첨단기술을 중심으로 하는 산업 시스템 구축 　- 국가급 개발구 건설 ▶ 국경도시 훈춘(琿春)을 대외개방의 창구로 함. 　- 러시아, 일본, 한국 및 홍콩 산업단지 건설, 주변국과 연결하는 인프라 건설 　- 투자, 무역 및 인원 왕래 절차 간편화
10대 중점임무	국제운송통로 구축, 산업협력단지 건설, 국제협력과 교류 플랫폼 구축, 종합보세구와 수출가공구 건설, 초국경 경제협력구 건설, 현대적인 산업체계 구축, 과학기술 혁신, 체제와 메커니즘 혁신, 정책시스템 완비, 길림성 발전 견인

자료: KIEP(2012), 창지투 개발의 현황과 시사점, 중국 성별동향 브리핑 Vol.3 No.17, 5쪽.

(3) 요녕 연해경제지역 발전 규획

2009년 7월, 국무원은 '요녕 연해경제지역 발전규획(遼寧沿海經濟帶發展規劃)'을 통과시켰다. 2020년까지 2,900㎞에 달하는 요녕 연해에 위치한 다롄항, 진저우항, 잉커우항, 후루도항, 단동항 등 주요 항만도시(6개 省직할시)와 배후산업단지간 연계발전을 통해 요녕성 경제발전을 견인하려는 계획이다. 한국 STX가 단독투자하여 설립한 다롄STX조선이 위치한 창싱다오 임항공업구도 同권역에 해당된다. 다롄항은 동북아 국제수운센터를 완공하고, 다야오완 보세항, 컨테이너 물류기지, 싱하이만 금융상무구 등을 건설할 계획이다. 진저우 시에는 임항산업기지를 조성하며, 국가비축유 기지와 정유기지가 조성되고 있다.

[그림 3-10] 동북3성 내 지역별 발전계획 현황

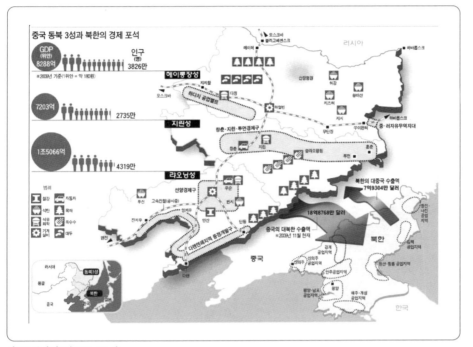

자료: 중앙일보(2010. 10. 6).

3. 중부굴기 정책

1) 정책 개요

중국정부는 2005년부터 중부지역 6개성에 대한 지역 발전전략인 중부굴기(中部崛起) 정책을 시행하고 있다. 특히 2006년 5월 19일에는 국무원에서 '중부굴기 정책 조치(2006.5)'가 발표되어, 명확한 중부굴기 정책목표와 주요조치, 그리고 이를 수행할 주무부처가 명시되었고, 2007년 4월에는 국무원 산하에 중부굴기 판공실이 설치되어 중앙정부 차원의 정책 집행 주체가 명확해지는 등 정책시행 최근 2년내 중부굴기 정책에 대한 큰 변화가 이루어지고 있다.

주지하다시피 중국은 현재 서부대개발 정책, 동북진흥정책 등의 지역발전 전

략을 진행하고 있으며 이들은 모두 다른 특성을 보이는 지역을 발전대상으로 하
며, 그 정책배경과 실행수단도 상이하다.

[그림 3-11] 중부 6개성 위치도

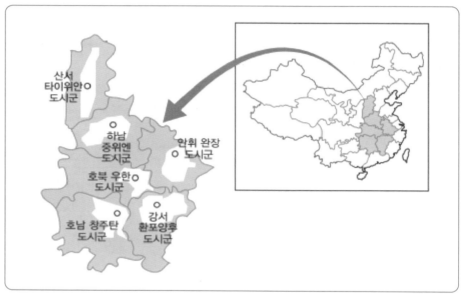

자료: 박래정(2011), 중국 중부굴기의 도시경쟁력 비교, LG Business Insight, 23쪽.

2) 중부지역 현황과 특성

2014년 기준, 중국 내 중부지역 현황을 보면, 중국 내 총인구의 26.5%가 거주
하고 있는 중부지역은 중국 국토의 10.7%를 점유하고 있어 다소 높은 인구밀도
를 나타내고 있다. 특히 2014년 말 기준 중국 1성당 평균 인구인 4,412만 명을 산
서성을 제외하고 모두 상회하고 있으며, 하남성 인구는 1억 명을 육박하고 있다.

중부지역의 특성 중 하나는 농촌인구 비중이 높은 점을 들 수 있다. 2014년 기
준 중국 농촌인구 비중은 45.23%이나, 중부지역은 호북성(44.33%)을 제외하고
는 모두 이를 상회하는 산서성 46.21%, 안휘성 50.85%, 강서성 49.78%, 하남성
54.8%, 호남성 50.72% 수준을 나타내고 있다. 한편, 중부지역은 중원지역에서

나타나는 소농문화(小農文化), 즉 현재의 생활수준에 만족하는 경향을 보이며, 진취적으로 발전을 도모하지 않는 전통적인 문화사상을 나타내고 있다.

　중부지역은 1979년 개혁개방 정책 이후, 먼저 개방한 동남 연해지역에 대한 노동력 제공기지 역할을 수행하였으며, 최근에는 가공 및 생산기지로 역할이 전환되고 있다. 6개성의 중국내 수출입 비중이 5.7%에 그치고 있는 점이 이를 방증(傍證)한다. 또한 2014년 기준 외국인직접투자(FDI) 비중 역시 중국 전체의 8.9%에 불과하여 대외 개방도 혹은 FDI 유치를 위한 환경이 미흡한 상태임을 알 수 있다.

표 3-10　중부권 주요 개황(2014년 기준)

구성	산서 · 안휘 · 강서 · 하남 · 호북 · 호남 6성(省)	
	– 중부 내륙과 장강 유역에 주로 위치	
인구	3억 6,262만 명(중국 전체 중 26.5%)	
	– 도시화율(49.79%) [중국 전체: 54.77%]	
면적	102.7만km²(중국 전체의 10.7%)	
경제 (중국 전체 규모 중 점유비)	GRDP	20.3 %
	1인당 GRDP	38,243위안(6,225달러) [중국 전체: 7,590$]
	수출입	5.7 %
	FDI	8.9 %
	경지면적	30 %
	공업생산	20.7 %
	소매판매(소비)	18.8 %
산업구조	1차 산업 11.1%, 2차 산업 49.6%, 3차 산업 39.3%	
	[중국 전체: 1차 9.2 / 2차 42.7 / 3차 48.1]	

자료: 중국통계연감(2015).

　중국 경제지리학에서 중부지역의 일반적인 특성은 자원중심, 농업중심 지역으로 서술된다. 또한 중부지역의 특성을 나타내는 여러 가지 서술법 중 하나는 "삼화(三化)" 즉 공업화, 도시화, 시장화가 부족한 지역이라는 점이다. 1979년 개혁개방 이후 급속한 공업화를 지속하고 있는 중국경제 발전단계에 대한 평가 중 하나는 중국의 경우 공업화 정도가 도시화 정도를 앞선다는 점이다. 실제로 1996년 중국의 도시화율과 공업화율(GRDP 총량 중 공업생산액 비중) 비례는 0.69 수준에 불과하다. 이는 같은 시기 OECD 국가의 평균치인 1.4~2.5와 비교하여 낮은 수치임을 알 수 있다. 일반적으로 선진국의 경우 사례를 보면, 공업화 초기 및 중기 단계에는 도시화가 공업화에 의해 견인되며, 공업화 말기에 도달하면 그 이후 도시화는 3차산업 발전에 의해 견인됨을 알 수 있다.

중국의 경우, 1980년대와 1990년대 초까지 농촌지역에서 향진기업의 발전으로 도시화 없는 공업화가 이루어졌으며, 이는 중부지역에서 두드러지게 나타나고 있다. 중부지역 중 호북성을 제외한 5개 성의 도시화율은 중국 평균치를 하회하고 있으며, 반면에 공업화율은 산서성과 하남성 두 곳이 중국 평균치를 상회하고 있다.

중부지역은 중국의 최대 물동량이 움직이는 2개의 동서간 해운망(장강, 황하)과 1개의 남북 철도망(京九鐵道)이 교차하는 교통의 요지이다. 먼저, 북경에서 홍콩 구룡역까지 연결되는 총연장 2,538㎞의 경구철도(京九鐵道)는 1996년 9월에 개통되었으며, 중국을 남북으로 관통하고 있다. 경구철도는 중부지역 중 산서성, 하남성 정주시, 호북성 무한시, 호남성 장사시를 경유한다.

또한 1993년에 착공되어 2006년에 2차 물막이 공사를 끝내고, 2009년에 완공된 장강삼협댐 공정으로 인해 장강 내수면 물류환경이 개선되고 있다. 총연장 6,300㎞의 장강은 상해를 동쪽기점으로 하여 안휘성, 강서성, 호북성, 호남성을 관통한다. 또한 중부지역의 산서성과 하남성을 통과하는 황하는 총연장 5,464㎞ 규모이다. 중부지역은 중국 전체 철도망 중 23.1%, 내륙수운 총연장 중 26.5%를, 총도로망 중 24%를 점유하는 등 GRDP 및 공업생산비중 대비 양호한 교통 인프라를 보유하고 있다.

3) 중부굴기 정책 목적과 정책화 과정

(1) 정책 목적

먼저 중부굴기 정책을 추진하는 목적은 중국의 지역균형 발전정책의 패러다임이 전환된 것에서 찾을 수 있다. 중국은 1979년 개혁개방 이전에는 공간적인 차원에서의 지역간 균형성장을 추구해 왔으나, 실제로 지역개발보다는 군사안보적인 측면에 중점을 두고 서부 내륙지역에 집중적으로 투자가 이루어졌다. 그 대표적인 예는 삼선건설(三線建設)이 될 것이다.

1979년, 개혁개방정책이 시작되면서, 중국의 지역발전정책은 불균형 발전정책으로 전환되어, 경제개발에 유리한 지리적 환경을 갖춘 동부연해지역을 우선 개발하였으며, 그 효과를 내륙지역으로 파급(spillover)시키는 지역발전정책을 구사하였다. 그러나 덩샤오핑(鄧小平)의 선부론(先富論)으로 요약되는 불균형 발전정책은 그 효과를 거두지 못하고, 지역간 격차를 심화시켰다.

이에 중국정부는 1990년대에 지역발전정책을 다시 균형 발전정책으로 전환하였으며, 그 전환점은 장쩌민 총서기가 1999년 11월 중앙경제공작회의에서 서부개발 정책을 추진하기로 천명한 것이다. 이후 후진타오(胡錦濤) 정부 역시 균형 발전정책을 이어받아 추진하고 있으나, 이전에는 '중앙에서 지방으로' 일방적인 균형 발전정책을 추진했던데 반해, 지역 간(동부, 서부, 중부) 협력하여 지역을 균형적으로 발전시키는 신균형 발전정책을 추진하고 있다. 이는 후진타오 정부가 추진하는 동북진흥정책에 반영되고 있으며, 마지막 남은 중부지역 역시 별도의 균형 발전정책 추진을 통해서 타지역(서부와 동부)간 협력 발전하도록 요청되었다. 이러한 지역균형 발전정책의 패러다임 전환은 중부굴기 정책의 목적이자 추진배경인 셈이다.

중부지역은 경제지리적으로 서부와 동부 사이에 낀 지역으로, 정책적으로도 그동안 소외지역에 놓여 있었다. 즉 30년간 동남연해지역에서의 개혁개방정책은 연해지역과 내륙지역의 소득격차를 벌려 놓았으며, 2000년부터 시작된 서부대개발 정책으로 인해, 중앙정부 재정지원이 서부지역에 편중되어 '중부 함몰(中部塌陷)' 현상을 초래하였다. '중부 함몰'은 중앙정부가 중부굴기 정책에 착수하면서 제시한 표현으로, 정책적 지원과 관심을 받지 못하면서 발전이 정체된 중부지역이 자연스럽게 주위 지역의 성장으로 인해 함몰 현상을 보이고 있다는 함의를 가지고 있다. 따라서 중부굴기의 주요 정책적 목적은 '중부 함몰'을 방지하는데 있다.

2000년부터 본격적인 정부의 대규모 투자로 인해 서부지역 중 내몽고 자치구 및 신강 자치구 등 일부지역은 이미 '삼화(三化)' 수준이 중부지역을 초과하고 있다. 특히 강서성과 안휘성 두 곳은 중국 내 하위 10위에 속해 있으며, 안휘성은 서부지역에 위치한 5개 자치구보다도 뒤처져 있는 '빈곤' 지역이다. 이는 안휘성의 1차산업 비중이 중국 평균치보다 5.4% 포인트 높은 18%에 달한 것도 요인 중의 하나이다.

삼농(三農. 농촌, 농민, 농업) 문제 해결을 위한 중요한 관건 중 하나는 중부지역의 발전에 있다. 중부지역의 국토면적은 중국 전체의 10.7% 수준이나, 경지면적은 30%에 달한다. 또한 중국 전체인구의 26.5%가 중부지역에 있으며, 농촌인구중 50.2%는 중부지역에 살고 있다. 따라서 중부지역의 삼농 문제 해결 없이 중국전체의 삼농 문제 해결은 어려운 상황이다.

삼농 문제는 신중국 설립 후인 1949년부터 중앙정부가 관심을 기울여온 문제이다. 특히 공산당 중앙위원회와 국무원이 새해에 처음 발표하는 중요 정책문서인 '1호 문건(一號文件)'이 최근 4년간 연속하여 삼농 문제를 다룬 것은 후진타오 신정부에서의 정책 우선도에서 중요 위치에 있음을 의미한다. 삼농 문제의 심각성은 도농 간 소득격차, 농촌지역의 과잉 노동력, 농산품 시장의 공급과잉 문제, 농촌의 자체 투자자금 부족, 농촌빈곤의 가속화 등으로 요약할 수 있다.

중부지역은 중국 경지면적의 23.5% 토지에서 중국에서 생산되는 식량의 30.5%를 책임지고 있는 중국의 중요한 농산물 생산기지이다. 특히 생필품인 식용유 생산의 원료인 유지류의 경우, 생산비중은 40.6%에 달한다. 따라서 삼농 문제 해결을 위한 중부지역 농업부문의 집중지원은 중부굴기 정책목적 중의 하나일 것이다.

표 3-11 중국 중부지역 농업 현황 및 주요 작물 생산 비중

(단위: %)	경지면적 비중	식량	콩	면화	유지류	연초
산서성	3.53	2.0	1.7	1.8	0.69	0.22
안휘성	4.59	5.38	4.42	5.68	8.79	0.96
강서성	2.3	3.63	1.15	1.52	2.47	0.78
하남성	6.24	9.46	3.44	11.8	14.6	10.7
호북성	3.81	4.49	3.0	6.56	9.55	4.13
호남성	3.04	5.53	2.62	3.46	4.58	7.93
합계	23.51	30.49	16.33	30.62	40.68	24.72

주: 식량에는 쌀, 밀, 옥수수, 콩, 감자, 고구마 등, 유지류에는 땅콩, 유채종, 깨 등이 포함.
자료: 중국통계연감(2006)

(2) 중부굴기의 정책화

중부굴기라는 개념은 1980년대 중반부터 호북성에서 제시된 발전전략에 가장 먼저 등장한다. 호북성 사회과학원은 '호북경제 발전모델의 선택'이라는 보고서에서 호북성이 중점산업 위주로 경제개발구 권역 내 발전전략을 취함으로써 중부지역의 발전(中部崛起)을 유도할 수 있을 것이라고 주장한 바 있다.

중국 공산당 중앙당 차원에서 최초로 중부굴기가 당의 방침으로 제시된 것은 2003년 10월에 개최된 중국 공산당 16기 3중전회에서이다. 3중전회에서 중국 공산당은 '중부지역의 우세를 발휘하도록 하여 빠른 발전을 도모한다'라고 선언한 바 있다. 이후 중부굴기 정책은 '공산당 중앙위원회의 결정 → 국무원(행정부)의 집행을 위한 규정마련 → 전국인민대표대회(입법부) 보고 및 승인 → 지방정부 규정 마련과 집행' 등 정책화를 위한 일련의 과정을 거치게 된다.

그 결과, 2006년 4월에 총 36조로 구성된 중앙정부 정책조치인 '중부지구 굴기의 약간 의견(총 36조 의견)'이 공포되었다. '총 36조 의견'은 먼저 중부굴기 정책에 해당되는 중부지구를 6개 성으로 확정하였으며, 첫째 중부지구를 식량기지, 에너지 및 원재료 기지로 육성할 것을 규정하였다. 둘째, 중부지역 노후 공업기지 진흥정책을 추진하며, 이를 위해 부가가치세 개혁과 사회보장제도 개혁을 추진하기로 하였다.

또한 현재의 자원소비형 도시와 기업을 자원재활용형으로 전환하며, 특히 자원고갈형 기업은 파산을 유도하기로 하였다. 셋째, 주요 중부지역이 장강 내륙수운 통로와 경구철도가 교차되는 교통요지에 위치한 지리적 장점을 발휘하여 내륙교통 허브(Hub)로 발전시켜, 물류 및 관광 중심지로 육성하기로 하였다.

2006년 5월 19일, 국무원은 앞서 공포된 '총 36조 의견' 하위 규정에 해당하는 '총 56조 정책 조치(2006년 5월)'를 공포하여, 7개 부문별 정책목표와 담당 부처를 명시하였다. 또한 '중부굴기 업무 판공실'의 설치를 규정하였다.

2007년 1월에 국무원은 '동북지구 등 노후공업 기지와 서부대개발 관련 정책에 대비하여 중부 6성 관련 정책 범위에 관한 통지'를 공포하여, 향후 추가되는 '중부굴기' 정책은 기존의 동북진흥정책 및 서부대개발 정책을 참고하여 제정할 것을 명시하였으며, 6개 성의 모든 지역에 일괄적으로 특혜정책을 부여하지 않고, 지역 발전전략에 가장 효과적인 성별 중점산업을 중심으로 해당 지역을 선정할 것임을 분명히 하였다.

표 3-12 중부굴기 단계별 정책화 과정

시기	주요 정책	정책 주체
2003.10	중부굴기 정책 제시	중공중앙(16기 3중 전회)
2004.9	중부굴기 정책 당 방침 채택	중공중앙(16기 4중 전회)
2005.3	중부굴기 정책 부처별 진행	국무원/전인대
2006.3.27	중부굴기 정책 관련 법규 제정 지시	중공중앙
2006.4	'중부지구 굴기의 약간 의견' 공포 (총 36조 의견)	중공중앙/국무원
2006.5.19	'중부지구 굴기의 약간 의견'의 정책 조치 공포(총 56조 조치)	국무원 및 각 부처
2006.9.26	제1차 중부 투자무역 박람회(호남 장사)	상무부 및 6개 성
2007.1	'중부굴기 정책 범위' 통지 공포	국무원 및 각 부처
2007.4.13	중부굴기 업무 판공실 설치	국무원
2007.4.26	제2차 중부 투자무역 박람회(하남 정주)	상무부 및 6개 성
2007.5.11	'중부 지구 증치세 감면 범위 확대에 대한 시험 방법' 공포	국무원, 각 부처, 각 지방정부
2009.9.23	중부지역 부상촉진에 관한 규획(중부굴기 규획) (促进中部地区崛起规划)	국무원
2011.1	'전국주체공능구규획'에서 중부지역 발전 전략 제시	국무원
2012.12	'중원경제구규획' 공포	국무원
2013.5	2013년도 중부지구 중점업무 공표	국가발전개혁위원회
2016.12.7	촉진 중부지구굴기규획 2016-2025, 공포 (促进中部地区崛起规划, 2016至2025年)	국무원
2021.7.22	신시대 중부지구 고품질발전 추진에 관한 의 견(新时代推动中部地区高质量发展的意见)	국무원

자료: 중국 내 공개자료 정리(2021.7)

중부굴기 정책이 정식으로 당정(黨政)에서 제시된 지 4년만인 2007년 4월 13일, 중국 중앙정부는 국가발전개혁위원회 경제국(經濟司) 주체로 국무원 산하에 '중부굴기 업무 판공실'을 설치하였다. 이로써 중부굴기 정책은 중앙정부 차원에서 정책실행, 조정 및 감독을 위한 제도와 체제를 갖추게 되었다.

가. 최근 정책 동향

중부지역은 후베이성(湖北省), 후난성(湖南省), 허난성(河南省), 안후이성(安徽省), 장시성(江西省), 산시성(山西省) 6개 성(省)을 일컫는다. 중부지역 전체 인구수는 약 3억 6,800만 명, 토지면적은 전체의 10.7%에 달하며 중국 전체 GRDP의 21.9%를 차지하고 있다. 과거에는 농산품, 에너지 원자재 생산기지였던 중부지역의 주요 성들은 현재 내수에 대한 중요도가 높아지면서 중국 경제 발전에 있어 전략적 요충지로 자리매김하고 있다.

2021년 7월 22일, 중국 국무원은 〈신시대 중부 지역의 고품질 발전 추진에 관한 의견〉을 발표했다. 중부지역 경제성장을 위한 산업발전 비전을 제시하는 중부굴기의 일환으로 발표된 이번 정책은 2016년에 이어 5년 만이다. 중부굴기 정책은 2006년에 처음 언급되었으며 2012년, 2016년에 세부 내용을 발표한 바 있다. 이번 문건에는 제조, 교통, 과학, 교육, 에너지 등 다양한 분야에서 전방위적인 계획을 통해 향후 15년간 중부지역의 청사진을 그리고 있다. 또한 발전 목표로 R&D 투자 비중 확대와 선진 제조업 및 현대 서비스업의 융합을 처음으로 언급하는 등 중부지역 경제의 '질적 발전'에 큰 의미를 부여했다.

표 3-13 2019년 중국 4대 지역 경제 발전 현황 비교   (단위: 조 위안, %)

구분	관할성/직할시	GRDP 규모	전체 GRDP 점유율	전년대비 GRDP 성장률
중부	6	21.9	22.1	7.3
서부	12	20.5	20.8	6.7
동부	10	51.1	51.8	6.1
동북	3	5	5	4.5
전국	31	98.5	100	6.1

자료: 국가통계국(2021)

코로나19 영향이 가장 컸던 후베이성에 대해서는 '후베이성 경제 및 사회 발전을 지원하는 일련의 정책을 신속히 시행하여 후베이성의 경제 및 사회 질서의 전면적 회복을 추진한다'라고 명시하고 있다. 전체 문건에서 후베이성은 총 9번 언급돼 6개 성 중 가장 많이 언급되었으며, 그 뒤로 장시성, 산시성(각 7번), 후난성

(6번), 허난성(5번), 안후이성(4번)이 뒤를 이었다.

2020년 기준, 중부6성의 전체 GRDP는 22조 2,200억 위안으로 2006년보다 4.2배 증가했다. 중국 전체 GRDP 기준으로는 같은 기간 3.8배 증가했고 중부 6성의 전체 GRDP 점유율은 2006년 19.8%에서 2019년 22.1%까지 높아졌다. 중부 6성의 성장세는 2020년 코로나19의 영향으로 인해 다소 주춤하긴 했지만 2021년 상반기에는 2019년 수치를 다시 회복했으며, 연말까지는 그간의 증가 추세를 다시 이어갈 것으로 점쳐진다.

표 3-14 2006~2020년 중부6성 내수시장 발전 현황 (단위: US$ 억, %)

구분	지역	규모		점유율		성장배수	연평균 증가율
		2006	2020	2006	2020		
소비	중국 전체	11,074	56,809	–	–	4.13	12.4
	중부6성	2,203	13,323	19.9	23.5	5.05	13.7
투자*	중국 전체	15,942	92,933	–	–	4.83	17.4
	중부6성	3,029	24,078	19	25.9	6.95	20.7
국제무역	중국 전체	17,604	46,602	–	–	1.65	8.3
	중부6성	602	3,876	3.4	8.3	5.43	14.2

주: *투자는 2017년 Data 기준.
자료: 국가통계국(2021)

중국 4대 권역별로 비교해도 중부지역은 가장 빠른 경제성장을 보이고 있다. 2019년 코로나19 이전의 데이터를 보면, 중부6성의 전체 GRDP는 전년 동기 대비 7.3% 증가해서, 서부지역(6.7%), 동부지역(6.1%), 동북지역(4.5%)보다 더 높은 증가율을 기록했다. 이렇듯 중부지역은 현재 중국 경제성장의 안정적인 지지대 역할을 하고 있다.

중부지역이 양호한 성장세를 보이는 원인은 네 가지를 꼽을 수 있다. 첫째, 임금 및 부동산 가격 급등 등 연안지역의 경영환경 악화로 국내외 기업들이 내륙지역에 대한 관심이 높아지고 있기 때문이다. 지리자동차가 장시성에 전지공장을 건설하고 중국 4대 디스플레이 기업인 VISIONOX가 안후이성 허페이에 생산라인을 구축하는 등 내륙지역 투자가 확대되고 있다. 특히 IT, 신재생에너지차, 바이오 등과 같은 신흥산업의 투자가 두드러지고 있다.

둘째, 글로벌 경쟁 심화와 보호주의 확산으로 점차 내수시장에 대한 중요도가 높아지고 있기 때문이다. 2021년 상반기 기준으로 GRDP 규모는 중국 31개 성시 중 허난성이 5위, 후베이성이 8위, 후난성이 9위, 안후이성이 10위를 기록했으며, 중부6성 중 4개 성이 10위 안에 들 정도로 내수시장 규모가 성장한 상황이다. 특히 내수 중심의 쌍순환 정책에 따라 향후 중부지역의 지속적인 경제성장이 기대되고 있다.

셋째, 동북 및 서부지역의 경우 중공업과 전통산업이 경제의 기반이 되고 있는데, 중국에서는 해당 산업의 경제 기여도는 점점 줄어들고 있어 이에 대한 상대적 효과도 있다. 첨단산업, 서비스 산업으로 변화하고 있는 중국의 산업 체질 변화도 한 몫했다고 할 수 있다.

마지막으로 전국 고속철 네트워크 확장사업과 일대일로 인프라 구축 정책에서, 물류산업의 강점을 갖고 있는 중부지역이 많은 이익을 얻으면서 경제성장에 탄력을 받았다. 특히 우한, 정저우 등 중부지역의 대도시는 고속철 확장사업 이후 중국 전체의 물류 중심지가 되고 있어 앞으로의 성장 여력도 클 것으로 전망된다.

최근 쌍순환 정책의 핵심인 내수시장의 중요도가 높아지면 중국 중부6성은 더욱 주목을 받고 있다. 2006~2020년 중부 지역의 소비, 투자 및 무역 성장률이 중국 전체 성장률보다 더 빠른 속도로 증가했고, 중국 경제 각 분야에서 차지하는 비중도 계속해서 커지고 있다.

또한 중국 정부는 중부지역의 지속적인 경제발전을 위해 2006년부터 '중국 중부 투자무역 박람회'를 2년마다 중부6성에서 순차적으로 개최하고 있다. 박람회 주요 내용은 대외개방 정책, 무역, 투자 유치, 관광, 학술 포럼 등이 포함되어 있으며, 중부지역 산업정책과 발전 방향을 확인할 수 있는 종합 플랫폼으로 거듭나고 있다.

내륙시장 공략과 저렴한 토지 및 인건비 등 사업 환경을 효율적으로 활용하기 위해 2000년대 중반부터 연안지역에 위치한 기업들의 중부 이전이 본격화되었다. 2008년에는 폭스콘이 정저우시로 이전 후 현재까지 누적 투자액이 2,000억 위안을 넘어섰고, 2021년 3월에도 허난성 란카오시 등 2개 도시와 40억 위안 규모의 공장 신설 계약을 체결하는 등 중부지역 투자에 적극적인 모습을 보이고 있다. 또한 2018년에는 BOE가 우한에 디스플레이 패널 10.5세대 생산라인 공장을 설립하면서 우한은 중국 디스플레이 3대 기업(TIANMA, CSOT, BOE) 생산시설이 밀집해있는 도시가 되었고, 3개 기업의 누적 투자액은 1350억 위안에 달한다.[9]

표 3-15 신시대 중부 지역의 고품질 발전 추진에 관한 의견 주요 내용 및 유망산업

정책	주요 내용	유망산업
발전 목표 (2025, 2035)	• 2025년: R&D 투자 비중 전체 GRDP 중 2.6%. 상주인구 도시화 연평균 1% 이상 상승. GRDP당 에너지 소모율을 중국 평균 수준. 내륙 개방형 경제로 새로운 체제 기반 형성. 1인당 가처분소득과 경제성장의 균형 성장 • 2035년: 중부지역 현대화 경제 시스템 기반 구축, 녹색 저탄소 생산 및 생활 기반 형성, 농촌·도시의 조화로운 발전, 사회 전반적인 공동 부유 달성.	
선진제조업의 육성	− 우한, 허페이, 정저우, 난창을 전자 데이터 중심지로 창사는 장비제조, 타이웬은 신소재 중심지 육성 − 지역별 스마트 제조, 신소재, 신에너지차 등 산업단지 건설	신에너지차, 반도체, 디스플레이, 로봇, 항공우주산업 등
과학혁신으로 산업발전 유도	− 과학기술 연구투자 전체 GRDP의 2.6%까지 확대 − 스타트업 인큐베이터 플랫폼 구축을 통해 창업투자 장려	AI, VR, 스마트소재, 광전자, 빅데이터 등
선진제조업 및 현대서비스업의 융합	− 공업디자인센터 및 공업인터넷 플랫폼 구축 − 빅데이터, 사물인터넷, AI 등 혁신기술 제조업 분야에 적용 − 금융서비스, R&D 등 서비스형 제조업의 발전	차세대 정보기술, 스마트 시티, 금융서비스, B2B 전자상거래 등
농업농촌의 현대화	− 농업분야의 기술개발을 추진하고 선진적인 농업기술 및 장비 보급 − 농산품 가공업 발전은 지원, 친환경 농산물 생산 시스템 기반 조성	농업 기계, 농산품 가공기술, 드론 등
생태계 녹색발전 유지	− 에너지 소모량을 GRDP 대비 전국 기준까지 낮추고 탄소 배출 감축 − 자원절약형, 환경우호적 산업발전 정책 실현	재활용 기술, 탄소중립 기술, 청정에너지 등

9) KOTRA 해외시장뉴스(2021.9.1), 중국 중부6성, 중부굴기에서 질적 발전으로 전환, 중국 우한무역관 김종원.

제2절 권역 및 도시군 개발

1. 징진지 발전 규획

징진지(京津冀) 발전 규획은 직할시인 베이징, 톈진(天津)시 전역과 하북성(河北) 내 주요 도시들인 스좌좡(石家莊), 탕샨(唐山), 친황다오(秦皇島), 바오딩(保定), 장쟈커우(張家口), 청더(承德), 창저우(滄州), 랑팡(廊坊) 등 8개 지급시로 구성된 권역을 발전시키려는 발전전략이다. 또한 징진지 도시군내 퉁저우 신도시(通州新城), 순이 신도시(順義新城), 빈하이신구(濱海新區), 차오페이뎬구(曹妃甸區) 등 주축 신도시도 육성 중이다. 이들 지역 면적은 21.6만㎢로 중국전체 면적 중 2.3%를 점유하고 있으며, 총인구는 1억 860.5만 명(중국 전체 중 7.9%)이 거주하고 있다. 2013년 기준으로 징진지 GRDP는 약 6조 위안으로 중국 전체의 10.9%에 해당하며, 무역총액은 6,125.3억 달러로 중국 전체 무역규모의 14.7% 수준이다.[10]

징진지를 하나의 권역으로 묶어 발전시키려는 시도는 1986년부터 있었으나, 실질적으로 정부차원에서 추진된 계기는 2004년 2월, 중앙부처인 국가발전개혁위원회가 허베이 랑팡에서 개최한 '징진지 지역 경제발전 전략회의'가 기점이다. 2010년 8월에는 〈징진지 도시권 지역 규획〉을 통해 징진지 일체화에 대한 지역 편성 방안이 제시되기도 했다. 이처럼 징진지 통합 계획은 30년 가까이 추진해 왔음에도 불구하고, 지역 간의 경쟁, 통합 원동력 부족, 비효율적 산업구조 등 문제로 더디게 진행되어 왔다. 2015년 4월 30일, 시진핑 국가주석 주재로 열린 중앙정치국 회의에서 '징진지 협동발전규획강요(京津冀協同發展規劃綱要)'가 통과됐다.

징진지 프로젝트를 통해 중국 수도권의 다양한 산업, 교통, 환경 문제들을 통합적으로 해결한다는 구상이다. 그 핵심은 지역 간 경제 격차를 줄이고 산업 기능을 재배치하는 것인데, 베이징, 톈진, 허베이의 산업 재배치와 지역일체화를 실현해 '중국의 수도권'으로 키울 방침이다. 2015년 2월 10일, 중앙재정경제영도소조에서 시진핑 주석은 베이징에 과도하게 집중된 기능과 인구를 분산하고 역내 산업 재배치를 통해 산업구조 최적화, 지속가능 발전을 목표로 할 것을 강조했다. 동 '규

---

10) KIEP 북경사무소(2014.11.27), 징진지 공동발전 추진 동향.

획'은 베이징에 집중된 인구 분산, 징진지 교통 일체화, 생태환경 보호, 산업 이전 등 부분에 초점을 맞춰 추진되고 있다. 구체적으로는 2020년까지 베이징에 거주하는 인구를 2,300만 명으로 통제하고 일부 전통 제조업과 도매업, 대형 국유기업 및 일부 행정기관을 베이징 밖으로 이전한다. 이외 수도권 내 9,000km 고속도로 건설, 9,500km 역내 철도 건설, 수도권 대기오염 방지를 공동협력 등도 포함돼 있다.

이에 따라 베이징은 정치 · 문화 · 국제교류 · 과학기술 도시로, 톈진은 국제 항구도시 및 북방 금융 중심으로, 허베이는 북방 첨단 제조업 기지 · 물류기지 · 전략자원 비축 중심지로 특화되고 있다. 현재 베이징에 집중돼 있는 교통허브로서의 역할을 광역 교통망의 구축을 통해 톈진, 허베이로 분산시킬 계획이다. 허베이 역내 교통망 구축 가속화를 통해 공항, 항구와 허베이의 도시들의 연결을 강화하려 한다. 즉 현재 건설 중인 탕산(唐山)과 차오페이뎬(曹妃甸) 항구를 이어주는 철도, 총길이는 92.5km, 투자예산은 93억 4,000만 위안에 달한다.[11]

최근 베이징시가 밝힌 징진지 공동 발전의 구체적인 상황은 다음과 같다. 교통, 생태, 산업은 징진지 합동 발전이 주력한 3개 중점 분야이다. 13 · 5규획 기간(2016~2020)에 징진지 핵심구 1시간 교통권 형성, 공기 질 개선을 실현했다. 베이징에서 톈진 · 허베이로 흘러 들어간 기술 협력 체결 규모는 1,200억 위안을 돌파하였다. 징진지 합동 발전의 관건 부분이자 베이징의 '대도시병' 해소를 위한 돌파구로 비(非) 수도기능 완화가 실시되어 13 · 5규획 이래로 2020년 10월까지 총 2,154개 제조 기업이 베이징 밖으로 이전되었다.

14 · 5규획 기간(2021~2025)에 비수도기능을 이전하고 베이징시 부중심(副中心)과 슝안신구(雄安新区)의 동시 발전을 추진할 것이다. 2022 베이징 동계 올림픽, 동계 패럴림픽의 성공적인 개최에 전력을 다하고, 세계적인 광역 도시권 건설을 추진할 것이다. 산업 협력은 징진지 공동 발전의 관건이다. 첨단 장비와 중화학공업을 기반으로 베이징 현대화 산업 발전 시범구역을 중점적으로 건설하였다. 서우강(首钢), 진위(金隅) 등 시 산하 12개 주요 기업이 차오페이뎬(曹妃甸, 하북성 당산시 권역)에 자리를 잡았다. 빅데이터 산업 5개 프로젝트가 이미 가동되었으며 계약이 체결된 22개 프로젝트가 건설 중으로 산업집적화가 이루어졌다. 대

---

11) 글로벌 윈도우 KOTRA 해외정보(2015.5.11), 42조 위안이 투입될 징진지 프로젝트.

건강(大健康), 전자상거래 전문 산업 클러스터와 국가 시범지역이 속속 조성되고 있다. 향후 징진지는 차세대 IT, 신에너지 지능형 커넥티드카, 바이오 산업 등 분야에서 상호 협력의 산업사슬 발전을 공동 추진할 것이다.

[그림 3-12] 징진지 위치도

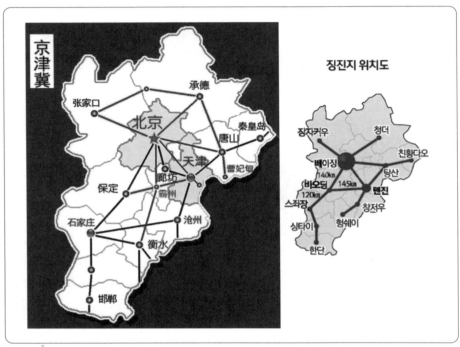

자료: 京津冀协同发展数据库(www.jingjinjicn.com)(검색일자: 2021.7.7)

2. 슝안신구(雄安新区)

2021년 4월 1일, 슝안신구(雄安新区)가 건설 4주년을 맞이했다. 베이징에서 남서쪽으로 105km 떨어진 슝안신구는 선전경제특구와 상하이 푸둥신구(浦东新区)의 뒤를 잇는 국가급 경제특구로서, 과밀화된 수도 베이징의 기능을 분산하기 위해 시진핑 지도부가 2017년 4월부터 추진해 온 프로젝트이다. 2017년 4월 1일, 중국 공산당 중앙위원회와 국무원은 허베이 슝안신구 건립을 결정했다. 2018년 12월에는 국무원이 《허베이 슝안신구 총체계획, 2018~2035년》을 발표하고, 초기 100㎡ 규모로 추진되던 계획은 범위가 점차 확대돼 2035년까지 2,000㎡ 면적에 걸쳐 녹색·혁신·스마트 3대 기능을 갖춘 특구를 완공할 계획이다.

'총체계획'이 발표된 후, 슝안신구에는 시정(市政) 인프라, 생태 공정, 공공서비스 등을 포함한 중대 프로젝트가 추진 중이다. 최근 개최된 국가발전개혁위원회 브리핑에서 멍웨이(孟玮) 대변인은 슝안신구의 다음 단계에는 상징성을 갖는 비(非) 수도 기능 이전 프로젝트가 자리 잡도록 할 것이라고 밝혔다. 슝안신구는 인프라건설을 우선 진행하고, 도시 건설 단계에서 '디지털 도시'를 함께 구축할 예정이며, 2,035억 위안을 투입해 125개의 중대 프로젝트를 가동할 계획이다. 2021년 연내 입주를 앞두고 내부공사가 한창인 아파트가 총 830여 개동에 달하고, 외곽선과 주요 도로망이 점차 모습을 갖춰가고 있다.

2020년에는 징슝(京雄, 베이징-슝안) 도시 간 철도가 개통돼 베이징서(北京西)역에서 슝안역까지 50분이면 도착할 수 있다. 또한 징슝상(京雄商, 베이징-슝안신구-상추시) 고속철도, 징슝고속도로, 룽우고속도로(荣乌高速新线) 신노선, 징더고속도로(京德高速) 1기 등이 완공을 목표로 추진 중이다. 4개 시장화 지역의 종합개발이 빠르게 추진 중이며 시정 인프라, 공공서비스, 공원녹화, 비즈니스 사무실 등 시설 프로젝트의 추진이 가속화되고 있다. 2021년 4월, 비즈니스 서비스센터 프로젝트(컨벤션센터)의 전기설비 완공률은 97%, 비즈니스 오피스·상업빌딩·아파트·비즈니스 호텔·유치원 등의 전기설비 완공률은 65%에 달한다.

슝안신구의 생태환경 관리도 가시적 성과를 거두고 있다. 바이양뎬(白洋淀, 허베이 최대 담수호) 생태환경 관리 및 보호를 강화하기 위해 '바이양뎬 관리 14·5 규획 실시방안'과 '2021년 행동계획'을 제정했다. 2021년 4월부터는 슝안신구 첫 번째 지방법규인 《바이양뎬 생태환경 관리 및 보호조례》가 시행되었다. 바이양뎬 복원 및 보호를 통해 슝안신구의 홍수예방과 생태안전을 보장하는 것을 목표로 한다. 슝안신구는 최근 홍수방지 및 배수 시스템 구축을 서두르고 있다. 현재 슝안신구에 5G가 개통되어 천·지·바이양뎬호(天地淀) 일체화 모니터링이 가능하다. 드론이나 무인 배와 5G 통신기술을 결합한 5G/VR 모니터링으로 실시간 수질환경을 분석하고 있다. 현재까지 606개의 오염된 저수지가 정비되었고, 바이양뎬 중심의 수질은 기존의 V등급에서 IV등급으로 개선되었다.

슝안신구의 공공관리 서비스품질도 개선되었다. 2018년 5월 30일에 설립된 슝안신구 공공서비스센터(雄安新区政务服务中心)는 기업의 투자 프로젝트 허가, 시장주체 진입, 공공자원거래 및 면허수령, 세무, 통신, 우편, 전력 등 편의 서비스를 처리할 수 있는 34개의 창구를 개설했다. 슝안신구는 산업 포지션에 부합하는 베이징 출신 기업에 '그린 통로'를 개설하고, 기업을 위한 '원 윈도우' 플랫폼을 개설해 '도장 한 번으로 끝내는 1일 기업 설립 시스템'을 실현했다. 아울러 슝안신구 '즉시 처리' 판공실도 설립했다.

[그림 3-13] 슝안신구 위치도 및 현황

자료: 중앙일보(2019.5.27.)

3. 광동성 웨강아오 대만구 발전규획(粤港澳大湾区)

웨강아오 대만구(Guangdong-Hong Kong-Macao Greater Bay Area)는 광동성

내 9개 도시와 홍콩특별행정구 및 마카오특별행정구를 범위로 하는 권역을 의미한다. 또한 웨강아오 대만구 발전규획(粤港澳大湾区规划)은 동 대만구의 발전계획이다. 웨강아오 대만구와 연관되어 먼저 제시된 권역은 주강삼각주(珠江三角洲 · Pearl River Delta)인데, 광동성을 흐르는 주강 주위 9개 도시와 삼각주 주변 권역을 의미한다. 광동성 정부는 2008년에 동 지역의 발전계획인 주강삼각주지구 개혁발전규획강요(2008~2020)를 공포하여, 광동성 정부 차원의 발전전략 내 권역으로 정식 편입시키고 발전을 도모해 오고 있다. 또한 2003년 6월 29일 홍콩과 체결한 중국 · 홍콩 경제협력동반자 협정(CEFA: Closer Economic Partnership Arrangement) 내용도 동 '발전강요'에 포함한다고 명시하고 있다.

웨강아오 대만구와 웨강아오 대만구발전규획이 중국 중앙정부 차원에서 공식적으로 언급된 것은 2017년 3월 5일, 제12기 전인대 5차회의에서 국무원 총리 리커창의 정부업무보고에서였다. 리 총리는 대륙(본토)과 홍콩 및 마카오와의 합작을 추진하기 위해 웨강아오 대만구 도시군 발전규획(粤港澳大湾区城市群发展规划)을 연구하여 제정할 것을 밝혔다. 1년 후인 2018년도 정부업무보고(2018.3.5)에서 리커창 총리는 다시 한번 웨강아오 대만구 발전규획강요(粤港澳大湾区发展规划纲要)를 제정하여 실시할 것을 천명한 바 있다. 이후 대만구 발전규획강요는 국가급 권역발전 계획으로 격상되었다.

웨강아오 대만구 규획은 중국이 현재 실시하고 있는 권역 발전전략과는 전혀 다른 특성을 가지고 있는데, 권역 내 중국과 다른 자본주의 시스템을 허용한 일국양제(一國兩制)를 운영 중인 홍콩특별행정구와 마카오특별행정구가 포함되어 있는 점을 들 수 있다. 따라서 실제 웨강아오 대만구가 활성화 되고 권역 내 지역 간 유기적인 경제 · 사회 활동이 일어날 경우 그 파급 효과는 중국 내 타 권역발전 정책과는 전혀 다른 양상을 보일 것이다.

2019년 7월 5일, 광둥성 정부는 〈광둥성 웨강아오 대만구 건설추진 3개년 행동계획〉을 발표, 기존보다 구체적이고 체계적인 대만구 개발 건설 로드맵을 제시했다. 동 계획에는 광저우, 선전, 홍콩, 마카오, 포산, 둥관 등 11개 도시에 관한 9개 중점 개발방식과 100개 추진 세부조치가 포함되어 있다. 광둥성 전역은 전국 개혁개방의 선행지역, 경제발전과 과학기술개발 견인지역, 제조업 혁신의 중심지로, 홍콩은 국제금융 및 물류와 무역의 중심지, 그리고 마카오는 국제적인 문화

관광지역으로 발전시켜 나갈 것임을 공포했다.

웨강아오 대만구는 중국 내 가장 성장 속도가 빠른 지역이다. 2018년 기준, 웨강아오 대만구 소재 11개 도시의 GRDP 총액은 10조 8,000억 위안(1조 6,400억 달러)을 돌파하였고, 그중에서도 선전, 홍콩, 광저우는 GRDP가 각각 2조 4,222억 위안, 2조 4001억 위안, 2조 2,859억 위안에 달하며 대만구 지역 내에서 1,2,3위를 차지했다. 2019년 7월 22일, 미국 Fortune이 발표한 글로벌 500대 기업에 속한 129개 중국 기업 중 텐센트를 비롯한 20개 기업은 대만구 경제권역 내에 소재(선전 및 홍콩 각 7개, 광저우 3개, 포산 2개, 주하이 1개 기업 소재 중)하고 있다.

웨강아오 대만구 지역을 주강을 중심으로 서쪽과 동쪽으로 구분하였을 때, 서쪽지역에는 전자 및 반도체 등 장비제조 클러스터가 있고 동쪽은 IT등 전자정보 산업 클러스터가 형성되어 있다. 홍콩은 대표적인 금융과 무역, 마카오는 관광업 중심지이다. 광동성 정부는 스마트화 및 디지털화를 표방하면서 대만구 지역 내 산업고도화를 추진하고 있다. 또한 웨강아오 대만구를 국제적 연구개발 혁신 허브로

[그림 3-14] 웨강아오 대만구 위치도

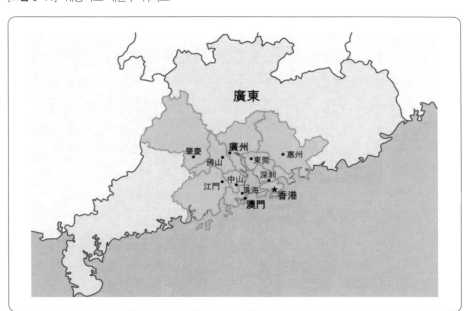

자료: 광동성 정부 홈페이지(www.gd.gov.cn) [검색일: 2019.1.4.]

건설한다는 계획이다. 〈행동계획〉에서 2020년까지 대만구 내 신형 연구개발(R&D) 기관을 200곳으로 늘리고 대만구 전체 GRDP에서 R&D가 차지하는 비중을 2.8% 이상, 1만 명당 발명 특허 보유량이 2.6건에 이르도록 한다는 목표를 세우고 있다. 선전에는 텐센트 등 IT 대기업이 다수 소재하고 있으며 연구개발 투자비용이 도시 전체 GRDP의 4.4%에 달한다. 특히 선전에 본사를 둔 화웨이는 2018년 기준 1,015억 위안을 연구개발에 투자하였는데 동 규모는 전 세계 기업순위 중 5위에 해당한다.

4. 창주탄 도시군 발전 전략

2007년 12월, 호남성의 '창주탄(長株潭) 도시군'이 자원절약형·친환경 사회 건설을 위한 종합개혁시범구(兩型社會)로 국무원의 비준을 받았다. 창주탄 도시군(3+5)은 창사(長沙), 주저우(株洲), 상탄(湘潭) 등 3개 도시를 중심으로 구성되며, 광의의 창주탄 도시군은 주변지역인 위에양(岳陽), 창더(常德), 이양(益陽), 형양(衡陽), 로우디(婁底) 등 5개 도시를 포함한다. 창주탄을 잇는 도시 간 철도는 2012년 1월에 착공되어, 2016년에 완공되었다.

호남성은 선진장비제조업, 신소재, 신에너지, 환경보호, 정보, 바이오, 우주항공 등 7대 산업을 신전략산업으로 선정하였으며, 현재 선진장비제조업, 신에너지, 신소재 등에서 좋은 성과를 거두고 있다. 실제 선진제조업 분야에 있어서 대형 덤프트럭의 중국시장 점유율은 90%, 콘크리트기계 80%, 압축항타기 70%에 달한다. 신에너지 분야에 있어서 자동차 동력전달시스템은 중국시장의 70% 이상, 태양전지 설비는 국내시장의 80%를 차지하고 있고, 풍력장비 생산규모는 100억 위안을 돌파한 바 있다. 반면, 호남성은 노후공업기지로 인한 환경문제가 심각하며, 도시 인프라 미비로 인해 환경보호 관련 프로젝트의 수요가 커질 것으로 예상된다.

창주탄 지역은 개발구와 제조업이 집중된 지역으로 호남성에서 가장 오염이 심각한 지역이다. 창주탄 3개 도시는 철강, 유색금속, 화공 등 중공업 비중이 크며 종합오염지수는 호남성 14개 도시 중에서 하위를 기록한 바 있다.

상주인구 704만 명 장사시(长沙市)는 호남성 수도이며, 주주시(株洲市, 인구

491만)는 14개 호남성 도시 중 경제규모 5위, 상담시(湘潭市, 인구 288만)는 7위 수준이다. 장사시와 주주시 및 상담시간 거리는 40㎞이며, 주주시와 상담시간 거리는 10㎞이다. 세 도시 사이에는 상강(湘江)이 흐르고 있으며, 다른 행정단위(鎭)가 있어서 인접해 있지 않다. 창주탄 도시군 면적은 전체 후난성의 13.3%를 차지하며, 인구는 1,383만 명으로 전체 성의 20.8%를 차지하고 있다. 2012년 도시군 전체의 GRDP는 9,443억 6천만 위안이었으며, 후난성 전체의 42.6%를 차지했다. 도시군의 2차산업 비중은 성 전체의 51.6%로 높았으며, 1차산업은 17.6%, 3차산업이 40.4%의 비중을 차지했다. 이 중 창사가 6,400억 위안, 주저우 1,761억 위안, 샹탄 1,282억 위안으로 각각 성내 1, 5, 7위를 점유했다. 도시군의 1인당 GRDP는 68,506위안으로 성 전체 33,480위안보다 약 2배 가량 높은 수준을 보였다.

세 도시의 공동발전을 위한 노력은 1984년, 〈창주탄 경제구건립방안〉이 호남성 성정부에서 마련되면서 착수되었다.[12] 1985~1986년간에는 중국 최초로 세 도시간 은행결제 및 어음교환시스템, 은행 간 콜시장을 설립·운영하여 폐쇄적으로 운영되던 자금관리체제를 통일한 적도 있다. 이후 세 도시 간 전화망 통합 등 일체화를 위한 계획이 추진되었으나, 이해 당사자(관련 국유기업)들의 반대로 이루어지지 못했다.

2002년 6월, 호남성 정부는 〈창주탄 산업일체화규획〉을 공포하고, '정책의 통일화, 과당경쟁방지, 산업일체화 환경조성'이라는 목표를 제시하였다. 그러나 2001년 WTO 가입 후 이어진 고성장으로 원래 현대화 대형물류배송기지를 주주시에만 건설하기로 했으나, 다른 두 도시 역시 자신 지역 내 독자적인 물류체계를 건설하는 등 '일체화'에 역행되는 조치를 취한 바 있다. 이후에도 세 도시는 환경보호, 지역협력, 공업·과학기술합작과 관련된 협의서를 체결했으나, 실질적인 일체화를 이루었다고 보기 어렵다.

세 도시 일체화의 걸림돌은 산업구조가 너무 유사하다는 점을 들 수 있다. 세도시에는 모두 비슷한 규모의 철강사가 있으며, 기계산업, 비철금속 산업 역시 유사한 규모이다. 또한 이들 업종 대부분은 국유기업이 절대비중을 차지하고 있다. 따라서 각 도시 간 복잡한 이해관계로 과감한 통폐합을 전제로 한 산업일체

---

12) '창주탄(長株潭)'은 세 도시명 중 한 글자씩을 추출하여 세 도시를 부르는 중국어 명칭이다. 일체화 계획 공포 후, 중국 내에서 세 도시를 지칭하는 고유명사로 쓰이고 있다.

화 추진에 저항이 불가피하게 된 것이다. 지리적으로 인접하고 있음에도 불구하고 세 도시의 유통망은 단절되어 있다. 따라서 상호시장 간에 진입장벽이 존재하며, 이는 유통부문 일체화 추진에 방해요인이다. 2007년에는 창주탄 도시군이 전국 자원절약 및 환경우호형 사회건설종합개혁시범구(全国资源节约型和环境友好型社会建设综合配套改革试验区)로 지정되기도 했다.

(1) 창주탄 도시간 열차

창주탄 도시군 일체화에 가장 상징적 의미를 가진, '창주탄 CRH6F' 도시열차가 운행을 시작했다. 도시열차는 50~200㎞ 거리에서, 최대 속도 200㎞ 수준으로 운행하는 열차로 창주탄 지역에서는 20개 역을 운행 중이다. 동 열차는 후난성 창사(长沙), 주저우(株洲), 샹탄(湘潭)을 잇는 중국 도시열차로 '人'모양의 철도로 건설됐다. 2010년 9월 30일 시공, 2016년 12월 14일 시운행 실시, 총투자액은 240억 5,000만 위안이다. 총노선은 104.36㎞(서쪽 연장선 포함)이며, 시속 200

[그림 3-15] 창주탄 도시 간 열차 노선도

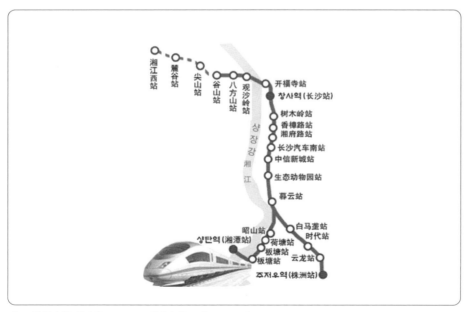

자료: 长沙晚报 재구성. KOTRA 해외시장뉴스(2017.2.27)

kmm로 창사역~주저우역 약 24분, 창사역~샹탄역 약 25분이 소요된다. 총 24개역 중 창사 14개, 주저우 5개, 샹탄 7개이다.

이 도시철도 배경은 2006년 후난성에서 3+5 도시군(3: 창사 · 주저우 · 샹탄. 5: 웨양(岳阳) · 창더(常德) · 이양(益阳) · 로우디(娄底) · 헝양(衡阳)) 형성에 기인한다. 그 이후에 창주탄을 중심으로 후난성 주요 도시의 결합을 계획했다. 2015년 창주탄 GRDP는 후난성 전체의 44%를 차지함으로써 창주탄 일체화(一体化) 중요성이 부각되었다. 2016년 12월 26일에 승객 탑승 운행을 시작했고, 주저우와 창사 서쪽 7개역을 제외한 17개의 역만 운행을 개시했다.

현재까지 건설 완료된 전기철도(98.99㎞)는 매연 배출을 감소시켜 친환경적이며 에너지 절약적이다. 또한, 소음도 거의 발생하지 않아 대중교통으로 적합하다. 다른 교통수단에 비해 소요시간 짧고 도시철도역에 쉽게 접근할 수 있어 경제적이다. 창사지역의 8개 역인 구산(谷山), 바방산(八方山), 관샤링(观沙岭), 카이푸스(开福寺), 슈무링(树木岭), 샹장루(香樟路), 샹푸루(湘府路), 동징(洞井)을 지하철역과 연결했다. 또한 창주탄 이동시간 감소로 물류 운송비용 축소 및 효율적 물류활동 진행이 가능하게 되었다. 철로건설, 열차설비 등 관련 항목 투자가 증가할 것이다. 도시 간 편리한 이동, 샹탄의 비교적 저렴한 부동산 가격으로 창사 출근, 샹탄 주거형태를 형성해 부동산 시장 또한 활발해지고 있다.[13]

5. 청위 쌍성 경제권 건설(成渝地区双城经济圈)

중국정부는 2020년 1월 '청위지역쌍성경제권' 건설에 대해 논의하며 향후 청위지역의 균등한 발전을 추진하고 있다. 이는 청위지역 충칭시와 청두시를 중심으로 주변 도시에 대한 견인차 역할 강화를 목표로 한다. 청위지역(成渝地区)의 청(成)은 청두(成都)를, 위(渝)는 충칭(重庆)을 가리키며, 청위지역이란 쓰촨성의 청두시부터 충칭시까지의 지역을 의미한다. 또한 2020년 10월에 공산당 중앙위원회 정치국은 청위지역 쌍성경제권 건설규획강요(成渝地区双城经济圈建设规划纲要)을 심의한 것으로 알려졌다.

---

13) KOTRA 중국 창사무역관 이준청(2017.2.27). KOTRA 해외시장뉴스.

중국 중앙재정경제위원회 제6차 회의에서 청위지역쌍성경제권(成渝地区双城经济圈) 건설 문제에 대해 집중적으로 논의되었다. 이는 충칭시와 청두시를 중심으로 청위지역의 전체적인 발전을 목표로 하며, 중국 서부지역 고품질 발전의 주 성장축이 될 것이다. 중국정부는 개혁개방 이후 동·서부지역의 경제력 격차가 지속 확대되는 것을 시정하고, 국토의 균형발전과 지속적 경제성장을 도모하기 위해 서부대개발을 국가 정책의 하나로 추진해왔다.

이에 따라 2011년 서부대개발 지역의 중심인 청위지역을 청위경제구로 명명하고, 추가 정책을 발표해 왔다. 청위지역 명칭이 경제구에서 도시군으로, 이후 쌍성경제권으로 변화된 것은 청위지역의 균등하고 신속한 발전을 목표로 하여, 중국 서부지역의 개발 및 장강경제벨트의 전략지점 확보뿐 아니라 추후 일대일로 사업과의 연계까지 큰 그림을 그려나가고 있다.

충칭시발전개혁위원회는 2020년 3월 17일, 청위지역쌍성경제권 건설 쓰촨·충칭 당정연석회 제1차 회의에서 교통 인프라 건설을 중점으로 다음과 같은 7가지의 사업내용을 발표하였다. 교통 인프라 건설 강화, 현대 산업체계 건설 가속화, 협동적이고 혁신적인 발전 능력 증진, 국토 공간 배치 최적화, 생태 환경 보호 강화, 체제 혁신 추진, 공공 서비스 강화 등이다. 이 중 청위지역 교통 인프라 건설 강화 내용을 보면 다음과 같다.

목표: 청위지역 두 개의 중심도시를 선두로 현대화된 국제 종합 교통체계 구축
- "米"자형 고속철 건설을 추진하여, 효과적으로 통합된 철도망 교통구조를 건설.
- 성·도시간 고속도로 및 국도 교통망을 구축.
- 청위지역의 해상운송체계를 통일해 국제 수송능력을 향상.
- 청위지역의 항공 운항 시스템을 체계화하여 '세계적인 공항군'을 조성.
- 청위지역 두 중심도시의 경제권 통합 및 교통의 빅데이터 플랫폼을 구축.

2020년 1월 정부의 청위지역쌍성경제권 건설안 실현을 위해 충칭-청두지역 각 관련 부문간 이에 대응하는 MOU 등을 체결하고 있다. 4월 2일 충칭시와 쓰촨성의 인적자원사회보장청은 2020년 제1차 연석회의를 열어 청위지역쌍성경제권 공동추진 협의를 체결하며 향후 5년간의 사업 로드맵을 작성하였다. 4월 13일 충

칭시와 청두시의 각 인민은행(人民銀行)은 '청위지역쌍성경제권 금융지원'을 주제로 회의를 통해, 청위지역 쌍성경제권의 금융시스템 협력 메커니즘을 제시했다. 4월 17일 충칭시와 쓰촨성의 각 세무국은 2020년 충칭에서 개최된 제1차 연석회의를 통해 청위지역 쌍성경제권 건설 협력 MOU를 체결하였다. 5월 15일 충칭시와 쓰촨성의 국유자산감독관리위원회는 청위지역 쌍성경제권 건설 계획의 전략적 협력 MOU를 체결했다. 이는 두 도시가 국유기업의 개혁, 인프라 건설, 산업발전 등 총 8,500억 위안에 달하는 160개 사업을 추진하겠다는 MOU이다. 두 도시의 각 부문을 시작으로 관련 기관 및 협회에서는 청위지역쌍성경제권 건설 실현을 위해 끊임없이 대안을 제시하고 있다.

표 3-16 청위경제구와 청위쌍성 경제권 현황

명칭	청위경제구	청위도시군	청위지역 쌍성경제권
계정년도	2011년	2016년	2020년
구분	경제구	도시군	쌍성경제권
범위	총 20.6만㎢, 충칭시의 강북, 사평바, 위증, 구룡파, 남안, 만주, 대두구 등 31개 구·현 및 쓰촨성의 청두, 덕양, 면양, 미산, 자양, 쉬닝 등 15개 도시를 포함	총 18.5만㎢, 충칭시의 강북, 사평바, 위증, 구룡파, 남안 등 27개 구·현 및 쓰촨성의 청두, 자궁, 덕양, 면양(북천현, 평무현 제외), 자양, 쉬닝 등 15개 도시를 포함	2016년 청위도시군과 동일
비전	서부 지역의 중요한 경제 중심지	경제 활력이 넘치고 생활 품질이 우수하며 생태환경이 아름다운 국가급 도시군을 건설	전국적인 영향력을 가진 경제중심지, 과학기술혁신센터, 개혁개방 신고지, 고품질 생활의 근거지로 건설
단계	-	새로운 경제 성장	고품질 발전의 성장
국가전략	서부 대개발의 중요 지역	서부지역 개발의 중요한 플랫폼, 장강경제벨트의 전략적지점, 신형도시화 추진 국가의 중요한 시범구역	서부지역 개발의 전략 지점, 장강경제벨트와 일대일로 사업의연계지점

자료: KOTRA 해외시장뉴스(2020.5.28), 중국 충칭무역관.

중 · 국 · 경 · 제 · 론

제 **4** 장

산업정책과 주요 산업

제4장 산업정책과 주요 산업

제1절 산업정책의 기본 방향

중국의 산업정책은 개혁개방이래 여러 형태로 이루어져 왔다. 중국정부는 1953년부터 시행된 국민경제 및 사회발전 5개년 계획[1]에 산업정책의 기본적인 추진방향을 공표하고, 각종 법규나 정책수단을 동원하여 세부적인 사항들을 추진하여 왔다. 과거의 산업정책은 산업정책의 흐름을 연구하는 데 유용하겠지만, 중국과의 비즈니스에 있어 실질적인 의미가 있는 산업정책을 이해하려면 2000년대 들어 실시되고 있는 주요 산업정책들을 살펴보아야 한다.

2000년 들어 중국정부는 경제가 발전하고 그 규모가 커짐에 따라 양적발전에서 질적발전으로 전환해야 하는 압력을 서서히 받기 시작하였으며, 이에 따라 산업정책을 그러한 방향으로 수립하기 시작했다. 대표적으로 산업을 장려류, 제한류, 도태류로 나누어 이를 목록(리스트)으로 작성하여 공표하고, 우대조치와 징벌조치를 통해 산업의 발전을 유도해 왔다. 이에 따라 시기별로 국가의 중점발전 장려산업, 제품 및 기술목록(当前国家重点鼓励发展的产业, 产品和技术目录), 도태 낙후된 생산능력, 기술 및 제품의 도태(대상) 목록(淘汰落后生产能力, 工艺和产品的目录), 공업 및 상업투자영역 중복건설 억제 및 금지 목록(工商投资领域制止重复建设目录) 등이 발표되었다.

최근의 산업정책의 근간이 되는 주요 조치는 2005년에 국무원이 발표한 〈산업구조조정촉진 잠정규정(促进产业结构调整暂行规定) 2005.11.9〉으로 이전에 발표된 산업구조조정 목록을 통폐합하고 새로운 산업발전 방향을 제시하였으며, 현재도 동 법규가 적용되고 있다. 동 법규를 통해 발표된 산업구조조정지도목록(产业结构调整指导目录)은 2005년 처음 발표된 이래 2011년 대대적으로 수정 발표되었다. 이를 근간으로 매년 일부 수정을 거쳐 운영되던 동 목록은 2019년 다시 국가발전개혁위원회가 분야별로 대대적 수정을 하여 산업구조조정지도목록(产业结

---

1) 國民經濟和社會發展五年規劃이라고 하며 11차 계획(2006~2010)부터 계획이 아니라 규획으로 호칭.

构调整指导目录(2019年本))을 발표하여 2020년 1월부터 시행하고 있다(매년 수정작업을 진행하고 있다). 한편, 외국인 투자기업에 대해서도 이 목록을 기본으로 하여 외국기업 투자산업지도목록(外商投资产业指导目录)을 발표하여 산업발전방향에 맞추어 외국기업의 투자를 유치하고 있다.

　이러한 산업정책들은 중국의 전체적인 경제정책방향을 결정짓는 국민경제 및 사회발전 5개년 계획의 기본 추진방향과 동 계획 추진 시의 경제 및 산업의 실제 상황을 감안하여 실제 정책에 그대로(또는 수정) 반영되고 있다. 11 · 5규획, 12 · 5규획에도 이러한 산업정책의 방향들이 주요 정책추진사항으로 포함되었으며, 역으로 이러한 계획들이 진행되면서 경제와 산업의 변화상황에 맞추어 법규상에 언급된 산업구조조정목록(2005년 제정)이 수정되고 있다. 중국정부는 산업구조조정목록을 2011년과 2019년 두 번에 걸쳐 수정하였다.

　중국정부는 이외에도 필요한 경우 순환경제촉진법과 같은 별도의 법규를 통해 산업전반에 관한 정책 지침을 내리거나, 2009년 발표한 10대 전통산업구조조정 및 산업구조개선 계획이나, 2010년 발표한 전략적 신흥산업 계획 같은 특별 산업진흥(또는 구조조정)계획을 통해 산업정책을 추진하고 있다.

　전체적으로는 국무원과 산하의 발전개혁위원회를 비롯한 각 부서가 산업정책을 만들어 지방으로 내려보내고, 지방은 이를 반영하여 자체의 계획을 만들고 이를 중앙정부를 통해 허가를 받은 후 실시하는 정책시행의 흐름을 보여주고 있다. 한편, 중국정부는 산업별로 10~20년에 걸친 중장기발전 계획을 수립하여 시행하고 있으며, 동부-중부-서부-동북부 간의 산업배치와 발전 상황을 감안하여 지역 간 산업이전 정책을 추진하고 있으며, 2012년 산업이전지도목록(产业转移指导目录)을 발표한 바 있다. 복잡하고 다단한 중국 산업정책의 전체적인 구도를 전부 알기가 쉽지 않지만 대체적인 산업정책의 개념도를 제시하면 그림 4-1과 같다.

[그림 4-1] 중국 산업정책 개념도

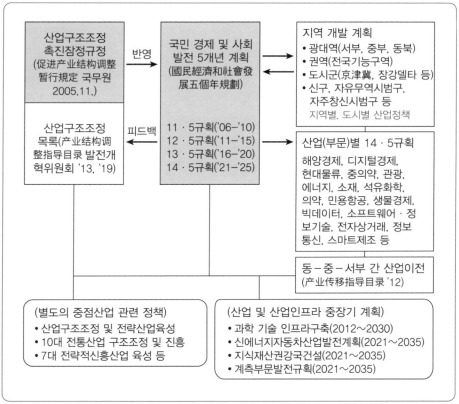

출처: 저자작성

1. 정책방향

중국정부는 11·5기간(2006~2010)부터 경제성장방식의 전환, 산업구조조정과 개선(업그레이드), 국민경제의 안정적이면서도 비교적 빠른 발전을 위해 산업구조조정을 적극적으로 추진하고 있다. 이러한 산업정책은 중국 각 지역(성, 자치구, 직할시)의 실제적인 산업발전현황을 바탕으로 구체적인 산업장려 또는 제한조치를 제정하여, 전체적인 산업투자방향을 정부가 의도하는 방향으로 합리적으로 유도하고, 선진적인 생산능력(구비)의 장려 및 지지, 낙후된 생산능력의 제한 및 도태, 맹목적 투자 및 낮은 수준의 중복건설 방지, 산업구조개선 및 업그레이드에 초점을 맞추고 있다.

산업정책의 적절한 시행을 위해 중국정부는 정책과 부합되는 재정세무(財稅), 신용대출, 토지, 수출입 등 관련 정책을 지속적으로 제정하거나 기존 조항을 수정하고 있다. 또한, 각 성, 자치구, 직할시 정부와 국가발전개혁위원회, 재정, 세무, 국토자원, 환경보호, 공상, 품질검역검사, 은행감독, 전력감독, 안전감독 및 각 산업주관 등 관련 부문별로 필요한 정책집행 및 지원 시스템을 갖추어 가고 있다.

중국정부의 산업정책의 기본적인 방향(목표)은 ① 1·2·3차 산업의 조화로운 발전, ② 농업을 기초로 첨단신기술산업이 산업을 선도하고, 기초산업과 제조업을 버팀목으로, 서비스업의 전면적 발전을 형성하는 데 주어지고 있으며, 이를 위해 절약발전, 청결발전, 안전발전, 지속가능발전의 4대 발전을 실현하고자 하고 있다. 또한, 시장의 조절기능과 정부의 산업지도를 결합한다는 기본적인 구조 속에서 산업별 자주창조혁신능력 제고를 통한 산업구조조정을 산업계에 요청하고 있다. 신형공업화, 정보화가 같이하는 공업화, 공업화를 통한 정보화 촉진이라는 기본 구조 속에서 과학기술함량이 높고 경제적 효율과 이익이 높으며, 자원소모가 적고, 또한 환경오염이 적으며, 안전하며, 인력자원이 충분히 발휘되는 산업발전을 요구하고 있다. 관련법을 통해 중국정부가 제시하고 있는 산업구조 조정방향과 중점은 아래와 같다.

〈산업구조 조정방향 및 중점〉
■ 농업의 기초지위 확립 → 현대화된 농업으로 전환한다(농업, 목축업, 수산업 등).

■ 에너지, 교통, 수리(水利) 및 정보 등 기초시설건설 → 경제사회발전을 뒷받침해주는 기본 능력 증대에 목적을 두고 있다.

석탄(煤)을 기초로 한 에너지구조를 장기간 벗어나기 어려운 중국은 에너지절약에 우선을 두고, 안정적이며 경제적이고 청결한 에너지(클린에너지)공급시스템 확립을 추진하고 있다. 또한 발해만 유전, 타클라마칸 지역 유전 등 전국 각지의 유전에서 석유 및 천연가스의 채굴을 지속하고, 서부지역에 풍부할 뿐만 아니라 발전의 23% 가량을 차지하고 있는 수력 개발 역시 지속적인 확대를 추진한다. 청결석탄 생산기술의 산업화, 풍력, 태양광발전, 바이오에너지 등 신에너지 발전 등을 추진한다. 철도-도로-수운(水運)-항공-파이프라인 등 운송방식의 통합적 운영을 추진하고, 도시 공공교통 인프라를 건설한다. 광대역통신망-디지털TV망-차세대인터넷 등 정보기초시설을 구축한다(三网融合).

■ 장비제조업(裝备制造业) 발전을 중심축으로 한 선진적 제조업 발전을 추진한다.
고효율 청결발전 및 송변전 관련 설비, 대형석유화학공업 소요 설비, 선진적 운송장비, 고품질 수치제어선반, 자동화IC설비, 에너지절약설비 등의 발전을 추진한다. 이와 관련 중국자체의 지식재산권 보유 비중 제고, 중국 자체브랜드 육성 및 고품질제품의 비중을 제고한다.

■ 첨단기술산업 발전: 자주창조혁신능력 증대, 핵심기술 및 관건이 되는 기술 장악, 국제적인 중요기술표준 제정, 산업클러스터 형성 및 규모화와 국제협력을 통한 발전을 추진한다. 연쇄경영(连锁经营), 프랜차이즈(特许经营), 복합운송(多式联运), 제3자물류(3PL), 전자상거래(电子商务) 등 형식과 서비스 발전을 추진한다.

■ 순환경제 발전: 자원절약 및 환경우호형 사회를 건설한다. 개발과 절약을 같이 중시하되 절약을 우선적 방침으로 삼고, 감량화-재이용-자원화 원칙 아래 에너지절약-절수-토지의 집약적 이용-소요물자 절약(节能节水节地节材)을 통해 자원의 종합적 이용을 강화하고 청결생산을 전면적으로 추진하며 재생자원회수 이용시스템을 구축하고 저투입-저소모-저배출-고효율의 절약형 성장방식을 전면 추진한다.
  - 철강, 비금속, 전력, 석유화학, 건축, 석탄, 건자재, 제지 등 → 에너지절약 소모감소형 기술개발
  - 고에너지소모-고오염 산업분야 구조조정, 에너지절약형 소비제품 생산장려

■ 산업조직구조 개선 및 지역별 산업배치 개선
자체 지식재산권을 보유하고 있으며, 주력 업종이 확실하며, 핵심경쟁력을 갖

추고 있는 대기업 및 기업그룹을 육성한다. 중소기업은 특성화에 맞춘 육성과 대기업과 연계하여 발전을 추진한다. 지역적 산업배치는 1) 서부지역(12개 성, 시, 자치구): 사회인프라(기초시설)건설 및 생태환경보호 강화, 공공서비스 개선, 서부 각 지역의 우위를 가지고 있는 자원과 결합된 지역별 특색산업 발전, 서부지역 자체 발전능력 강화, 2) 동북지역(3개 성): 산업구조조정과 국유기업개혁 추진, 현대적 농업발전 추진, 장비제조업 육성발전, 자원소모가 많은 도시의 자원절약형 도시로의 전환 촉진, 3) 중부지역(6개 성): 식량 주요 생산지역으로 건설, 우위를 갖춘 에너지 분야와 관련 제조업발전, 기초시설건설, 현대적 시장시스템구축, 4) 동(남)부지역(10개 성시): 자주적 창조혁신능력 제고, 국제경쟁력 및 지속가능발전 능력 제고를 추진한다.

■ 상호이익이 되는 개방전략의 실시, 대외개방수준의 제고, 국내 산업구조 업그레이드, 대외무역성장방식의 전환을 추진한다.

① 자체 지식재산권 및 자기브랜드 제품의 수출확대를 추진한다.

② 고에너지소모-고오염제품의 수출을 제한한다.

③ 선진기술설비 및 중국내 부족한 자원수입촉진 조건을 갖춘 기업의 해외진출(저우추취, 走出去)을 촉진하여, 해외시장에서 중국기업이 발전토록 촉진한다.

④ 가공무역의 산업적 차원을 제고하고, 중국 내 follow-up 능력 및 부가가치를 제고한다.

⑤ 서비스무역 발전을 위해 서비스시장의 지속적 개방, 국제적인 현대화서비스업의 계승 발전을 추진한다.

⑥ 외국인 직접투자를 포함한 외자이용의 질적 수준을 제고하고, 선진기술-관리경험-자질이 높은 인재 도입에 중점을 두며, 도입기술의 소화 및 흡수에 중점을 두고 추진한다.

⑦ 외자유입능력이 강한 지역들은 제조생산의 차원을 고도화하고 연구개발, 현대물류업 등 분야를 적극 개발한다.

2. 산업구조조정 지도목록

산업구조조정을 위해 중국정부는 "산업구조조정촉진 잠정규정(促进产业结构调整暂行规定 2005.11.9)"상에 관련 목록의 목적과 제정방향 등을 제시하였다. 관련 목록은 산업별 투자방향에 대한 유도, 정부의 산업투자 프로젝트(항목)의 관리, 재정 및 조세-신용대출-토지-수출입 등 정책을 만들 때 중요한 근거 역할을 한다. 관련 지도목록은 중국경제발전계획 전체를 총괄하고 있는 국무원 산하의 국가발전개혁위원회(国家发展改革委, NDRC)가 타 부문과 공동으로 작성하여 국무원 비준을 받아 작성 시행하고 있다.

외국인 투자기업의 입장에서는 〈외국기업투자산업지도목록(外商投资产业指导目录)〉이 중국투자에 있어 가장 중요한 방향설정 목록인데, 이 목록 역시 〈산업구조조정지도목록〉의 내용에 따라 그 방향이 결정되고 있다. 따라서 산업구조조정지도목록은 중국전체 산업발전방향을 볼 수 있는 중요한 근거가 되고 있다.

관련 목록은 법규시행 첫해인 2005년에 처음 발표되었으며 12·5규획 기간이 시작된 2011년에 당시의 상황을 반영하여 수정되었으며, 현재는 2019년 10월에 개편된 목록에 따라 관련 사항들이 집행되고 있다. 산업구조조정지도목록은 크게 장려류, 제한류, 도태류(鼓励, 限制和淘汰)의 세 부분으로 구성되어 있으며, 장려류의 경우는 중국정부가 산업발전을 장려하는 부분으로 기업이 자체필요 설비를 수입하는 경우 관세나 증치세(우리의 부가가치세)를 면제해 주는 등 우대조치를 해주고 있다. 제한류의 경우는 중국정부가 신규 투자를 금지하고 있으며, 도태류는 관련 기술, 설비, 제품의 수입-전환사용-생산-판매를 금지하고 있으며, 지정된 관련 공장은 산업의 설비를 완전히 철거하는 방식으로 폐쇄 정리하고 있다. 장려, 제한, 도태 등 세 부분에 속하지 않은 분야는 관련된 법률, 법규와 정책이 규정하고 있는 허가류이며, 이런 허가류는 산업지도조정목록에 포함되지 않았다. 장려류, 제한류, 도태류에 해당되는 산업, 제품, 기술의 선정기준은 아래와 같다.

■ 장려류(산업, 제품, 기술)

① 중국 내 연구개발 및 산업화의 기술적인 기초가 있으며, 기술창조혁신에 유리하여 새로운 경제성장점을 형성하는 산업(제품)

② 현재와 향후 일정기간 동안 비교적 큰 시장수요를 가지고 있으며, 발전전망이 좋고, 부족한 제품의 공급능력제고와 국내외시장 개척에 유리한 분야

③ 기술수준(함량)이 높고, 산업기술진보를 촉진시키는 데 유리하며, 산업경쟁력제고에 유리

④ 지속가능한 발전전략의 요구에 부합되면서 안전한 생산, 자원절약 및 자원의 종합이용, 신에너지 및 재생가능에너지개발 이용에 유리하거나 에너지효율제고와 생태환경 보호 및 개선에 유리한 분야

⑤ 중국의 비교우위를 발휘하는 데 유리한 분야, 특별히 중서부지역과 동북지역 등 노후공업기지의 에너지 광산자원 및 노동력 등의 우위를 발휘하는 데 유리한 분야

⑥ 취업확대 및 일자리 창출에 유리한 분야

⑦ 법률, 행정법규에서 규정한 기타 상황

■ 제한류

① 산업진입조건에 부적합하며, 관련 기술이 낙후되었으며, 산업구조 개선이 없는 분야

② 안전생산에 불리한 분야

③ 자원과 에너지 절약에 불리한 분야

④ 환경보호 및 생태시스템 회복에 불리

⑤ 저수준의 중복건설이 비교적 심각하고, 생산능력이 과잉된 분야

⑥ 법률, 행정법규에서 규정한 기타 상황

■ 도태류

① 생산과 신변안전 위협 및 안전생산 조건을 갖추지 않은 분야

② 환경오염 심각 및 생태환경 파괴가 심각한 분야

③ 제품 품질이 국가규정 또는 해당 산업분야 규정의 최저표준에 못미치는 분야

2013년 2월 수정된 산업구조조정지도목록은 42개 산업에 걸쳐 장려류 710개 분야, 제한류 223개 분야, 도태류 424개 분야(이 중 낙후된 생산 방식이나 기술을 사용하는 설비 288개, 낙후된 제품 136개)로 구성되어 사실상 거의 전 산업분야를 망라

하고 있다고 할 수 있다. 또한 관련 '분야'의 경우 단순히 일개 기술이나 제품을 의미하는 경우보다는 대부분 산업, 제품, 기술이 혼합되어 있고 한 분야 한 분야 그 자체로 상당히 넓은 영역을 포함하고 있다.

표 4-1 중국의 산업구조조정 지도목록(2019 개정판)

| 산업 | 장려류 | 제한류 | 도태류 | | 산업 | 장려류 | 제한류 | 도태류 | |
			낙후생산 기술사용 설비	낙후 제품				낙후생산 기술사용 설비	낙후 제품
농림업	57	16	7		철도	18			8
수리 (水利)	25				도로 및 도로운수	20			
석탄	18	6	10		수운(水運)	15			
전력	28		1		항공운수	7			
신에너지	16				종합교통운수	8			
원자력	13				정보산업	51	2		
석유천연 가스	10				현대물류업	10			
철강	13	21	36	4	금융서비스업	14			
비철 금속	6	9	26	9	과학기술 서비스업	16			
황금	3	7	5		비즈니스 서비스업	8			
석유화학 · 화공	17	13	10	7	상업무역 서비스업	9			
건자재	14	12	26		관광업	2			
의약	6	6	8	5	우정(郵政)	9			
기계	63	57	24	67	교육	4			
					위생건강	8			
					문화	9			
도시궤도 교통장비	10				체육	11			
					양로 및 탁아서비스	17			
자동차	7				가정업무	6			
선박	15		2	4	기타서비스	14			

일반항공 및 우주항공	17				환경보호 및 자원절약 종합이용	45			
경공업	32	31	34	26	공공안전 및 응급제품	69			
방직	13	18	20		민용폭발물 제품	7	7	24	4
연초		1			인력자원 및 인력자본 서비스업	7			
건축	13				인공지능	15			
도시 인프라	26				정보산업		1		
소방			1	17	채광			10	
인쇄			36		기타		8	6	3

자료: 「产业结构调整指导目录(2019년본)」(2019.10.30.)에서 저자 정리 작성.
주: 2021년 일부 품목 수정.

제2절 주요 산업정책

1. 개요

　중국의 산업정책은 매 5년마다 발표되는 국민경제 및 사회발전 5개년 규획(계획)을 통해 구체화되고 있다. 이러한 계획을 바탕으로 국무원, 발전개혁위, 공업화신식부, 상무부 등 관련 부문에서 부문별 산업정책을 발표하고 이를 시행하고 있다.

　2021년부터 시작된 14·5규획에서는 산업정책의 기본구조로 1) 창조혁신이 주도하는 발전을 견지하고 신규 우위분야의 발전을 전면적으로 조성하며, 2) 현대산업체계의 발전을 가속화하고 실물경제기반을 공고하게 하며, 3) 디지털화 발전을 가속화하고 이를 통해 디지털 중국을 건설하는 방향으로 잡고 있다.

[그림 4-2] 14·5기간(2021~2025) 산업정책 구조 개념도

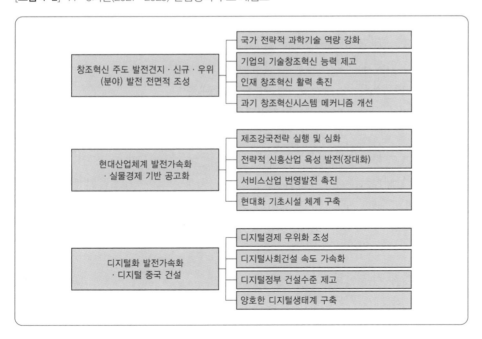

2. 산업정책 목표와 대상

14.5기간 중국정부가 추진할 부문별 산업정책의 주요 방향은 1) 창조혁신 주도 발전 및 신규 우위분야발전, 2) 현대적 산업체계 발전 가속화 및 견실한 실물경제 기반 구축, 3) 디지털 중국건설 및 디지털화 발전 가속화에 두어지고 있는데 세부 내용은 아래와 같다.

1) 창조혁신 주도 발전 및 신규 우위분야 발전

① 국가차원의 전략적 과학기술 역량강화

* 과학기술자원의 배분합리화 및 우위화 → 창조혁신기지 건설

양자정보, 광자 및 나노전자, 네트워크통신, AI, 생물의약, 현대적 에너지 시스템 등 중대한 창조 혁신영역에 초점을 맞추어 국가실험실/국가중점실험실 구축, 국가공정연구센터/기술창조혁신센터 등 창조혁신기지 구축

* 원천·응용과학기술공략 강화 → 중대 과학프로젝트 제정 및 실시

전략적 과학계획 및 과학프로젝트 제정 및 실시, AI/양자정보/집적회로/생명건강/뇌과학/생물육종/우주항공과기/심지심해 등 영역에서 미래적이며 전략적인 중대과학 프로젝트 실시

* 기초연구 강화 → 기초 연구분야 투입 확대

R&D비용 중 기초연구분야 경비 투입 비중을 8% 이상으로 높이며, 기초연구 10년 행동방안을 제정하고 이를 시행

* 중대한 과학기술 창조혁신 플랫폼 구축

북경/상해/홍콩-광동-마카오 대만구에 국제과학기술창조혁신센터 조성 지원, 안휘(합비)/북경(회루)/상해(장강)/홍콩-광동-마카오 대만구에 국가과학센터건설, 자연과학기술 데이터베이스/과학 빅데이터센터 건설 등

② 기업의 기술창조혁신 능력제고

* 기업 R&D투입확대 장려

각종 세수우대, 연구비가속감가상각 등 기업을 위한 장려정책 실시, 정부의 조달시장을 통해 기업의 신상품 및 서비스 지원 등

* 산업범용기초기술의 R&D지원

신형 범용기술플랫폼 조성, 산업별로 선도기업과 과학연구소 및 업/다운스트림 업체의 연합을 촉진하고, 이를 통해 국가산업창조혁신센터를 구축토록 지원

* 기업의 창조혁신 (지원)서비스체계 고도화

국가과학연구플랫폼/과학기술보고서/과학연구데이터의 기업에 대한 자료개방을 확대하며, 금융기관의 지식재산권 담보금융/과학기술보험제품 개발을 장려하며, 엔젤투자/창업투자를 장려하는 등 관련 체계 고도화

③ 인재 창조혁신 활력 추진

* 높은 수준의 인재군 육성

국제적 경쟁력을 갖춘 젊은 과학기술인재 예비군을 육성, 수리 · 화학 · 생물 등 기초과학기지 및 선도과학센터 건립, 외국인의 중국영주권제도 개선, 기술이민제도 건립 등

* 인재들의 적극적 활동 격려

지식/기술 등 창조혁신요소의 가치를 충분히 체현하는 수익분배 메커니즘 구축, 과학연구 인원에게 직무상 성취한 과학기술성과의 소유권 또는 장기 사용권을 부여 추진

* 창조혁신적인 창업창조 생태계 업그레이드

④ 과학기술 창조혁신 시스템 메커니즘 개선

* 과학기술 관리체제 개혁

과학연구단위(기업) 및 과학종사인원에 더 많은 자주권 부여 등

* 지식재산권 보호 · 운영시스템 인재들의 적극적 활동 격려

* 과학기술의 개방 및 협력 적극 촉진

국제적 대형 과학계획 및 프로젝트 추진, 중국 내 국제과학기구 설치, 외국적 과학자의 중국 내 과학기술조직의 구성원으로 참가 격려

2) 현대적 산업체계 발전 가속화 및 견실한 실물경제 기반 구축

① 제조강국전략 실행 및 강화

* 산업기초능력 건설강화

기초부품/기초소재/기초SW/공예 · 산업기술 기초 등 병목부분 해결 가속화 등

* 산업사슬 · 공급사슬 현대화수준 제고

고속철/전력장비/신에너지/조선 등 영역에서 산업사슬경쟁력 제고 및 공고화, 지역별로 긴급 물자 생산보장기지 건설, 선도기업육성 프로젝트 시행, 산업 주도력 및 핵심경쟁력을 갖춘 선도기업 육성, 중소기업 전문화 수준을 높여 '강소기업(小巨人)' 및 제조업 단일 부문에서 일등기업으로 육성

* 제조업 경쟁력 강화 및 고도화 추진

선진제조업 클러스터 육성, 집적회로 · 우주항공 · 조선 및 해양공정장비 · 로봇 · 선진적 궤도교통 장비 · 선진적 전력장비 · 공정기계 · 첨단NC선반 · 의약 및 의료설비 등 산업의 창조혁신발전 추진, 전통산업개조 및 고도화(석유화학 · 철강 · 비철금속 · 건자재 등원재료산업 구조조정, 경공업 · 방직 등 우수품질제품 공급확대, 화학공업 · 제지 등 중점 업종기업개조 및 고도화, 제조업제품의 품종 다변화, 품질제고, 브랜드창조 추진)

* 제조업 비용감소 및 부담감소 행동 실시

세금 · 각종 공과금 감소, 제조업대상 중장기대출 · 신용대출 규모 확대, 기술개선대출 확대, 항구 · 공항 · 도로 · 철로운수 등 물류비용(예: 통행료 등) 규범화 및 감소, 중소기업을 위한 정보 · 기술 · 수출입 · 디지털전환 관련 종합서비스 플랫폼 구축지원)

② 전략적신흥산업 육성 및 장대화[2]

* 산업체계의 신규 주축(분야) 구축

차세대 IT · BT · 신에너지 · 신소재 · 첨단장비 · 신에너지자동차 · 그린환경

---

[2] 전략적 신흥산업육성 및 발전에 관한 결정(国务院关於加快培育和发展战略性新兴产业的决定, 国发〔2010〕32号 2010.10.10.)을 발표하여 신흥산업 육성을 추진하기 시작한다. 이후, 중국정부는 2년 넘게 전략적 신흥산업에 포함시킬 제품과 서비스분야를 검토하고 2013년 2월 '전략적 신흥산업 중점 품목 및 서비스 지도목록(战略性新兴产业重点产品和服务指导目录 2013.2)'을 발표하고 에너지절약 및 환경보호산업, 차세대 정보기술산업, 바이오산업, 첨단장비제조산업, 신에너지산업, 신소재산업, 신에너지자동차산업 7개 산업 24개 분야 125개 항목 3,100여 세부 품목 및 서비스를 발표하고 추진에 들어갔다.

보호 · 우주항공 · 해양장비 등 전략적 신흥산업에 필요한 핵심기술의 창조 · 혁신응용을 가속화 · 생산요소보장능력 강화 · 산업 발전 및 장대화를 위한 능력배양, BT · IT융합창조혁신 추진생물의약 · 생물육종 · 생물소재 · 생물에너지 등 산업 가속 발전, GPS산업 고품질 발전 추진, 전략적 신흥산업 클러스터발전 프로젝트 심화추진, 기술창조혁신 및 M&A장려 등)

* 미래지향적인 미래산업 계획

뇌신경모사지능 · 양자정보 · 유전자기술 · 미래네트워크 · 심해 · 우주항공개발 · 수소에너지 및 저장 등 첨단기술과 산업변혁 영역에서 미래산업 인큐베이터 실시 및 발전→미래산업 배치 및 계획

③ 서비스산업 번영발전 촉진

* 생산성서비스업 융합화 발전 추진(R&D설계 · 공업설계 · 상무자문 · 검험검측인정 등 서비스 발전 가속화, 전체 산업의 산업사슬을 우위화하는데 초점을 맞추어 현대적 물류 · 구매배분 · 생산제어 · 운영관리 · 애프터서비스 발전 수준 제고, 스마트제조시스템 솔루션/생산라인 재조정 등 신형 전문화 서비스기구 발전 지원)

* 생활성 서비스업의 품질화 발전 가속화

건강양로 · 탁아 · 문화 · 관광 · 체육 · 물업 등 서비스업 발전 가속화, 상업유통업태 및 모델의 창조 혁신을 장려하여 디지털화 · 스마트화 개조 및 업종 간 융합을 추진하여 온오프라인 전체에 걸쳐 소비자만족 추진

* 서비스 영역 개혁개방 심화

시장진입 확대, 서비스업 발전 지원정책 체계 개선서비스 신업종 · 모델과 산업 간 융합발전에 필요한 토지 · 재정 · 세금 · 금융 · 가격 등 정책을 창조혁신적으로 적용

④ 현대화된 사회간접자본 체계 구축

* 신형 사회간접자본 가속건설

디지털전환−지능고도화−융합창조혁신의 기본방향 아래 정보 · 융합 · 창조혁신의 신형 사회간접자본 구축, 고속의 유비쿼터스 · 공간일체 · 집적 · 상호연결 · 안전 · 고효율의 정보인프라를 건설하고, 데이터센싱 · 전송 · 저장 및

계산능력 증강, 5G네트워크 규모화 및 보급률 56%로 제고, 1Gb 광섬유네트워크로 고도화 추진, 6G네트워크기술 준비, IPv6상용화 추진, IoT전면발전 추진, 전국일체화 빅데이터센터 체계(클러스터)구축, 전 세계를 커버하는 통신·항법유도·원거리센싱 공간인프라 구축 등

* 교통강국 건설 가속화

전략적 주간선 구축, 고속철도, 도시군 및 도시권역 궤도교통, 고속도로, 항구 및 공항 시설, 현대화 공항, 물류 주간선 구축, 신강에서 티베트·중서부 지역·강-바다-국경 연안의 전략적 핵심통로 건설, 8종8횡 고속철로망 기본적 운행시작, 세계적인 항구군 및 공항군 형성 추진, 내륙하천 항로개선

표 4-2 중국의 제조업 육성 정책

[중국제조 2025]

중국은 이미 2010년부터 차세대 정보산업을 필두로 중장비제조업 등 전략적 신흥산업을 추진하면서 제조업 강국으로 도약하기 위한 시동을 일찌감치 건 바 있으며, 5년 후인 2015년에는 〈중국제조 2025〉를 발표하여 중국의 발전방향이 제조업 강국이 되는데 있음을 명확히 하였다.[3] 〈중국제조 2025〉는 2020년에 기본적인 공업화 실현, 2025년 제조업 전체능력 제고, 2035년 제조업 강국 중등수준, 2050년 제조업 강국을 달성한다는 목표를 제시하고 있는데, 중요한 추진 전략의 하나로 스마트제조(중국어로는 지능제조(智能制造)로 표현)를 추진하고 있다.[4]

[스마트제조(智能製造)]

중국정부는 스마트제조를 '차세대 정보기술과 선진제조기술의 심층적 융합을 기초로 설계-생산-관리-서비스 등 제조활동의 각 단계를 관통하는 자체감지-자체판단결정-자체집행-자체적응-자체학습 등의 특징을 갖추고 제조업의 품질을 제고하며 효율과 이익 및 핵심경쟁력을 제고하는 선진적 생산방식'으로 정의하고 있으며, 중국이 제조강국으로 자리 잡는 데 가장 중요한 사항이라고 밝히고 있다.

---

3) 国务院关于印发《中国制造2025》的通知, 国发〔2015〕28号, 国务院 2015.5.8.

4) 〈중국제조 2025〉를 실현하기 위한 추진전략으로 ① 중국제조업의 창조혁신능력 제고, ② 심층적인 정보화 및 공업화 융합 추진(스마트제조), ③ 공업기초능력 강화, ④ 품질, 브랜드 구축 강화, ⑤ 녹색제조(그린 매뉴팩처링) 전면적 추진, ⑥ 중점 영역(차세대 정보기술산업, 고급수치제어선반과 로봇, 우주항공장비, 해양공정장비 및 첨단기술 선박, 선진적 궤도교통장비, 에너지절약 및 신에너지 자동차, 전력장비, 농기계, 신소재, 생물의약 및 고성능의료기계), ⑦ 제조업 구조조정 심층추진, ⑧ 서비스형 제조와 생산형 서비스업 적극 발전, ⑨ 제조업 국제화 발전수준 제고를 제시하고 있다.

3) 디지털 중국건설 및 디지털화 발전 가속화

① 디지털경제 업그레이드

* 핵심적 디지털기술 창조혁신응용강화

첨단칩 · 운영체제 · 인공지능핵심 알고리즘 · 센서 등 핵심영역에서 기초이론 · 기초알고리즘 · 장비 소재 등 연구개발에 있어 장애요인 돌파 및 응용추진 가속화, 범용프로세서 · 클라우드컴퓨팅 체제 및 SW핵심기술 일체화연구개발 강화, 양자컴퓨팅 · 양자통신 · 신경칩 · DNA저장 등 첨단기술 배치 가속화, 정보과학과 생명과학 및 소재 등 기초학과 사이의 교차적 창조혁신 강화, 기업의 소프트웨어 소스코드 · 하드웨어설계 · 응용서비스 개방 장려

* 디지털산업화 추진 가속화

AI · 빅데이터 · 블록체인 · 클라우드컴퓨팅 · 네트워크안전 등 신흥 디지털산업 육성발전, 통신설비 · 핵심전자소재부품 · 핵심SW 등 산업수준 제고, 5G의 응용장면 및 산업생태계에 기초하여 스마트교통 · 스마트물류 · 스마트에너지 · 스마트의료 등 중점 영역에서 시범지역 지정 시범실시, 기업의 검색 · 전자상거래 · 사회교류 등 데이터 개방장려, 제3자 빅데이터 서비스 산업 발전, 공유경제 · 플랫폼경제의 건강발전 촉진

* 산업디지털화 전환추진

클라우드소싱설계 · 스마트물류 · 신형소매 등 신성장 분야 육성, 스마트농업 발전 가속화 농업생산경영 및 관리서비스 디지털화 개조 추진, 산업원구 디지털화 개조 가속화, 중점업종 및 지역에서 국제수준의 공업인터넷플랫폼 및 디지털화 전환 촉진 센터 건설 등

② 디지털 사회건설 가속화

* 스마트 · 간편 공공서비스 제공

교육 · 의료 · 양로 · 취업 · 문화체육 · 장애인도움 · 유아보육 등 중점 영역에서 디지털화 서비스의 보편적 응용 등

* 스마트도시 및 디지털농촌 건설

* 아름다운 디지털생활 신모습 구축

③ 디지털정부 수준 제고
* 공공데이터의 공유 및 개방 강화
* 정무정보화의 공공건설 및 공공사용 추진
* 디지털정무서비스 효능제고

④ 양호한 디지털 생태계 구축
* 데이터요소시장의 건전한 규칙 건립
   데이터 개발이용 · 프라이버시보호 및 공공안전의 통합, 데이터 자원의 재산
   권 · 교역유통 · 국가 간 (데이터)전송 및 안전보호 등 기초 제도 및 표준규범
   구축 가속화
* 규범적이며 질서가 있는 정책환경 조성
* 네트워크 안전보호 강화

4) '14차 5계년 규획'에서 나타난 제조분야 스마트 발전 계획

  〈14 · 5스마트제조발전규획(十四五知能制造發展規劃)〉[5]에 따르면 중국은 스마
트제조 분야에서 초보적인 성과를 거두고 있다. 2020년 현재 스마트제조산업의
생산규모는 2020년(추정)에 2조 7천억 위안에 달하였으며, 환발해지역, 장강델타
지역, 주강델타지역, 중서부지역의 4개 지역을 중심으로 스마트제조 산업군이 형
성되고 있다. 2020년 달성한 스마트제조 상황을 보면 아래와 같다.
  • 스마트제조장비(설비) 국내시장충족률: 50% 이상 도달(목표 달성)
  • 영업수익 10억 위안의 시스템솔루션 공급상 육성: 43개 사(목표 달성)
  • 스마트제조 관련 표준체계: 국가표준 285 항목, 이 중 중국이 주도한 국제
    표준 28 항목을 포함(목표 초과)
  • 일정한 영향력을 가진 공업인터넷플랫폼: 70여 개 구축
  • 스마트제조 시범운영 프로젝트 생산효율: 45% 이상 제고

---

5) 2021.4.14.~2021.5.13. 기간 각계 의견을 구하는 〈十四五知能制造發展規劃(征求意見稿)〉를 공
   업화신식화부가 배포한 바 있다. 관례대로 보면 발전계획이 정식 작성되어 최종 발표되는 것은
   2021년 말에 이루어질 것으로 보인다. 〈13 · 5스마트제조발전규획〉의 경우 똑같은 절차를 거쳐
   2016년 12월에 정식 발표되었다.

- 제품연구개발 및 제작주기: 평균 35% 감소
- 제품불량률: 평균 35% 감소
- 분산형 스마트제조, 네트워크협력제조, 대규모의 맞춤제조, 원거리제어 유지서비스 등 다양한 새로운 형태의 업종 출현

14·5(2021~2025)기간 스마트제조의 구체적인 목표는 아래와 같다.

■ (스마트제조) 전환 및 고도화에 있어 명확한 성과 거양: 일정 규모 이상 제조업 기업의[6] 스마트제조능력 성숙도가 2급 이상인 기업[7]이 50% 초과되도록 하며, 중점 업종 및 지역은 3급 이상 기업이 각각 20%, 10% 이상이 되도록 한다. 제조기업의 생산효율, 에너지자원 이용률 등의 대폭 제고 및 제품불량률을 대폭 감소시킨다.

■ (스마트제조 기술 및 장비의) 공급능력의 명확한 증강: 스마트제조장비 및 공업S/W기술의 국내시장충족률을 각각 70%, 50% 이상으로 끌어 올리며, 영업수익이 50억 위안(한화 약 8천억 원)을 초과하는 시스템 솔루션 공급업체를 10개 사 이상 육성한다.

■ (스마트제조) 기반조성 및 견실화: 스마트제조영역의 창조혁신 분야 및 공공서비스 플랫폼을 구축하며, 200개 이상 항목의 국가 및 업종표준을 제정·수정한다. 120개 이상의 공업인터넷 플랫폼을 구축한다.

이러한 목표 아래 중국정부는 스마트제조 중점추진 사항으로 4개 방향 12개

---

6) 제조업의 경우 연평균 영업수익(그 기업의 주요 업무 영업수익)이 2,000만 위안(한화 약 35억 원 이상)

7) 중국정부는 국가시장감독관리총국(國家市場監督管理總局), 국가표준화관리위원회(國家標準化管理委員會) 주도로 국가표준인 〈스마트제조능력성숙도 평가방법〉(GB/T 39117-2020)을 2020년 10월 1일 제정 발표하였다. 이에 따라 설계, 생산, 물류, 판매, 서비스, 자원요소, 인터넷연결, 시스템통합, 정보융합, 신규업종형태 등 10개 방면을 점수화하여 기업의 스마트제조능력성숙도를 1급(계획단계), 2급(규범단계: 단일 업무 데이터 공유), 3급(통합단계: 기업이 장비, 시스템 등을 통합하여 서로 다른 업무 간 데이터 공유), 4급(우위단계: 기업이 인원, 자원, 제조 등 분야에서 데이터 발굴, 지식, 모델 등을 구축하여 핵심업무에 대한 정확한 예측 및 고도화 실현), 5급(선도단계: 기업이 모델에 기초하여 업무의 고도화, 혁신화를 지속 추진하여, 산업사슬상의 협력을 실현하고 새로운 제조모델 및 상업모델을 실현)으로 나누고 있다.

분야를 제시하고 있다. 분야별로 추진하는 사항들은 다음과 같다.

■ (스마트제조의) 시스템적 창조혁신 가속화, 융합발전을 위한 동력 증강
① 관건이 되는 핵심기술의 난관 돌파
ⓐ 설계 · 생산 · 관리 · 서비스 등 제조 전과정에 초점을 맞추어 설계시뮬레이션 · 모델혼합구축 등 기초 기술 난관 돌파
ⓑ additive manufacturing[8] · 초정밀가공 등 선진공업기술 개발 및 응용
ⓒ 스마트센서 · 고성능제어 · 사람과 기계 일체화 생산 · 공급사슬 협력 등 범용성기술 난관 극복
ⓓ AI · 5G · 빅데이터 · Edge computing 등 공업분야의 응용기술 연구개발

② 시스템통합기술 난관 돌파 가속화
ⓐ 설비 · 단독기계 · 작업장 · 공장 등 제조가 이루어지는 곳에 제조장비 · 생산관정과 연계된 디지털사전 및 정보모델 구축과 생산프로세스의 범용데이터통합 및 플랫폼 · 작업영업 간을 상호연결시키는 기술의 개발
ⓑ 산업사슬 · 공급사슬과 관련하여 기업 간 멀티소스의 정보 상호교환 및 전체 사슬의 협력 · 고도화 기술 개발
ⓒ 제조 전과정에 대해 스마트제조의 시스템계획 및 설계 · 모델구축 및 시뮬레이션 · 분석 및 고도화 기술의 난관 돌파

③ 창조혁신 네트워크 구축 가속화
ⓐ 관건이 되는 공업기술 · 기계제작 기계[9] · Digital twin[10] · 공업지능 등 중점영역에서 제조업창조혁신센터 등을 건설하여 관건이 되는 범용성 기술의 연구개발 전개

---

8) 중국어로는 증재제조(增材製造)라고 하며 기존의 소재를 절삭하여 제조하는 방식에서 소재를 지속적으로 첨가하면서 제조하는 기술을 말하며, 대표적인 샘플이 3D 프린팅이다.
9) 스마트제조에 필요한 기계를 만드는 기계(工作母機) 초정밀 수치제어 선반, 그라인더, 가공센터 등을 말한다.
10) 수치를 통해 가상공간에 실물과 같은 입체를 실현하여 시뮬레이션하는 것 등을 말한다.

ⓑ 산업화촉진기구 건설 추진, 스마트제조 창조혁신 성과 전이 가속화, 시험
검증플랫폼 구축을 통해 스마트제조 장비 및 시스템의 확산 및 응용 가속
화, 기업이 창조혁신 플랫폼 주도 장려 등을 통하여 창조혁신 자원의 집
중 촉진

■ (스마트제조의) 확산 및 응용 심화, 전환 및 고도화 신규 방안 개척 분야 내
용은 다음과 같다.

① 스마트제조 시범공장 건설
ⓐ 차세대정보기술과 제조 전과정 · 전요소의 심층적 융합 가속화, 제조기술
난관 돌파 · 공예 창조혁신 및 업무흐름 재조직화, 유비쿼터스 센서 · 전
프로세스 디지털화 · 통합연결 · 사람과 기술 일체화 및 분석고도화 실현,
디지털 네트워크화 · 지능화시범공장 건설
ⓑ 공급사슬을 주도 하는 기업이 협력플랫폼을 구축토록 유도하여 업스트
림-다운스트림 기업들도 동시에 (스마트제조)고도화 추진
ⓒ 각 지역 및 업종의 여러 작업공간에서 다차원의 (스마트제조)응용시범실시
장려, 창조적 설계 · 네트워크 협력제조 · 대규모 맞춤형 제작 · 예측적
유지보수 · 원거리 제어 운영 및 유지보수서비스 등 신규 모델 육성

② 업종 간 디지털화 네트워크화 발전 가속
ⓐ 장비제조 · 전자정보 · 원자재 · 소비품 등 영역이 세분화된 업종의 특징과
약점을 대상으로 스마트제조실시 로드맵 제정, 단계적 디지털화 · 네트워
크화 개조 추진
ⓑ 기초적 조건을 갖춘 기업에 대해 기술개선투자를 확대하고 공업공예혁
신 · 장비고도화 · 생산과정 스마트화 지원
ⓒ 중소기업 디지털화 전문적인 지원활동을 통해 중소기업의 디지털화 · 네
트워크화 발전수준을 적극적으로 제고
ⓓ 업종전환 촉진기구 구축 · 데이터 · 표준 · 솔루션 심화응용 가속화
ⓔ (스마트제조)경험교류 · 수요공급 연계활동을 전개하여 스마트제조 신기

술 · 신장비 · 신모델을 종합적으로 추진

③ 지역별 제조업 디지털화 전환 촉진

   ⓐ 지방별 창조혁신 정책체계를 개선토록 장려하며 특색을 갖추고 있는 지역별 스마트제조발전 경로를 탐색

   ⓑ 지역 간 스마트제조 관건 기술의 창조혁신 · 수급연계 · 인재육성 등 합작 추진

   ⓒ 지역 · 업종조직 · 선도기업 등을 연합하여 선진기술 · 장비 · 표준 · 솔루션을 널리 확산시키며 스마트제조산업클러스터화 · 산업원구화 가속화

   ⓓ 뚜렷한 산업특색 · 긴급한 (산업)전환수요 · 양호한 기초조건을 갖춘 지역에 스마트제조 선도지역을 조성토록 지원하며, 스마트제조기술 창조혁신 전략창출지역 · 시범응용 클러스터 · 핵심장비 및 솔루션 수출지역 조성

■ (스마트제조의) 자체공급 강화, 산업체계 신규 우위분야 확대 내용은 다음과 같다.

① 스마트제조설비 적극 발전

   ⓐ 감지 · 제어 · 결정 · 집행 등 프로세스에서 부족한 부분(약점)에 대하여 산업계 · 학계가 연합한 창조혁신을 강화하여 (스마트제조)기초 부품 및 장치에서 겪고 있는 '병목현상' 돌파[11]

   ⓑ 선진공예 · 정보기술과 제조장비의 심층적 융합 추진

   ⓒ 스마트 작업장/공장건설을 통해 범용 · 전용 스마트제조 장비[12]의 연구제작 가속화 및 순차적 고도화 추진

   ⓓ Digital twin · AI 등 신기술의 창조혁신적 응용 추진 및 일군의 선진적 신형 스마트제조장비 연구제작

---

11) 나노차원의 위치추적센서, 연성촉감센서, 초고해상도시각센서, 고정밀도servo구동시스템, 인간과 기계 간 상호 교신하는 웨어러블 설비, 스마트수치제어 시스템 등을 일컫는다.

12) 스마트 입식/와식 5축 가공센터 · 선반복합가공센터 · 고정밀수치제어그라인더 등 기계제작 기계, 스마트 용접로봇 · 스마트이동로봇 · 반도체로봇 등 공업로봇, 고정밀 검사측정장비 등을 말한다.

② 공업S/W제품 협력발전

   ⓐ 소프트웨어기업 · 장비제조상 · 고객 · 과학연구소의 협력을 강화하여 제
      품의 라이프 사이클 및 제조 프로세스 전과정의 각 단계별 핵심 S/W연합
      개발 지원, 삽입식 공업 S/W 연구개발 및 개발환경 통합, 세분화된 업종
      에 대한 통합적인 공업S/W플랫폼 연구제작

   ⓑ 공업지식의 소프트웨어화 및 (공업지식의) 프레임구축 및 소싱 추진, 공업
      S/W 클라우딩화 가속화

   ⓒ 중점 프로젝트 및 주요 중심기업에 의지하여 안전하고 제어 가능한 공업
      S/W 응용시범 실시[13]

③ 시스템솔루션 적극 조성

   ⓐ 스마트제조 솔루션공급상과 고객 간 상호연결강화 · 창조혁신 연합 장려,
      공예 · 장비 · S/W · 네트워크의 시스템통합과 심층적 융합 추진, 전형적
      작업장과 세분화된 업종별 솔루션 개발

   ⓑ 중소기업의 특징과 수요에 맞추어 경량화 · 용이한 유지보수 · 저비용의
      솔루션개발

   ⓒ 스마트제조 시스템 솔루션 공급상의 발전을 규범화하여 전문화 · 고수
      준 · 원스톱의 통합서비스 제공 유도

■ (스마트제조의) 기반공고화, 스마트제조 신규 보장체계 구축 분야 내용은 다
음과 같다.

① 표준화업무 심화추진

   ⓐ 표준의 톱레벨 설계 지속, 국가스마트제조표준체계 및 업종응용표준체계
      구축 통합진행

   ⓑ 기초적인 범용기술 및 핵심기술표준의 제정 및 수정, 스마트장비 · 스마

---

13) 연구개발설계분야 S/W(CAD, CAE, CAPP, CAM, PLM, PDM 등), 생산제조분야 S/W(MES, APS, EMS,
    PHM, 안전관리 시스템 등), 경영관리분야 S/W(ERP, SCM, CRM, QMS, APM 등), 제어집행분야 S/W,
    업종별전용 S/W, 신형 S/W(공업 APP, 클라우딩 S/W 등)

트공장 등 분야 국가표준 · 업종표준 · 단체표준 · 기업표준에 있어 상호협
조 · 상호보완의 표준그룹 형성 추진

ⓒ 국제표준화업무 적극참여, 기술진전도가 높은 국가표준과 국제표준 동보
발전 추진

② 정보기초시설 완비

ⓐ 공업인터넷망 · IoT · 5G · 1,000Mb 광케이블망 등 신형 네트워크 기초시
설 배치 및 규모화 가속 추진, 기업의 내외부망 고도화개선 장려, 작업현
장에서 감지 및 데이터 전송능력 제고

ⓑ 공업데이터센터 · 스마트컴퓨터센터 등 계산기초시설 건설강화, AI 등 신
기술응용 공고화

ⓒ 대기업집단 · 공업원구의 내부자원 통합 · 제품 라이프싸이클 관리 · 산업
사슬−공급사슬의 협력지원, 특색을 갖춘 공업인터넷플랫폼 구축, 전 생
산요소 · 전 산업사슬데이터의 유효한 통합 및 관리 실현

③ 안전보장 강화

ⓐ 스마트제조 안전 수요와 관련 네트워크안전 · 정보안전 · 기능안전 구축분
야의 협력추진을 통해 비밀번호기술 심층응용 추진

ⓑ 네트워크안전과 공업데이터 분류 및 등급화관리 강화, 공업데이터처리
및 관리 추진

ⓒ 국가 · 지역 · 기업에 걸쳐 다단계 정보안전 감시측정예비경보 네트워크 완비

ⓓ 네트워크안전산업 공급확대, (안전분야)전용제품시범응용 추진

ⓔ 공업안전서비스기구 육성을 통해 진단 · 자문 · 설계 · 실시 등 서비스 능
력제고

ⓕ 기업이 (스마트제조)안전 분야에서 주체적 책임을 지도록 하며, 정책과 표
준이 요구하는 기술시스템과 안전관리제도를 갖추도록 유도

제3절 주요 산업

1. 전기자동차(EV)산업[14]

중국 전기자동차(Electric Vehicle: EV)산업의 빠른 성장세와 세계 최대 시장으로의 발전이 최근 크게 주목받고 있다. 특히 글로벌 자동차산업 생태계도 내연기관 중심에서 친환경 자동차로의 재편이 진행 중이라는 점에서 EV를 비롯한 중국의 신재생 에너지 자동차 산업으로의 전환은 커다란 관심 대상이 되고 있다.

'시장환기술(市场换技术)'[15]을 통해 글로벌 자동차 기업들로부터의 기술이전 효과와 경쟁력 제고를 이루고자 했던 중국 정부의 전략은 결과적으로 실패라는 평가를 받고 있다. 중국 자동차산업의 역사는 1950년대 중국 최초의 자동차 제조공장인 '창춘 제1자동차 제조공장(长春第一汽车制造厂)'에서 시작되었고 본격적인 국가 핵심 산업으로의 분류는 1986년 채택된 '7차 5개년 계획(7.5계획)'을 통해서다. 이처럼 짧지 않은 역사를 지닌 중국 자동차산업이지만 글로벌 시장에서의 비중이나 경쟁력은 크게 제고되지 않았다.

그러한 가운데, 중국 정부는 1994년 '자동차산업 발전정책'에서 EV 및 배터리 등 신에너지 자동차에 대한 연구를 강화하겠다는 의지를 밝혔고, 2001년부터 추진된 10차 5개년 계획(10·5계획)의 '863 전기자동차 과학기술 프로젝트'에서 삼종삼횡(三纵三横)[16] 정책을 내세우며 EV 관련 연구를 시작했다. 2004년에는 베이징, 우한 등 4개 도시를 EV 시범도시로 지정하였고, 2008년에는 11차 5개년 규획(11·5규획)의 '863 에너지 절감과 신에너지 자동차에 관한 주요 프로젝트' 계획을

---

14) 서창배, "중국 EV배터리 소재산업별 공급망 분석," 현대중국연구, 제24권 3호, pp. 153-181; 서창배, "제4장 중국: 자동차산업 후발국에서 전기자동차 선도국으로." 『글로벌 전기차 배터리 전쟁: 기술과 정책』, 서울: 다해, 2022, pp. 145-209; 김현진·서창배, "한·중 EV 배터리 생산설비의 해외투자 요인분석," 한중사회과학연구, 제21권 2호, pp. 61-86 등을 종합·정리하여 작성한 것임.

15) 시장환기술(市场换技术)정책은 중국 로컬 기업과 글로벌 기업이 합작을 통해 거대한 중국시장을 글로벌 기업에 제공하는 대신, 중국이 그들의 기술과 이익을 취한다는 정책을 의미함.

16) 삼종(三纵): 연료전지차, 전기자동차, 하이브리드 전기자동차.
삼횡(三横): 복합에너지 제어시스템, 드라이브 모터 및 제어시스템, 동력 배터리 및 관리시스템

내세우며 관련 자문단을 결성한 바 있다.

　그 후, 12차 5개년 규획(12·5규획)에서는 '전기차 과학발전 중점항목 프로젝트'를 추진하고, 이후 중국의 EV 정책은 큰 진전을 이루었다. 가장 핵심이 되는 정책은 2012년 발표한 '에너지 절감 및 신에너지 자동차 발전 규획'과 2020년 발표한 '신에너지 자동차 발전 규획(2021–2035)'이다. 이는 중국의 EV 및 배터리산업의 2035년까지 구체적인 내용을 알 수 있다는 점에서 중요하다. 더욱이 최근 기후변화에 대한 위기감이 고조되고 탄소중립 사회로의 전환이 글로벌 핵심 당면 과제로 떠오르며, EV 등 신재생 에너지 자동차시장으로 전환 중인 중국 자동차산업의 미래에 대한 관심이 더욱 증가하고 있다. 특히 2021년 '글래스고 기후합의(Glasgow Climate Pact)를 전후하여, 다수의 국가가 친환경 에너지 개발과 내연기관차(가솔린·디젤) 배기가스 배출 규제 기준 등을 더욱 강화하는 추세에서 비롯되고 있다.

표 4-3　중국의 '신에너지 자동차 발전 규획'의 주요 목표 및 내용(2012~2035)

구분	에너지 절감 및 신에너지 자동차산업 발전 규획(2012~2020) (节能与新能源汽车产业发展规划)	신에너지 자동차산업 발전규획 (2021~2035) (新能源汽车产业发展规划)
주요 목표	**(2015년)** • EV 및 PHEV 누적생산 및 판매량 50만 대 • 일반차량 평균 연료소비량 6.9리터/100km 이하 • 에너지 절약형 승용차의 평균연비 6.9리터/100km 이하 **(2020년)** • EV 및 PHEV 200만 대 이상 생산능력 보유, 누적생산량 500만 대 이상 • 연료전지/수소에너지 산업의 국제적인 발전 평균 연료소비량 5.0리터/100km • 에너지 절약형 연료소비량 4.5리터/100km	**(2025년)** • 신형 순수EV의 평균 전력소비량 12.0kWh • 신차 판매량을 NEV 비중 20% 달성 • 배터리 충전 • 교환의 편리성 제고 **(2035년)** • NEV 핵심기술 세계 최고 수준으로 상향 • NEV 신차판매량에서 BEV 점유율 확대 • 공공부문 100% EV로 전환, FCEV 상업화 • 수소연료공급시스템 확대 ※ (자동차공정학회): 2035년까지 EV 판매비중 50%로 확대

	1. 신에너지 자동차 시범사업 지속 추진, 중소도시 공공서비스 분야에서 추진 범위 확대, 민간 신에너지 자동차 구매 시 보조금 시범사업실시 등 2. 대중화 적극 홍보 3. 현지 조건에 따른 대체연료 차량 개발, 에너지 다각화 4. 충전시설 적극 확대 5. 배터리 활용 및 재활용 관리 강화	**(5대 임무)** 1. 기술혁신 능력 향상 2. 새로운 산업생태계 구축 3. 산업 융합 발전 추진 4. 인프라 시스템 완비 5. 개방 협력 심화 **(5대 보장 조치)** 1. 업계 관리 개혁 심화 2. 정책 법규 시스템 완비 3. 인재 풀(pool) 확대 4. 지식재산권 보호 강화 5. 부문별 협력 강화
관련 정책 강화		

주: EV(Electric Vehicle, 전기자동차), HEV(Hybrid Electric Vehicle, 하이브리드), PHEV(Plug-in Hybrid Electric Vehicle, 플러그인 하이브리드), BEV(Battery Electric Vehicle, 배터리전기차), FCEV(Fuel Cell Electric Vehicle, 연료전지차)

자료: 서창배, "제4장 중국: 자동차산업 후발국에서 전기자동차 선도국으로," 『글로벌 전기차 배터리 전쟁: 기술과 정책』, 서울: 다해, 2022, p.157.

[그림 4-3] 미·중·EU·기타 지역의 EV 등록 및 판매점유율 추이 (2016~2021년 기준) (단위: 천 대(좌), %(우)

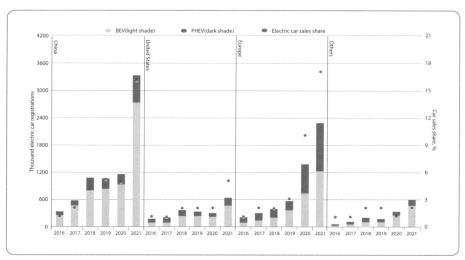

자료: IEA, "Electric car registrations and sales share in China, United States, Europe and other regions, 2016-2021," [Online] www.iea.org/data-and-statistics/charts/electric-car-regist rations-and-sales-share-in-china-united-states-europe-and-other-regions-2016-2021 (검색일: 2023.3.1.); 김현진·서창배, "한·중 EV 배터리 생산설비의 해외투자 요인분석," 한중사회과학연구, 제21권 2호, p.75에서 재인용.

중국 정부의 강력한 지원정책 속에 중국 EV 시장은 전 세계 EV 판매량(2021년 기준)에서 51.7%의 비중(3,519,054대)을 기록하며 여타 국가들과 비교하기 어려울 정도의 독보적인 위치를 차지하고 있다. 대다수 국가가 거의 유사한 수준이었던 2010년대 초반과 달리 달리 시간이 지날수록 중국과 여타 국가 간의 EV 판매량이 더욱 격차가 커지는 추세를 보여 당분간 현 상황이 유지될 것으로 예상한다. 다만, 2020년 이후 EU의 EV 등록 및 판매율도 급증하는 추세를 보여 EV 시장을 둘러싼 중국과 EU의 경쟁이 더욱 확대될 것으로 전망한다.

2. EV배터리 산업[17]

EV를 비롯한 신에너지 자동차산업의 발전에 따라 이차전지 수요도 급증하며 국제경제의 핵심 산업으로 진화하고 있다. EV 배터리산업의 경우, 한·중·일 3국이 이차전지 생산에서 글로벌 점유율 80% 이상을 차지하고 있다. 최근 중국의 비중 증가, 한국은 보합, 일본은 비중이 급감하는 추세이다. 시장조사업체 SNE Research(2023.2)에 따르면, 2023년 글로벌 EV용 배터리 시장점유율은 중국 51% 이상, 한국 23.4%, 일본 7.3% 정도로 전망하고 있어 한국과 중국 간의 치열한 경쟁이 진행 중이다.

그중, 한국은 LG 에너지솔루션·삼성SDI·SK이노베이션 등이 리튬 기반의 삼원계(NCM[18]·NCA[19]·LCO[20]·LMO[21]) 배터리를 주로 생산하고 있으나, 대부분의 핵심소재를 수입에 의존하고 있다. 반면에, 중국은 리튬인산철(LFP)계 배터리를 중심으로 저비용, 고출력의 배터리 제품을 생산하고 있으며 강력한 정부의 지원

---

17) 서창배, "중국 EV배터리 소재산업별 공급망 분석," 현대중국연구, 제24권 3호, pp. 153-181; 서창배, "제4장 중국: 자동차산업 후발국에서 전기자동차 선도국으로," 『글로벌 전기차 배터리 전쟁: 기술과 정책』, 서울: 다해, 2022, pp. 145-209; 김현진·서창배, "한·중 EV 배터리 생산설비의 해외투자 요인분석," 한중사회과학연구, 제21권 2호, pp. 61-86 등을 종합·정리하여 작성한 것임.

18) 니켈·코발트·망간; Nickel-cobalt-manganese.

19) 니켈·코발트·알루미늄; Nickel-cobalt-aluminium.

20) 리튬·산화 코발트; Lithium-cobalt oxide.

21) 리튬·산화 망간; Lithium-manganese oxide.

정책, 대규모 투자 및 거대한 내수시장에 힘입어 크게 성장한 상태이다(표 4-5 참조). 특히 EV 배터리 소재에 필요한 광물의 고(高)순도 정·제련 기술력 보유와 함께 4대 핵심소재(양극재·음극재·전해질·분리막)도 중국 내 자체 생산 비중을 강화하고 있다. EV배터리 핵심소재별 제조 비중(표 4-4 참조)을 보면, 중국은 양극재 42%, 음극재 65%, 전해질 65%, 분리막 43% 등 전반적으로 높은 비중을 차지하고 있다.

표 4-4 국가별 EV 배터리 4대 핵심소재 제조 비중 (단위: %)

국가	양극재	음극재	전해질	분리막
한국	15	6	4	28
미국	–	10	2	6
중국	42	65	65	43
일본	33	19	12	21
기타	10	–	17	2

자료: FCAB(2021), National Blueprint For Lithium Batteries 2021~2030.

표 4-5 중국의 이차전지 배터리산업 주요 정책과 내용

발표	주요 정책	주요 내용
2018.1	신에너지 자동차 배터리 회수용 관리 임시 방안	배터리 기업과 자동차 기업 간의 협동 추진
2018.6	전력 비축용 리튬배터리	리튬 배터리의 규격, 기술 요구 규정
2019.10	산업 구조조정 지도 목록	리튬배터리 등 신형 배터리 개발 장려, 생산체인 건설 등
2020.3	전기차용 배터리 관리 시스템 기술 조건	전기차용 배터리에 대한 구체적인 요구
2020.5	전기차용 배터리 안전 요구	배터리의 안전에 대한 전반적인 요구 강화
2020.9	13차 전인대 3차 회의 제4937호 건의의 답변	리튬배터리 업계 규범 조건의 실시를 조직, 산업의 합리적인 구조 및 자원 분배, 악성경쟁 철폐, 건강한 산업발전 추구
2020.10	신에너지 자동차 산업발전 규획	'삼횡' 관련 부품 기술 시스템 확립 심화
2021.2	녹색 저탄소 순환발전경제 시스템 건설의 지도 의견	대용량 저장 기술 연구 확대, 신에너지 자동차 충전교환, 수소 등의 인프라 건설

2021.7	신형 에너지 비축 발전의 지도 의견 가속화	탄소피크 및 탄소중립의 달성을 위해 전력시스템 향상 및 안전 등에 대한 전반적인 인프라 건설
2021.12	리튬배터리 업계 규범 공고 관리 임시 방안	리튬배터리 기업의 신청 및 감독, 관리 등에 대한 명백한 설명
2021.12	리튬배터리 업계 규범 조건	리튬배터리 업계의 산업구조, 생산능력, 퀄리티 등의 관리

자료: 中商情報网讯(2022.7.21), 2022年中国锂离子电池行业最新政策汇总一览

현재 글로벌 EV 배터리 시장은 한·중·일 3국 간의 치열한 경쟁이 전개되고 있다. 2021년 상반기 기준으로, 중국 EV 배터리 제조업체의 글로벌 시장점유율은 39%를 차지하며 한국(37%), 일본(19%)보다 비교적 근소한 격차로 앞서는 것으로 나타났다. 그러나 2022년 시장점유율에서는 CATL과 BYD의 비중이 큰 폭으로 증가하며 중국 56%, 한국 26%, 일본 10% 순으로 나타나고 있다.

표 4-6 세계 주요 전기차 배터리 제조업체 생산량 순위(2021년 상반기 기준)

순위	배터리-셀 공급기업	시장 점유율 (%)	국가 (본사 소재지)	공급 규모* (GWh)	2016~ 2020 성장률 (%)	공급받는 전기차 제조사 (계약 기준)
1	CATL (Contemporary Amperex Technology)	26	중국 (푸젠)	21.6	3,400	BMW. Honda, Dongfeng Motor Corp., SAIC Motor Corp., Stellantis, Tesla, Volkswagen Group, Volvo Car Group
2	LG Energy Solution	26	한국	21.4	1,193	General Motors, Groupe Renault, Stellantis, Tesla, Volvo, VW Group
3	Panasonic	17	일본	14.1	214	Tesla, Toyota
4	Samsung SDI	7	한국	5.5	399	BMW, Ford, Stellantis, VW Group
5	BYD	7	중국 (광둥)	5.5	113	BYD, Ford

6	SK Innovation	4	한국	3.4	226	Daimler, Ford, Hyundai, Kia
7	CALB (China Aviation Lithium Battery)	3	중국 (장쑤)	2.7	321	GAC Motor, Zhejiang Geely, Holding Group Co.
8	Gotion High-Tech (Guoxuan)	2	중국 (안후이)	1.4	23	Chery Automobile Co,. SAIC, VW Group
9	AESC (Automotive Energy Supply Corp.)	2	일본	1.4	46	Groupe Renault, Nissan
10	REPT (Ruipu Energy)	1	중국 (저장)	0.6	100	Dongfeng, Yudo Auto
	기타	5		4.2	122	
	Total	100		81.6	366	

주: * 공급 규모는 2021.1~5월 기준

자료: IEEE(Institute of Electrical and Electronics Engineers) spectrum, [Online] spectrum.ieee.org(검색일: 2022.11.6)

3. 반도체산업[22]

중국 반도체산업의 시초는 게르마늄(1958년), 실리콘(1963년) 등 소재부품 발전 단계의 제정으로부터 시작된다. 이후 1968년 永川고체회로(반도체) 연구소를 설립하였고, Intel보다 5년 늦은 1975년에 NMOS/CMOS회로 1K DRAM을 설계(북경대)하였다. 1978년에는 4K DRAM을 개발하고 이듬해 이를 양산하였으며 1980년에 대규모 IC생산라인을 구축하였다. 이 기간을 중국산 반도체 초기 단계(1965~1978년)로 본다. 개혁·개방 이후 중국 산업이 전면 회복하면서 1990년까지 상하이 베이링, 상하이 선진반도체, 화징전자그룹 등 중외합자를 통해 외자기

---

22) 서창배. (2022.9.23.), "중국의 반도체산업 정책 및 전략," 한국정치사회연구소 주최 2022년 에지 (edge) 시대 반도체산업의 협력과 갈등 세미나 발표논문집; 김은영·서창배, "한국과 주요국 간의 반도체산업 수출경쟁력 및 수출경합도 비교 분석," 『아시아연구』, 제24권 4호, 2021.11 등을 종합·정리하여 작성한 것임.

술을 도입하였다. 1990~2000년 908공정[23](8・5계획)・909공정[24](9・5계획) 단계에는 无锡华润上华, 上海华虹, SMIC를 설립하였다. 2000년부터는 중국 반도체산업 발전의 가속화 시기로 SW/IC산업장려정책(국무원 18호 문건, 2000.6.24.)을 추진하며 다국적 반도체 기업 중국 투자 진출, 中星微, 珠海炬力, 展讯, 瑞星微 등을 설립하였다.

2010년대에 들어 반도체산업 전반에 대한 전략적 중요성 인식이 제고됨에 따라 국무원은 2011년 'SW/IC 산업발전장려정책'(进一步鼓励软件产业和集成电路产业发展的若干政策, 4호 문건)을 발표하였다. 2014년 6월에는 '국가IC산업발전 추진요강'(国家集成电路产业发展推进纲要)을 발표하고 IC산업발전을 국가 전략으로 격

[그림 4-4] 중국 반도체시장 규모 및 증감률(2015~2021년 기준) (단위: 억 달러, %)

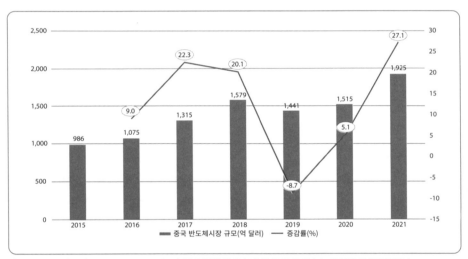

자료: 观研报告网(Insight and Info), 中国半导体芯片行业发展现状研究与投资趋势调研报告(2022~2029年), 2022. https://www.chinabaogao.com/bao gao/202209/610698.html

---

23) 908프로젝트(908工程): 1990년 8월 8・5계획(1990~1995년) 기간 중 반도체산업 고도화 추진을 결정하고, 중국 반도체산업을 1마이크로미터(μm; 1/100만분·m) 이하 공정 제조 시대 진입 촉진 프로젝트(총 투자액은 약 20억 위안)

24) 909프로젝트(909工程): 1995년 말, 반도체산업 발전 촉진을 위한 2개 주요 프로젝트를 제시. ① 중앙 정부-상하이 공동으로 8인치 웨이퍼 팹설립 투자(Hua Hong-Microelectronics(이후, HuaHongGroup개명)), ② 시장경제 중심의 집적회로 기업 발전 적극 추진

상하였다. 중국 국무원은 2016년 5월, 2050년 글로벌 과학기술 혁신 강국 건설을 목표로 하는 "국가혁신주도발전전략 요강(国家创新驱动发展战略纲要)"을 발표하고 산업 강국, 경제 강국 및 글로벌 강대국을 향한 구체적인 로드맵을 제시하였다. 13·5규획(2016~2020년)에서는 〈중국제조 2025〉를 포함한 산업고도화 및 전략적 신흥산업 육성을 경제발전 주요 동력으로 설정하였고, 첨단장비 관련 소재부품산업의 국산화 추진을 위해 노력하고 있다. 14·5규획에서는 반도체 전 공정상 기술 및 생산 역량 개발을 목표로 공급망 자립화 전략을 추진하고자 한다.

한편, 중국 반도체시장 규모는 2015년 986억 달러에서 2016년 이후 1,000억 달러를 돌파하며 더욱 그 규모를 확대해나가고 있다. 2017년과 2018년에는 각각 1,315억 달러와 1,579억 달러를 기록하며 20%가 넘는 증가율을 기록하였다. 2019년 성장세가 다소 감소하였으나, 2020년 전년대비 5.1% 증가한 1,515억 달러를 나타내며 다시 성장세로 전환하였고, 2021년에는 1,925억 달러를 기록함으로써 전년대비 27.1% 급증하였다. 이를 종합해볼 때, 중국 반도체시장은 2015~2021년 기간 동안 연평균 11.8% 증가하였으며, 디지털경제시대 진입과 함께 더욱 확대될 것으로 전망된다.

한편, 중국 반도체의 수출 규모는 2020년 기준 1,930억 달러로 지난 5년간 연평균 약 13% 증가하였다. 전 세계 수출시장점유율은 16.07로 세계 1위 자리에 있으며, 매년 증가추세를 보이고 있다. 중계 무역지역인 홍콩을 포함하면 세계 수출시장점유율은 32% 이상의 높은 비중을 차지하고 있다. 한국 역시 지난 5년간 반도체 수출이 크게 증가하여 세계 4위(홍콩제외) 수준의 점유율을 보유하고 있다. 2020년 기준 반도체 수출규모는 1,021억 달러이며 연평균 증가율은 18.60%로 세계에서 가장 빠르게 증가하는 추세를 보인다.[25]

---

25) 김은영·서창배, "한국과 주요국 간의 반도체산업 수출경쟁력 및 수출경합도 비교 분석," 『아시아연구』, 제24권 4호, 2021.11, pp. 191-210. 반도체 세부품목 및 품목코드 연계 등 자세한 사항은 동 논문을 참고.

표 4-7	세계 반도체 수출 규모와 점유율 추이				(단위: 억 달러, %)	
	2016	2017	2018	2019	2020	연평균 증가율
전 세계	8,401	9,967	11,151	10,926	12,010	
홍콩	1,323 (15.75)	1,502 (15.07)	1,740 (15.60)	1,738 (15.90)	1,960 (16.32)	10.51
중국	1,197 (14.25)	1,353 (13.58)	1,669 (14.97)	1,775 (16.25)	1,930 (16.07)	12.87
타이완	921 (10.97)	1,071 (10.74)	1,111 (9.96)	1,168 (10.69)	1,406 (11.71)	11.38
싱가포르	891 (10.60)	970 (9.74)	979 (8.78)	916 (8.38)	1,030 (8.58)	3.95
한국	630 (7.50)	1,088 (10.92)	1,362 (12.21)	969 (8.87)	1,021 (8.50)	18.60
미국	603 (7.18)	637 (6.39)	663 (5.94)	663 (6.07)	655 (5.46)	2.13
말레이시아	384 (4.57)	447 (4.48)	578 (5.19)	562 (5.14)	601 (5.00)	12.47
일본	388 (4.62)	422 (4.23)	447 (4.01)	439 (4.01)	456 (3.80)	4.19
독일	228 (2.71)	274 (2.75)	302 (2.70)	268 (2.45)	242 (2.01)	2.36
필리핀	162 (1.93)	237 (2.38)	242 (2.17)	251 (2.30)	241 (2.01)	12.04

주: ( )는 증감률
자료: 김은영 · 서창배, "한국과 주요국 간의 반도체산업 수출경쟁력 및 수출경합도 비교 분석," 『아시아연구』, 제 24권 4호, 2021.11, p.196.

중·국·경·제·론

제 **5** 장

중국의 FDI 및 OFDI

제5장　중국의 FDI 및 OFDI

제1절 중국의 외국인직접투자(FDI)

1. 제도적 특징

1) 3자 기업 중심의 FDI 유치 정책(1978~2019년)

중국 정부는 1978년 개혁·개방정책 추진 이래 외국인직접투자(FDI; Foreign Direct Investment)를 통해 외국기업의 선진설비와 기술 전이(轉移) 효과를 활용함으로써 국내 산업 육성을 도모함에 가장 목적을 두었다. 이를 위해 남부 및 동부 연해 지역을 중심으로 경제특구와 연해경제개방구 등을 설치하여 복잡한 행정 절차의 간소화와 함께 조세상의 혜택 등과 같은 각종 우대조치를 외자(外資)기업들에게 제공해 왔다. 특히 조세우대의 경우, 중국 국내기업이 기업소득세[1] 33%(국세 30%, 지방세 3%)를 부과받는 것과 달리 외자기업은 15%, 24% 등에 불과했고 '이면삼감(二免三減)[2]', '토지의 50년 무상임대' 등과 같은 파격적 제안도 있었다. 또한, 각 지방정부도 외자 유치 확대를 위해 토지 무상공급, 전력·용수 공급, 지방세 면제 등 각종 인센티브를 제공하였다. 이러한 중국 정부의 적극적인 외국인투자정책에 힘입어 對중국 외국인투자는 급속한 증가세를 보였다. 특히 1992년 이후 5개 경제특구에 한정되었던 우대조치가 사실상 중국 전역으로 확대되면서 중국에 대한 외국인투자는 더욱 급증하였다.

이러한 추세는 2001년 중국의 WTO 가입과 더불어 더욱 큰 폭의 증가 추세로 이어졌다. 중국은 WTO 가입을 전후하여 자국 법률제도, 정책 등의 조정 및 재정비가 불가피했으나, WTO 회원국이 누릴 수 있는 다양한 혜택과 거대한 소비시

---

[1] 한국의 법인세에 해당함. 중국 정부는 2008년 1월부터 내·외자기업 간의 기업소득세 차별을 폐지하고 기본 기업소득세율을 25%로 단일화한 바 있음.

[2] 중국은 FDI 유치 확대를 위해 외자기업에 대해 이면삼감, 즉 이윤발생 후 기업소득세 2년 면제, 3년 50% 감면 등의 혜택을 제공한 바 있음.

장으로의 성장 가능성 등으로 인해 외자기업 유치가 더욱 증가하였다. 다만, 중국 정부는 여전히 핵심 산업에 대해 개방을 통한 개혁보다는 규제로 접근 자체를 불허하고 있다.

이때까지의 중국의 외국인투자 관련 기본법률의 체계는, '외상투자기본법', '행정법규', '중앙정부의 관련 산업 정책', '중앙정부 관계 부문의 규장', '지방정부 인민대표회의 및 인민정부에서 제출된 관련 산업의 정책', '기타 규범성 문건' 순으로 강제성이 크다.[3]

첫째, 외자기업법, 중외합자경영기업법, 중외합작경영기업법 등 3대 외상투자기본법이 존재했다. 가장 기본법률이고 외국인의 기업설립과 운영에 관한 것들이다. 중외합자경영기업법(中外合资经营企业法, 이하 합자기업법)·중외합작경영기업법(中外合作经营企业法, 이하 합작기업법)·외자기업법(外资企业法, 이하 독자기업법)이 있는데, 3자기업(三资企业)이라고 통칭하기도 한다. 중국에서 외국인이 사업자로 등록하기 위해서는 외국인 투자기업 범위 내에서 등록하는 방법밖에 없다.[4]

둘째, 행정법규이다. 3대 외상투자기본법의 주요 실행 부분으로, 합자기업법(合资企业法)의 〈실시조례(实施条例)〉, 합작기업법(合作企业法)의 〈실시세칙(实施细则)〉, 외자기업법(外资企业法)의 〈실시세칙(实施细则)〉 등이 있다. 3대 외상투자기본법과 같이 구성되어서 외상투자행위에 대한 합법성의 구비 여부를 판별하는 근거가 된다.

---

3) 找法网(http://china.findlaw.cn, 2012.3.1.), "我国涉及外商投资的基本法律体系".

4) 외상투자기본법에 따라 설립되는 '3자 기업'에는 "합자기업(合资企业)", "합작기업(合作企业)", "독자기업(独资企业)"이 있다. "합자기업(合资企业)"은 중국 측 투자자와 외국 측 투자자가 법규에 따라 공동 투자하고, 공동 경영하고 기업의 이익을 투자비율에 따라 나눠 갖는다. 투자 양쪽은 투자방식을 불문하고 반드시 투자에 상응하는 지분을 가지며, 투자지분에 따라 유한책임을 지게 된다. 합자기업의 경영을 중지하거나 청산 시에도 기업의 총자산에서 채무를 우선 변제하고 잔여자산을 투자비율에 따라 분할한다. "합작기업(合作企业)"은 투자하는 쌍방이 법규에 따라 기업을 공동으로 설립하고 상호 간의 협의에 따라 작성된 계약에 근거하여 경영, 이익분할, 손해부담을 한다. "독자기업(独资企业)"은 외국 측 투자자가 자본 전부를 독자적으로 투자한다. 전체 투자자본이 외국 측 투자자의 소유이기 때문에 경영 일체의 독립이 보장되지만, 중국 내외에서 주식과 채권의 발행은 할 수 없다. 중국에서 경영권 분쟁 때문에 한국기업들이 가장 많이 선호하는 유형이었다.

중국 3자 기업(三資企業)의 비교

구분	중외합자경영기업	중외합작경영기업	외상독자기업
설립 방법	• 외국인이 중국기업 또는 기타 경제조직과 공동으로 투자	• 외국인이 중국기업 또는 기타 경제조직과 공동으로 투자	• 외국인이 단독 또는 2인 이상의 외국인이 투자
경영 권리	• 투자지분 비율에 근거한 경영 권리와 의무가 있음 • 비교적 긴 합영기간	• 양측의 합의된 계약에 근거하여 경영 권리와 의무를 실행 • 비교적 짧은 합영기간	• 단독경영
최고 의사 결정과 경영 주체	• 동사회(董事會)5)와 공동 경영 • 조직 형식에 비춰 법인 자격 있음	• 계약에 근거한 동사회 또는 연합관리 위에서 공동·일방·제3자위탁 경영 중에서 채택 • 법인 자격 없음	• 동사회와 단독 경영
기업손실 시 책임 의무	• 출자금 한도 내에서 경영상의 책임 의무	• 유한책임회사는 출자금 한도 내에서 경영상의 책임 의무. 단, 연합체 성격의 기업은 공동책임	• 출자금 한도 내에서 경영상의 책임 의무
자본금의 우선 회수가능 여부	• 불가능	• 가능	• 가능
이윤분배	• 지분율에 근거	• 계약서에 근거	• 투자자 단독 결정
외국인 최소 지분율	• 등록자본금의 25% 이상, 기술투자의 경우 기술투자 지분 20% 초과 불가	• 등록자본금의 25% 이상	• 등록자본금 100%
분할 출자 가능 여부	• 분납 가능	• 계약내용상 기재되면 가능	• 분납 가능

자료: 장정재(2010), 「쉽게 풀어쓴 중국재무회계와 조세 실무」, 21쪽.

셋째, 중앙정부의 관련 산업 정책이다. 국내외 경제 정세와 시장요구에 대해

---

5) 동사회(董事會)는 한국의 '주식회사 이사회'와 같은 개념으로서, 기업의 최고의사결정기구이자 총경리(總經理)의 임면(任免)과 경영사항에 대한 중요 결정권을 지닌 의사기구이다. 동사회의 구성원을 동사(董事)라 하고, 그중 의장격인 동사장(董事長)을 선임한다. 중국의 동사회는 다수결이 아닌 만장일치 조항들이 많이 존재하기 때문에 그 역할이 상대적으로 매우 중요하다. 그러나 한국기업의 특성상 실제 현장에서는 기업의 대표자가 동사장(董事長)과 총경리(總經理)를 겸임하거나 기업대표자가 동사장(董事長)을 맡고 동사, 부장 등에게 총경리(總經理) 직책을 맡기는 게 일반적이다. 총경리(總經理)는 한국에서의 기업대표자와 같은 개념으로 기업의 전반적인 경영을 책임진다.

융통성 있고 광범위한 조정을 할 수 있다. 그러나 현행 법률체계와는 충돌된다는 문제가 있고, 정부의 예상하지 못한 정책실행은 시장으로부터 비판받기도 한다.

넷째, 중앙정부 관계 부문의 규정이다. 외상투자법률제도에 대한 미시적 관점에서의 융통성 있는 실현방안이다. 관련 규정의 제정은 주무부서 주도적으로 하지만, 기타 유관 부서들과 공동으로 제정하기도 한다.

다섯째, 지방정부 인민대표회의 및 인민정부에서 제출된 관련 산업 정책이다. 지방성 법규와 지방정부의 규정 모두 포함되는데, 향토적 특색이 분명하다. 개혁개방 이후 각 지방정부에서는 외상투자기업을 적극적으로 유치하기 위해, 중앙법률과는 상관없이 파격적인 우대정책을 자체적으로 제시하였다. 이것을 놓고 중국 내부에 서는 '초국민 대우'라는 비판이 제기되기도 했다.

여섯째, 기타 규범성 문건이다. 광범위하게는 중앙정부의 관계기관에서부터 지방정부 관계기관에 이르기까지 정식으로 공포되는 문건들이 여기에 해당된다. 중앙·지방정부 관계기관이 특정 사항에 대한 비준(批准)·답변성 문건도 해당된다. 일반적으로 행정담당자가 업무처리 상에서 관련 규정이 모호하거나 없을 때 상위기 관에 의견을 요청하고 받은 결정문이다. 또한, 법률적 근거는 있으나 국익 차원에서 예외를 허용하는 경우 이를 확인해 주는 문건이다.

표 5-2 중국 외상투자 관련 법률

등급	관련 법률 예시
1등급	〈중외합자경영기업법(中外合资经营企业法)〉, 〈중외합작경영기업법(中外合作经营企业法)〉, 〈외자기업법(外资企业法)〉
2등급	합자기업법(合资企业法)의 〈실시조례(实施条例)〉, 합작기업법(合作企业法)의 〈실시 세칙(实施细则)〉, 외자기업법(外资企业法)의 〈실시세칙(实施细则)〉, 경영각방출자(合营各方出资)의 〈약간의 규정(若干规定)〉, 〈외상투자방향지도규정(指导外商投资方向规定)〉, 〈외상투자기업청산방법(外商投资企业清算办法)〉
3등급	〈외자업무개선에 대한 약간의 의견(关于进一步做好利用外资工作的若干意见)〉
4등급	〈외상투자가 개설하는 투자성회사의규정(外商投资举办投资性公司的规定)〉 〈외상투자기업의 합병과 분립의 규정(关于外商投资企业合并与分立的规定)〉
5등급	〈산둥성외상투자기업노동관리조례(山东省外商投资企业劳动管理条例)〉, 〈광둥성외상투자촉진실시방법(广东省鼓励外商投资实施办法)〉
6등급	–

자료: 중국 找法网에 근거 저자 작성(2013.10).

2) 통합 외상투자법의 전면 시행(2020년~현재)[6]

중국정부는 외자기업법, 중외합자경영기업법, 중외합작경영기업법, 즉 외자 3 법을 통합한 '외상투자법(外商投資法)' 및 실시조례를 2020년 1월 1일부터 전면 시행하고 있다. 총 6장, 42개 조항으로 구성된 외상투자법은 '대외개방' 하에 '내국민대우(NTE)' 원칙과 '네거티브 리스트(negative list)' 관리제도를 확립한 것이 가장 큰 특징이다. 과거 FDI 제도 및 정책이 '심사허가'와 '우대정책' 위주였던 것과 달리, 외상투자법은 '내·외자기업 간의 동등한 내국민대우 원칙'을 강조하고 투자 대상 산업의 범위를 과거보다 폭넓게 인정하기 시작했다는 점에서 차별화되고 있다.

또한, 외자기업의 지식재산권(IPR) 보호 및 강제 기술이전 금지, 지식재산권 침해 시 법적 책임 추궁 등을 강조함으로써, 중국 정부의 외자기업에 대한 IPR 보호 의지를 보다 강조하고 있다. 특히 외국인투자 과정의 기술협력 조건은 투자 쌍방의 공평한 원칙에 따라 협상을 통해 결정하고, 행정 기관 또는 관계자가 행정수단을 활용해 강제 기술이전이 불가능하도록 명시하고 있다. 더불어, 지방정부의 약속 이행 강화, 수용 금지 및 수용 시 합리적 보상 지급, 외자기업 금융거래 자율권 보장, 외자기업 민원처리 시스템 구축 등 외자기업의 합법적인 권리보장을 강조하고 있다.

이에 따라, 중국 정부가 개혁·개방 초기부터 40여 년 동안 유지해온 '외자기업법', '중외합자경영기업법', '중외합작경영기업법' 등 외자기업 유형에 따른 법률체계, 즉 외자 3법은 폐지되었고, 외국인투자기업은 '회사법'에 의해 적용받게 되었다. 외상투자법 실시조례(이하 '조례')는 '외상투자법'에 의해 제정한 가장 중요한 세부적 행정법규로서 모법과 2020년 1월 1일 발효되었다. 동 조례는 총 6장(제1장 총칙, 제2장 투자촉진, 제3장 투자보호, 제4장 투자관리, 제5장 법률책임, 제6장 부칙), 49개 조항으로 구성되어 있으며, 내·외자기업 간의 차별 없는 동일 원칙을 강조하고, 외국인투자 관련 정책의 투명도 제고 및 '외상투자법'의 세부화를

---

6) 동 사항은 KOTRA 해외시장뉴스의 국가지역정보: 중국-투자유치제도의 내용을 바탕으로 작성되었음. https://dream.kotra.or.kr/kotranews/cms/nation/actionNatItemDetail.do?pageNo=&pagePerCnt=10&SITE_NO=3&MENU_ID=220&CONTENTS_NO=1&pUntyCnttCd=&pUnNatCd=&uperCd=3&ctgySn=414&lowerCtgySn=520&chkNatSn=156&pRegnCd=01&pNatCd=156

핵심으로 하고 있다. 외국인투자 유치 증대를 위해 외국인투자 보호제도를 강화했으며 외자기업의 가장 큰 애로사항이었던 정책적인 투명성의 강화와 정책제정 과정 참여에 대해 구체적으로 명시하고 있다. 한편, 이러한 법률 외에도 중국에는 외국인 투자자의 시장진입을 규제하는 "외국인투자 산업 지도 목록(외국인투자 네거티브 리스트)", 자유무역구(FTZ), 중/서부지역 등 특정 지역 외국인투자를 관리하는 "FTZ 네거티브리스트", "중서부 외국인투자 우세산업목록" 등 행정규정도 존재하고 있다.

2. 외국인직접투자(FDI) 현황과 특징

1) 對중국 FDI의 주요 주체

중국의 외국인투자 주체는 크게 화교 자본, 선진자본, 조세회피 지역 자본 등으로 구분할 수 있다. 싱가포르, 홍콩, 타이완 등과 같은 해외 화교 기업들의 對중국 투자는 개혁개방 초기부터 적극적이었다. 중국 정부가 화교 자본을 적극적으로 유치하기도 했지만, 화교들이 중국의 성장 가능성을 미리 예견하였고 언어적 동질감은 큰 자산이었다. 중국 경제의 고속성장과 투자환경개선으로 해외 화교 기업의 對중국 투자는 지속적인 증가세를 유지하였고, 화교 자본은 중국 경제의 고도성장에 핵심역할을 했다. 한편, 미국, 일본 등 선진국들의 중국진출은 한국보다 빨리 진행되었다. 미국은 중국과 1979년 국교 정상화 이후 합작기업 형식의 투자가 이뤄졌다. 미국기업들은 중국을 제조공장으로 인식하기보다는 판로개척의 시장으로 접근하였다. 일본은 1972년 중국과의 국교 정상화와 동시에 타이완과 단교를 했다. 일본은 중국투자 초기의 목적은 생산비의 절감을 위한 노동집약형 투자가 대부분이었다. 그러나 중국이 WTO 가입을 계기로 내수시장 공략에 집중하는 고부가가치 산업으로 전환되었다. 특히, 기술과 경쟁력이 뛰어난 자동차, 가전, 기계 등의 분야에서 중국진출 투자가 확대되었으며 중국 내수시장에서 우위를 선점하고 있다.

최근 FDI 추세를 보면, 2000년대 들어 외자 유입액이 급증하고 있는데, 매년

1,000억 달러 이상 유입되고 있다. 이는 첫째, 중국경제발전에 기인하며, 둘째, 시장 확대가 중요한 원인 중 하나이다. 즉, 중국 내수시장을 겨냥한 외자 유입이 증가하고 있다. 투자금액은 지속적인 증가 추세이지만, 투자기업의 수는 감소 추세여서 투자 규모가 대형화되는 것도 특징이다.

중국 상무부의 발표자료에 따르면, 2021년 FDI는 1,810억 달러로 전년 대비 21.2% 증가하였으며, 투자기업의 수는 47,647개 사로 23.5% 증가하였다. 2021년도 서비스산업에 대한 외국인투자액은 전년대비 16.7% 증가한 9,065억 위안으로 중국 총 FDI의 78.9%를 차지하였다. 특히, 신설 외자기업에서 서비스업의 비율은 91.2%를 차지하며, R&D 분야의 신설 기업은 동기대비 42% 증가하여 하이테크산업이 외자의 중요한 부분이 되고 있다.[7]

한편, 2021년도 중국 투자액이 높은 국가(지역)는 홍콩, 싱가포르, 버진아일랜드, 한국, 일본, 미국, 케이먼 제도, 마카오, 독일, 영국 순이며, 이들은 중국 전체 FDI의 약 97.0%를 차지하고 있다. 한국은 전년 대비 3.3% 증가한 40.4억 달러를 투자하였다.

표 5-3 중국의 FDI 추이(1992~2022) (단위: 억 달러)

연도	금액	연도	금액	연도	금액
1992	110	2003	535	2014	1,285
1993	275	2004	606	2015	1,356
1994	338	2005	724	2016	1,337
1995	375	2006	727	2017	1,363
1996	417	2007	835	2018	1,383
1997	453	2008	1,083	2019	1,412
1998	455	2009	941	2020	1,493
1999	403	2010	1,147	2021	1,810
2000	407	2011	1,240	2022	1,891

7) 服务业释放主动力 新动能打造新引擎——党的十八大以来经济社会发展成就系列报告之五 — 国家统计局(stats.gov.cn)

| 2001 | 469 | 2012 | 1,211 | | |
| 2002 | 527 | 2013 | 1,239 | | |

자료: 中国国家统计局, 「国家数据」(data.stats.gov.cn).

- 2007년 748억 달러 유입, 13.6% 증가, 기업 수 37,871개 사 13.6% 감소
- 2008년 924억 달러 유입 23.6% 증가, 기업 수 27,514개 사 27.4% 감소
- 2009년 900억 달러 유입 2.56% 감소, 기업 수 23,435개 사 14.8% 감소
- 2010년 1,057억 달러 유입 17.4% 증가, 기업 수 27,406개 사 16.9% 증가
- 2011년 1,160억 달러 유입 9.7% 증가, 기업 수 27,712개 사 1.1% 증가
- 2012년[8] 1,117억 달러 유입 3.7% 감소, 기업 수 24,925개 사 10.1% 감소
- 2013년 상반기 620억 달러 유입, 4.9% 증가, 기업 수 10,630개 사 9.2% 감소
- 2014년 1,196억 달러 유입, 1.7% 증가, 기업 수 23,778개 사 4.4% 증가
- 2015년 1,263억 달러 유입, 6.4% 증가, 기업 수 26,575개 사 11.8% 증가
- 2016년 1,260억 달러 유입, 0.2% 감소, 기업 수 27,900개 사 5% 증가
- 2017년 1,310억 달러 유입, 4.0% 증가, 기업 수 35,652개 사 27.7% 증가
- 2018년 1,383억 달러 유입, 1.5% 증가, 기업 수 60,560개 사 69.8% 증가
- 2019년 1,412억 달러 유입, 2.1% 증가, 기업 수 40,910개 사 32.4% 감소
- 2020년 1,493억 달러 유입, 5.7% 증가, 기업 수 38,578개 사 5.7% 감소
- 2021년 1,809억 달러 유입 21.2% 증가, 기업 수 47,647개 사 23.5% 증가

2) 對중국 FDI의 주요 목적

중국의 외국인 투자정책은 외국기업의 선진설비와 기술 도입을 통한 중국 내 산업 육성을 목적으로 추진되었다. 중국의 제조업은 선진기술기업에 견주어 낙후되고 자동화 설비와는 거리가 있었다. 대부분 노동집약적인 가공 산업으로 생산비용이 많이 소요되는 비효율적 시스템으로 불량률도 높았다. 그런데 외자기업이 설립되면서 중국기업들은 학습을 통해 문제를 발견하고 이를 개선할 기회를 맞이

---

8) 2012년의 경우, 홍콩(713억$), 일본(73.8억$), 싱가포르(65.4억$), 대만(61.8억$), 미국(31.3억$), 한국(30.7억$) 등을 기록함.

하였다. 나아가서 중국기업들은 외자기업과 합자를 통하여 기술을 축적하고 제품의 성능을 향상시켰다. 외자기업들은 주로 전자 · 통신 · 기계 분야에 투자 진출했는데, 중국기업의 기술 진보가 빠르게 이뤄졌으며 지금에 와서는 외자기업을 추월하는 글로벌기업으로 성장하기에 이르렀다. 또 하나의 요인은 중국 국영기업의 개혁을 통한 경쟁력 향상이 필요했다. WTO의 가입으로 인한 규제완화와 시장개방으로 중국의 외자기업과 국내 산업에 경쟁력은 생겼지만 국영기업은 여전히 독점적 지위로 연명해 나가고 있는 상황에서 그 심각성을 인지하지 못하고 있었다.

중국 대도시에 비해 상대적으로 낙후된 지역경제의 활력을 불어넣고 고용 창출이 필요했다. 외상투자기업이 동부연안에 진출함으로써 연해도시 성장을 주도하고 이를 거점으로 주변지역으로 발전이 확대되기를 기대했다. 또한, 외상투자기업이 증가하고 투자 규모도 확대됨에 따라 세금 징수를 통한 재정수입도 증가함으로써 낙후 지역에 재투자할 수 있는 재원 확보를 할 수 있게 되었다. 중국은 경제의 낙후성을 벗어나기 위해 경제개발을 추진했으나 자금부족은 늘 결정적인 장애 요인이었다. 그러나 외국자본의 유입으로 도로 · 교통 · 항만 · 통신 등 사회간접자본(SOC)에 투자할 수 있는 자금이 확보될 수 있었다. 확보된 외국자본은 중국 각 분야의 정체되고 장애가 있는 곳에 즉시 투입되어 문제를 해결하고 발전의 토대를 마련했다.

표 5-4   중국투자순위(세계의 對중국 FDI)   (단위: 억 달러)

순위	2010		2011		2012		2013	
	국가	금액	국가	금액	국가	금액	국가	금액
1	홍콩	674.7	홍콩	770.1	홍콩	712.9	홍콩	783
2	대만	67	대만	67.3	일본	73.8	싱가포르	73.3
3	싱가포르	56.6	일본	63.5	싱가포르	65.4	일본	70.6
4	일본	42.4	싱가포르	63.3	대만	61.8	대만	52.5
5	미국	40.5	미국	30	미국	31.3	미국	33.5

순위	2014		2015		2016		2017	
	국가	금액	국가	금액	국가	금액	국가	금액
1	홍콩	857.4	홍콩	926.7	홍콩	871.8	홍콩	945.1
2	싱가포르	59.3	싱가포르	69.7	싱가포르	61.8	싱가포르	47.6

순위	국가	금액	국가	금액	국가	금액	국가	금액
3	대만	51.8	대만	44.1	한국	47.5	버진아일랜드	39.9
4	일본	43.3	한국	10.4	미국	38.3	한국	36.7
5	한국	39.7	일본	32.1	대만	36.2	미국	26.5

순위	2018		2019		2020		2021	
	국가	금액	국가	금액	국가	금액	국가	금액
1	홍콩	899.2	홍콩	963	홍콩	1057.9	홍콩	1317.6
2	싱가포르	52.1	싱가포르	75.9	싱가포르	76.8	싱가포르	103.3
3	버진아일랜드	47.1	한국	55.4	버진아일랜드	52	버진아일랜드	52.8
4	한국	46.7	버진아일랜드	49.6	한국	36.1	한국	40.4
5	케이맨제도	40.7	일본	37.2	일본	33.7	일본	39.1

자료: 中国投资指南(http://www.fdi.gov.cn/), 中华人民共和国商务部(http://www.mofcom.gov.cn/)

표 5-5 14·5 규획기간, 외자 활용 계획 주요 내용 요약

주제	내용
외국인 투자접근 네거티브 리스트 감소	전국 단위, FTA 시험구, 자유무역구 지역 내 외국인투자접근 네거티브 리스트 특별관리 조치를 축소하고, 제조업, 서비스업, 농업의 개방 확대를 지속적으로 추진. 외국인투자주체에 대한 규제를 점진적으로 완화하여 더 많은 산업분야 내 외국인 지주나 독자경영허용
네거티브 리스트 형식 최적화	• 특별관리조치 내용을 세분화해 네거티브 리스트의 투명성 제고. • 네거티브 리스트 이외의 분야에서는 내국인 외국인 일치 원칙에 따라 '비금즉입(非禁卽入)' 시행
중점 영역 진입장벽 완화	전기통신, 인터넷, 교육, 문화, 의료 등 분야 관련 업무 개방 순차적 추진. 외국인 투자 법률, 운수 등 업종에 대한 업무 범위와 투자자 자격에 대한 요구사항을 점진적으로 완화
은행·증권·보험·펀드·선물 등 금융 분야 개방	자본시장 대외개방을 안정적으로 심화시키고, 양질의 외국인 투자자가 상장회사에 대한 전략적 투자조건 완화
시장접근 제한 지속 축소	시장접근 네거티브 리스트 축소, 창고업, 우편업, 정보전송, 소프트웨어와 정보기술서비스업, 임대 및 비즈니스서비스업, 과학연구와 기술서비스업 및 문화, 스포츠와 오락업 등의 진입 네거티브 리스트 감축, 시장 진입장벽 제거

외국인 투자기업 글로벌, 지역본부, 연구개발 센터 설립 지원	다국적기업의 지역본부, 연구개발 센터 설립 지원 – 중국의 국가 과학기술계획 프로젝트 참여 확대 및 구매센터, 결제센터 등 각종 기능성 기구의 설립 장려, 글로벌 첨단요소 자원 클러스터 형성
산학계 협력 강화	외국인 투자기업과 대학 등 고등교육 기관 간 교류 확대–산업 발전과 기업경영에 적합한 인재 육성
중서부, 동부지역 외국인 투자 장려 범위 확대	중서부와 동북지역의 산업맞춤형 체계 건설 추진. 산업 이전 역량 향상, 현지 자원 활용 및 시범 선도적인 역할이 강한 중점 외자 프로젝트 도입 장려로, 전 세계 중요 가공 제조 기지 육성 및 외자를 활용한 신성장 동력 실현
권역 클러스터 개발 협력 강화	징진지, 장강삼각주, 광동항만, 황허유역 경제벨트 등 역내 개발 전략 내 적극 참여 유도
첨단산업 외국인 투자 유치 유도	집적회로, 디지털경제, 신소재, 바이오의약, 첨단장비, 연구개발, 현대물류 등 산업 내 외국인 투자 직접발전 유도

출처: https://dream.kotra.or.kr/kotranews/cms/news/actionKotraBoardDetail.do?MENUID=100&
pNttSn=191712

제2절 중국의 OFDI

1. 해외투자의 시작과 발달 과정

1) 해외투자 시작과 실적

1992년 10월, 공산당 제14차 대표대회 〈정치보고〉에서는 '중국기업의 대외투자와 다국적경영을 적극적으로 확대한다'라는 OFDI에 대한 원칙이 제시되었으며, 이는 공산당 중앙위원회 차원에서 중국기업의 해외투자를 '장려'한다고 명시한 첫 번째 사례로 기록된다.[9] 1996년 3월, 제8기 전인대 4차회의에서 통과된 〈국민경제사회발전 9·5계획과 2010년 목표강요〉에서는 '대외원조방식을 개혁하여 중국 우수기업이 개발도상국에서 합자경영 등 여러 방식의 경제합작을 하도록 장려하며, 정부우대대출 등을 통해 개발도상국간 협력(南南合作)을 강화한다'라고 명시했다. 즉 이 시기 중국정부의 OFDI 가이드라인은 '중국의 우수한 대형국유기업이 개발도상국에 나가서 투자하는 것'으로 제시된 셈이다.

중국의 해외투자는 '저우추취(走出去)'라는 용어로 표현된다. '저우추취' 개념 제시는 1997년 12월 24일, 장쩌민 총서기가 전국외자업무회의에서 한 연설문에 기인한다. 그는 동 회의에서 그동안 중국이 주력했던 외자유치 정책인 '인진라이(引進來)'도 중요하지만, 개발도상국에 나가 해외투자를 확대하는 '저우추취'에도 같은 비중으로 정책중점을 두어야 한다고 역설한 바 있다.[10] 공산당은 2002년 제16차 전국대표대회에서 〈정책보고〉로 '저우추취(OFDI)'와 '인진라이(FDI유치)'를 상호결합하여 중국의 대외개방 수준을 제고할 것을 결의하면서, 이후 중국의 OFDI는 본격적으로 확대되게 된다. 특히 2001년 3월, 전인대에서 통과된 10·5 계획에는 '저우추취' 지원 전략을 포함하였는데, 보험, 외환, 재정과 세무, 인력, 법률정보서비스, 출입국관리 등 중국기업의 해외진출 전략에 필요한 각종 서비스

---

9) 리우루이·루펑치(2007), 중국의 "저우추취" 전략 및 그 효과에 대한 분석, 「한중사회과학연구」 5권 1호, 136쪽.

10) 王玉梁(2005), 「中國: 走出去」 中國財政經濟出版社, 3쪽.

시스템을 수립하고, 해외투자의 관리감독을 규범화하는 내용을 담고 있다.[11]

2002년 중국정부가 경제구조 전환의 핵심 수단으로 '저우추취'(走出去, 해외투자정책) 전략을 발표한 이후 중국의 해외투자(OFDI · Outward Foreign Direct Investment)가 빠르게 증가했다.[12] 2000년에 10억 달러에 그쳤던 해외투자는 불과 10여 년 만인 2010년에 68배가 증가한 688.1억 달러를 기록했다. 2022년 기준 중국의 해외 직접 투자는 1,465억 달러로 전년도(1,788억 달러) 대비 22% 감소했으나, 비금융 분야의 직접 투자는 1,168억 5,000만 달러로 전년도 대비 2.8% 증가했다. 2021년 기준 중국의 해외 직접투자 기업은 46,000개로, 세계 190개국(지역)에 분포되어 있으며 해외 자산 총액은 8조 5,000억 달러이다. 2021년말 기준으로 중국의 해외투자액은 2,867억 달러로 유럽 959억 달러, 미국 771억 달러, 호주

표 5-6 중국의 해외직접투자 현황(2021년 선진국 대상)　　　　　　　　(단위: 억 달러)

국가	누계액	증감율
유럽	959.0	33.5
미국	771.7	26.9
호주	344.3	12.0
영국	190.1	6.6
캐나다	137.9	4.8
러시아	106.4	3.7
버뮤다군도	92.6	3.2
스위스	69.5	2.4
한국	66.0	2.3
일본	48.8	1.7
이스라엘	34.5	1.2
뉴질랜드	31.3	1.1
기타국가	15.6	0.6
합계	2,867.7	100.0

자료: 中国对外直接投资统计公报(2021년)

---

11) 부산발전연구원(2012), 「부산의 차이나드라이브 전략」, 한국학술정보, 160~164쪽.

12) 해외직접투자는 일반적으로 FDI(Foreign Direct Investment)로 표기되나, 본고는 중국이 유치한 FDI가 아닌, 중국의 대외투자를 다루는바, 구분을 위해서 '대외직접투자'라는 의미를 가진 OFDI(Outward Foreign Direct Investment)로 표기함.

344억 달러, 영국 190억 달러, 캐나다 137억 달러, 러시아 106억 달러, 한국 66억 달러, 일본 48억 달러 순으로 높았다.

[그림 5-1] 중국의 연도별 해외투자 현황   (단위: 억 달러)

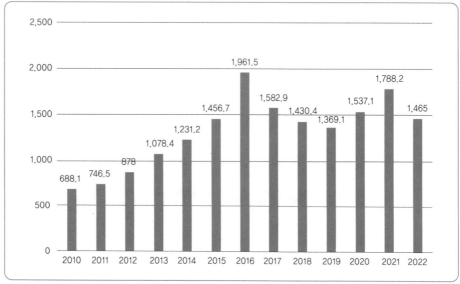

자료: 中华人民共和国商务部统计数据

　　2021년 중국 기업의 대외 투자 및 인수합병은 전력 · 가스 및 수자원 개발, 제조업, 광업 등 17개 업종에서 이루어졌다. 해외 인수합병을 위한 투자는 전력 · 가스 및 수자원 개발 관련한 44개 프로젝트에서 80억 3천만 달러(전체 1위)가 투자되었다. 다음으로 128개 제조업 관련 프로젝트 63억 달러, 25개 광산업 관련 프로젝트 47.4억 달러가 투자되었다. 2010년대의 해외투자는 임대 및 비즈니스 서비스업이 해외투자의 절반을 차지했으며, 금융업, 도소매업, 석유 · 천연가스 · 유색금속 채굴업이 그 다음으로 높았다. 결과적으로 중국이 본격적으로 저우추취(走出去, 해외진출) 전략을 실시한 2002년 이후 20여 년이 지나면서 부족한 자원을 해외에서 확보하려는 자원개발에 집중된 모습이다. 그리고 자국 내 과잉생산품과 경쟁력을 확보한 산업이 해외에 이전함으로써 산업구조를 최적화하고 업그레이드할 수 있음으로써 해외투자가 중국경제에 미친 영향은 긍정적인 것으로 평가된다. 특히 가전산업은 해외진출로 가장 성공한 산업분야로 꼽힌다. 일부 기업이 해외진출 과정에서 우여곡절을 겪기도 했지만 가전산업은 중국기업 해외 진출의 10년 역사를 대변한다 해도 과언이 아니다. 하이얼(海爾), TCL, 레노버(聯想), 콩카(康佳), 하이신(海信) 등은 중국시장에서 구축한 시장 지배력과 브랜드 파워를 바탕으로 세계시장에서도 적극적인 행보를 보이고 있다. 하이신의 경우 남아프리카 컬러TV 시장점유율 1위를 차지하고 있으며, 콩카의 컬러TV도 호주, 중동, 동남아에서 상위권을 다투고 있다.

2021년 기준 중국의 대외 투자 및 인수합병은 전 세계 59개 국가(지역)에 분포되어 있으며 인수합병 투자액 기준 중국 홍콩, 케이맨 제도, 칠레, 브라질, 버뮤다 제도, 인도네시아, 미국, 스페인, 싱가포르 및 독일 순으로 높다. 특히 2021년도에는 중국의 일대일로 연선 국가에 대한 투자 및 인수합병 규모가 크게 증가하였다. 인수합병 금액은 62억 3천만 달러로 전년 대비 97.8% 증가했는데 전체 인수합병 총액의 19.6%를 차지하고 있다. 모두 92건의 M&A 프로젝트가 진행되었으며 인도네시아, 싱가포르, 베트남, 카자흐스탄, 아랍에미리트, 이집트, 터키에는 중국의 인수합병 투자액이 3억 달러를 초과하였다.

2) 중국기업의 해외투자 변천사

2002년 중국정부의 '저우추취'(走出去, 해외투자정책) 전략 추진을 시작으로 중국기업의 해외 인수합병이 빠르게 시작되었다. 그리고 2013년 '일대일로' 공동 건설을 제안, 2015년 '공급측 구조개혁(供给侧结构性改革)' 시작은 중국 기업의 해외 투자를 더욱 가속화 하였다. 2015년 11월 제1차 중앙 금융 경제 선도 그룹 회의에서 시진핑(Xi Jinping) 주석은 공급측면 구조 개혁의 경제정책을 통해, '생산과잉 제거, 과잉재고 제거, 부채 감축, 비용 절감 및 기초설비 보충' 지시를 내렸다. '3거1강1보(三去一降一补)'라고도 불리는데 석탄, 철강, 비철금속, 시멘트 등의 경우 과잉생산[13]이 만성화되면서 기업의 재고가 누적되고 이윤 하락 초래를 심각한

---

13) 2008년 금융 위기 이후 당시 중국 총리 원자바오는 내수활성화를 위한 3조 달러 규모의 투자 계획을 추진했는데, 결과적으로 중국의 철강 생산량이 일본, 인도, 미국, 러시아의 총 생산량 대비 두 배 이상 증가하는 심각한 과잉 생산을 초래했다.

위기로 인식하였다. 따라서 효율적이고 지속적인 공급역량 강화를 위한 공급측면에 주의를 기울이는 초과생산 능력 해결을 위한 출구전략이 필요했다.

이와 같이 중국정부의 생산과잉 문제 해결, 재고 해소 등 문제해결을 위한 정책 지침에 따라 중국 기업의 해외투자는 더욱 가속화되었다. 국제 환경, 지리적 상황 및 코로나19 전염병 상황 등 여러 요인의 영향 속에 중국 기업의 해외 진출을 크게 4단계로 설명할 수 있다.

(도입기) 1980년대부터 시작되어서 2000년까지의 초기 단계로 개혁개방 후 시장경제의 활력이 방출됨에 따라 중국기업의 해외 투자가 시작되었다. 초기 투자규모는 비교적 적고 성장속도 또한 느리게 진행되었다. 당시 블룸버그(Bloomberg) 통계에 따르면 매년 해외 M&A 건수는 비교적 적고 거래금액도 약 10억 달러 수준에 불과했다. 해외투자는 주로 국유기업에 의한 대부분 에너지, 금속 등 천연자원 분야 업종이며 투자지역이나 인수합병 지역은 대부분 중국과 가까운 동남아 국가, 아시아 태평양 국가들이다.

(성장기) 중국정부의 세계무역기구 가입(2001년) 및 '저우추취'(走出去) 전략이 본격 추진(2002년) 되는 시기로부터 10여 년 동안 진행되었다. 중국이 세계무역기구를 가입하고 이듬해 글로벌화 전략을 시행하면서 중국기업의 해외 투자와 인수합병은 급격히 증가하였다. 블룸버그 자료에 따르면 2013년 중국 기업의 해외 투자 거래 총액은 564억 달러로 최고치를 경신했다. 에너지, 원자재 및 기타 천연자원 분야가 60% 이상을 차지하며 기존 아시아 태평양 지역의 투자비율은 24%로 감소했다. 반면 중국기업의 유럽 27%, 미국 28%로 크게 증가했으며 국영기업뿐만 아니라 민간기업이 투자도 점차 확대되었다.

(성숙기) 2014년부터 코로나19 확산으로 세계경제가 마비될 때까지 중국기업의 해외투자는 계속해서 빠르게 확장되었다. 일대일로(一帶一路, The Belt and Road) 전략이 시행된 후 더 나은 국제 환경과 결합하여 중국기업의 해외진출은 세계 곳곳으로 확대되었다. 일대일로를 따라 있는 국가들은 중국 해외 투자의 중요한 목적지로, 2016년 중국은 일대일로 국가에서 대규모 건설 프로젝트로 465억 2천만 달러를 계약을 성사시켰다. 이것은 2016년 한 해 동안 수행된 중국의 대규모 건설 프로젝트의 60.8% 비중에 해당된다. 그러나 일대일로에 있는 대부분의 국가는 상대적으로 경제기반이 매우 취약한 국가들이고 일부 국가의 경우에는 정치

적 불안정, 낮은 사회적 회복력 및 부채상환 능력이 결핍되어 있어서 투자 위험도 역시 높다. 중국과 긴밀한 정치적 유대 관계 및 경제적 의존도가 높은 파키스탄(20위), 라오스(15위)는 평가등급이 상승세이고 사우디아라비아(9위)와 체코(5위)는 중국과 우호적인 정치적 관계를 맺고 있지만 경제적 의존도는 낮다.

표 5-7 중국 일대일로 연선 35개국 투자위험도 평가

순위	국가	지역	선진국여부	순위 변화	2017평가등급	2016평가등급
1	싱가포르	아세안	1	–	AA	AA
2	아랍에미리트	서아시아	0	↑	A	A
3	이스라엘	서아시아	1	↓	A	A
4	헝가리	중부 및 동부 유럽	1	↑	A	A
5	체코	중부 및 동부 유럽	1	↓	A	A
6	루마니아어	중부 및 동부 유럽	0	↑	A	BBB
7	폴란드	중부 및 동부 유럽	0	–	A	A
8	말레이시아	아세안	0	↑	A	BBB
9	사우디 아라비아	서아시아	0	↓	BBB	A
10	카자흐스탄	중앙아시아	0	↓	BBB	A
11	러시아	–	0	↓	BBB	BBB
12	캄보디아	아세안	0	↑	BBB	BBB
13	인도네시아	아세안	0	↑	BBB	BBB
14	불가리아	중부 및 동부 유럽	0	↓	BBB	BBB
15	라오스	아세안	0	↑	BBB	BBB
16	필리핀	아세안	0	–	BBB	BBB
17	그리스	중부 및 동부 유럽	1	↓	BBB	BBB
18	터키	중부 및 동부 유럽	0	↓	BBB	BBB

19	투르크메니스탄	중앙아시아	0	↑	BBB	BBB
20	파키스탄	남아시아	0	↑	BBB	BBB
21	인도	남아시아	0	↑	BBB	BBB
22	이란	서아시아	0	↑	BBB	BBB
23	몽골	동아시아	0	—	BBB	BBB
24	태국	아세안	0	↑	BBB	BBB
25	스리랑카	남아시아	0	↓	BBB	BBB
26	베트남	아세안	0	↑	BBB	BBB
27	미얀마	아세안	0	↓	BBB	BBB
28	타지키스탄	중앙아시아	0	↑	BB	BBB
29	우즈베키스탄	중앙아시아	0	↓	BB	BBB
30	방글라데시	남아시아	0	—	BB	BB
31	벨로루시	동유럽	0	—	BB	BB
32	키르기스스탄	중앙아시아	0	↑	BB	BB
33	이집트	서아시아	0	↓	BB	BB
34	우크라이나	동유럽	0	—	BB	BB
35	이라크	서아시아	0	—	B	B

자료: 中国社科院世界经济与政治研究所(2017), 《中国海外投资国家风险评级报告 2017》, 北京: 中国社会科学出版社

　(과도기) 코로나19 장기화 및 미중 무역갈등에 따른 글로벌공급망 재편은 중국의 해외투자에도 영향을 미치고 있다. 롱딩컨설팅(荣鼎咨询) 자료에 따르면 2019년 중국의 대미 직접 투자는 31억 달러로 2018년보다 60% 감소했다. 미국정부의 중국기업 조사 및 미중 관계 불확실성은 투자성과로도 나타나서 중국의 미국 주식 보유량을 약 200억 달러 줄었다. 2021년 3월, 중국과 미국의 고위 외교관들은 미국 알래스카에서 대면하여 양자 관계에 대해 솔직하고 건설적인 교류를 하기로 했으나 지금까지 우호적인 투자환경으로 발전하지는 못하고 있다.

2. 해외투자정책의 전개와 한국 투자 현황

1) 중국기업의 해외투자 전개 과정

중국의 첫 번째 해외투자는 1979년 11월, 북경에 소재한 우의상업복무총공사가 일본의 도쿄마루이찌상사와 함께 도쿄에 경화주식회사(京和株式有限公司)라는 합작법인을 설립하면서 시작되었다. OFDI를 규정한 첫 번째 중국정부의 정책은 1979년 8월 13일, 국무원이 공포한 경제개혁조치 15개 항목 중 제13항에서 '해외투자기업 설립을 허용한다(出国开办企业)'라고 명시한 것이다. 이후 해외투자기업 설립에 근거가 될 법률·법규가 공포되었는데, 1981년에 〈해외합영기업설립에 관한 잠정규정〉, 〈비무역업종 해외기업설립에 관한 잠정규정〉을 대외경제무역부에서 공포한 바 있다. 1984년에는 〈비무역성기업 해외투자설립에 관한 잠정규정〉, 〈해외와 홍콩·마카오에서 비무역업종 합자기업설립 인가권한과 원칙에 관한 통지(1984.5)〉를 공포하였다. 1985년 7월에는 〈해외 비무역업종기업설립심사절차와 관리방법에 관한 시행규정〉을 공포하여, OFDI에 필요한 법률적 토대를 마련하였다.

1989년 천안문 사태 이후 이어진 경기침체는 해외투자에도 영향을 미쳤다. 1991년 국무원은 '해외투자항목의 관리강화 의견에 관한 통지'를 공포하여 기업들의 맹목적인 OFDI에 대한 심사를 엄격히 하였다. 이러한 제한정책으로 1992년에는 355개 OFDI만 승인되었으며, 1996년에는 103건으로 대폭 축소되었다. 1992년부터는 개혁개방정책의 재시동을 천명한 덩샤오핑의 남순강화(南巡講話) 영향으로 OFDI가 늘어나게 된다. 1992~1994년간 중국정부가 승인한 비무역 관련 해외투자기업은 629개였고, 중국 측 투자액이 3.14억 달러로 건당 평균투자액은 45만 달러를 기록하였다.

자원 분야에서도 2005년 유노컬(Unocal) 인수에 실패했던 중국해양석유(CNOOC)가 2010년부터 미국 에너지회사들의 지분을 소규모로 인수하는 데에 성공했다. 취업과 경제회복을 고려한 미국이 해외투자를 적극 유치하며 자원시장도 중국 투자자들에게 조금씩 개방하는 조짐이다.

PwC자료에 따르면 2011년 M&A건수가 중국 해외투자의 절반에 달하는 207건이었고, 금액도 429억 달러로 나타났다. 해외자원 M&A 대형화와 M&A 대상업종 확대 때문이다. 특히 2008년 글로벌 위기 이후 중국해양석유(CNOOC), 페트로 차이나(PetroChina), 시노펙(SINOPEC) 등 3대 메이저 국유기업이 주도하는 해외자원 분야의 M&A는 세계 에너지업계를 재편하는 양상을 보이고 있다.[14]

2000년 이후 공포된 중국의 해외투자 촉진정책을 보면, 중소기업형, 첨단기술 입수, 대형플랜트 수주, 해외경제무역협력단지 등에 OFDI 중심을 두고 있음을 알 수 있다. 관련 법제도를 살펴보면 다음과 같다. 먼저 2000년에 〈중소기업 국제시장 개발자금관리 시행방법〉을, 2005년에는 〈대외경제기술 합작전용자금관리방법〉을 재정부에서 공포했다. 2008년에는 '해외경제무역협력단지' 관련 법제도 3건이 한꺼번에 국무원 및 상무부에서 공포되었는데, 〈해외경제무역합작단지 건설추진에 관한 의견(2008.2.28)〉, 〈해외경제무역협력단지 심의잠정방법(2008)〉, 〈해외경제무역협력단지 발전자금관리잠행방법(2008)〉 등이 있다.

이외에도 〈대외공정도급관리조례(2008.9.1)〉를 제정하여, 중국기업의 대형 엔지니어링 공사수주에 따른 관리감독 규정을 신설하였으며, 〈해외중자기업기구 및 인원안전관리규정(2010)〉과 〈해외중자기업 · 기구인원관리지침(2011)〉을 공포하여, 해외에 파견 나간 중국국적 근로자의 안전관리 문제를 상세히 규정했다. 또한 상무부는 〈플랜트항목 재무관리 진일보 규범화에 관한 통지(2011)〉와 〈비농업 기술시범센터항목 지속발전촉진에 관한 지도의견(2011)〉, 〈대외원조물자항목 관리방법(2011)〉 등을 공포하여, 아프리카 등 개발도상국에서 진행되고 있는 플랜트 프로젝트, 기술이전센터 및 대외원조에 관한 관리감독 규정을 마련한 바 있다.

표 5–8 중국 해외 진출전략 및 장려정책(2002~2009)

조치	시기	내용
해외직접투자 통계집계 시작(상무부)	2002년	아세안
동부 6개 성 · 시 OFDI외환관리 개혁시범지역 지정(외환관리국)	2002년 10월	- 기업의 OFDI와 관련된 외환관리를 기업친화적인 방식으로 개편 - 저장, 장쑤, 상하이, 산둥, 광둥, 푸젠

---

14) 정도숙(2012), M&A규모 최대 서구기업들의 경계심 고조, 친디아저널 2012년 2월호, 41쪽, POSRI.

해외진출 합작기업경영자격심의에 관한 긴급통지(상무부)	2003년	– 중국기업의 해외건설 수주 장려 – 노무합작관리 강화
해외투자기업 프로젝트 심사에 관한 통지	2004년 10월	– 심사기관 중복으로 복잡했던 인허가 절차 간소화 – OFDI 제한업종을 10개 → 5개로 축소 – 투자허가가 필요한 투자대상국가(지역) 30개 → 9개로 축소
국가개발은행과 중국수출신용보험공사 전면적협력협정체결	2006년 2월	– 양대 대외투자정책 금융기관이 체결한 최초 협의 – 양기관이 자원 공유와 업무채널 확대 – 중장기 수출신용보험, 해외투자보험에서 협력 강화
해외경제무역협력단지 설치 시작	2006년	– 해외경제무역협력단지 설치 장려
국내기관의 해외직접투자 관리 규정	2009년 6월	– 해외직접투자의 외화자금 출처에 대한 사전심사를 사후 등록으로 전환 – 해외직접투자 자금 송금 허가제 폐지

자료: 정환우(2008), 중국기업의 해외진출 전략변화, 국제무역연구원, 5쪽; sina.com(2015.2.2), 走出去外汇政策支持体系.

2) 중국의 한국 투자 현황

중국은행은 최초로 한국에 투자한 사례이자 금융업을 시작으로 한국투자를 본격화하겠다는 의지 표현으로 상징성이 크다. 중국은행은 1992년 한중수교 당일 한국에 중국은행 대표사무소를 설립하여, 1994년 지점을 설립했다. 2003년부터는 경기도 안산지점, 대구지점, 구로지점 등 3개 지점을 연속해서 설립했다. 한국 진출 초기의 서울지점은 한중 수교 이후 경제 무역 교류와 투자 수요 증가에 따라 금융서비스 제공에서 큰 역할을 했다. 한국기업의 중국 수출 관련 무역자금 지원과 공장 설립 투자 등을 지원하였으며, 이 과정에서 수많은 한국기업들과 비즈니스 협력 파트너 관계로 발전하였다. 이후 한중 양국 개인 국민들의 해외송금 등 개인금융 업무 영역으로 확대되어서 한국의 주요도시에도 지점개설로 확대되었다. 현재 한국에 진출한 중국은행은 한중 양국의 기업, 개인 및 금융기관 고객 대상으로 포괄적인 금융서비스를 제공하고 있다. 중국기업의 한국 관련 업무, 한국에서 역외 송금업무 및 위안화 취급 업무 등 한중 금융업의 중추적 역할을 하고 있다.

중국 철강회사 및 금속기업의 한국투자가 활발하게 진행되었다. 주로 한국시장 개척을 위한 영업소 개설형태로 2000년대 중반부터 금속제품 도매, 철강재(특수강) 도매, 알루미늄 판매 등이 이루어졌다. 2014년 10월 중국일조강철유한공사(日照钢铁有限公司韩国办事处)는 한국지사 설립을 통해 한국시장 영업을 개시하였다. 중국일조강철은 중국민영 철강회사 중 2위를 기록하는 대기업으로 연간 1,600만 톤을 조강생산하는 종합제철소이다.

한국에서 하이디라오(海底捞)에서 훠궈를 즐길 수 있고, 차옌웨써(茶颜悦色)에서 밀크 티를 주문할 수 있으며, 모바일 게임 원신(原神)과 팝마트(Pop Mart)를 즐길 수 있다. 이는 중국기업, 중국 브랜드, 중국 제품이 한국인의 일상에 녹아 들고 있음을 묘사한 중국 언론의 한중수교 30주년 기념보도 중 한 부분이다. 2021년말 기준, 중국의 대(對) 한국 직접투자 누적액이 68.6억 달러를 기록했다. 한국에 실제 투자한 기업은 7,689개로 한국에 투자한 외자기업의 19.4%를 차지해 2019년 말 재한 외자기업 수 1위를 차지한 데 이어 3년 연속 1위를 유지했다.

양샤오쥔 중국국제무역촉진위원회 한국수석대표, 왕융칭 교통은행 서울지점 총경리는 한중 수교 30년 동안 재한 중국기업의 발전사를 다음과 같이 정리하고 있다. 1992년 한중 수교 이후 중국 은행들은 한국에 지점을 개설하고 업무를 개시해 다양한 금융상품과 서비스를 통해 한중 경제무역 발전의 가교 역할을 했다. 재한 중국 은행들은 한국에 투자하는 중국기업과 중국에 투자하는 한국기업에게 대출, 무역융자, 국제무역 결제, 담보, 외환, 해외송금 등 시중은행 서비스를 제공했고, 동시에 중국 내 본점의 네트워크를 통해 한중 다국적 기업의 해외시장 개척을 지원했다.

한중 경제무역 교류가 확대되면서 중국 은행들의 현지화 수준도 높아졌다. 2014년 11월, 교통은행 서울 위안화 청산은행이 영업을 시작했다. 2005년 8월, 오픈한 교통은행 서울지점은 예금, 대출 및 사업융자, 국제결제, 무역융자, 채권투자, 파생상품 거래 등에서부터, 중국인민은행이 지정한 한국 유일의 위안화 청산은행으로까지 발전해 원화 대 위안화 직접 거래시장 구축과 육성을 지원했다. 교통은행 서울지점은 한국예탁결제원과 위안화 표시채권 동시결제시스템 개발에도 참여했다. 또한 국경 간 자금결제시스템(CIPS)을 통해 한국의 15개 은행에 위안화 결제 서비스를 제공했다. 아울러 위안화 단기대출, 외환, 채권, 파생거래 등 위안화 금융상품도 제공했다. 한국의 역외 위안화 업무 상품을 지원하여, 한국의 대형시중은행과 위안화 예금증서를 발행해 한중 간 금융시장 협력을 추진했다.

한국 인터넷 은행 발전 과정에서도 중국과의 협력이 돋보인다. 2017년 4월, 영업을 시작한 한국 최초의 순수 인터넷 은행인 K뱅크에 엔트그룹(Ant Group)은 자회사인 알리페이(홍콩)를 통해 2.29%의 지분을 매수했다. 엔트그룹은 2017년 카카오의 모바일 결제 플랫폼인 카카오 페이에 2,350억 원을 출자했고, 2020년 6월에는 1,152억 원을 추가해 지분율이 43.9%로 상승했다. 2017년 7월, 한국의 두 번째 인터넷 은행인 카카오 뱅크가 영업을 개시했는데, 중국 거대 IT기업인 텅쉰은 싱가포르의 자회사를 통해 출자해 카카오뱅크의 2대 주주가 됐다.

중국의 대한국 투자 초기에는 무역, 서비스업 기업 투자가 많았다. 2000년대 초반에는 금융, 해운, 항공, 무역 및 노무 분야에 집중됐다. 한중 관계가 발전하면서 한국시장을 호재로 보는 중국기업이 늘었고 중국 민영기업의 한국 진출이 늘어나면서 투자 분야도 다원화 되었다. 최근 몇 년간 중국인의 한국 창업 또는 한중 협력 창업기업도 증가하고 있다.

중국기업의 대한 투자가 활발해지면서 분야는 넓고 지역은 집중되는 특징이 나타났다. 중국 기업은 한국의 전자정보, 부동산, 식품, 화공, 기계장비, 의료, 물류, 환경보호 등에 투자했다. 가장 많이 투자한 분야는 서비스업으로 대한국 투자액의 61.36%를 차지했다. 제조업, 농축수산광업, 정수기, 건축업이 그 뒤를 이었다. 투자금으로 보면, 금융 보험·부동산·운수용 기계설비·화공·도소매 등 분야가 많고, 투자 방식은 그린필드형이 많았다. 투자 지역은 주로 수도권으로 대한국 투자의 62.4%(2016년)를 차지했다. 2017년부터 중국은 한국의 전기전자·기계장비·정밀기기·의료기계·금속·금속 가공 등 업종에 많이 투자했다.

한중 수교 30주년 즈음에는 발전이 한 단계 업그레이드 되었다. 2021년 장쑤성 형통광전(亨通光電)이 한국 사무처를 개설했다. 이는 중국의 와이어 케이블 기업이 처음으로 한국 시장에 진출한 것이다. 한중 양국은 디지털 경제 등 서비스 무역 분야와 친환경 저탄소 등에서 상호 보완성이 뚜렷하다. 한국 룬헝펑 무역유한공사(윈다택배)가 한국에 전액 출자 자회사를 설립해 2020년 1월부터 국경 간 전자상거래 분야에 진출했다. 현재 룬형펑은 한국의 주요 전자상거래 플랫폼을 커버해 양호한 실적을 거두고 있다. 이 밖에 알리바바, 징둥, 텅쉰, 씨에청, 웨이핀후이 등 중국의 유명 전자상거래 기업도 한국에 법인이나 기구를 설립했다. 녹색경제 분야에서도 중국의 일부기업이 한국의 태양 에너지, 바이오 매스 등 청정 에너지 분야 투자협력에 참여했다.

2015년 한중 자유무역협정(FTA)이 발효되면서 양국 기업의 투자 기회가 더욱 늘어났다. 한중 FTA 2단계 협상에서는 양자 서비스 무역과 투자의 개방 및 협력 수준을 높일 것이다. 또한 2022년 1월 1일과 2월 1일, 역내포괄적경제동반자협정(RCEP)이 한중 양국에서 각각 공식 발효돼 양국의 공급망 협력과 관련된 투자도 늘어날 전망이다.[15]

[그림 5-2] 중국의 대한국 투자 추이　　　　　　　　　　　　　　　(단위: 억 달러, 건(우))

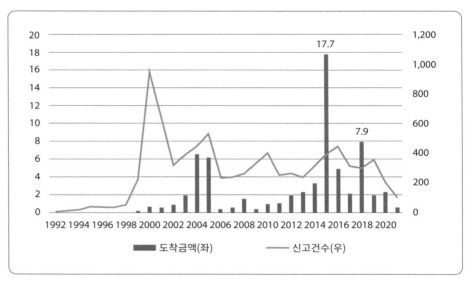

주: 신고건수는 도착 기준.
자료: 산업통상자원부 외국인투자통계.

---

15) 인민화보 중국(2022.8.22.) 수교30년, 활발해지는 중국기업의 한국투자.

중·국·경·제·론

제 **6** 장

중국의 대외무역

제1절 개요, 동향

1. 대외무역동향

중국의 대외무역은 개혁개방이래 정부의 적극적인 수출촉진정책과 풍부한 값싼 노동력이 바탕이 된 세계 가공무역기지로서의 중국의 역할이 확고해지면서 놀라운 속도로 규모확대를 보였다. 코로나19로 인해 수출입의 등락이 있었지만 2022년 대외무역 총규모는 6조 3,096억 달러(2021년 대비 4.4%증가)로 전 세계 1위를 차지하였다.[1]

개혁개방 당시 중국의 무역규모는 206억 달러에 불과(당시 한국의 무역규모 277억 달러)하였으나, 10년 후인 1988년 1천억 달러 시대(한국 1,125억 달러)에 진입하였다. 중국의 무역규모는 2000년대 들어 급속한 규모 확대를 보였는데 2001년 5천억 달러(한국 2,915억 달러)시대에 진입한 이래, 3년 후인 2004년에 처음으로 1조 달러 시대를 열었다. 그 후 불과 3년 만인 2007년 2조 달러를 돌파하였으며 2011년 3조 달러 시대에 진입한 이래 2013년 4조 달러 시대에 진입하였으며, 코로나19가 한창인 시기인 2021년 6조 달러 규모가 되었다.

중국이 2000년대 들어 급속한 무역규모 확대를 보인 것은 표면적으로는 2000년 초중반의 세계적인 경기 호황세에 힘입어 선진국과 여타 국가로부터의 수입이 증가한 데 힘입은 바 크지만, 구조적으로는 선진국의 다국적 기업들과 대부분 국가들의 기업들이 중국을 제조가공기지로 활용하면서, 자국으로 수입하거나 제3국으로 수출하는 패턴이 지속되고 규모가 확대되면서, 중국의 대외수출의 급속한 확대와 대외수출용 원부자재와 에너지 분야의 수입이 급증하면서 규모 확대를 가지고 왔다.

---

1) 중국 상무부는 2012년 중국의 무역규모가 세계에서 2위라고 발표하고 있으나, 미국 상무부에서 발표하는 통계(http://www.bea.gov/index.htm)에 따르면 미국의 대외무역규모는 3조 8,640억 달러여서, 중국이 약간 앞섰으며, 2013년에는 명실상부 무역규모 세계 1위가 되었다.

2000년대 첫 10년의 후반부인 2008년에 미국의 부동산 관련 금융파생상품(서브프라임 모기지)이 도화선이 되어 발생한 미국의 경제위기가 불러온 세계적인 경제성장 침체와 2010년부터 불거진 유럽의 금융위기로 선진국 시장이 축소되면서 중국의 대외무역 증가규모는 조정기에 들어섰다. 특히 2015년, 2016년은 대외무역량이 감소하면서 4조 달러 규모에서 3조 달러 대로 규모 축소를 보였으며, 2017년 들어서는 세계경제의 회복추세에 따라 증가세로 돌아섰다.

그동안 중국의 대외무역은 1989년 천안문 사태에 따른 대외교역증가율의 급격한 둔화, 1990년대 말 아시아 금융위기로 인한 대외무역의 감소, 2008년 세계금융위기(경제위기), 팬데믹 초기인 2020년에는 무역규모 감소를 겪기도 하였다. 세계경제의 공급망이 불안정했던 2021년에는 제조기반이 튼튼했던 중국의 수출이 오히려 확정화되었고 수입도 대폭 증가하면서 무역규모 6조 달러 시대를 열었다. 이러한 증가세는 팬데믹으로 침체된 중국경제를 견인하는 일등공신 역할을 하였다.

표 6-1 중국의 대외무역 동향 (단위: 억 달러, %)

연도	무역규모	증가율	수출	수입	연도	무역규모	증가율	수출	수입
1978	206		98	109	2001	5,097	7.5	2,661	2,436
1979	293	42	137	157	2002	6,208	21.8	3,256	2,952
1980	381	30	181	200	2003	8,510	37.1	4,382	4,128
1981	440	–	220	220	2004	11,546	35.7	5,933	5,612
1982	416	−5.5	223	193	2005	14,219	23.2	7,620	6,600
1983	436	4.8	222	214	2006	17,604	23.8	9,690	7,915
1984	535	22.8	261	274	2007	21,762	23.6	12,201	9,561
1985	696	30	274	423	2008	25,633	17.8	14,307	11,326
1986	738	6.1	309	429	2009	22,075	−13.9	12,016	10,059
1987	827	11.9	394	432	2010	29,740	34.7	15,778	13,962
1988	1,028	24.4	475	553	2011	36,419	22.5	18,984	17,435
1989	1,117	8.7	525	591	2012	38,671	6.2	20,487	18,184
1990	1,154	3.4	621	533	2013	41,590	7.5	22,090	19,500
1991	1,356	17.5	718	638	2014	43,015	3.4	23,423	19,592
1992	1,655	22	849	806	2015	39,530	−8	22,735	16,796
1993	1,957	18.2	917	1,040	2016	36,856	−6.8	20,976	15,879
1994	2,366	20.9	1,210	1,156	2017	41,071	11.4	22,633	18,438

1995	2,809	18.7	1,488	1,321	2018	46,224	12.5	24,867	21,357
1996	2,899	3.2	1,510	1,388	2019	45,779	−1	24,995	20,784
1997	3,252	12.2	1,828	1,424	2020	46,559	1.7	25,900	20,660
1998	3,239	−0.4	1,837	1,402	2021	60,439	29.8	33,571	26,867
1999	3,606	11.3	1,949	1,657	2022	63,096	4.4	35,936	27,160
2000	4,743	31.5	2,492	2,251	2023 1-10	48,999	−6	27,919	21,079

자료: 1980년까지는 「中國統計摘要(2017)」, 1981년부터는 중국세관 통계(customs.gov.cn)자료

[그림 6-1] 중국의 대외무역 동향

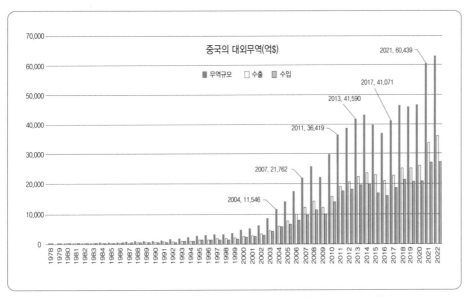

자료: 1980년까지는 「中國統計摘要(2017)」, 1981년부터는 중국세관 통계(customs.gov.cn)자료

2. 중국의 대외무역정책

중국의 대외무역정책은 보호무역주의적 기반의 수출촉진(수출드라이브)정책으로 특징지워져 왔다. 무역규모가 지속적으로 확대되어 세계 1, 2위를 차지하면서 자유무역주의적 정책 경향이 강해지고 있으나 여전히 관리무역주의적 성격을 강하게 보여주고 있다. 팬데믹 상황에서 발표된 중국의 14·5 기간(2021~2025년)의 대외무역정책 주요 추진 방향은 중국정부가 발표한 '14·5 상무발전규획(十四五

商务发展规划 2021.6.30.)'에 담겨져 있다.

1) 중국정부의 국제환경에 대한 인식

대외무역과 관련하여 중국정부가 인식하고 있는 국제환경은 한 마디로 이전에는 볼 수 없었던 대격변이 일어나고 있는 시기로 보고 있다. 사실 13·5시기에 발표한 무역발전규획에도 비슷한 시각을 보이고 있었다. 그러나 이번에는 4차산업혁명의 물결이 거세지고 있으며, 코로나19이라는 초유의 팬데믹 현상으로 세계 공급물류망의 교란이 일어난 상황이고, 우크라이나 전쟁으로 인해 세계시장이 혼동을 겪고있는 상황이다 보니 중국정부의 말대로 국제환경은 대격변을 겪고 있다고 할 수 있다.

① 과학기술혁명과 산업혁신이 심화되고 있어 전 산업분야에 걸쳐 디지털화/네트웤화/지능화가 가속되는 상황

② 신흥시장으로 부상한 개발도상국들의 지위가 상승

③ 국제환경이 복잡다단해지면서 대외무역발전에 관한 불안정성, 불확정성이 뚜렷이 증가

④ 코로나19의 광범위한 영향으로 각종 리스크가 출현

⑤ 경제글로벌화의 추세가 역전되어 무역투자장벽이 증가하고 무역마찰이 격화

⑥ 전 세계의 산업사슬, 공급사슬의 재조정－지역화－본토화 추세가 뚜렷해짐

⑦ 다자무역체제가 심각한 도전에 직면하고 있으며, 국제경제무역 규칙이 무너짐

⑧ 불안정한 변혁기로 단독주의/보호주의/패권주의가 더욱 치열해지고 있고, 위와 같은 요인들로 인해 전통적, 비전통적인 안전위협이 상승하고 있다고 보고 있다.

2) 중국정부의 대외무역발전 목표와 추진방향

중국은 대외무역의 창조혁신발전의 기본 기조 아래 ① 무역 영역의 과학기술 창조혁신, 제도 혁신, 모델 및 업종 형태 창조 혁신 강화, ② 수출입, 상품교역

및 서비스교역, 무역연계투자, 무역연계산업협력 발전 추진, ③ 대외무역의 종합
경쟁력 강화를 발전 목표로 삼고 있다. 이러한 목표를 달성하기 위해 무역구조의
고도화, 무역플랫폼 개선 및 고도화, 무역발전을 위한 신동력 육성에 힘을 쏟고
있다.

(1) 무역구조 고도화 방향
① 수출입의 첨단화 · 정밀화 발전 추진을 통해 '중국상품'브랜드 육성("中国商
　品"品牌)
② 국내국제시장구조 고도화 및 원활한 무역추진을 통해 국제시장의 점유율
　안정화. 이를 위해 중국기업들의 선진국들과의 무역협력을 유도하고, 아시
　아-아프리카-남아메리카 등 신흥시장과의 무역을 적극적으로 추진하며,
　주변 국가들과의 무역규모를 확대
③ 경제가 발달한 동부지역의 무역발전을 위한 산업분야 구조 전환 추진 및 중
　서부 · 동북지역이 중국전체 무역에서 차지하는 점유율 제고
④ 상품구조의 고도화 및 수출입 심화 발전
⑤ 수입관세인하 및 제도적 코스트 인하를 추진하여, 우수한 품질의 소비품/
　선진적인 기술/중요 생산설비/에너지자원 등의 수입을 확대
⑥ 수출촉진 정책 개선 및 고도화, 수출(제품)부가가치의 안정적 제고
⑦ 녹색저탄소제품의 수출입 촉진, 노동집약형 산업의 구조전환 및 고도화
⑧ 무역방식의 고도화, 일반무역 강화, 가공무역 고도화, 기타 무역방식의 발
　전 추진, 기업의 R&D 강화 및 브랜드 육성, 마케팅채널구축

(2) 무역플랫폼 개선 및 고도화 방향
① 높은 수준의 무역 플랫폼 체계를 구축하여 무역구조의 고도화를 위한 유력
　한 지원체계 제공
② 각종 대외무역클러스터 육성 가속화, 무역과 산업 융합 추진, 산업우세가
　뚜렷하고, 창조혁신을 추진하며, 공공 서비스시스템이 완비된 대외무역기
　지를 육성하여 대외무역의 구조전환 · 고도화 추진, 중국 각 지역사이의 상
　호협력을 지원하는 가공무역산업원구 조성

③ 일군의 국가급 수입무역창조혁신 시범지역을 건설하여 수입촉진, 서비스산업의 발전 촉진, 소비촉진 및 시범적 유인 작용을 강화

④ 중국국제수입박람회 등 중요 전시회의 무역플랫폼 역할 강화, 전시산업의 발전 메커니즘 고도화, 각 지역에서 개최되는 국내(지역)전시회 플랫폼 개선, 고수준/전문적/시장화 브랜드를 갖춘 전시회를 육성, On-Off라인이 융합된 전시회 모델 발전추진, 전시산업체계의 표준화 강화

⑤ 국제적인 마케팅서비스 네트웍 구축을 통해 중국기업의 국제시장에서의 마케팅 및 서비스 보장시스템 장려, 창고보관 · 전시 · 도매 · 판매 · A/S의 일관라인 전개 장려, A/S 클라우드 서비스 모델 및 원거리 진단 · 유지 보수 추진

⑥ 국제마케팅을 위한 공공 서비스플랫폼 구축

(3) 무역발전의 신동력 육성방향

① 디지털화
- 디지털기술과 무역의 융합발전 심화추진을 통해 신규 무역업형태를 발전시키고, 무역발전을 위한 새로운 공간 개척
- 무역디지털화의 수준을 높이고 무역을 하기 위한 전체 연결고리를 가속적으로 디지털화하고 동력화하며, 서비스분야 무역도 디지털화 프로세스 추진. 무역활동의 주체인 업체와 기관 등의 디지털화 구조전환 추진, 무역디지털화를 위한 양호한 정책환경 조성, 디지털화를 통해 무역프로세스 강화 추진

② 국제전자상거래
- 국제전자상거래의 창조혁신발전 지속적 촉진, 국제전자상거래 종합시범지역 건설 추진, 국제 전자상거래 구매/수입에 관한 감독관리 수준을 제고, 국제전자상거래교역의 프로세스에 대한 창조혁신 모색
- 일군의 국제전자상거래 주도 기업 및 우수한 전자상거래 산업원구의 규모화 및 견실화

③ 조달무역방식의 시범지역 건설, 각 시범장소의 창조혁신 모색, 시범기업과 자기브랜드 육성

④ 대외무역 종합서비스기업 발전정책 수립·개선을 통해 정보공유 및 연합 관리감독 추진

⑤ 해외(물류)창고 발전 가속화
 • 다양한 주체의 해외(물류)창고 건설 유도 및 장려, 정보화구축/지능화발전/ 서비스 다원화/ 현지화 경영 방면에 특색이 뚜렷한 대표적 해외물류창고 육성

⑥ 보세형식의 유지보수(업)발전을 추진하여 기업들이 더욱 많은 고기술·고부 가가치 제품의 유지보수를 하도록 장려, 유지보수 제품 목록의 동태적 조정 및 확대

⑦ 오프쇼어 무역, 신형 물물교역 등 신형의 무역방식 모색

⑧ 건실한 중고차 수출관리 시스템 구축

3) 대외무역의 창조혁신발전을 위한 중점조치

대외무역을 창조혁신적으로 발전시키기 위하여 ① 국제수입박람회개최, ② 대 외무역구조전환 및 고도화기지 구축, ③ 수입무역촉진 창조혁신 시범지역 운영, ④ 국제전자상거래 종합시범구역 설치, ⑤ 해외물류창고 설치, ⑥ 대외무역활성 화조치, ⑦ 가공무역의 단계적인 중서부지역 이전, ⑧ 국제마케팅시스템건설 등 중점조치를 취하고 있다. 주요 내용은 다음과 같다.

① 중국국제수입박람회 등 중요 전시회

수입박람회, 수출입상품교역회, 서비스무역교역회, 소비품박람회, 국제투자무 역상담회 등 중요 전시회를 국가급종합전시회로 확대하며, 아세안·동북아, 남아 시아, 중동·유럽, 서아시아, 아프리카 등 지역에 대해 쌍무적·지역적 전시플랫 폼을 조성하고, 각 지역에 지역특색을 갖춘 전시회 육성토록 지원

② 대외무역구조의 전환 및 고도화를 위한 기지 구축

지역별로 실제상황과 결부된 대외무역지원기지를 구축하여 서비스센터, 업종 별 협회(상회), 전문적인 서비스회사, 무역선도 기업 등 각종 형식을 통해, 기지에

입주한 기업에게 시장개척, 브랜드육성, 홍보, 업무훈련, 정보교류 등의 서비스를 제공하며, 3년마다 대외무역지원기지 별로 평가를 시행하여 적시에 지원기능을 조정하며, 기지와 기지의 협력 및 교류플랫폼을 구축하고, 기지들 사이의 상호협력을 촉진

③ 수입무역촉진 창조혁신 시범지역 설치

'무역촉진'과 '무역창조혁신'이란 양대 기능 정립에 맞추어 관리감독제도 창조혁신, 서비스기능 완비, 민활한 교역모델을 갖춘 수입무역을 촉진하기 위한 창조혁신 시범지역 설치 및 육성, 수입제품의 마케팅모델 고도화, 새로운 업종형태의 수입 촉진, 관리감독 편리화수준 제고

④ 국제전자상거래 종합시범구역(跨境电子商务综合试验区)

국제전자상거래 '천백십만(十百千万: 10개 우수종합시험지역, 100개 유명 국제전자상거래 기업, 1,000개 국제전자상거래 교류활동, 국제전자상거래 훈련을 통해 5만 명 전문인력 육성)' 활동, 관련 규칙 및 표준 제정, 국외진출, 창조혁신 등 전문적인 지원활동을 추진하고, 국제적으로 영향력이 있는 국제전자상거래기업과 산업원구, 고품질의 교류플랫폼, 대량의 복합형인재 육성, 국제 전자상거래규칙 연구 및 표준제정에 적극적으로 참여하며, 디지털화된 대외무역공급사슬 조성, 생산 · 서비스 · 마케팅 · 업종형태 등 창조혁신 추진

⑤ 해외창고(海外仓)

해외(물류)창고의 고품질 발전을 위한 조치실시: 관련 정책의 개선, 업무경험사항의 제도화 추진, 관련 표준제정추진, 관련 인재 훈련 및 육성, 해외창고와 국제전자상거래종합시범구를 연결하는 온라인종합서비스플랫폼 및 국내외 전자상거래플랫폼 지원, 국외 업스트림 · 다운스트림 기업과의 상호협력 심화

⑥ 대외무역 원활화 조치

원활한 무역채널 구축, 지방 · 업종별로 전국을 커버하는 온라인전시회플랫폼 구축 장려, 중점 시장을 대상으로 무역촉진활동 전개, 물류원활화 추진을 통해

대외무역규모에 상응하는 국제적인 물류시스템 구축, 외환결제 원활화 추진을 통해 기업의 환율리스크 대응능력 제고

⑦ 가공무역의 단계적 이전
지역을 선정하여 지역간 상호 협력하는 국가차원의 가공무역 산업구 육성, 가공무역의 점진적 중점이전지역 선정 및 시범지역 선정, 가공무역제품박람회 등 기능을 통해 산업간 연계 강화, 법률한계 내에서 정책적 지원 심화

⑧ 국제 마케팅시스템 구축
기업의 국제마케팅서비스 네트웍 구축추진, 제품 및 부품 비축창고, 검측·수리 플랫폼, 기술서비스센터 구축 관련한 연구, 세계 100개 주요 시장에 국외마케팅 네트워크 구축, 국가차원의 국제마케팅공공서비스플랫폼 약 15개 구축, 지방별로 공공서비스플랫폼 구축강화

제 2 절 대외무역 특징

1. 국가별 수출입(교역규모)

중국의 교역규모가 2015, 2016년 연속 하락하였지만 국가별 교역규모로 보면 미국, 홍콩, 일본, 한국 순의 순위는 지난 수년간 변동이 거의 없는 상황이다.

2022년 무역수지면에서 보면 전체적으로는 8,890억 달러[2]의 흑자를 기록하였다. 2021년보다는 2,000억 달러가 늘어난 것으로 '무역규모 확대, 무역수지 흑자 확대'현상을 보였다. 한국, 일본, 독일 등 주요 교역 대상국과는 모두 적자를 기록한 반면, 미국(4,039억 달러), 네덜란드, 영국 등 선진국과는 상당한 규모의 흑자를 기록하였다. 한편 같은 국가이지만 관세영역상 별도의 지역으로 간주되는 홍콩과의 거래는 2,944억 달러에 이르는 대규모의 흑자를 보였다. 이는 홍콩이 중계무역기지로서 중국의 상품을 전 세계로 보내주는 역할을 하고 있음을 보여주고 있다. 미국과의 교역에서 중국은 지속적이며 막대한 무역수지흑자를 기록하고 있어 통상분쟁과 위안화 평가를 둘러싼 미중 양국의 논쟁이 끊이지 않고 있다.

표 6-2 중국의 국가별 수출입 (단위: 억 달러)

국가명	2012				국가명	2022			
	수출	수입	무역규모	수지		수출	수입	무역규모	수지
총계	20,501	18,173	38,674	2,328	총계	36,045	27,155	63,200	8,890
미국	3,519	1,278	4,797	2,241	미국	5,816	1,777	7,593	4,039
홍콩	3,229	110	3,339	3,119	한국	1,641	2,002	3,643	−361
일본	1,515	1,777	3,292	−262	일본	1,731	1,848	3,579	−117
한국	876	1,666	2,542	−789	대만	813	2,402	3,215	−1,589
대만	368	1,322	1,690	−954	홍콩	3,023	79	3,102	2,944
독일	692	920	1,612	−229	베트남	1,476	879	2,355	597
호주	378	786	1,164	−408	독일	1,162	1,114	2,276	48
말레이시아	365	582	947	−217	호주	790	1,407	2,197	−617

2) 한국무역협회 통계와 중국세관 통계 수치의 차이가 있음. 세관통계로는 무역수지 흑자가 8,776억 달러로 다소 적다.

러시아	441	440	881	1	말레이시아	951	1,099	2,050	−148
브라질	334	521	855	−186	러시아	763	1,122	1,885	−360
태국	312	385	697	−72	브라질	619	1,087	1,706	−468
싱가포르	403	284	687	119	인도네시아	715	779	1,494	−64
네덜란드	589	87	676	502	인도	1,188	175	1,363	1,013
인도	477	188	665	289	태국	788	565	1,353	223
인도네시아	343	320	663	23	네덜란드	1,177	125	1,302	1,051
영국	463	168	631	295	싱가포르	820	339	1,159	481
캐나다	281	228	509	53	영국	816	218	1,034	598
베트남	342	162	504	180	UAE	540	452	992	88
UAE	296	108	404	188	멕시코	775	175	950	599
멕시코	275	92	367	184	필리핀	649	231	880	418

자료: 한국무역협회(www.kita.net) 중국통계(검색일자: 2023.3)

1) 수출지역

수년간 지속되고 있는 미중 무역전쟁에도 불구 중국의 최대 수출지역은 미국으로 2022년 5,816억 달러의 수출을 기록하였다. 이는 수년간의 미국 경제회복세에 힘입은 바가 크다. 홍콩에 대한 수출은 3,023억 달러에 이르고 있는데 홍콩의 경우 자체 수입하여 사용하는 수량이 아니라, 홍콩으로 일단 수출된 뒤에 다른 나라로 수출되는 이른바 중계무역(轉口貿易)이 주를 이루고 있기 때문이다. 2013년을 제외하면 2012~2022년까지 중국의 최대 수출국은 미국이다(2013년은 홍콩이 중국의 최대 수출국).

표 6-3 중국의 주요 수출국가

국가명	2012			국가명	2022		
	금액 (억 달러)	증감률 (%)	비중 (%)		금액 (억 달러)	증감률 (%)	비중 (%)
총계	20,501	7.9	100.0	총계	36,045	7.1	100.0
미국	3,519	8.5	17.2	미국	5,816	0.9	16.1
홍콩	3,229	20.7	15.8	홍콩	3,023	−14.0	8.4

일본	1,515	2.9	7.4	일본	1,731	4.4	4.8
한국	876	5.7	4.3	한국	1,641	9.0	4.6
독일	692	−9.5	3.4	베트남	1,476	7.0	4.1
네덜란드	589	−0.9	2.9	인도	1,188	21.7	3.3
인도	477	−5.4	2.3	네덜란드	1,177	14.9	3.3
영국	463	4.9	2.3	독일	1,162	0.9	3.2
러시아	441	13.3	2.2	말레이시아	951	20.6	2.6
싱가포르	403	14.2	2.0	싱가포르	820	49.1	2.3
호주	378	11.4	1.8	영국	816	−6.3	2.3
대만	368	4.9	1.8	대만	813	3.8	2.3
말레이시아	365	30.9	1.8	호주	790	18.8	2.2
인도네시아	343	17.2	1.7	태국	788	13.7	2.2
베트남	342	17.7	1.7	멕시코	775	14.8	2.2
브라질	334	4.9	1.6	러시아	763	12.8	2.1
태국	312	21.5	1.5	인도네시아	715	17.8	2.0
UAE	296	10.3	1.4	필리핀	649	13.5	1.8
캐나다	281	11.3	1.4	브라질	619	15.4	1.7
멕시코	275	14.8	1.3	UAE	540	23.1	1.5

자료: 한국무역협회(www.kita.net) 중국통계(검색일자: 2023.3)

2) 수입지역

수입지역의 경우도 수출지역과 유사한 패턴을 보이고 있다. 주요 수입지역(국가) 특히 아시아지역과 일본, 대만으로부터의 수입이 전체수입에서 차지하는 비중이 감소추세를 보인 반면 아세안, 유럽, 미국 등은 보합세를 보였고, 라틴아메리카, 오세아니아 지역으로부터의 수입은 증가세를 보였다.

국가별로는 대만으로부터의 수입이 2022년 2,402억 달러로 가장 많았고, 두 번째로는 한국으로부터의 수입이 2,002억 달러로 많았다. 특이한 상황은 중국이 중국에서 수입한 금액이 1,236억 달러로 전체 수입에서 4.6%나 차지하고 있다는 점이다. 이것은 관세영역상 대외무역지역으로 간주되는 수출가공지대, 보세가공, 보세물류 등 특수지역이 중국 전국적으로 광범위하게 산포되어 있으며, 이

지역으로부터의 수출입이 활발한 데 따른 것으로 추정된다.

표 6-4 중국의 주요 수입국가

국가명	2012			국가명	2022		
	금액 (억 달러)	증감률 (%)	비중 (%)		금액 (억 달러)	증감률 (%)	비중 (%)
총계	18,173	4.3	100.0	총계	27,155	1.4	100.0
일본	1,777	−8.6	9.8	대만	2,402	−4.5	8.8
한국	1,666	3.0	9.2	한국	2,002	−6.3	7.4
중국	1,428	16.7	7.9	일본	1,848	−10.3	6.8
대만	1,322	5.8	7.3	미국	1,777	−1.0	6.5
미국	1,278	8.2	7.0	호주	1,407	−13.2	5.2
독일	920	−0.8	5.1	중국	1,236	−21.3	4.6
호주	786	−2.9	4.3	러시아	1,122	43.2	4.1
말레이시아	582	−6.1	3.2	독일	1,114	−7.2	4.1
사우디 아라비아	549	10.9	3.0	말레이시아	1,099	12.0	4.0
브라질	521	−1.1	2.9	브라질	1,087	−0.3	4.0
러시아	440	12.6	2.4	베트남	879	−4.7	3.2
태국	385	−1.5	2.1	인도네시아	779	22.4	2.9
앙골라	335	34.4	1.8	사우디	778	37.3	2.9
인도네시아	320	2.3	1.8	태국	565	−8.4	2.1
싱가포르	284	2.4	1.6	스위스	497	31.3	1.8
이란	249	−17.6	1.4	UAE	452	60.2	1.7
프랑스	242	9.8	1.3	칠레	450	17.4	1.7
캐나다	228	5.5	1.3	캐나다	424	40.5	1.6
칠레	206	0.2	1.1	이라크	393	47.9	1.4
필리핀	197	9.4	1.1	오만	361	27.3	1.3

자료: 한국무역협회(www.kita.net) 중국통계(검색일자: 2023.3).

2. 수출입상품구조

1) 수출

시장의 개혁기능, 정부의 정책적 유인으로 수출기업의 기술연구개발, 브랜드 육성 및 품질관리 강화 등을 통해 수출제품의 기술함량과 부가가치가 지속적으로 높아졌다. 2000년부터 5년 단위로 10대 수출제품(HS 4단위 기준으로 전체 수출품목의 1% 이내)의 변화를 보면 경공업제품(의류, 신발 등)이 상위권에서 밀려나고 전화기, 전자집적회로 등 전자전기 및 ICT 제품이 지속적으로 수출액 상위를 차지하고 있음을 알 수 있다. 이를 통해 중국의 수출제품이 첨단제품분야로 고도화가 이루어지고 있다고 추정할 수 있다.

2022년 한 해의 수출품목을 보면 전화기(주로 핸드폰)의 수출이 전체 수출의 6.6%를 차지했으며 10대 품목(HS 4단위기준)의 비중은 26.2%에 달했다.

표 6-5 중국의 10대 수출제품(HS 4단위)의 변화

2000년	2005년	2010년	2015년	2020
자동자료처리기계 (8471)	자동자료처리기계 (8471)	자동자료처리기계 (8471)	전화기 (8517)	전화기 (8517)
부품 (8470~8472 기계용) (8473)	방송용 송신기기, TV카메라 · 디지털 카메라 (8525)	전화기 (8517)	자동자료처리기계 (8471)	자동자료처리기계 (8471)
바퀴달린 완구 (세발자전거 · 페달 자동차 등) (9503)	부품 (8470~8472 기계용) (8473)	선박 (8901)	전자집적회로 (8542)	전자집적회로 (8542)
의류 (저지 · 풀오버 · 카디건 등)(6110)	부품 (8525~8528 물품 전용) (8529)	다이오드 · 트랜지스터(8541)	램프, 조명기구 (9405)	방직용섬유제품 (6307)
슈트(여성용), 바지 등(6204)	전자집적회로 (8542)	모니터&프로젝터, TV 수신용기기 (8528)	액정디바이스, 레이저기기, 기타 광학기기(9013)	조명기구 (9405)

신발류(6403)	액정디바이스, 레이저기기, 기타 광학기기(9013)	부품 (8470~8472 기계) (8473)	다이오드 · 트랜지스터(8541)	다이오드 · 트랜지스터(8541)
슈트(남성용), 바지 등(6203)	슈트(여성용), 바지(6204)	전자집적회로 (8542)	가구와 부품 (9403)	스쿠터, 트라이싸이클 (9503)
각종 케이스, 가방, 지갑(4202)	의류 (저지 · 풀오버 · 카디건 등)(6110)	액정디바이스, 레이저기기, 기타 광학기기(9013)	부품 (8470~8472 기계용) (8473)	부품 (8701~8705 차량용) (8708)
변압기 · 정지형 변환기(8504)	전화기(8517)	인쇄기 · 복사기 등 및 부품 (8443)	부품 (8701~8705 차량용) (8708)	모니터&프로젝터, TV 수신용기기 (8528)
신발류 (플라스틱,고무) (6402)	변압기 · 정지형 변환기(8504)	변압기 · 정지형 변환기(8504)	각종 케이스, 가방, 지갑(4202)	8470~8472 기계의 부품, 부속품 (8473)
502억 달러 (전체 수출 중 20.1%)	**2,179억 달러 (전체 수출 중 28.6%)**	**4,768억 달러 (전체 수출 중 30.2%)**	**6,389억 달러 (전체 수출 중 28.0%)**	**7,711억 달러 (전체 수출 중 29.7%)**

자료: 中國海關總署(http://www.customs.gov.cn) (검색일자: 2015.4). 한국무역협회(www.kita.net) 중국 통계(검색일자: 2023.3).

표 6-6 2016년 중국의 10대 수출 상품(HS Code 4 단위 기준)

품목 코드	품목명	2012			품목 코드	품목명	2022		
		수출액 (억 달러)	증감률 (%)	비중 (%)			수출액 (억 달러)	증감률 (%)	비중 (%)
	총계	20,501	7.9	100.0		총계	36,045	7.1	100.0
8471	자동자료 처리기기 (컴퓨터)	1,634	7.5	8.0	8517	전화기	2,384	−7.5	6.6
8517	전화기	1,532	14.9	7.5	8471	자동자료 처리기기 (컴퓨터)	1,880	−8.1	5.2
8542	전자집적 회로	538	63.4	2.6	8542	전자집적 회로	1,553	−0.9	4.3

9013	레이저기기 (레이저 다이오드 제외)	387	22.2	1.9	8541	다이오드, 트랜지스터	662	35.6	1.8
8901	크르주선박 등	322	−13.4	1.6	8507	축전지	573	70.2	1.6
8473	8470~8472 기계의 부품, 부속품	304	−0.7	1.5	8708	차량부품	498	9.3	1.4
8528	모니터& 프로젝터 TV수신용 기기	277	−8.4	1.4	9503	스쿠터, 트라이 싸이클	488	5.5	1.4
8541	다이오드, 트랜지스터	274	−22.8	1.3	8504	변압기, 정지형 변환기	484	21.6	1.3
9403	가구와 부품	270	29.0	1.3	2710	석유	477	50.0	1.3
4202	각종 케이스, 가방, 지갑	253	5.7	1.2	9405	조명기구와 부품	464	−6.2	1.3

자료: 한국무역협회(www.kita.net) 중국통계 (검색일자: 2023.3).

2) 수입

중국의 수입제품 중 수입액 상위제품을 보면 석유(원유), 철광, 대두 등 자원 및 원료성 제품, 기계류 부품, 전자집적회로 등 전자전기 부품 등이 주를 이루고 있다. 2000년부터 5년 단위로 10대 수입제품(HS 4단위 기준으로 전체 수입품목수의 1% 이내)의 변화를 보면 변함없이 전자집적회로, 원유, 철광의 3대 품목이 주도하고 있다.

한편, 소비제품의 경우 2010년대 이후 지속적으로 10대 수입 품목에 포함되고 있으며 그 금액이 지속 증가하고 있는 승용차, 전화기(주로 핸드폰)는 중국의 일인당 국민소득의 빠른 증가에 따른 것으로 보인다.

이들 10대 품목의 수입액이 전체 수입액에서 차지하는 비중은 지속적으로 증가하여 40%를 넘어서고 있어 소수 수입품목의 집중도가 지나치게 높은 것(수입품목의 다변화 부족)으로 나타나고 있다.

2022년 전자집적회로, 석유(원유), 철광 세 품목에 대한 수입비중(전체 수입액 대비)이 33.3%나 될 정도로 집중도가 높았다.

표 6-7 중국의 10대 수입제품(HS 4단위)의 변화

2000년	2005년	2010년	2015년	2020년
석유(원유) (2709)	전자집적회로 (8542)	전자집적회로 (8542)	전자집적회로 (8542)	전자집적회로 (8542)
전자집적회로 (8542)	석유(원유) (2709)	석유(원유) (2709)	석유(원유) (2709)	석유(원유) (2709)
부품 (8470~8472 기계용) (8473)	액정디바이스, 레이저기기, 기타 광학기기(9013)	철광과 그 정광 (2601)	철광과 그 정광 (2601)	철광과 그 정광 (2601)
자동자료처리기계 (8471)	철광과 그 정광 (2601)	액정디바이스, 레이저기기, 기타 광학기기(9013)	전화기 (8517)	승용차 (8703)
전화기(8517)	자동자료처리기계 (8471)	승용차(8703)	액정디바이스, 레이저기기, 기타 광학기기(9013)	전화기 (8517)
열전자관·냉음 극관·광전관 (8540)	부품 (8525~8528 물품 전용) (8529)	자동자료처리기계 (8471)	승용차 (8703)	석유가스 (2711)
석유와 역청유 (2710)	부품 (8470~8472 기계용) (8473)	대두(1201)	대두(1201)	대두(1201)
84류중 미분류 기계류 (8479)	다이오드· 트랜지스터 (8541)	전화기(8517)	다이오드· 트랜지스터 (8541)	구리광과 정광 (2603)
다이오드· 트랜지스터 (8541)	석유와 역청유 (2710)	다이오드· 트랜지스터 (8541)	자동자료처리기계 (8471)	자동자료처리기계 (8471)

부품 (8525~8528 물품 전용) (8529)	84류 중 미분류 기계류 (8479)	석유와 역청유 (2710)	항공기 (8802)	반도체제조기계 (8486)
609억 달러 (전체 수입 중 27.1%)	2,604억 달러 (전체 수입 중 39.4%)	5,710억 달러 (전체 수입 중 41.0%)	6,802억 달러 (전체 수입 중 42.5%)	9,177억 달러 (전체 수입 중 44.5%)

자료: 中國海關總署(http://www.customs.gov.cn) (검색일자: 2015.4). 한국무역협회(www.kita.net) 중국
통계(검색일자: 2023.3).

표 6-8 2016년 중국의 10대 수입상품(HS Code 4 단위기준)

품목 코드	품목명	2012			품목 코드	품목명	2022		
		금액 (억 달러)	증감 (%)	비중 (%)			금액 (억 달러)	증감 (%)	비중 (%)
	총계	18,173	4.3	100.0		총계	27,155	1.4	100.0
2709	석유, 역청유 (원유)	2,204	12.9	12.1	8542	전자집적 회로	4,172	-4.1	15.4
8542	전자집적 회로	1,929	12.8	10.6	2709	석유, 역청유 (원유)	3,606	42.3	13.3
2601	철강과 그 정광	955	-15	5.3	2601	철강과 그 정광	1,258	-30	4.6
9800	기타제품 (특정되 지 않는 제품)	687	38.9	3.8	2711	석유, 가스	909	25.5	3.3
9013	액정디바 이스, 레이저기 기타 광학 기기	560	5.4	3.1	7108	금	767	62.1	2.8
8703	승용차	455	11.3	2.5	1201	대두(콩)	612	14.3	2.3
8517	전화기세트 (스마트폰 포함)	391	27	2.2	2603	구리와 그 정광	578	5.5	2.1

1201	대두(콩)	349	17.1	1.9	8703	승용차	523	−1.1	1.9
8471	자동자료 처리기계	349	18.8	1.9	8524	평판디 스플레 이모듈	399	0	1.5
2710	석유	327	1.8	1.8	7403	정련된 구리 및 합금	372	3.1	1.4

자료: 한국무역협회(www.kita.net) 중국통계(검색일자: 2023.03).

3. 무역방식

중국소재기업(외국기업이나 중국기업)들이 외국의 기업에게 주문을 받아 외국기업의 요구에 맞춘 제품생산을 위한 원료 및 부품, 관련 설비를 수입하고 이를 가공하여 생산한 완제품을 해외로 수출하는 이른바 가공무역이 중국의 대외무역에서 여전히 비중이 높은 상황이다.

2022년 중국의 총교역 중 일반무역총액은 4조 230억 달러, 가공무역방식의 무역은 1조 2,689억 달러, 보상무역 등 기타방식의 무역은 1조 177억 달러로 전체교역에서 각각 63.8%와 20.1%, 16.1%를 차지하였다. 전반적으로 일반무역 방식의 비중이 지속 증가하고 있으며 가공무역방식의 비중은 지속 감소하고 있다. 한편 무역수지 면에서 보면 일반무역은 5,510억 달러, 가공무역은 3,501억 달러의 무역수지 흑자를 기록하였다. 중국의 대외무역수지 흑자 전체 중 50% 이상이 일반무역에 따른 것임을 알 수 있다.

수출

중국의 수출에서 가공무역이 차지하는 비중은 근년 들어 낮아지는 추세이다. 2007년까지만 해도 수출의 50%를 차지하던 가공무역방식의 수출은 2008년부터 40%대로 그 비중이 하락하였으며, 2013년 들어 30%대로 하락하였으며, 2022년에는 22.5%로 대폭 낮아졌다.

표 6-9 2022년 중국의 대외무역 방식

구분	수출입 (억 달러)	비중 (%)	수출 (억 달러)	비중 (%)	수입 (억 달러)	비중 (%)
총액	63,096	100.0	35,936	100.0	27,160	100.0
일반무역	40,230	63.8	22,870	63.6	17,360	63.9
가공무역	12,689	20.1	8,095	22.5	4,594	16.9
기타	10,177	16.1	4,971	13.8	5,206	19.2

자료: 中國海關總署(http://www.customs.gov.cn) (검색일자: 2023.3).

4. 대외무역주체(기업성격별)

2022년 무역주체별 대외무역 상황을 보면 민영기업이 선전하였으며, 외자기업과 국유기업은 전체무역에서 차지하는 비중이 하락하였다(2016년 45.8%→2022년 35.1%).

민영기업(집체기업 등 기타기업 포함)의 교역액은 3조 1,302억 달러로 전체 교역액 중 49.6%를 차지하였다. 외국인투자기업(외자기업)의 교역액은 2조 763억 달러로 전체 교역액에서 여전히 32.9%를 차지하고 있어 중국의 대외무역에서 외자기업이 중요한 역할을 하고 있는 것을 알 수 있다. 그러나 근년 들어 중국의 민영기업의 약진으로 전체 교역에서 외자기업이 차지하는 비중은 계속 감소하고 있는 상황이다. 중국경제에서 중요한 역할을 해왔으며, 전기, 통신, 광물 등 분야에서 여전히 우세를 보이고 있는 국유기업의 교역액은 1조 157억 달러로 전체 교역액에서 16.1%를 차지하였다.

무역수지면에서 보면 국유기업은 4,477억 달러의 대규모 적자를 기록했으며, 외자기업과 민영기업은 각각 1,703억 달러, 1조 1,322억 달러의 흑자를 기록하였다. 이러한 무역수지의 차이가 나는 것은 흔히 국유기업의 생산시스템의 비효율성이나 불합리한 경영체제에 따른 것으로 지적되기도 하지만, 국유기업 특유의 주요 역할(석유, 철광석 같은 주요 자원의 수입, 국가인프라 구축과 관련된 수입 등)과 영리를 위주로 하는 민영기업과 외자기업의 기업운영 목적의 차이에도 그 원인이 있다.

표 6-10	2022년 중국대외무역 현황(기업유형별)										(단위: 억 달러, %)	
	2016년						2022년					
	수출	비중	수입	비중	무역규모	비중	수출	비중	수입	비중	무역규모	비중
총액	20,981	100.0	15,874	100.0	36,855	100.0	35,936	100.0	27,160	100.0	63,096	100.0
국유기업	2,156	10.3	3,608	22.7	5,764	15.6	2,840	7.9	7,317	26.9	10,157	16.1
외국인 투자기업	9,169	43.7	7,705	48.5	16,874	45.8	11,233	31.3	9,530	35.1	20,763	32.9
사영기업	9,148	43.6	4,179	26.3	13,327	36.2	21,312	59.3	9,990	36.8	31,302	49.6
기타	503	2.4	375	2.4	878	2.4	549	1.5	322	1.2	871	1.4

자료: 中國海關總署(http://www.customs.gov.cn) (검색일자: 2023.3).

5. 중국 각 지역별 수출입

중국정부의 4대 지역 구분에 따라 보면 경제력이 앞서 있는 동남부 연해지역의 10개 성시가 전체 수출액의 77.5%를 차지 대부분의 수출이 여전히 이 지역에서 이루어지고 있으며 그 비중은 내려가고 있다. 이들 지역은 경제가 발전하였을 뿐만 아니라, 대외무역에 유리한 톈진, 칭다오, 상하이, 닝보 등 주요 항구들이 위치해 있는 지역이어서 세관통관기준으로의 교역규모가 클 수밖에 없다. 또한 수출품목의 구성이 전자전기, ICT 등으로 고도화 되고 있는 점도 산업이 발달한 동남부 연해지역의 수출입 비중이 높은 이유이다. 반면에 소득수준이 낮고 동남부보다 산업 및 물류가 낙후된 중서부지역은 전체 수출의 11.5%만을 담당하고 있다.

동남부, 중서부 지역 모두 무역수지 흑자를 기록하였지만, 동북3성 지역은 요녕성, 길림성과 흑룡강성이 모두 큰 폭의 무역수지 적자를 기록함으로써 대외무역에 있어 상당 폭의 적자를 보이고 있다.

성시 지역 중에서 광동성(廣東省)의 대외무역 총액이 1조 2,447억 달러(통관기준)로 가장 컸으며, 강소성, 절강성, 상하이, 산동성 등이 그 뒤를 이었다. 주요 경제권으로는 상하이, 강소성, 절강성으로 구성된 장강델타 경제권이 최대 무역규모(2조 1,508억 달러)를 보이고 있다.

중국경제에서 중심적인 역할을 하고 있는 강소, 절강, 상하이는 각각 산업과 소비의 중심지 역할을 하고 있어 대외무역량이 많은 상황이다. 베이징, 상하이, 톈진 지역이 상당히 큰 규모의 무역수지 적자를 기록하고 있는데, 이는 이들 도시가 장강델타와 환발해 경제권의 직할시이자 1인당 국민소득이 상위에 있어 주요 소비시장을 형성하여, 수입수요가 많은데 따른 것으로 보인다. 서부지역에서는 사천성, 중경시의 교역규모가 전자제품(핸드폰 등)의 수출 급증으로 최근 대폭 상승하였다.

표 6-11 중국의 각 지역 수출입 현황(2016)　　　　　　　　　　　　　　　(단위: 억 달러, %)

성(省)명	2012					2022				
	수출	비중	수입	비중	무역규모	수출	비중	수입	비중	무역규모
총계	20,501	100.0	18,173	100.0	38,674	36,045	100.0	27,155	100.0	63,200
광동(廣東)	6,363	31.0	4,129	22.7	10,492	7,975	22.1	4,472	16.5	12,447
강소(江蘇)	3,348	16.3	2,551	14.0	5,899	5,251	14.6	2,955	10.9	8,206
절강(浙江)	2,448	11.9	1,034	5.7	3,482	5,159	14.3	1,880	6.9	7,039
상해(上海)	1,936	9.4	2,405	13.2	4,341	2,560	7.1	3,703	13.6	6,263
북경(北京)	313	1.5	973	5.4	1,286	877	2.4	4,573	16.8	5,450
산동(山東)	1,360	6.6	1,597	8.8	2,957	3,098	8.6	1,933	7.1	5,031
복건(福建)	888	4.3	569	3.1	1,457	1,824	5.1	1,159	4.3	2,983
천진(天津)	491	2.4	737	4.1	1,228	572	1.6	695	2.6	1,267
하북(河北)	373	1.8	449	2.5	822	513	1.4	328	1.2	841
해남(海南)	28	0.1	118	0.6	146	108	0.3	195	0.7	303
동남부 (10지역)	17,548	85.6	14,562	80.1	32,110	27,937	77.5	21,893	80.6	49,830
요녕(遼寧)	522	2.5	654	3.6	1,176	538	1.5	646	2.4	1,184
흑룡강 (黑龍江)	99	0.5	183	1.0	282	81	0.2	315	1.2	396
길림(吉林)	60	0.3	185	1.0	245	75	0.2	159	0.6	234
동북(3지역)	681	3.3	1,022	5.6	1,703	694	1.9	1,120	4.1	1,814
하남(河南)	319	1.6	224	1.2	543	787	2.2	492	1.8	1,279
안휘(安徽)	206	1.0	124	0.7	330	715	2.0	421	1.6	1,136
호남(湖南)	122	0.6	88	0.5	210	795	2.2	290	1.1	1,085
강서(江西)	200	1.0	102	0.6	302	772	2.1	246	0.9	1,018
호북(湖北)	188	0.9	137	0.8	325	633	1.8	295	1.1	928

섬서(陝西)	85	0.4	67	0.4	152	453	1.3	276	1.0	729
중부(6지역)	1,120	5.5	742	4.1	1,862	4,155	11.5	2,020	7.4	6,175
사천(四川)	301	1.5	195	1.1	496	936	2.6	581	2.1	1,517
중경(重慶)	310	1.5	142	0.8	452	793	2.2	438	1.6	1,231
광서(廣西)	92	0.4	316	1.7	408	556	1.5	435	1.6	991
운남(云南)	54	0.3	67	0.4	121	245	0.7	261	1.0	506
신강(新疆)	143	0.7	187	1.0	330	313	0.9	56	0.2	369
산서(山西)	85	0.4	82	0.5	167	183	0.5	95	0.3	278
내몽고 (內蒙古)	54	0.3	86	0.5	140	94	0.3	133	0.5	227
귀주(貴州)	31	0.2	19	0.1	50	78	0.2	41	0.2	119
감숙(甘肅)	18	0.1	53	0.3	71	19	0.1	70	0.3	89
영하(寧夏)	19	0.1	8	0.0	27	30	0.1	9	0.0	39
서장(西藏)	20	0.1	1	0.0	21	6	0.0	0	0.0	6
청해(青海)	4	0.0	4	0.0	8	4	0.0	2	0.0	6
서부 (12지역)	1,131	5.5	1,160	6.4	2,291	3,257	9.0	2,121	7.8	5,378
미분류	20	0.1	688	3.8	708		0.0		0.0	0

자료: www.kita.net (검색일자: 2023.3).
주: 수출입총액에 있어 중국세관통계와 한국무역협회 통계상에 수치조정으로 인해 시차에 따른 불일치가 있어 앞의 통계들과 총액이 일치하지 않고 있다.

6. 개선되고 있는 대외무역의존도

한 나라의 GRDP에서 상품수출입(교역규모)이 차지하는 비중을 대외무역의존도라고 하는데 이 수치가 높을수록 그 나라의 경제는 대외경제의 변동에 취약하게 된다는 것이 일반적인 학설이다. 중국은 세계 2위의 경제규모를 가지고 있는 경제대국임에도 미국, 일본 같은 다른 경제 대국에 비해 대외무역의존도가 상당히 높은 상황이었으나 2010년부터 낮아지고 있다. 특히 2015년부터는 30%대로 진입하여 개선추세를 보이고 있다. 미국의 경우 무역의존도가 20% 내외이며, 일본은 30% 내외이다. 무역의존도만 놓고 판단하면 중국경제가 이들 두 나라에 비해 대외충격에 다소 약한 구조를 가지고 있다고 할 수 있다.

[그림 6-2] 중국의 대외무역 의존도

자료: 저자계산(2023.10)

제3절 탈산소 · 탄소중립 무역 장벽

1. 탄소중립 이슈 부상

1) 글로벌 탄소중립 시대 진입

지구 대기는 질소(78.1%), 산소(20.9%), 온실가스(이산화탄소 · 메탄 등) · 수증기 (1%)로 구성되어 있다. 온실가스는 아주 적은 비중으로 지구온도를 적정하게 유지시켜 주는 중요한 역할을 한다. 온실가스는 태양열이 지표면에 부딪힌 후 복사열이 지구 밖으로 배출되는 것을 방지하는데, 상시적으로 적정농도 유지가 필요하다. 그러나 산업화 이후 화석연료 사용은 매년 급증해서 대기 중 온실가스 농도가 최고치를 경신하고 있다. 이산화탄소, 메탄, 이산화질소, 수소불화탄소, 과불화탄소, 육불화황은 기후변화를 일으키는 주범으로 '이산화탄소'는 관측 이래 대기 중 농도가 지속적으로 증가하였다. 지구 평균기온 1.09도 상승했고 2021년 이후 1.5도 상승으로 기후변화 더 심각해졌다. 그 결과 온실가스 농도가 필요 이상으로 증가되어서 지구를 뜨거워지게 하는 '지구온난화'를 초래하였고 기후위기를 세계 곳곳에서 목격한다. 기후위기는 전 세계적으로 폭우, 태풍, 이상고온 등으로 인명 · 재산 피해를 급증시켰고 인류는 생존 위기에 직면하였다.

[그림 6-3] 지구 온난화 재해 및 이산화탄소 농도 변화

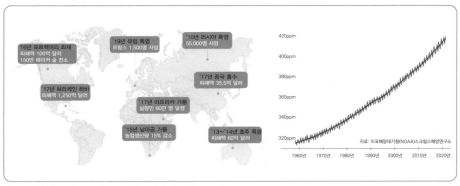

자료: 대한민국 탄소중립 2050(한국환경연구원, 2021)

| 표 6-12 | 6대 온실가스 주요 배출원 및 배출량 | | | (단위: %, 년) | |

온실가스	지구온난화 지수(GWP)	주요배출원	국내 배출량 (%)	대기체 류기간 (년)
이산화탄소(CO_2)	1	화석연료연소, 산림벌채	88.6	50~200
메탄(CH_4)	21	농업 · 축산 · 쓰레기 등 유기물 분해	4.8	20
아산화질소(N_2O)	310	산업공정, 비료사용, 소각, 가축분뇨	2.8	120
수소불화탄소(HFCs)		에어컨냉매, 스프레이 분사제		
과불화탄소(PFCs)	1,300~23,900	반도체 세정용, 냉동기, 소화기	3.8	65~130
육불화황(SF6)		전기 절연가스로 전기기계기구		

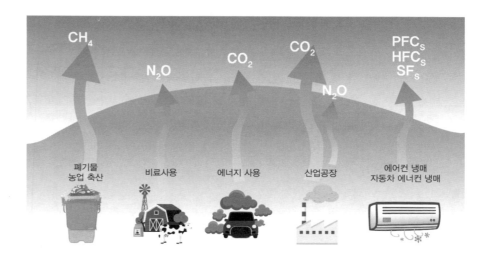

자료: 에너지관리공단(2021)

기후 온난화 및 해수면 상승 등 갈수록 심각해지는 기후변화에 대응하고자 전세계 195개 국가는 2015년 12월 파리기후변화협정(Paris Climate Agreement)을 채택하였다. 참가 국가들은 2023년부터 5년마다 탄소 감축 상황을 보고해야 하며 선진국들은 개발도상국가의 기후변화 대처사업비(매년 1,000억 달러 이상)를 지원하기로 했다. 그리고 2019년 9월 유엔 '기후행동 정상회의'에서 '2050년 탄소중립 달성' 선언을 통해 전 세계적으로 온실가스 감축에 동참하는 촉구가 있었고 2022년 11월 현재 187개국에서 탄소중립 선언에 동참 및 정책 수단 제시로 이어졌다. 한국 정부에서도 2020년 10월 '2050년 탄소중립선언'을 했으며, 같은 해 '2050 탄소중립 추진전략'을 발표하였다. 거버넌스 체계인 '탄소중립위원회'를 출범하였고 2022년 3월 법적 토대가 되는 「기후위기 대응을 위한 탄소중립 · 녹색성장 기본법」을 시행하였다.

2) 탈화석화 요구에 제조업 위기

중국은 제조업 기반의 산업 특성상 화력발전 비중이 높다. 2022년 3월 10일 공업정보화부(工业和信息化部) 발표에 따르면 2021년 중국 제조업 부가가치 규모는 31조 4,000억 위안으로 전체 GRDP 비중의 27.4%를 점유하는 것으로 나타났다. 2010년부터 중국의 제조업 부가가치 규모는 12년 연속 세계 1위를 차지하고 있다. 그런데 세계적으로 기후변화에 대한 투자자의 관심이 높아서 탈화석연료 움직임이 확대되었으며 최근에는 '탄소중립' 정책이 본격적으로 시행되면서 기후금융 시대에 돌입하였다. EU 집행위원회는 EU 공동의 지속가능발전과 금융시스템의 연계를 위한 '지속가능금융 행동계획(Action Plan on Sustainable Finance, 2018)'을 수립하고, 세부 추진 계획인 '지속가능 금융패키지(Sustainable Finance Package, 2020년)'를 채택하였다.[3] 이에 따라 유럽최대자산관리사 LGIM, 아문디, 영국 EFG 자산관리사 등 투자기관들은 바스프 등 유럽 최대 3개 화학 기업 및 기후변화에 적극적으로 대응하지 않는 기업에 대한 투자 철회 의사를 표명하거나 탈탄소 계획을 수립을 요구하였다. 특히, 넷제로 투자자연합(NZAOA, Net-Zero Asset Owner Aliiance)에서는 회원국들에게 석유 · 가스 자원을 탐사하고 생산하는 업스트림 (up-stream) 프로젝트에 대한 직접 투자를 멈추도록 했으며 화석연료를 사용하는 기업 모두에 대한 투자를 중지하도록 하는 지침을 내렸다.[4]

---

3) 김현국(2022), p.41

4) IMPACT ON(2023.4.3.), 넷제로 투자자연합 '석유 · 가스 투자에 대한 투자 지침' 발표

3) 중국의 탄소중립 정책 동향

중국은 한국, 일본 보다 빠른 탄소중립 선언으로 국제사회에서 기후 리더로 변모하는 모습을 보여줬다. 시진핑 주석은 제75차 UN총회(2020.9)에서 '2030 탄소 피크 및 2060 탄소중립 달성 전략(双碳, 쌍탄소; 탄소피크·탄소중립)' 발표를 통해 탄소중립에 동참을 밝혔다. 2030년까지는 이산화탄소 배출량을 2005년 수준보다 65% 이상 감축하고, 비화석 연료를 통한 에너지 공급 비중을 25%까지 확대하기로 했다. 그리고 2030년 이후부터는 화석연료 사용을 최소화해서 온실가스 배출량을 줄이면서 2060년에는 탄소중립 달성하는 것을 목표로 한다. 여기에는 수소에너지 사용 비중을 2050년까지 10% 도달해서 2060년에 30%까지 확대하는 것으로 목표 설정하였다. 2060년까지 중국의 기후영역 신규 투자 규모는 약 139조 위안으로 연평균 3.5조 위안, 2020년 GRDP의 3.4%를 차지할 것이다.[5]

[**그림 6-4**] 중국 에너지 유형별 소비 현황(2019~2060년)　　　　　　　　(단위: %)

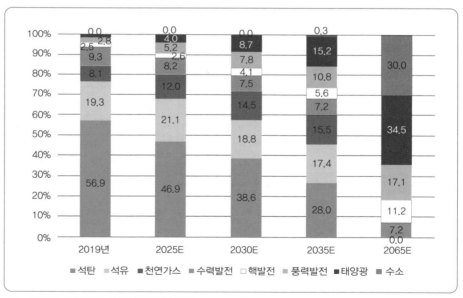

자료: 氢能源: "双碳" 趋势下的主战场(검색일: 2022.12.1.)

---

5)　21世纪经济报道(2021.3.12.), "国家气候战略中心战略规划部主任柴麒敏: 绿色低碳发展 将形成政策 '组合拳'", 검색일: 2021.10.15.

중국 정부는 여러 정책 문건에서 녹색·저탄 전략을 통한 지속가능한 경제 발전을 지속적으로 강조하고 있으며 탄소 배출에 대한 전략적 관리와 엄격한 배출 통제를 위해 전담 조직 신설·운영도 추진하고 있다. 2021년 5월 중국공산당 중앙위원회 정치국 상무위원 겸 국무원 부총리인 한정(Han Zheng) 주재로 베이징에서 탄소 피크 및 탄소 중립을 위한 선도 그룹(碳达峰碳中和工作领导小组) 회의가 개최되었다. 이 자리에서 국유기업들은 세계적 탄소중립 실천 추세에 적극대응을 위한 낙후 시설·장비 개선 및 저탄소 기술을 보급에 나서는 등 탄소배출 절감 방안과 목표 수립의 필요성 강조했으며 국제사회와의 협력을 강좌하였다.[6]

표 6-13 중국 탄소중립 추진 단계

1단계: 2021~2030년	2단계: 2031~2045년	3단계: 2045~2060년
탄소 배출 피크 달성	**탄소배출 감소**	**탈탄소화, 탄소중립 달성**
■ 에너지 사용 효율 제고 ■ 석탄소비 점진적 감소 ■ 재생에너지 대규모 발전 ■ 신에너지차의 내연기관차 대체 점진적 실현	■ '재생에너지+에너지저장' 평준화 요금 실현 ■ 화석 에너지 대체 ■ '전기차+스마트 교통인프라' 구축을 통한 내연기관차 대체	■ CCUS, BECCS 등 관련 기술 성숙·보급 ■ 재생에너지, 에너지 저장, 수소에너지 기술 상용화

자료: 한국무역협회 국제무역통상연구원. 중국의 탄소중립 정책방향과 시사점. p.14

2. 탈탄소 전환기 중국의 대응

1) 중국의 탄소 무역세에 대한 대응

세계적으로 탄소중립이 최대 관심사로 부상하였고 국가마다 온실가스 감축 목표를 제시하는 등 각종 실천적 프로젝트들이 진행되고 있다. EU는 '탄소국경조정제도(Carbon Border Adjustment Mechanism, 이하 'CBAM')' 도입, 미국도 탄소국경조정세 도입 예고 및 글로벌 기업들의 공급망 전체에 대한 탄소중립 선언 등 통상규제로 새로운 무역장벽으로 부상하고 있다. EU뿐만 아니라 유럽연합이 아닌 국가(영국, 노르

---

6) 新华财经(2021.5.28). 韩正主持碳达峰碳中和工作领导小组第一次全体会议并讲话

웨이, 스위스 등) 및 인접국가(터키, 북아프리카 등)는 EU와 오랫동안 긴밀한 통상 관계를 유지해왔기 때문에 CBAM에 적극적으로 동참할 가능성이 높아졌다.

중국은 탄소 배출량 많은 대표적 국가로 EU를 중심의 CBAM 도입과 전 세계적으로 무역 분야에 확대되는 것을 현 상황에 대해서 WTO 국제 무역 규칙을 위반하는 것이라고 생태환경부에서는 비판을 하였다. CBAM은 자유롭고 개방적인 다자간 무역 시스템을 강조하는 WTO 규칙을 부정하는 것이라고 지적하였다. 또한 EU CBAM이 자원 이용 효율성을 높일 수는 있겠으나 중국처럼 개발도상 국가들의 수출에는 부정적인 영향을 줄 수 있다고 우려를 제기하였다. 그러나 중국은 이와 같은 CBAM 도입 현실화에 대한 비판 속에서도 탄소중립 이행을 위한 기본 계획 수립 및 저탄소 전환 작업에 박차를 가제기하면서도 전 세계적인 탄소중립 실천에 동참하는 형국이다.

중국정부는 《공업영역 탄소배출 피크[7] 실시방안(工业领域碳达峰实施方案)》을 통해 2025년까지 산업 및 에너지부문에서 에너지 소비구조의 개선 및 에너지 자원 이용 효율성 향상 계획을 밝혔다. 친환경 공장 및 탄소중립 산업단지 조성으로 탄소배출을 효과적으로 관리하며 고효율 에너지 사용, 에너지 재생·순환, 이산화탄소 배출 감축 등 현대적 산업시스템 구축으로 2030년까지 탄소배출 피크 달성하고자 한다. 구체적인 실행계획으로 산업구조 조정 강화, 에너지절감 및 탄소배출량 감축 확대, 친환경 제조 확대, 순환경제 추진, 주요 업종별 탄소피크 방안 등을 2030년 탄소배출 피크 시점 달성을 위한 방안으로 제시하였다.

《오염 및 탄소배출 감소를 위한 시너지효과 제고에 관한 실시방안(减污降碳协同增效实施方案, 2022)》을 통해 2030년까지 대기오염 방지를 위한 공공분야 전기차 사용 확대 및 디젤차량을 청정에너지 차량으로 순차적 감축·교체한다는 목표를 제시하였다. 중국은 석탄 소비가 많은 국가로 석탄 사용 중 황화물과 이산화탄소가 가장 많이 배출되기 때문에 석탄 사용 기업에 대해 오염물질 배출 세금을 부과해야 하지만 실제 상황은 미흡한 상황이다. 그리고 석유, 천연가스 등 화석연료 사용에 부과되는 세금이 낮게 책정되어서 대체 재생에너지 사용률이 증가하지 않는 한계점이 있다는 인식아래 강력한 전환을 실시하였다. 중국 2016년 말

---

7) 탄소피크(碳达峰)란 연간 이산화탄소 총배출량이 특정 기간 동안 사상 최고치에 도달한 후 점진적으로 감소하는 것을 의미함

제정된 《환경보호세법(环境保护税法)》을 근거로 대기오염물질, 수질오염물질, 고형
폐기물, 소음 등 4가지에 대한 정액세율을 적용해서 부과하도록 했다. 2018년부
터 대기오염물질 1.2위안, 수질오염물질 1.4위안, 소음공해 월 350위안~11,200
위안을 과세하는 기준표를 별도로 제정·적용시켰다.

표 6-14 중국의 산업분야 탄소 중립 추진 정책

분야	주요 내용
산업 구조조정	■ 저가형 산업 가동 축소 및 해외이전으로 국내 자원의 비효율적 이용을 축소하고 탄소배출 감축 ■ 태양광, 수소 및 배터리 등 청정에너지 산업 육성을 강화하고 이를 기반으로 효율적인 에너지 공급 시스템을 구축 ■ 석유화학·철강·비철금속·건축재료 등 탄소배출 많은 업종을 집적화(산업단지) 해서 효율적으로 관리하며 높은 에너지 소비량 및 높은 탄소배출일 경우 진입을 엄격히 제한함 ■ 기존 생산설비를 친환경, 저탄소 설비로 교체 유도하고 적극적 정책지원함
철강	■ 석탄사용을 대체 연료로 전환하고 청정에너지 사용을 위한 신규 설비 교체 및 비(非)고로 제철기술 개발을 지원함 ■ 2025년까지 폐철강 가공 기업의 연간 가공능력을 1억 8,000만 t 이상으로 확대하고, 전기로 제강 비중을 15% 이상으로 확대함 ■ 2030년까지 수소 수직가열로 직접환원철, 탄소포집·활용·저장(Carbon Capture, Utilization and Storage, CCUS) 등 기술을 혁신 및 활용하고, 전기로 제강 비중을 20% 이상으로 확대
비철금속	■ 산업 폐열, 폐수 등 자원을 재생·재활용률 높이며 수력·풍력 등 재생에너지 적용비중 확대함 ■ 비철금속은 2025년까지 재생 구리 생산량을 400만 t, 재생 알루미늄 생산량을 1,150만 t까지 증대시키고, 재생 금속 공급 비중을 24% 이상으로 확대함 ■ 2030년에는 전해 알루미늄 생산 시 재생에너지원 사용 비중을 30% 이상으로 확대할 것을 제시함 ■ 전해알루미늄 과잉생산 문제 해결 노력, 신규 증설 금지 등 생산량을 적극 관리함
화학	■ 2025년까지 원유정제량에서 석유제품 생산량 비중을 40% 이하로 감축하고, 대규모 탄소포집·활용·저장 시범사업을 추진함 ■ 2030년까지 올레핀, 에탄올 등 합성기술을 연구해 합성가스 활용도 확대 ■ 에너지 사용방식 전환 유도, 2025년까지 중국 내 원유 1차 가공능력 10억 t 이내 등

건축재료	■ 2025년까지 시멘트 클링커(cement clinker) 제품당 종합 에너지소비량을 3% 이상 감축 ■ 2030년까지 원재료 대체율을 대폭 제고하고, 시멘트·유리·도자기 등 업계에 오염저감 및 탄소배출량 감축 효과를 얻을 수 있는 저탄소녹색 생산라인을 구축
저탄소 산업 발전	■ 차세대 IT·바이오·신에너지·신소재·첨단장비·신에너지 자동차·환경보호·항공우주·해양장비 등 전략적 신흥산업 발전, 녹색제조 체계 건설 ■ 인터넷·빅데이터·인공지능·5G 통신망 등과의 융합을 통한 효율 개선 추진 등

자료: 工业领域碳达峰实施方案; 减污降碳协同增效实施方案; 关于完整准确全面贯彻新发展理念做好碳达峰碳中和工作的意见

2) 중국의 신에너지 비중 확대

세계경제가 탄소중립 이슈로 바뀌면서 무탄소 발전은 국가 경쟁력 확보를 위해 반드시 극복해야 할 문제인데 중국의 경우는 더 절실하다. 제조업이 발전한 국가 특성상 전력 사용량이 많은데 2019년 중국의 탄소 배출량은 98억 9,900만 톤이며 전력 생산 과정에서 총배출량의 87%가 발생되었다.[8] 탄소중립 목표 달성을 위해 무탄소 발전의 중요성이 대두되는 가운데 중국은 신에너지 중 수소에너지 활용한 전력 시스템 구축에 주목하고 있다.[9]

수소는 가장 친환경적인 에너지로 탄소 중립 시대에 중요한 역할과 국가적 전략 자산으로 부상하였다. 수소는 생산방식에 따라 '재생에너지를 100% 사용해 물을 전기 분해해 생산하는 그린 수소', '화석연료를 고온의 수증기와 반응시켜 생산하는 개질(그레이) 수소', '석유화학 또는 제철 공정 반응에서 부수적으로 생산되는 부생(그레이) 수소' 등 크게 3가지로 분류된다. 최근에는 각자의 기술이 개발되면서 7~8개 종류의 색깔로 표현되는 수소로 세분화 되기도 했다.[10] 수소는 연

---

8) https://baijiahao.baidu.com/s?id=1742839691907926269&wfr=spider&for=pc

9) 신에너지는 기존 화석연료를 변환·이용하거나 수소, 산소 등의 화학 반응을 통하여 전기(열)을 이용하는 에너지로 수소에너지, 연료전지, 석탄액화가스화 및 중질산사유 가스화 등이 대표적임. 반면에 재생에너지는 빛(태양), 바람, 물, 지열 등을 이용한 태양광, 태양열, 풍력, 수력, 해양, 지열, 바이오, 폐기물 등 재생 가능한 에너지를 생산함

10) 조세금융신문(2022.7.26.). 소수력발전 전기로 물 전기분해, 그린수소 만들어 수소차 몬다 https://www.tfmedia.co.kr/news/article.html?no=129271

소 열 값(142KJ/g)이 높은 특성을 가지고 있는데, 석유의 약 3배, 석탄의 4.5배, 리튬 배터리의 120배 이상 높다. 수소에너지는 안전하고 저장성이 좋으며 무탄소 발생의 고효율성도 갖춰서 차세대 에너지원으로 주목 받는다. 이미 수소에너지를 열에너지 · 전기에너지로 변환이 가능하도록 기술 개발되었고 활용분야는 더 확대 될 전망이다. 수소는 높은 연소 효율과 높은 에너지 변환 효율 때문에 수소자동차에 적용하면 긴 주행 거리를 확보할 수 있으며 기존 내연 자동차를 대체하기 때문에 높은 배기가스 배출로 인한 대기오염 문제를 해결할 수 있다.

[그림 6-5] 탄소배출 강도 (단위: g CO_2/kwh)

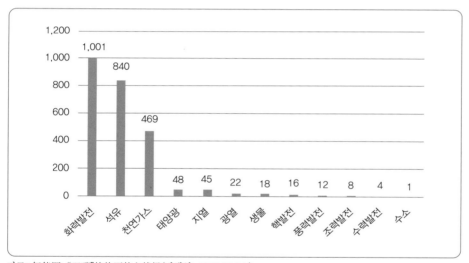

자료: 氢能源: "双碳"趋势下的主战场(검색일: 2022.12.01.)

중국은 세계 최대 에너지 소비국가로 원유 72%, 천연가스 43%를 해외로부터 조달한다. 특히 전체 이산화탄소 배출의 76%가 발전 및 난방을 하는 석탄 소비 과정에서 배출된다. 그럼으로, 화석연료 사용률이 높은 중국 상황에서 수소는 탄소중립 달성에 꼭 필요한 존재라서 국가적 육성과제로 추진되고 있다.

중국정부는 《수소에너지산업발전 중장기 계획, 氢能产业发展中长期规划 (2021~2035年)》을 통해 2025년까지 그린수소와 부생수소를 주로 이용하는 수소에너지 공급 시스템 기반조성 목표를 제시하였다. 계획에 따르면 2025년까지 완전한 수소 산업 발전 생태계 조성을 위한 제도·정책 수립하고 핵심기술 확보를 통한 산업 공급망을 구축하고자 한다. 2030년까지는 '수소 산업 기술 혁신 시스템', '그린수소 생산 시스템 및 공급망을 완비'하고 합리적이고 질서 잡힌 산업 구도를 형성하여 그린수소가 광범위하게 응용되어 탄소피크 목표 달성에 있어 튼튼한 뒷받침을 제공할 방침이다.[11] 이밖에 연간 그린 수소 생산량을 10~20만 톤까지 확대하며 전국적으로 수소산업 단지 조성에 나서기로 했다.

2021년 4월 랴오닝성 장춘시 한중(창춘) 국제협력시범지역에 수소에너지산업 단지가 조성되었다. 국가적 수소 에너지 산업을 견인하는 핵심지역으로 수소 장비 제조, 수소 에너지 배터리 생산 및 R&D 센터로 국제적 경쟁력을 갖춘 수소에너지 중심지역으로 성장하고자 한다. 2021년 광둥성 선전시는 《선전시 수소 에너지 산업 발전 계획, 深圳市氢能产业发展规划(2021~2025)》을 구체화하는 국제 수소산업 단지가 '옌티엔구(盐田区)'조성되었다. 약 9,569 평방 미터의 산업 단지에는 수소에너지의 생산−저장−운송−사용 관련 제품생산 및 연구개발(R&D) 기능으로 시작하며 2025년까지 2~3개의 수소에너지 기업을 주식시장에 상장하도록 육성하고자 한다.[12] 2022년 11월 광둥성 중산시는 《중산시 수소 에너지 산업 개발 계획(2022~2025), 中山市氢能产业发展规划(2022~2025年)》을 통해 2025년까지 고품질 수소 생산, 부품 및 장비 생산하는 산업 클러스터 조성 목표를 밝혔다. 2030년 까지 수소 에너지 종사기업 50개 이상을 육성해서 산업 규모를 300억 위안까지 확대하기로 했다.[13]

중국 중앙정부 및 지방정부의 수소산업 육성 정책은 기업들의 대대적인 투자로도 이어졌다. 상하이자동차, 장청자동차, 베이징현대자동차 등은 수소전기차 개발 및 연료전지시스템 생산에 착수하였다. 캐나다, 독일, 노르웨이 국적의 기업들도 중국기업과 협력을 통해 수소 전기버스 및 수소 저장용기 개발에 투자하고 있다.[14]

---

11) CSF중국전문가포럼(2022.3.25.). 쌍탄소 계획완비 中 수소산업 초록색으로 물든다. https://csf.kiep.go.kr/newsView.es?article_id=45637&mid=a20100000000(검색일: 2022.12.1)

12) 深圳商报官方(2022.10.9.) 抢占氢能风口 打造绿色盐田！深圳首个国际氢能产业园在盐田揭牌. https://baijiahao.baidu.com/s?id=1746215122637428464&wfr=spider&for=pc

13) 中山市发展和改革局(2022.11.10.). 2025氢能产业规模达100亿元！广东中山氢能产业发展规划(2022~2025年)印发. https://www.in-en.com/article/html/energy-2320576.shtml

14) 일본 도요타자동차의 베이징 수소탱크 생산 투자, 캐나다 빌라드파워의 광둥성 연료전지 개발 투

중국은 현재 알루미늄 라이너를 탄소섬유 복합재료로 보강한 타입3 수소 저장용기 확산에도 주력하고 있으며 뒤처져 있는 타입4 수소 저장용기의 기술력 격차를 좁히기 위해 산 · 학 · 연 협력을 강화 하였다.[15] 중국은 온실가스 배출을 대폭 줄이고 탄소중립 달성을 위해 신에너지 발굴 및 발전이 필수적이기 때문에 수소 관련 산업투자 및 수소 단지 시범 프로젝트 추진은 앞으로도 계속 될 것이다. 특히 2060년 비화석에너지 소비 비중을 80%로 확대하기 위해 수소 이용률 제고가 있어야 하므로 수소 관련 외자기업 유치에도 더 적극적으로 나설 것으로 예상된다.

3. 산업전환 촉진을 위한 노력

1) 녹색분류체계 개요

　유럽연합의 '그린 택소노미(Green taxonomy, 녹색분류체계)' 주창으로 세계적으로 투자 및 금융에서 화두가 되었고 영국은 EU와 별도로 독자적인 녹색분류체계 수립 중에 있다. 미국 및 캐나다 역시 녹색분류체계를 준비하고 있으며 러시아 국가개발은행은 EU의 Green taxonomy와 유사한 정책을 발표(2021.11.) 하는 등 전 세계적으로 계속 확산되고 있다. 그린 택소노미 즉 녹색 분류체계는 녹색산업의 '녹색(그린)' 과 '분류하다'는 뜻의 그리스어 'tassein'과 '법 · 과학'을 의미하는 'nomos'의 합성어로 '분류 체계'를 뜻한다. 유럽연합(EU)은 2050년 탄소중립 목표를 달성하기 위해 친환경적인 활동을 정리해 놓은 분류체계로 '그린 택소노미(Green taxonomy)'를 통해 어떤 기업이 친환경 투자 대상이고 그렇지 않은지를 분류 할 수 있도록 했다. 이를 통해 친환경을 위장한 '그린워싱(Green Washing)'[16]

자, 독일 보쉬의 장쑤성 연료전지시스템 투자, 노르웨이 헥사곤 퓨루스의 수소저장용기 투자 등 수소 관련 제품 생산 및 연구개발 투자가 광범위하게 진행되고 있다.

15) 월간수소경제(2022.4.30.). 中 탄소중립 위해 수소굴기 강력 드라이브. https://www.h2news.kr/mobile/article.html?no=9908(검색일: 2022.12.1)

16) 그린워싱은 '화이트워싱(Whitewashing, 불쾌한 사실을 숨기기 위한 눈가림)'에서 유래된 말로 '그린(Green)'이 결합되어 '위장된 환경주의'를 의미한다. 그린워싱이라는 개념은 1986년 미국의 환경운동가 제이웨스터벨트(Jay Westerveld)가 피지여행 에세이에서 처음 언급하였다. 그가 방문한 피지의 호텔들은 지역 관광자원(바다, 산호초 등) 보호를 위해 고객들에게는 수건 재사용을 권장하지

기업을 판별하고 그린 택소노미 기준에 포함할 경우 녹색채권 발행을 통해 투자금 조달할 수 있도록 했다. 결과적으로 녹색분류체계 제시를 통한 녹색채권 발행은 산업계의 온실가스 감축 기술개발에 필요한 자금을 확보할 수 있고 탄소 저감사업 및 친환경시설 투자 장려로 탄소중립이라는 도전적 과제에 제도적 대응이 가능하다. 세계적으로 투자자들은 ESG 가치, 특히 '환경'에 대한 관심이 높아졌다. EU를 중심으로 각 국가마다 정부차원의 적극적인 정책지원은 투자자들로 하여금 장기적으로 ESG 분야에 투자하는 것이 더 큰 수익을 기대할 수 있게 만들었다. 뿐만 아니라 경기 침체 국면에서 투자유치는 점점 어려워지고 있는데 친환경 기업들에게는 우호적인 투자 기조를 보임에 따라 기후금융 시대는 본격화되고 있다.

기후금융 시대의 화두는 녹색채권으로 환경보호 프로젝트 추진에 자금 조달을 위한 채권발행을 한다. 재생에너지, 신에너지(전기, 수소)차량, 수자원 보호, 쓰레기 처리 및 에너지 효율 개선 등이 여기에 해당된다. 2021 전 세계 글로벌 채권 발행규모는 8,590억 달러로 추정되며, 이중 녹색채권이 4,818억 달러로 전체의 56.1%에 달한다. 녹색채권 자금의 사용처로는 친환경에너지, 에너지효율건축물, 전기차 부문에 전체의 80%가량을 차지하고 있다.[17]

[그림 6-6] 국가별 녹색채권 발행 규모

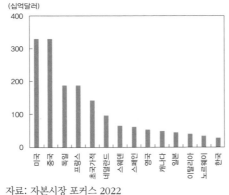

자료: 자본시장 포커스 2022

[그림 6-7] 전 세계 녹색채권 발행량

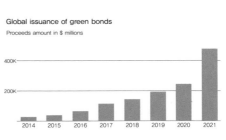

Global issuance of green bonds
Proceeds amount in $ millions

자료: 한국은행(2022) 재인용

만 실제로는 세탁비용 절감 측면이 더 크다는 것을 인지하고 비판하였다. 또한 피지의 호텔들은 환경보호를 강조하면서도 새로운 방갈로를 계속 짓는 것이 모순된 것으로 환경 친화적이지 않는 기업이 환경 친화적인 기업인양 각종 프로젝트 전개하는 것을 비판하였다.

17) 로이터 뉴스(2021.12.23.); 한국은행(2022). 지속가능금융의 의의와 통계 현황

2) 녹색금융을 이용한 산업전환과 무역장벽에 대비

세계적 탈탄소 흐름 속에 중국정부는 자국처럼 개발도상 국가들 입장에서는 수출에 부정적인 영향을 줄 수 있다고 우려를 제기함과 동시에 제조업의 저탄소 전환 작업 및 녹색분류체계(Taxonomy) 수립에도 적극 대응하였다.

중국 녹색분류체계는 2013년 은행보험감독관리위원회(中国银行保险监督管理委员会)의 《绿色信贷统计制度(녹색신용통계제도)》를 통해 공식화 했다. 이것은 금융 관리감독에 의한 세계 최초의 녹색 신용 분류 및 통계 시스템으로, 금융 기관에서는 환경·안전 관련한 위험이 있는 기업에 대한 대출, 에너지 절약 환경보호 프로젝트 및 관련 서비스 제공 기업에 대한 대출 관련해서 통계를 작성하도록 했다. 전국의 21개 주요 은행에서 연간 2회 작성해서 은행보험감독관리위원회에 제출하는데 에너지 절약 환경보호 프로젝트 및 관련 서비스 제공 기업들의 채권발행 현황을 알 수 있다.

중국 인민은행에서는 2015년 12월 《녹색채권 지원사업 목록(绿色债券支持项目目录)》을 통해 녹색금융 채권 발행기준과 해당 분야 기준을 발표하였다. 중국의 에너지 구조 특성 및 신에너지 자동차 특성을 고려하여 6개 분야 38개 항목을 설정하였다. 국제적으로 석탄 등 화석연료는 녹색채권 발행 대상이 될 수 없으나 중국은 석탄 매장량이 풍부한 사정을 고려하여 녹색채권 발목 목록에 추가하였다. 다만, 석탄의 청정 및 고효율이 가능하다는 전제조건을 달아서 국제적 표준과의 충돌을 피하였다.

2019년 2월에는 국가발전개혁위원회, 인민은행 등 7개 정부 부처 공동으로 《녹색산업지도목록(绿色产业指导目录)》을 발표하였는데 1급 목록 6개, 2급 목록 30개, 3급 목록 211개 등으로 구성되어 있다. 원전 관련 장비 제조, 산업단지의 친환경 전환, 조립식 건물, 스마트 교통체계 구축 등은 목록에 포함되지 않은 상태이다.

2023년 전국인민대표대회의 정부업무보고(『政府工作报告) 및 〈2022년 국민경제와 사회발전계획 집행현황 및 2023년 국민경제와 사회발전계획 초안 보고(关于2022年国民经济和社会发展计划执行情况与2023年国民经济和社会发展计划草案的报告)〉를 통해서 저탄소녹색산업 육성 및 탄소피크와 탄소중립 달성을 위한 쌍공

(双控, 에너지 소비 총량 및 강도 제한) 지속 추진을 밝혔다.

　　이와 같이 중국의 녹색 채권 시장은 활발하게 진행되어서 미국에 이어 두 번째로 큰 시장이 되었다. 중국은 녹색채권을 통해 도시 철도 운송 프로젝트, 하수 처리 및 노후관 교체 프로젝트, 수질 및 생태개선 프로젝트, 농촌 생활 환경 개선 프로젝트 등 주민생활 인프라 개선에 투입하고 있다.[18] 2020년 중국 녹색회사채권 발행액은 732.1억 위안으로 90개 기업이 참여하였다. 2016년부터 2020년까지 녹색회사채 발행 규모는 계속 증가하고 있으며 채권 유형 측면에서 사모채의 성장률이 일반 회사채보다 높은 것으로 나타나고 있다. 녹색회사채로 조달된 자금 중 618.5억 위안(전체 84.5%)이 녹색산업 프로젝트에 투입되었다. 친환경에너지 174.7억 위안, 친환경교통 101.6억 위안, 생태환경보호 92억 위안, 기후변화대응 및 오염방지프로젝트 83.5억 위안, 에너지절약 11.9억 위안 등이 투입되었다.[19] 그리고 2021년 중국 녹색채권 발행규모는 6,463억 위안으로 전년도 대비 123% 증가[20]했다.

[그림 6-8] 녹색회사채 발행 규모

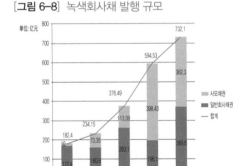

[그림 6-9] 2020 녹색산업프로젝트 투입 비중

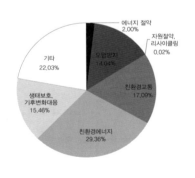

자료: 新浪财经综合(2021.7.6.). 2020年中国绿色公司债券发行情况分析

18) 海南省绿色金融研究院(2022.10.26.). 绿色产业的分类: 一个动态的发展过程

19) 新浪财经综合(2021.7.6.). 2020年中国绿色公司债券发行情况分析. http://finance.sina.com.cn/esg/investment/2021-07-06/doc-ikqciyzk3818082.shtml(검색일: 2023.4.5.)

20) 知乎(zhihu.com). Green Washing 현상. https://zhuanlan.zhihu.com/p/605460234(검색일: 2023.3.31.)

중·국·경·제·론

제 **7** 장

중국 금융

제7장 중국 금융

제1절 금융구조

1. 중국 금융제도의 특징

新중국이 수립된 1949년 이후부터 개혁·개방이 시작된 1978년 이전까지 유지되어 온 전통적 사회주의체제는 생산수단의 국유화, 수익창출을 위한 생산활동 억제, 시장교환과 화폐사용의 최소화 등으로 특징지을 수 있다. 이러한 정치제도적 기틀을 바탕으로, 금융부문은 단순히 중앙집권적 계획경제의 자금전달 창구로 머물렀다. 이는 개방경제하 금융부분의 고유기능인 신용배분과 위험관리와 동떨어진 역할이었다.

1978년 개혁개방 정책의 개시와 함께 전통적인 사회주의 계획경제체제에서 벗어나 자본주의적 시장경제 요소를 도입하기 시작하면서 금융개혁이 실시되었다. 이에 따라 은행제도의 조직체계가 바뀌고, 새로운 형태의 금융기관이 등장하였다. 그 결과, 체계적인 금융제도가 구축되기 시작하였으며, 이러한 역사적 배경을 바탕으로 발달한 중국의 금융제도는 다음과 같은 특징을 가지고 있다.

1) 정부 소유의 금융기관

국유 금융기관이 과점체제를 유지하고 있어 은행·증권·보험·투자신탁 등 각 영역에서 국유 금융기관이 시장을 주도적으로 장악하고 있다. 먼저 은행의 경우, 점차적으로 과점체제가 약화되는 추세이나 Big4로 불리우는 4대 국유상업은행(중국은행, 농업은행, 건설은행, 공상은행)이 전체 은행 자산의 52%를 보유하고 있다. 보험업 역시 Big3로 통칭되는 국유생명보험인 中國人壽(China Life), 太平洋人壽(China Pacific Insurance), 平安人壽(Ping An Insurance)가 시장 점유율 77%를 점유하고 있다. 손해보험 Big 3는 中國人保(PICC), 太平洋, 平安 등 3사가 78%

를 차지하고 있다. 또한 증권회사의 경우에도 국유증권회사가 비교적 높은 시장 점유율을 나타내고 있다.[1]

2) 금리규제

중국은 이자율을 엄격히 통제하기 때문에 경제성장률에 비하여 현저히 낮은 이자율 수준이 장기간 지속되고 있으며, 이에 따라 상당기간 마이너스 실질 이자율을 기록하고 있다. 2007년의 경우를 보면, 물가상승율은 4.8%였던데 반해, 1년제 정기예금이율은 4.14%에 불과하여, -0.66%포인트의 마이너스 이자율을 나타낸 바 있다. 그 이유 중 하나는 만약 금리를 인상할 경우, 미국과의 금리차가 더욱 벌어져 핫머니 유입이 가속화되고, 효율성이 낮은 국유기업에 심각한 부담이 되어 금융기관 부실채권을 발생시킬 우려가 있기 때문이다. 이에 따라 은행권의 예금이 보다 높은 수익을 쫓아 부동산 투자와 증권(주식)시장으로 이탈하는 추세가 매년 반복적으로 나타나고 있다.

2012년 6월 7일, 인민은행이 3년반 만에 기준금리 인하를 단행했다. 인민은행은 6월 8일부터 예금금리와 대출금리를 각각 0.25% 포인트씩 인하했다. 이에 따라 1년 만기 대출금리는 기존의 6.56%에서 6.31%로, 1년 만기 예금금리는 3.50%에서 3.25%로 각각 25bp(0.25%. 1base point=0.01%) 낮췄다. 또한 인민은행은 금융기관이 기준금리를 기준으로 적용하는 대출금리 하한을 기존의 0.9배에서 0.8배로 낮췄고, 예금금리 상한은 1.1배로 결정했다.

중국이 기준금리를 내린 것은 2008년 12월 말 0.27% 포인트 인하한 이래 3년 반 만이다. 이후 금융당국은 통화긴축의 고삐를 죄며 다섯 차례 0.25% 포인트씩 금리인상을 단행했다. 그러나 2011년 말부터 통화 긴축기조를 완화하며 세 차례 지급준비율을 인하한 바 있다. 금융당국이 기준금리를 인하한 것은 최근 들어 중국경제 성장둔화세가 뚜렷해지고 있기 때문이다.

반면, 전병서 중국금융경제연구소장은 이번 금리인하를 '금리 자유화의 시발점'으로 보았다. 중국 규정상 대출은 예금의 75% 안에서만 할 수 있고 실제로는

---

1) 이창영(2008), 중국 금융산업 현황과 유망분야에 대한 진출전략, 「한중사회과학연구」 제6권 제2호, 133쪽.

70% 밑으로 운영된다. 따라서 예대금리를 같이 내리면 예금과 대출이 함께 줄어든다. 따라서 이번 예대금리 동시인하는 경기부양책이 아니라 금리 자유화의 시발점으로 봐야 한다는 주장이다. 금리를 낮추면서 당국은 은행이 예금금리는 기준금리 위 10%, 대출금리는 아래로 20% 안에서 자유롭게 정하도록 했다. 중국은 최근 글로벌 경제위기를 위안화를 국제화할 절호의 기회로 보고 있다. 이미 2012년 6월부터 일본과의 무역대금 결제를 위안화로 하기 시작했다. 즉, 자본시장 개방에 앞서 금리 자유화를 하려는 것이다.[2)]

2015년 10월 24일, 드디어 중국정부는 금리 자유화를 선언한다. 즉 상업은행에 대한 예금금리 상한선를 폐지한 것이다. 인민은행은 기준금리를 0.25% 포인트, 은행 지급준비율을 0.5% 포인트 내린다고 발표하면서 금리 자유화 조치도 함께 취했다. 마쥔(馬駿) 인민은행 수석 이코노미스트는 예금금리에 대한 상한선 폐지가 금리 시장화의 중요한 이정표라고 평가했다. 이번 금리 자유화 조치는 2013년 7월 대출금리 하한선 폐지에 이은 것이다. 중국 당국은 은행들이 예금금리를 그동안 기준금리의 1.5배까지 올릴 수 있도록 허용해 왔다. 인민은행은 2년 전 대출금리 자유화를 단행하면서 예금금리 자유화는 금리 개혁에서 위험이 가장 큰 단계라고 밝혔다. 이번 예금금리 상한선 폐지 의미가 적지 않은 이유다.[3)]

인민은행은 금리자유화는 신·구 성장동력이 교체하는 중요한 단계에 시장이 자원 배분의 결정적 역할을 하도록 해 경제의 성장 방식 전환을 촉진할 것이라고 논평했다. 인민은행은 동시에 예금금리 상승 압력을 줄이는 노력을 해왔다. 2014년 11월 이후 이번까지 6차례 금리를 내리면서 예금금리 상한선을 확대한 게 대표적이다. 또한 2015년 8월 금리와 은행 지준율을 동시에 낮추면서 1년이 넘는 중장기 예금금리에 대해 상한선을 폐지한 게 대표적이다. 2015년 5월에 예금보험제도를 시행하고, 6월 거액 양도성예금증서(CD) 발행을 허용한 것도 금리자유화를 위한 정지 작업이었다.

2019년 8월 17일, 인민은행은 LPR(Loan Prime Rate. 대출우대금리. 贷款市场报价利率) 제도 도입했다. LPR은 인민은행의 기존 대출기준금리를 대신하고 있다. 중국 내 18개 시중은행이 제출한 금리에서 최고 최저치를 제외한 수치를 산술 평균

2) 중앙일보(2012.6.18.)
3) 조선일보(2015.10.24.)

을 내서 구하는 방식으로 LPR이 결정된다. 이러한 배경으로 중국 금융계에서는 LPR을 사실상 인민은행의 금리 기준으로 본다. 2021년 12월 20일 기준 중국의 LPR은 3.8%를 기록하고 있다.

표 7-1 중국의 금융기관 예대 기준금리 및 LPR 추이

시행일	2008.11.27	12.23	2010.10.20	12.26	2011.2.9	4.6	7.7
대출(1년)	5.58	5.31	5.56	5.81	6.06	6.31	6.56
예금(1년)	2.52	2.25	2.50	2.75	3.00	3.25	3.50
시행일	2012.6.8	2012.7.6	2014.11.21	2015.3.1	5.11	6.28	10.24
대출(1년)	6.31	6.0	5.6	5.35	5.10	4.85	4.35
예금(1년)	3.25	3.0	2.75	2.5	2.25	2.00	1.5
LPR(대출 우대금리)	2019.9	2019.11	2020.2	2020.4	2021.12.20	2022.1	2022.8
대출(1년)	4.2	4.15	4.05	3.85	3.8	3.7	3.65

자료: 한국은행 북경사무소(2012) China Weekly(2012.6.11.), ChosunBiz(2015.10.24.), 인민은행(2023.8).

표 7-2 중국 금리의 자유화 및 금융 개방 과정(2004년 이후)

기간	세부 내용
2004.1	대출금리 상한선 기준금리 1.7배, 하한선 0.9배로 확대
2004.10	대출금리 상한선 폐지
2007.	개인 외화 매입 한도액 5만 달러 설정
2012.6	대출금리 하한선 기준금리 0.8배로 확대
2012.7	대출금리 하한선 기준금리 0.7배로 확대
2013.7.30	대출금리 자유화(하한선 폐지)
2014.11.22	예금금리 상한선 확대(예금기준금리의 1.1배 → 1.2배)
2015.3.1	예금금리 상한선 확대(예금기준금리의 1.2배 → 1.3배)
2015.5.1	예금자 보호제도 시행(50만 위안)
2015.5.11	예금금리 상한선 확대(예금기준금리의 1.3배 → 1.5배)
2015.6.2	거액 양도성 예금증서(CD) 발행 허용
2015.8.25	1년 이상 정기예금금리에 대한 상한선 폐지
2015.10.8	위안화 국제결제시스템(CIPS) 공식 운영
2015.10.9	4/4분기부터 매주 3개월 만기 할인국채 발행 결정
2015.10.24	상업은행과 농촌금융기관에 예금금리 상한선 관리규제 폐지
2015.10.30	상하이 자유무역구에서 자본계정의 위안화 자유태환 허용

2015.11.4	외국 중앙은행의 중국 본토 은행에 외화 전용계정 설립 허용
2019.8.17	LPR(Loan Prime Rate. 대출우대금리. 贷款市场报价利率) 도입. 인민은행의 대출기준금리를 대신함. 18개 시중은행이 제출한 금리에서 최고 최저치를 제외한 수치를 산술 평균을 내서 구하는 방식으로 금리가 결정됨.

자료: 「중국경제론(2판)」(2015), 인민은행 공개자료 종합(2021.2).

3) 은행 중심의 금융제도

금융제도는 직접금융과 간접금융의 상대적 중요성을 기준으로 시장중심 금융제도(market-based financial system)와 은행중심 금융제도(bank-based financial system)로 분류된다.

직접금융은 자금의 공급자와 수요자가 계약 당사자로써 직접 금융거래를 하는 것을 의미하며, 간접금융은 금융회사가 자금 공급자와 수요자를 대신하여 계약의 일방이 됨으로써 이들을 연결하는 금융형태를 말한다. 대표적인 직접금융수단으로는 회사가 자기 신용에 근거하여 직접발행하는 회사채를 들 수 있다. 대표적인 간접금융수단으로는 은행 대출을 들 수 있는데, 즉 은행이 예금 등을 통하여 자금 공급자(예를 들면 개인)로부터 조달한 자금을 대출계약을 통해 자금 수요자(기업 등)에게 공급하는 것이다.

시장중심의 금융제도에서는 주식과 채권이 거래되는 자본시장이 중요한 역할을 하며, 은행중심 금융제도에서는 은행이 중추적인 기능을 한다. 중국은 아직도 은행중심, 간접금융 중심의 금융제도를 보유하고 있다. 시장중심 금융제도가 발달한 나라로는 미국과 영국을, 은행중심 금융제도가 발달한 나라로는 독일과 일본을 들 수 있을 것이다.[4]

많은 아시아권 국가들이 그렇듯이 중국은 특히 간접금융에 대한 의존도가 지나치게 높다. 2005년 하반기 이후 약 2년간 중국 주식시장이 최대 활황을 보였지만, 주식시장을 통한 자금조달 총액은 금융기관 대출총액에 비하면 극히 미미한 수준을 나타내고 있다. 즉 은행여신이 82%인데 반해, 주식발행은 5.6%, 채권발행 12.4%에 불과하다(2006년 12월 기준). 그러나 국유은행 및 우량 대기업의 지속

---

4) 이창영(2009), 「중국의 금융제도」, 한국금융연수원, 9쪽.

적인 상장으로 직접금융이 지속적으로 확대되고 있다.

실제 2007년 1~11월 중 상해증권거래소를 통한 신규 주식상장 조달 자금액은 약 536억 달러로 추계되며, 이는 뉴욕, 런던시장을 추월하여 세계 1위를 차지하고 있다.

[그림 7-1] 중국의 은행 체계

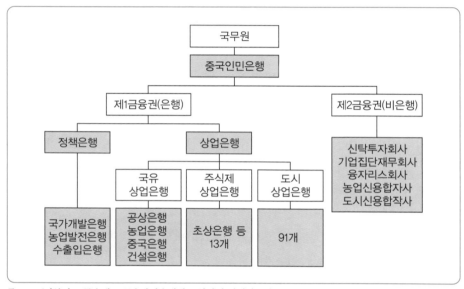

주: 2006년부터 교통은행도 국유상업은행에 포함하여 관리감독함.

은행업은 중국의 전체 금융시장에서 가장 큰 비중을 차지하고 있는데, 2010년 기준으로 실물부문의 전체 자금조달 중 은행대출에 의한 간접금융 비중은 75.2%에 달해 은행부문 의존도가 여전히 매우 높다.

2000년대 후반에 회사채 발행을 통한 자금조달 비중이 꾸준히 증가하여 은행 대출 비중이 감소추세에 있기는 하지만 여전히 매우 높은 수준이다. 또한 은행부문의 총자산이 중국 내 금융기관 총자산의 90%를 상회하는 등 아직까지 중국의 금융산업은 주로 은행업을 위주로 한 발달단계에 있다고 할 수 있다. 2000년대 이후 은행산업은 중국정부의 부실자산 정리, 추가 자본투입, 기업공개, 해외투자 유치 등 지속적인 구조조정 결과, 양적으로나 질적으로 모두 양호한 성장을 기록하고 있다.

4) 분업주의(전업주의) 채택

금융제도는 금융회사의 업무영역을 제한하는 정도에 따라 분업주의(전업주의) 제도(specialized banking system)와 겸업주의 제도(universal banking system)로 분류된다. 분업주의 금융제도에서는 금융회사가 은행, 증권, 보험 등 여러 금융서비스를 함께 취급할 수가 없으며, 각 금융서비스는 해당 금융회사에 의해서만 제공될 수 있다. 반면, 겸업주의 금융제도에서는 이러한 제한이 없을 뿐만 아니라 이사회 활동 등을 통해 비금융기업의 경영참여가 허용되기도 한다.

각 제도에는 장단점이 상존하는데, 먼저 겸업주의의 경우, 이익상충 문제를 단점으로 들 수 있다. 즉, 금융회사가 여러 고객과 거래하면서 한 고객의 이익을 위하여 다른 고객을 희생시키거나 고객의 이익보다 금융회사 자신의 이익을 위해 거래하는 것을 말한다.

또한 겸업 금융회사는 그렇지 않는 회사보다 규모가 크기 때문에 경영부실에 빠질 경우, 해당 도시나 해당 국가 전체의 금융 시스템이 불안해지는 단점도 있다. 실제 해당 겸업 금융사가 은행업무와 증권 업무를 동시에 수행할 경우, 위험성이 높은 증권업무에서 생성된 부실채권 리스크가 건전한 은행 부문으로 전이되어 전체 금융사가 위험에 빠질 수 있다.

겸업 금융회사의 장점은 정보생산의 우월성을 기반으로 고객에게 다양한 금융 서비스를 제공할 수 있는 역량을 들 수 있다. 또한 은행과 증권업무를 모두 가지고 있는 겸업 금융사는 주 고객인 기업의 발전단계에 따라 대출(은행)에서 상장(증권)까지 단계별로 최적화된 서비스를 제공할 수 있다. 또한 한 회사가 동일한 고객에 대해 다양한 서비스를 제공하는데 따른 정보조사비용, 마케팅 비용, 소비자 탐색비용 등을 절감하는 장점도 있다.

[**그림 7-2**] 중국 금융시장 관련 법률 및 감독체계

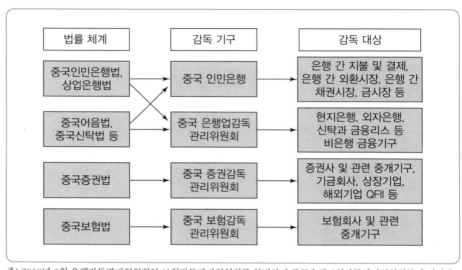

주: 2018년 3월 은행감독관리위원회와 보험감독관리위원회를 합병하여 중국은행보험감독관리위원회를 출범시킴.

1990년대 이후 세계 각국은 업무영역 규제를 완화하는 방향으로 분업주의에서 겸업주의 방향으로 발전해 왔다. 그러나 2008년 말 미국발 금융위기와 이어진 EU의 재정위기로 인해, 대표적으로 겸업주의를 표방하던 미국에서부터 근본적인 변화를 모색하고 있다.

중국의 금융기관 업무는 철저한 분업주의를 채택하고 있기 때문에 기본적으로 은행, 증권, 보험회사는 업무상 겸업이 금지되어 있고, 금융지주회사를 통한 광의의 겸업은 허용하고 있다.

따라서 WTO 가입 및 개방으로 진입하는 겸업화 외자은행과의 경쟁에서 불리한 처지에 놓여 있다. 이러한 분업경영으로 감독기관도 은행, 증권, 보험별로 분리 설립되어 있다.

그림 7-2는 중국 금융시장 관련 법률 및 감독체계를 보여주고 있다. 중국이 분업주의를 채택하고 있음에 따라 법률체계 및 감독기구 역시, 은행·증권·보험 등으로 관련 법률·법규와 감독기구가 나누어져 있음을 알 수 있다. 2018년 3월에는 기존 은행감독관리위원회와 보험감독관리위원회를 통합하여 중국은행보험감독관리위원회(中国银行保险监督管理委员会)가 출범하였다.

2. 은행업 현황

1) 은행업 구조

가. 국유상업은행

1979~1984년간 개혁개방에 따른 현실적 필요에 따라 국유상업은행이 잇따라 설립되었다. 1979년에 중국농업은행(中國農業銀行), 1980년 중국은행(中國銀行), 1981년 중국건설은행(中國建設銀行), 1984년에 중국공상은행(中國工商銀行) 등 현재 중국을 대표하는 4대 은행(Big 4)이 이때 탄생하였다.

중국 은행업 법인기관 수는 2008년을 기준으로 5,634개, 영업지점 19.3만 개, 종업원이 271.9만 명이고, 법인 수는 2007년에 비해 37.2% 감소하였다. 이는 중국정부가 꾸준히 은행업 구조조정에 나서고 있음을 보여주는 방증이다.

중국의 은행업은 1980년 중반까지만 해도 사실 4대 국유상업은행으로 구성된 매우 단순한 구조였다. 1994년 3대 정책은행을 설립하여 국유상업은행들이 맡아온 정책업무를 이관하기 전까지 4대 국유상업은행들은 이름 그대로 각각의 업무영역이 전문화 된 전업은행(專業銀行)으로서 국유기업에 대한 정부의 지원을 전달하는 창구역할을 해 왔다. 현재에도 정부의 금융제도에 대한 규제는 주로 국유상업은행을 통해 이루어지고, 금리규제와 차별적 신용배분으로 특징되는 금융압박도 주로 국유상업은행을 대상으로 이루어진다. 이들 4대 국유상업은행의 자산규모는 2010년말 기준으로 GRDP의 1.18배, 주식시장 시가총액의 1.2배, 채권시장의 2.3배로 압도적이다. 또한 2010년 말 기준 4대 국유상업은행이 중국의 총대출에서 차지하는 비중은 36%로, 신규대출의 경우 4대 은행의 비중은 오히려 지속적으로 증가하고 있는 상황을 나타내고 있다.

이들 4대 국유상업은행은 2005년 10월, 건설은행의 홍콩증시 상장을 시작으로 모두 홍콩 및 상하이 증시에 상장됨으로써 지분구조 다양화를 위한 1차적인 소유권 개혁을 완결한 바 있다. 그럼에도 불구하고 정부의 영향력은 절대적이다. 중국은행과 농업은행의 경우, 국부펀드인 CIC의 자회사인 중앙회금투자유한공사(中央汇金投资有限責任公司)가 대주주(중국은행 지분 96%, 농업은행 지분 44%)이며, 건설은행과 공상은행 역시 중앙정부의 통제를 받는 국유기업들이 경영권 확보가

가능한 수준의 주식을 보유하고 있다.

나. 정책은행

국가개발은행(國家開發銀行), 중국농업발전은행(中國農業發展銀行), 중국수출입은행(中國進出口銀行) 등 3대정책은행(Policy Banks)들은 국유상업은행의 정책성 업무와 상업성 업무를 분리하기 위해 1994년에 설립한 국가소유의 특수은행이다. 이 중 국가개발은행은 한국의 산업은행과 비슷한 성격이다. 사회간접자본(SOC), 중점건설사업, 신생 유망산업 등을 망라하는 국가 전략산업에 집중적으로 투자하며, 자금의 대부분을 재정자금(국가예산)과 장기 금융채의 발행을 통하여 조달하고 있다.

먼저 국가개발은행은 중국정부 산하 개발금융 취급은행으로 정부의 정책금융을 취급하여 왔다. 주로 사회기반시설(SOC)의 건설과 기초산업, 핵심산업, 전략산업 및 하이테크산업 등에 자금을 공급하였다. 또한 국가정책에서 우선순위가 있는 산업과 중소기업의 성장에 중점 지원하였다. 수출입은행은 인민은행의 100% 출자로 설립되었으며, 중국정부 산하 수출신용 제공기관으로 자금조달은 주로 금융채 발행이나 국제금융시장을 통하고 있다. 주요 업무는 기계전력 생산품 및 플랜트 수출 관련 무역금융지원, 기계전력부문 지원대출, 수출신용보험 및 담보업무 등이다. 실제 본고 제5장에서 소개한 '신국가자본주의'에 등장하는 수출입은행을 보면 그 역할을 잘 알 수 있다.[5]

농업발전은행은 중국농업은행으로부터 정책대출 기능을 인수받아 설립되었다. 대출자금은 주로 인민은행에서 차입이나 금융채 발행을 통해 조달한다. 식량, 면화, 유류, 육류, 사탕 등 주요 농산품에 대한 국가의 비축·구매자금 대출, 농업종합개발 대출, 농림수산업에 대한 인프라건설 및 기술발전 관련 대출을 주요 업무로 하고 있다.

---

5) 2009년 8월 말에 이란 NITC사는 12척의 초대형유조선(VLCC)을 발주했다. 한국과 중국기업이 막판 수주전을 벌였으나, 12척 모두 중국업체가 수주했다. '선주에 배 값의 90%를 융자해 주겠다'는 파격적인 조건 때문이었다. 미국발 경제위기로 선박금융이 얼어붙은 상황에서 배 값(1척당 약1억 달러)의 90%를 빌려주겠다고 나선 곳은 바로 중국수출입은행이었다. 이 은행은 2008년 4월 자국 조선업계에 1,600억 위안(약 27.2조원)을 지원키로 했고, 그중 일부가 이란 배 수주전에 사용됐다. (중앙일보, 2009.12.1)

표 7-3 중국 주요 상업은행의 증시 상장 현황

구분	상장 시기		공모규모 (억 달러)
	홍콩 증권거래소	상하이 증권거래소	
교통은행	2005.6	-	21.6
건설은행	2005.10	-	92.2
중국은행	2006.6	2006.7	132.5
초상은행	2006.9	-	26.6
공상은행	2006.10	2006.10(동시상장)	191.0
농업은행	2010.7.6	2010.7.6(동시상장)	192.1

자료: 중국 내 언론 및 각사 홈페이지 종합(2012.4)

다. 주식제 상업은행

1986년부터 중국정부는 주식제 상업은행(Joint-Stock Commercial Bank)을 설립하여, 금융제도 보완에 나서게 된다. 개혁개방 이전 중국의 금융제도는 중앙은행인 인민은행이 상업은행 기능까지 담당하는 단일 은행제도(mono-banking system)였다. 그러나 개혁개방 이후 순차적으로 추진된 금융개혁으로 다수의 상업적 금융기관이 설립되면서 상업은행의 기능이 인민은행으로부터 분리되는 이원적 은행체제(two-tier banking system)가 출범했다. 이 과정에서 1984년까지 중국의 대표 은행인 4대 국유상업은행이 탄생했지만 이 은행만으로는 자금배분 기능을 효율화하는데 한계가 있었다. 이러한 문제점을 해결하고 자본주의 금융제도를 구축하기 위해 주식제 상업은행을 설립하였다.

주식제 상업은행은 금융산업 경쟁과 상업적 영업활동 촉진을 목적으로 1986년부터 1996년까지 모두 10개가 설립 되었다. 주식제 상업은행의 지분은 대부분 정부가 보유하고 있지만 '민생은행, 초상은행'처럼, 민간주주, 해외전략 투자자가 대주주인 은행도 있다. 2010년 말 기준으로 주식제 상업은행은 모두 13개로 늘어났는데, 교통은행(交通銀行), 중신은행(中信銀行), 광대은행(中国光大银行), 화하은행(华夏银行), 광동발전은행(广发银行), 심천개발은행(深圳发展银行), 초상은행(招商银行), 상해포동개발은행(上海浦东发展银行), 홍업은행(兴业银行), 민생은행(中国民生银行), 절상은행(浙商银行), 항풍은행(恒丰银行), 발해은행(渤海银行) 등이 이들이다.

단, 교통은행은 2005년 홍콩상장에 따라 5대 국유상업은행에 포함되게 된다.

2006년 5월 16일, 금감위는 〈국유상업은행공사 처리 및 관련 감독관리 가이드〉를 공포하며, 정식으로 교통은행을 '국유상업은행'에 포함시켰다. 이는 기존 4개 국유상업은행(Big4)과 동일한 기준으로 관리 · 감독을 하겠다는 의미이다. 교통은행은 홍콩상장에 따라 중앙정부 부처인 재정부가 1대주주로 등장하였으며, 자산 역시 1조위안을 초과하여 '국유상업은행' 범주에 포함되게 된 것이다.

라. 도시상업은행

도시상업은행(城市商业银行)은 1990년대 중반 도시신용합작사들이 경영난에 직면하자 구조조정차원에서 1995년부터 동일한 지역이나 시에 위치한 수십 개의 도시신용합작사들을 합병하면서 탄생한 것이다. 이들 은행의 대주주는 해당지역 지방정부인 경우가 대다수이며, 따라서 은행 영업에 있어서도 적지 않은 영향력을 행사하고 있다. 도시상업은행은 주식제 상업은행에 비해서 규모가 작고 지점수가 적으며, 경영범위가 제한되어 있는 특징을 가지고 있다. 2011년 9월 말 기준으로 중국에 모두 138개의 도시상업은행이 있으며, 주요 은행을 보면 다음과 같다.

북경은행(北京银行), 상해은행(上海银行), 남경은행(南京银行), 영파은행(宁波银行), 평안은행(平安银行 이전 深圳市商业银行), 휘상은행(徽商银行), 강소은행(江苏银行), 길림은행(吉林银行), 장안은행(长安银行) 용강은행(龙江银行), 화융상강은행(华融湘江银行), 호북은행(湖北银行), 동영시상업은행(东营市商业银行), 포상은행(包商银行) 등이다.

마. 농촌상업은행

농촌지역에는 농촌상업은행(农村商业银行, Rural Commercial Bank)과 농촌합작은행(农村合作银行, Rural Cooperative Bank)이 있는데, 전자는 지역 내 농민, 농촌 공상호, 기업법인과 기타 경제조직이 공동으로 투자하여 형성된 주식제 지역금융기관이다. 농촌상업은행은 도시상업은행과 달리 농촌경제 활성화를 위해 만든 단순 여수신 업무 위주의 소규모 은행으로 2011년 말 현재 155개가 설립되어 있다. 북경에 있는 北京农商银行(옛 北京农村商业银行), 상해의 上海农村商业银行, 중경시의 重庆农村商业银行, 천진시의 天津农村商业银行(옛 天津农村合作银行), 天津滨海农村商业银行, 광동성의 深圳农村商业银行, 广州农村商业银行 등을 들 수 있다.

이들은 비은행 금융기관인 농촌신용합작사를 토대로 설립된 경우가 많으며, 이들 중 일부는 후자인 농촌합작은행으로 발전하기도 했다. 농촌합작은행은 2011년 말 현재 210개가 있으며, 규모가 커진 농촌신용합작사가 〈상업은행법〉 규정에 따라 은행업을 영위하기 위하여 법인체로 경영 체제를 전환한 금융기관으로 이해할 수 있다.

바. 기타 금융기관

그 밖에 비은행금융기관으로는 합작사 금융기관(농촌신용합작사, 도시신용합작사), 신탁투자공사, 융자리스공사(金融租賃公司), 기업집단재무공사 등이 있다. 도시신용합작사(城市信用合作社, Urban credit cooperative)는 상술한 도시상업은행으로 많은 수가 전환되어, 현재 22개 사에 불과하다. 반면에 농촌신용합작사(農村信用合作社, Rural credit cooperatives)는 개인의 투자를 기초로 형성된 합자금융기관으로 현재까지도 4,965개 사가 존재하며 여전히 소규모 농촌 금융의 근간을 담당하고 있다.

사. 외자계 은행

1979년 일본수출입은행이 베이징에 대표처를 설립하면서 외자은행의 중국 금융시장 진출이 시작되었다. 이후 1981년에 홍콩남양은행(Nanyang Commercial Bank)이 광동성 심천에 영업점을 설치했다. 1982년부터 중국정부는 외자계 은행에 대해서 외국투자기업(삼자기업-독자, 합자, 합작)을 대상으로 한 외환업무와 경제특구 내에서의 설립을 허용하게 된다. 1994~1997년간, 외자계 회사의 중국 내 진출이 많아지면서 현지회사의 글로벌 경영활동 확대로 외자계 은행도 빠른 성장세를 시현했다. 동 기간에는 경제특구 외 지역에서도 외자계 은행의 부속회사 설립이 허용되었으며, 1996년에는 상해 포동지역에 한해 외국투자기업과 해외국적자를 대상으로 한 위안화 업무까지 허용하게 된다.

2001년 중국의 WTO 가입 후, 외자은행 진출의 전환점이 마련된다. 중국은 WTO에 가입 시 약속한 시장개방계획에 따라 2006년에 새로운 〈외자은행 관리조례〉를 시행하고 위안화 업무 취급지역과 고객에 제한을 두던 규정을 폐지하였다.

또한 2003년에 중국은행감독관리위원회가 설립되면서 관련 규정을 제정하여 외자계 은행의 운영자금, 시장진입 등 규제를 완화한 바 있다. 이를 계기로 외국계 은행의 진출이 급속하게 진행되어 2008년 말 현재 HSBC, 씨티은행 등 74개 외자계 은행이 중국에서 영업을 하고 있다. 하지만 외자은행 전체 자산이 중국 은행권 총자산의 2.3%에 불과해 아직 중국 은행들과 본격적인 경쟁 구도는 형성되지 못했다.[6]

외자은행 중국법인은 경영과 책임이 모두 모은행과 독립되고 본사가 중국에 있는 외자계 은행을 의미한다. 2007년부터 중국은행감독관리위원회가 외자계 은행의 중국법인 설립 촉진책을 제정한 후, 외자은행 중국법인이 24개에서 37개로 증가했다. 외자은행 중국법인과 외·중 합자은행이 인민은행의 인가를 받은 후 모든 지역에서 업무대상 차별 없이 외환 및 위안화 업무를 수행할 수 있는 반면, 외자은행 중국지사는 중국에서의 현금카드 업무가 불가하고 중국 국민 대상으로의 위안화 업무가 금지된다.

2010년 말 통계를 보면 외자은행 중국법인, 외자은행 중국지사, 외·중 합자은행 등 3종류를 포함하여 동 외자계 은행들의 지사 및 부속 회사를 포함한 중국 외자계 은행수는 360개로 늘어났다. 이는 2004년의 188개의 2배에 달하는 수준이다. 2010년 외자계 은행의 자산총액은 1조 7423억 위안으로 전체 은행산업 자산의 1.85%를 차자하고 있다.[7] 2020년말 현재 중국 내 최대 외자은행인 HSBC은행(汇丰银行)은 중국 내 34개의 지점을 보유하고 있고, 영업소는 130개를 설치하고 있다. 그 다음 규모를 가진 동아은행(东亚银行)은 자산 규모가 1,803억 위안으로 중국 내 31개 지점과 51개 분점을 가지고 있다.[8]

2018년 중국은행보험감독관리위원회에 따르면, 중국 내 외자 은행 및 보험기구는 100여 개가 있다. 또한 41개 외자법인은행이 설립 되었고 이들은 115개 지점과 139개 대표처를 두고 있다. 외자은행의 각종 영업점은 총 930개이다. 중국 내 외자은행 총자산은 3.73조 위안인데, 이는 중국 내 은행 총자산 261.4조 위안의 1.42%에 불과한 수준이다.[9]

6) 안병국(2009), 중국은행체계의 변화, 친디아저널 2009년 9월호. 57쪽.

7) 왕양비(2011), 중국 금융시장-은행산업 현황, KIRI Weekly 2011.12.12. 보험연구원, 19-21쪽.

8) sohu.com(2020.12.21.), 数据公布: 汇丰银行关闭国内9大网点!占外资银行的1/4.

9) 中国経営報(2021.9.11).

표 7-4 중국 진출 외자계 은행 현황(2010년 말 기준)

	외자계 은행	외상독자 은행	외·중합자은행	독자재무회사	합계
외자은행 중국법인 본사	-	37	2	1	40
외자은행 중국법인 지사 및 부속회사	-	223	7	-	230
외자은행 중국지사	90	-	-	-	90
합계	90	260	9	1	360

자료: 중국은행감독관리위원회(2012).

[그림 7-3] 중국 내 외자계 은행 허용업무 및 영업지역 개방 과정

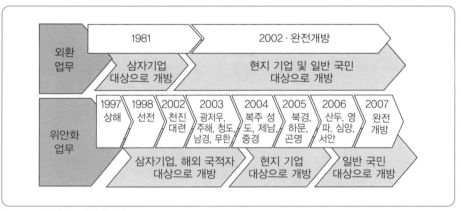

자료: 중국은행감독관리위원회.

[그림 7-4] 외자은행의 중국 은행업 총자산 중 비중

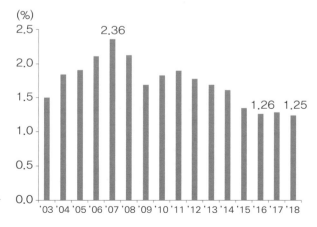

자료: 중국은행보험감독관리위원회

2) 은행업 현황

중국 금융기관들의 자산규모는 지속적으로 증가했는데, 2010년 총자산은 2005년 대비 약 154.4%가 증가하여 95조 3,000억 위안에 이르렀다. 대형 상업은행이 전체 은행자산의 약 절반을 차지하고 있고, 기타 상업은행의 자산도 빠르게 증가하고 있다. 외자은행의 자산은 전체의 2% 미만으로 외국은행의 중국 진출이 매우 제한적임을 알 수 있다.

특히 부실자산을 제거하고 자본구조를 강화한 것은 기존 중국 금융시장의 주요 불안요인이던 은행의 높은 부실대출 비율을 낮추는 결과를 가져와, 자산건전성이 크게 개선되는 모습이 나타났다. 실제 중국 주요 상업은행의 부실대출 총액은 최근 급격히 하락하였으며, 이에 따라 부실대출 비율은 2005년 8.9%에서 2010년 1.1% 수준까지 하락하였다. 중국정부는 또한 은행들의 자산건전성 개선을 위해 대손충당금 적립비율 인상을 요구하였으며, 2005년 24.8% 수준에서 2010년 217.7%로 8배 이상 증가하며 은행들의 자산건전성이 개선되었다.

이러한 중국 은행업의 질적인 발전으로 인해 BIS 적립비율을 충족하는 은행도 크게 증가하였다. 2005년의 경우 BIS 비율 적합판정을 받은 은행이 53개에 불과하였으나, 2010년의 경우 281개의 은행이 적합한 것으로 나타나 중국의 모든 은행이 BIS적합비율을 유지하고 있는 것으로 보인다.[10]

표 7-5 중국의 유형별 자금조달 비중   (단위: %)

	2005년	2006년	2007년	2008년	2009년	2010년	2020년
회사채	6.6	5.7	4.4	9.1	9.5	10.5	13.2
국채	9.8	6.7	3.6	1.7	6.3	8.8	24.7 (지방정부채권포함)
주식	3.4	5.6	13.1	6.1	3	5.5	2.7
대출	80.2	82	78.7	83.1	81.2	75.2	59.4

자료: 중국인민은행(2011), 智研咨询(2021.1.28), 2021~2027年中国社会融资行业市场研究分析及投资战略规划报告.

10) BIS 비율: Bank for International Settlement(국제결제은행)가 정한 은행의 위험자산(부실채권) 대비 자기자본비율로 1988년 7월에 국제 기준을 마련하였다. 이에 따라 적용대상은행은 위험자산에 대하여 최소 8% 이상의 자기자본을 유지하도록 하였다. BIS 비율을 높이려면 위험자산을 줄이거나 자기자본을 늘려야 하는데 위험자산을 갑자기 줄이는 것은 불가능하므로 자기자본을 늘려 BIS 비율을 맞추는 것이 보통이다.

세계은행 업계에서 중국 은행들은 2010년 6월 시가총액 기준으로 건설은행이 1위를 차지하였으며, 기본자본 기준으로는 공상은행 6위, 건설은행 8위, 중국은행 9위, 농업은행이 14위를 차지하였다. 세계 25대 은행 순위에 미국에 이어 두 번째로 많은 은행이 포함되어 이미 규모 면에서는 세계정상 수준을 기록하고 있다. 총자기자본을 기준으로 한 세계 1,000대 은행 중 중국계 은행의 수는 2004년 16개에 불과하였지만 2008년에는 52개, 2010년에는 101개로 아시아 지역에서는 일본 103개에 이어 두 번째로 많은 수를 기록하고 있다.[11]

2018년에는 중국이 사상 처음으로 세계 은행 순위 1~4위를 독식했다. 영국 잡지 더 뱅커(The Banker)가 발표하는 세계 1000대 은행 2018년판에서 기본자본 기준으로 1~4위를 중국의 공상은행·건설은행·중국은행·농업은행이 차지했다. 2017년에 5위권에 들었던 미국의 JP모건(3위)과 뱅크오브어메리카(BOA, 5위) 모두 순위가 밀렸다. 아울러 2018년에 세계 1000대 은행 리스트에 든 중국계 은행은 126개 달했다.[12]

표 7-6 중국 금융기관 총자산 추이 및 비중 (단위: 억 위안)

은행금융기관	2010년	2010년 비중	2021년 11월 말 기준	비중
전체	95조 3 053억	100%	335조 2634억	100%
대형상업은행	468,934	49.2%	131조 5753억	39.2%
주식제 상업은행	149,037	15.6%	60조 7017억	18.1%
도시상업은행	78,526	8.2%	44조 7962억 (도시상업은행)	13.4%
도시신용사	22	0.0%		
농촌상업은행	27,670	2.9%	45조 6449억 (농촌금융기구)	13.6%
농촌협력은행	15,002	1.6%		
농촌신용사	63,911	6.7%		

---

11) 박복영·오승환·정용승·박영준(2011), 「국제금융에서 중국의 위상 변화와 시사점」, KIEP, 29-31쪽.

12) 조선일보(2018.7.3)

정책은행 및 국가개발은행	76,521	8.0%	52조 5452억 (기타 금융기구)	15.7%
비은행 금융기관	20,896	2.2%		
외자은행	17,423	1.8%		
신형농촌금융기관 및 우체국저축은행	35,101	3.7%		

주: 2010년의 신형농촌금융기관은 2021년 통계에서는 기타 금융기구에는 포함되지 않고 농촌금융기구에 포함됨.
자료: 중국은행감독관리위원회(2011), 중국은행보험감독관리위원회(2022.2)

3) 부실채권 문제

중국은 1999년에 4대 자산관리공사(중국장성, 중국신달, 중국화융, 중국동방)를 설립하여, 2000년 말까지 국유상업은행의 부실 채권 1조 3,939억 위안을 장부가로 양도받았다. 당초 자산관리공사의 부실채권 매입은 2000년으로 종료되었으나, 추가 부실채권 처리를 위해 2004년부터 장부가액 이하로 매입을 재개한 바 있다.

그 결과 2004년 중에는 건설은행에서 1,289억 위안, 중국은행으로부터 1,498억 위안 상당의 부실채권을 추가로 매입하였다. 또한 2005년에는 공상은행으로부터 7,050억 위안의 부실채권을 매입하였다.

한편, 가장 부실정도가 심한 농업은행으로부터는 2008년 중 재정부와 공동으로 관리기금을 만들고 7,000억 위안의 부실채권을 이 기금의 장부에 이전하는 방식으로 잔여 부실채권을 처리했다.

중국정부는 자산관리공사가 매입한 부실채권을 국내는 물론 해외에까지 적극적으로 매각하고 있다. 2004년 5월, 건설은행이 국제입찰을 통해 부실채권의 담보 부동산을 14억 위안(장부가 40억 위안)에 매각한 것이 그 시초이다.

중국 부실채권은 2004년 이후 지속적으로 감소 추세를 보이고 있다. 은감회 자료에 따르면 2009년 말 현재 중국 상업은행 부실채권은 4,830억 위안으로 전년 말보다 143억 위안 감소했다. 또한 부실채권 비율 역시 2009년 말에 1.58%를 기록하여, 2003년 17.8%의 1/11 수준까지 감소했다. 부실채권은 이후에도 지속적으로 감속세를 시현하여 2011년 말에는 4,279억 위안으로 전체 여신 중 1% 수준까지 떨어졌다.

2019년 코로나19 사태로 중국 수출기업들의 경영이 악화되었고, 이는 헝다그룹 파산 위기 등 중국 내 부동산 기업들에게까지 전이되었다. 이를 반영하듯이 2021년 1분기 기준 중국의 상업은행 부실채권 비중은 1.8%로 다소 증가하는 추세이다.[13]

표 7-7 중국 상업은행 부실채권 추이   (단위: 억 위안, %)

	2004	2005	2006	2008	2009	2010	2011	2021. 1분기
부실채권액	17,176	13,134	12,549	5,603	4,973	4,336	4,279	27,883
부실채권비중	13.21	8.61	7.09	2.42	1.58	1.1	1.0	1.8
− 그중 고정	2.36	2.19	1.51	1.13	0.65	0.4	0.4	0.85
− 그중 회수의문	6.84	3.27	2.93	1.04	0.74	0.5	0.4	0.69
− 그중 추정손실	4.0	3.15	2.65	0.25	0.2	0.2	0.2	0.26

자료: 중국은행업감독관리위원회(2011), 중국은행보험감독관리위원회(2022.2)

3. 은행업 감독체계

1) 중국인민은행

중국인민은행은 국무원의 직속기구이며, 마오쩌둥이 주도하는 사회주의 계획경제에 따라 모든 은행이 국유화되면서 당시 중화인민공화국의 유일한 은행이 되었다. 중국인민은행의 전신은 1948년 12월 1일 화북은행(華北銀行), 북해은행(北

---

13) 금융기관 대출은 정도에 따라 정상(normal), 요주의(precautionary), 고정(substandard), 회수의문(doubtful), 추정손실(estimanted loss) 5단계로 나뉜다. '정상'이란 신용상태가 양호한 거래처에 대한 대출금으로 연체기간이 1개월 미만인 경우다. '요주의'는 연체기간이 3개월 미만으로 현재는 원리금 회수에 문제가 없으나 신용상태가 악화될 가능성이 있는 대출이다. '고정'은 연체기간이 3개월 이상으로 신용상태가 악화돼 채권회수에 상당한 위험이 발생한 대출이다. '회수의문'은 연체기간이 3개월 이상 1년 미만이면서 채권회수에 위험이 발생한 대출이다. '추정손실'은 연체기간 1년 이상으로 손실처리가 불가피한 대출이다. 이 중 '고정여신(sub-standard) 이하의 부실여신' 즉 고정, 회수의문, 추정손실(연체 1년이상)을 '부실채권'이라 한다. '고정이하 여신'의 비율은 은행의 자산건전성을 평가하는 대표적인 지표 중 하나이다. 상기 5단계를 중국어로는 正常(정상), 关注(요주의), 次级(고정), 可疑(회수의문), 损失(추정손실)라고 표기하며, 중국 역시 하위 3단계를 불량자산 혹 불량대출로 정의한다.

海銀行), 서북농민은행(西北農民銀行) 등이 통합하면서 탄생했다.

인민은행은 설립 직후 위안화로 화폐를 일원화하고 모든 현금 수수와 교역에서 위안화를 기준 통화로 사용할 것을 선언하였다. 1979년부터 경제개혁이 시작되면서 중국인민은행은 중앙은행 업무만 전담하고, 1998년 대규모 정부기구 개혁을 실시하면서 9개 지점만 남기고 통폐합하였다. 본점은 베이징에 있다. 현재는 중앙은행이 하는 발권(發券)은행업무 이외에 현금의 결제·출납 경제계획을 위한 장단기 자금의 공급과 국고의 대행, 일반금융과 신탁업무 등을 담당하고 있다.

2003년 4월 인민은행은 중앙은행 기능에 집중하기 위해서 은행업감독관리위원회(은감회)를 설립하여, 은행, 자산관리회사, 신탁회사 및 예금수취기관에 대한 은행 감독기능은 은감회로 이관하였다. 그러나 실제로 인민은행은 여전히 금융업에 대해 상당한 영향력을 발휘하고 있다. 〈중국인민은행법〉 제2조에서도 중앙은행으로써 인민은행의 역할로 '통화정책의 수립 및 집행, 금융위기의 방지 및 해결, 금융안정유지, 금융업 전반에 대한 거시적 조정' 등을 규정하고 있다.

일반적으로 한 국가의 중앙은행은 행정부와 독립적으로 운영되며, 자율적으로 금리를 조절한다. 그러나 인민은행의 경우, 〈중국인민은행법〉에 따라 최고 행정기구인 국무원의 영도를 받도록 되어 있으며, 따라서 '전국인민대표대회 상무위원회는 국무원의 업무를 감독한다'라는 〈헌법〉 제67조 6항 규정에 따라, 인민은행은 우리의 국회에 해당되는 전국인민대표대회(전인대)의 감독 관할이기도 하다.

인민은행 본부는 베이징에 있으며 주요 부서로는 통화정책국, 금융시장국, 회계재무국, 발권국, 신용관리국, 금융안정국, 지급결제국, 국고국, 반자금세탁국, 조사통계국, 국제국 등 19개 본부 부서로 구성되어 있다. 중국인민은행은 업무수요에 따라 천진, 상해, 심양, 남경, 제남, 무한, 광주, 성도, 서안 등 9개 지역에 분행(分行)을 설치하여, 구역을 나누어 중앙정부가 직접 관리하고 있다. 이는 지방정부의 대출 개입을 차단하고 지방정부의 영향력을 감소시켜 중앙정부 및 인민은행 본부 권한을 집중 강화하려는데 목적이 있다. 또한 북경과 중경에 2개의 영업관리부, 20개 성 소재지 및 5개 도시에 중심지행(中心支行), 기타 시급, 현급 지방도시에 2천여 개의 지행을 설치하여 통일된 영도와 관리를 실행하고 있다.

경제금융발전의 수요와 관리감독 강화를 위하여 2005년 8월에 상해본부를 설립하였는데, 이곳에서는 중앙은행 업무의 구체적인 처리업무와 관리업무를 수행한다. 또한 중국인민은행은 해외에 7개 사무소(미국, 유럽, 아프리카, 동경, 프랑크 푸르트, 호주 등)를 설치하여 국제금융문제를 연구하고, 세계 중앙은행과 연락 및 협조업무를 수행하고 있다.

표 7-8 중국인민은행의 주요 임무

- 금융관련 법령 및 규정의 제정
- 통화정책의 수립 및 집행
- 위안화 발행 및 유통 관리
- 은행 간 콜시장 및 채권시장 감독
- 외환거래관리 및 은행 간 외환시장 감독
- 금시장 감독관리
- 외환보유고 관리
- 국고 관리
- 결제시스템의 정상적인 운영유지
- 금융업 자금세탁 관리 및 감독
- 중앙은행으로서 국제금융활동에 종사
- 기타 국무원이 부여한 업무 수행

자료: 중국인민은행 홈페이지(2012.3)

2) 통화정책위원회

〈인민은행법〉 제11조에 따르면, '중국인민은행은 통화정책위원회를 설립하고, 직책 사업절차는 국무원이 규정하며, 전인대 상무위원회에 보고한다'라고 규정되어 있다. 통화정책위원회(貨幣政策委員會)는 거시경제정책 및 통화정책의 제정과 관련하여 국무원에 정책 건의를 하는 자문기관이며 1997년 7월, 국무원의 비준을 받아 설립되었다.

통화정책위원회의 주요 임무를 보면 다음과 같다. 거시경제 목표에 따른 통화정책을 제정한다. 다음으로 일정기간 내 통화정책 목표, 통화정책 도구의 사용과 관련된 조치를 집행한다. 또한 통화정책과 기타 거시경제정책 간 협력을 도모하는 사안에 대해서 토론하고 정책 건의를 제출한다. 이는 한국 금융통화위원회처럼 통화신용정책을 수립하고 중앙은행(한국은행)의 운영에 관한 주요 사항을 결정하는 정책결정기구의 성격과는 다른 것이다.

중국인민은행이 통화공급량, 금리, 환율 혹은 기타 통화정책에 관한 결정방안을 국무원에 보고 시 통화정책위원회의 건의서 혹은 회의록을 첨부하도록 하여, 이를 토대로 통화정책이 결정될 수 있도록 하는 '정책 건의' 구조는 갖추고 있다.[14] 통화정책위원회는 총 15명의 금융 관련 부처의 장과 전문가로 구성되어 있으며 그 구성인원 구조를 보면 다음과 같다. 2016년 7월 말 현재, 인민은행장, 부행장 2인, 행장보, 국무원 부비서장, 국가발전계획위원회 부주임, 재정부 부부장(차관), 국가통계국장, 국가외환관리국장, 중국은행업감독관리위원회 주석, 중국증권감독관리위원회 주석, 중국보험감독관리위원회 주석, 중국은행업협회장, 대학교수 3인(민간학자) 등이다.

[그림 7-5] 중국 은행업 기관 구성과 감독체계

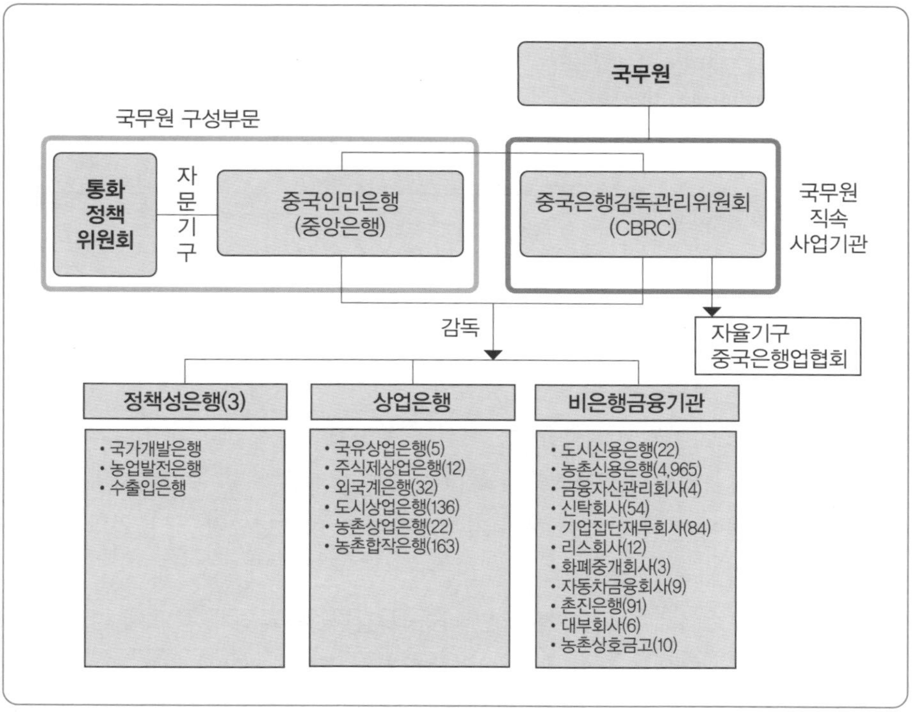

주: 1. 중국은행감독관리위원회는 2018년 3월에 중국은행보험감독관리위원회로 통합·개편되었음.
    2. 국유상업은행이 5개로 표기된 것은 기존 4대 국유상업은행(중국·건설·농업·공상)에 더해 교통은행을 2006년부터 포함하여 관리하기 때문임.

14) 김은화(2009), 중국의 금융감독관리시스템은 어떻게 구성되었는가, 중국금융시장 포커스 2009년 12월호, 자본시장연구원, 5-6쪽.

3) 중국은행보험감독관리위원회(中国银行保险监督管理委员会)

중국은행업감독관리위원회(은감회)는 국무원 직속 사업부서로 국무원의 은행 감독 관리기관이다. 2003년 3월 10일, 제10기 전인대 3차회의에서 국무원의 기구개혁방안이 통과됨에 따라 은감회가 정식 설립되었다. 같은 해 2월 1일에 〈은행업감독관리법〉이 공포됨에 따라, 은감회의 감독기능에 대한 법률적 근거가 마련되었다. 또한 은감회의 등장은 앞서 설명한 중국의 분업경영, 분업감독시스템을 규정하는 기준이 된다.

은감회의 설치에 따라 중국인민은행의 은행감독업무 중 대부분이 은감회에 이관되었고, 인민은행은 금융정책 수립과 금융거시조정에 치중하게 되었다. 은감회는 금융정책의 집행과 금융 미시적 감독관리권을 행사하게 된다. 여기에는 은행업 금융기관의 업무활동·감독규정 제정, 인허가, 경영진 직무자격 관리, 은행업 경영규칙제정 등이 포함되어 있다. 은감회가 관리하는 금융기관을 보면, 상업은행(국유 및 주식제), 외자은행, 도시신용합작사, 농촌신용합작사, 정책성은행, 금융자산관리회사(AMC), 신탁투자회사, 재무회사, 금융리스회사 등이 있다.

2018년 3월에는 국무원의 기구개혁 방침에 따라 기존 중국은행감독관리위원회(中国银行业监督管理委员会)와 보험회사를 감독하던 중국보험감독관리위원회(中国保险监督管理委员会)와 합병하여 지금의 중국은행보험감독관리위원회를 출범시켰다.

제2절 금융시장

1. 주식시장

1) 주식시장의 등장과 발전

중국의 주식시장은 국유기업의 개혁을 위한 역할을 담당하고 있으며, 정부는 채산성이 열악한 소규모 기업은 정리하고, 대규모 기업은 정부가 독점하던 경영권의 일부를 투자자에게 양도하기 위해 주식회사 형태로 점차 전환시키고 있다. 이에 따라 1990년대에는 상장기업의 90% 이상이 국유기업이었으나 2006년말 시점에는 국유기업이 상장기업의 약 80%를 차지하고 있다.

주식시장은 상해, 심천, 홍콩 증권거래소로 나누어지는데, 상해증권거래소는 1990년 12월, 심천증권거래소는 1991년 7월 각각 설립되었고, 홍콩증권거래소는 1947년에 이전의 두 개 증권거래소가 합병되어 설립되었으며, 2000년 주식과 선물 및 청산거래소를 묶어 홍콩거래소가 탄생되었다. 이외에도 상해선물거래소, 대련상품거래소, 정주상품거래소 및 중국금융선물거래소 등 4개의 선물거래소가 있으며, 모두 증권감독관리위원회의 감독을 받는다.

주식 종류는 A주, B주, H주 및 Redchip으로 구분되는데 A주는 내국인 전용, B주는 외국인투자 전용이 기본이고, H주는 홍콩시장에 상장된 중국기업 주식이며, Redchip은 홍콩에서 설립되어 상장된 중국기업 주식을 말한다.

중국 특유의 국유기업 상장에 따른 비유통주 제도가 주식시장의 발전을 저해하고 있는데 비유통주란 정부의 규제에 의해 증권거래소에서 거래될 수 없는 주식이다. 이는 정부가 직접 보유하는 국가주, 국유기업 등이 보유하는 국내 법인주, 기타(종업원 보유주 등)로 구분된다. 국가주는 재정부가 보유하고 있다. 2006년말 현재 거래 금지된 비유통주는 9,259억 주로, 전체 주식(1조 4,896억 주)의 62.2%를 차지하고 있다.

유통주 중 B주식은 상해와 심천증권거래소에 상장되고 거래되며, 1992년 도입 당시에는 외국인만 투자가능한 주식이었으나 2001년 이후 외환보유 내국인의 투자를 허용하고 있다. 주식의 액면가치는 위안화로 표시되어 있으나 주식의 청약 및 매매는 외국통화로 이루어지고 있다. B주식은 당초 국유기업 개혁을 위해 외국인 투자자로부터 외화자금을 조달할 목적으로 도입되었고 중국 주식시장의 국제화를 위한 첫 번째 조치였다. 최근(2009년 말)에는 시가총액 기준으로 전체 주식의 3%에 불과한 미미한 수준이어서, A주와 B주의 통합 작업이 거론되고 있다.

외국주식은 외국 주식시장을 통해 자금을 조달하기 위해 발행하는 주식으로, 중국기업이 홍콩에 상장되면 H주식, 뉴욕에 상장되면 N주식, 싱가포르에 상장되면 S주식 등으로 구분된다. 비유통주 제도의 성공적인 개혁으로 주식시장이 활황으로 전환되었으나, 비유통주 매각에 따른 공급과잉으로 침체기를 맞은 바 있다. 즉, 2005년 4월부터 다시 시작된 비유통주 개혁조치의 진전으로 주가는 2001~2005년 기간의 장기침체에서 벗어나 상승세로 전환할 수 있었다. 개혁조치의 내용을 보면, 유통권을 얻기 위한 대가로 유통주 1주당 0.3주에 해당하는 대가를 지불하였으며, 비유통주 매각제한기간을 설정하여 발행주식의 5% 이상 보유한 비유통주주는 비유통주 개혁안 결정 후 1년간 매각을 금지하고, 2년 동안 보유주식의 5%까지, 3년 동안 10%까지 매각을 가능하게 조치하였다.

2006년 말 현재 상장기업 1,434개 사 가운데 거의 전부가 비유통주 개혁안을 임시주총 등을 통해 의결하였다. 중국내 상장회사는 1994년에 비해 약 5배 증가하였으나 연간 증가율은 1996년에 64% 증가하여 정점을 기록한 후, 점차 둔화되는 추세이다.[15]

표 7-9 중국 주식시장의 구분

지역	구분	종류	투자대상	거래화폐	비고 (투자 가능자)
대륙	상하이	A주	중국 국내 투자자	위안	QFII
		B주	외국인 투자자 전용	미국달러	외환 소지 내국인
	선전	A주	중국 국내 투자자	위안	QFII
		B주	외국인투자자 전용	홍콩달러	외환 소지 내국인

---

15) 이창영(2008), 중국 금융산업 현황과 유망분야에 대한 진출전략, 「한중사회과학연구」 제6권 2호, 141쪽.

홍콩	Redchip	홍콩에서 설립되어 상장된 중국기업(중국지분 35% 이상)	홍콩달러	–
	H주	대륙에서 설립된 중국기업으로 홍콩시장에서 상장	홍콩달러	–

자료: 이창영(2008), 중국의 금융산업 현황과 교역장벽 분석, KIEP, 24쪽.

[그림 7-6] 중국 증권시장의 구조(홍콩 포함)

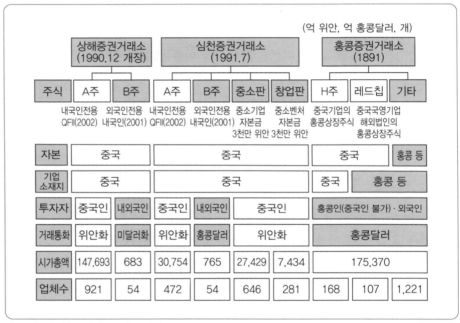

자료: 한국은행(2012), 「중국의 금융제도」, 338쪽.

2) 주식시장 개황

가. 상하이 증권거래소

중국 양대 증권거래소는 상해증권거래소(Shanghai Stock Exchange)와 심천증권거래소(Shenzhen Stock Exchange)가 있다. 이곳에서 산출되는 주가지수는 중국 주식의 전반적인 흐름을 보여주는 대표적 지수로 꼽힌다. 상하이거래소에서는 보통 전통산업 위주의 대형주를 중심으로, 선전거래소에서는 IT와 바이오 등 신(新)경제산업 종목을 중심으로 거래가 이뤄지고 있다. 중국 주식시장에는 홍콩증권거래소(Hong Kong Stock Exchange)도 포함된다. 홍콩증권거래소는 홍콩에 소재하고 있어 이론상 장내시장으로 분류되지는 않으나, 중국 유망 기업들이 주목하는 상장지이자 외국인 개인 투자자들이 A주(중국 본토증시에 상장된 주식) 투자를 위해 거쳐야 할 필수 관문으로서 그 입지는 더욱 커지고 있다.

상하이증권거래소는 1990년 11월 26일 설립돼 같은 해 12월 19일 처음으로 거래를 시작했다. 2020년 9월 2일 기준 상하이거래소에 상장한 기업 수는 1714곳, 전체 시가총액(이하 시총) 규모는 43조 4,530억 위안이고, 2019년 한 해 기준 누적 거래액은 54조 4,000억 위안에 달했다. 상하이 메인보드 상장사 중 3대 시총 기업은 귀주모태(貴州茅臺), 공상은행(工商銀行), 농업은행(農業銀行)이다. 2020년 9월 2일 기준 이들의 시총은 2조 2,549억 위안, 1조 3,265억 위안, 1조 184억 위안으로, 전체 시총에서 각각 5.56%, 3.27%, 2.51%의 비중을 차지한다. 상하이증권거래소에서 운영되는 시장은 크게 메인보드(상해 A주와 상해 B주)와 커촹반(科創板·스타마켓)으로 구성된다. 본래 상해 A주 시장은 중국 내국인만 투자가 가능한 중국기업 주식이 거래되는 시장이었다. 과거 외국인 개인투자자들이 A주 종목을 사는 것은 아예 불가능했고, 외국인 기관 투자자들의 경우에도 적격해외기관투자(QFII)와 위안화적격외국인투자자(RQFII)의 자격을 취득한 기관에 한해서만 허용됐었다.

하지만, 2014년 11월 17일 중국 상하이 증시와 홍콩 증시를 잇는 후강퉁(滬港通)이 시행된 이후 해외 개인 투자자들 또한 홍콩증권거래소를 통해 상하이증시에 상장된 A주 후구퉁(滬股通, 홍콩거래소를 통한 상하이 주식 거래) 대상 종목에 투자할 수 있게 됐다. 후강퉁은 후구퉁과 강구퉁(港股通, 상하이거래소를 통한 홍콩 주식 거래)으로 나뉘며, 후구퉁은 위안화로 강구퉁은 홍콩달러로 거래된다.

상해 B주 시장은 외국인만 투자가 가능한 중국기업 주식이 거래되는 시장이다. 1992년 2월 21일 설립된 B주 시장은 해외자본의 직접 유치를 위해 설립됐으나, 중국 당국의 여러 규제에 막혀 A주에 비해 활성화되지 못했고, 이에 후강퉁 개통 전까지는 사실상 외국인의 직접투자는 불가능했다. 외국인 전용 투자 시장인 만큼 미국 달러로 거래가 되며, 본래 중국 내국인의 투자가 금지됐으나 2001년부터 2월부터 내국인 투자 또한 허용됐다.

커촹반은 중국 과학기술 기업들의 주식이 거래되는 시장이다. 2018년 11월 5

일 중국 상하이에서 열린 중국국제수입박람회 개막 연설에서 시진핑 국가 주석이 직접 설립 계획을 밝힌 후 8개월여 이후인 2019년 7월 22일 출범했다. 출범 당시 수익성 등 상장 기준을 대폭 완화하고, 주가 상·하한 제한폭도 20%로 조정하는 등 과거 중국 자본시장에서 볼 수 없었던 새로운 방식의 제도 개혁을 시도해 '중국 자본시장 개혁의 시험대'로 불리기도 했다. 커촹반에서 처음으로 시도된 제도 개혁 중 가장 대표적인 것이 기업공개(IPO, Initial Public Offering)의 '등록제 개혁' 이다.

　IPO 등록제란 IPO 예정 기업들이 상장에 필요한 서류를 제출해 서류 적격 여부만 검증 받으면 등록 절차에 따라 곧바로 상장할 수 있는 제도로, 다른 시장에서 도입하고 있는 '승인제'와 차별화된다. 등록제 개혁은 수익 기반이 약한 중소 과학기술 기업들의 상장 문턱을 낮춰주는 동시에 자금조달 통로를 확대하는 데 그 시행 목적이 있다. 2020년 7월 21일 출범 1주년을 맞이한 커촹반은 중국 주식 시장에서 '과학기술주의 상장 메카'로 떠올랐다. 특히, 올해 미중 갈등 속 미국 증권 당국이 중국 기업에 대한 규제를 강화하고 나서면서, 커촹반은 홍콩시장과 함께 중국 IT 기업의 대체 상장지로 주목 받고 있다. 2020년 9월 2일 기준 커촹반에 상장된 기업 수는 168개이고, 이들 기업의 전체 시총은 2조 8,740억 위안에 달한다. 커촹반 상장사의 지난 3년간 영업수익 평균 증가율은 2.7배인 것으로 나타났다. 이는 A주 상장사의 2.1배를 웃도는 수치다. 특히, 과학기술 기업들이 집중돼 있는 시장인 만큼 연구개발 비용 규모에서 매우 두드러진다. 커촹반 상장사의 평균 연구개발 투자비율은 11%에 달해, A주의 4.1%를 크게 웃돌았다. 커촹반 상장사 중 시총 규모로는 금산반공(金山辦公·KINGSOFT), 중심국제(中芯國際·SMIC), 호석산업(상하이실리콘산업)이 상위권 3위를 차지하고 있다. 2020년 9월 2일 기준 시총은 각각 1,612억 8,085만 위안, 1,243억 9,117만 위안, 1,041억 7,092만 위안이고, 이들이 전체 시총에서 차지하는 비중은 각각 5.61%, 4.33%, 3.62%에 달한다.[16]

---

16) 뉴스핌(2020.9.3.), 30년 역사 '중국 주식 시장' 구조의 이해.

[그림 7-7] 중국 증권시장의 구조

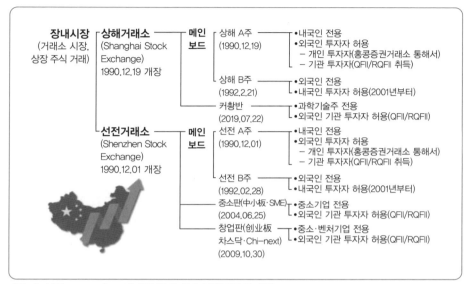

자료: 뉴스핌(2020.9.3.), 30년 역사 '중국 주식 시장' 구조의 이해.

나. 선전증권거래소

선전(深圳)증권거래소는 1990년 12월 1일 거래를 시작했다. 2020년 9월 2일 기준 선전증권거래소에 상장한 기업수는 2,283곳, 전체 시총 규모는 32조 9,937억 위안이고, 2019년 한 해 기준 누적 거래액은 73조 314억 위안에 달했다. 선전 증시에 상장된 전체 기업 중 3대 시총 기업은 오량액(五糧液), 메이디그룹(美的集團), 닝더스다이(寧德時代 · CATL)로 2020년 9월 2일 기준 이들의 시총은 각각 9,121억 7,800만 위안, 4,981억 4,300만 위안, 4,922억 4,100만 위안에 달하는 것으로 집계됐다.

선전증권거래소에서 운영되는 시장은 크게 메인보드(선전A주와 선전B주), 중소판(中小板 · SME), 창업판(創業板 · 차이넥스트)으로 구성된다. 선전 A주 · B주는 상해 A주 · B주와 마찬가지로 각각 내국인 전용과 외국인 전용 주식시장이다. 2016년 12월 5일 중국 선전 증시와 홍콩 증시를 잇는 선강통이 시행된 이후 외국 개인 투자자들 또한 홍콩증권거래소를 통해 선전 증시에 상장된 A주 선구통(深股通, 홍콩거래소를 통한 선전 주식 거래) 대상 종목에 투자할 수 있게 됐다. 선강통은 선구통과

강구퉁(港股通, 선전거래소를 통한 홍콩 주식 거래)으로 분류되며, 선구퉁은 위안화로 강구퉁은 홍콩달러로 거래된다.

중소판은 그 이름에서 알 수 있듯이 중소기업이 상장돼 있는 시장이다. 2020년 9월 2일 기준 중소판에 상장한 기업 수는 962곳, 전체 시총은 13조 5,748억 위안 규모에 달했다. 가장 높은 몸값을 자랑하는 중소판 3대 상장사는 입신정밀(立訊精密), 순펑홀딩스(順豊控股), 해강위시(海康威視)로 2020년 9월 2일 기준 각각 4,011억 2,600만 위안, 3,826억 5,000만 위안, 3,590억 3,500만 위안 규모의 시총을 기록했다.

창업판은 중소벤처기업 전용 주식시장이다. 2020년 9월 2일 기준 중소판에 상장한 기업 수는 852곳, 전체 시총 규모는 10조 267억 위안에 달한다. 창업판 상장사 중 3대 시총 기업은 닝더스다이, 매서의료(邁瑞醫療), 지비바이오(智飛生物)로 2020년 9월 2일 기준 각각 4,922억 4,100만 위안, 4,197억 1,700만 위안, 2,114억 7,200만 위안 규모를 기록했다. 2020년 8월 24일 중국 창업판은 커촹반에 이어 IPO의 등록제를 정식 시행했다. 이와 함께 주식시장 거래 활성화를 위해 일일 주가 상·하한 제한폭도 기존의 10%에서 20%로 늘렸다. 이 같은 개혁 움직임에 힘입어 창업판은 2020년 상반기 전 세계 주가 지수 중 가장 높은 32.5%의 주가 상승률을 기록하기도 했다.

다. 홍콩증권거래소

홍콩증권거래소는 1891년에 설립됐다. 2019년 말까지 홍콩증권거래소에 상장한 기업 수는 2449곳, 시총 총규모는 38조 2,000억 홍콩달러에 달했다. 홍콩증권거래소에서 운영되는 시장은 크게 메인보드와 성장기업시장(GEM, Growth Enterprise Market)으로 구성된다. 메인보드 시장은 다시 H주와 레드칩(R주), 항성주로 분류된다.

H주는 중국에 설립된 기업의 홍콩상장 주식으로, 자본(모기업)과 등록지 모두가 중국 소재인 기업이 상장된 시장을 의미한다. R주는 중국 국유기업 해외법인의 홍콩상장 주식으로, 자본(모기업)은 중국이나 등록지는 홍콩인 기업이 상장된 시장을 뜻한다. 항성주는 H주와 R주를 제외한 홍콩 및 외국기업 주식이 거래되는 시장을 지칭한다. 홍콩 GEM은 홍콩 메인보드 시장 상장에는 적합하지 않으나

성장성이 높은 중소기업이 상장할 수 있는 시장을 지칭한다.

홍콩증시에 상장된 중국기업 중 시총 규모 3대 기업은 텐센트홀딩스(騰訊控股), 공상은행(工商銀行), 건설은행(建設銀行)으로 2020년 9월 2일 기준 각각 5조 1,120억 홍콩달러, 1조 4,933억 홍콩달러, 1조 3,475억 홍콩달러의 시총 규모를 기록했다. 미국 당국의 거세진 규제 속 탈(脫)미국을 추진하는 중국 기업들에게 있어 홍콩 시장은 가장 유력한 2차 상장지로 주목받고 있다. 지난해 미국 나스닥에 상장된 알리바바가 홍콩 증시에 재상장했고, 또 다른 나스닥 상장사인 왕이(網易·넷이즈)와 징둥(京東)도 2020년 홍콩행 대열에 합류했다.

[그림 7-8] 상하이 종합지수 추이

자료: 구글(2023.5.4)

3) QFII 제도

중국의 주식시장은 규모 면에서 크게 성장하였으나, 실질적으로는 이원화된 시장으로 아직 국제적으로 폐쇄되어 있는 시장이다. 상술한 바와 같이 주식의 종류는 A주, B주, H주, Redchip 등 네 가지로 구분하고 있다. 이와 같은 구분은 해외투기자본 유출입에 따른 외환시장의 과도한 변동성을 통제하기 위한 목적 때문이다. 따라서 외국인투자자가 중국증시에 투자할 수 있는 주요 경로는 B주와 H주이다. 하지만 B주의 경우는 상장기업이 적어 시장유동성이 낮기 때문에 외국인 거래가 활발하지 않은 상황이며, 2010년 기준으로 전체 상장회사의 90% 정도는 A주에 상장되어 있다. 따라서 중국정부는 주식시장의 활성화 및 국제화를 위해서 지난 2003년부터 내국인에게만 허용된 A주 투자를 일정요건을 갖춘 외국인 적격기관 투자자에게 QFII를 부여하여 투자를 제한적으로 허용하고 있다.

적격외국기관투자자를 의미하는 QFII(Qualified Foreign Institutional Investor)는 일정요건을 갖춘 외국기관투자자에게 중국 A주에 대한 투자를 허용하는 것으로 중국 주식시장 개방의 일환으로 2002년 11월에 도입되었고, 2007년 12월 말 현재 54개 외국기관투자자가 QFII의 자격을 취득하였으며 100억 달러 한도 내에서 A주에 대한 투자를 실시하고 있다.

증권업의 개방 정도는 은행이나 보험업에 비해 매우 제한적이어서 외국 금융회사의 지점 또는 법인설립이 금지되어 있고 영업활동을 할 수 없는 대표처 설립만 가능하도록 되어 있다. 증감회는 해외금융기관이 매입할 수 있는 국내 증권사 지분을 20%로 제한해 놓고 있으며, 신규 합작기업의 경우 2005년까지 33%, 2006년부터 49%까지 지분 보유를 허용하고 있다. 실제 1995년 첫 중국 내 합작증권사가 설립되었으며, WTO 가입 후 외국계 증권사의 중국 진출이 가속화 되고 있다. 2009년 6월 말 기준 중국에는 모건스탠리, CLSA, BNP파리바, 다이와, UBS 등 6개의 합자 증권사와 33개의 합자 펀드회사가 설립되어 있다. 또한 4개의 외자 증권기관 사무소가 상해·심천증권거래소 특별회원 자격을 취득하였고, 상해와 심천거래소에서 직접 B주식 업무를 운영하는 해외 증권기구도 각각 39개와 19개에 달한다.[17]

QFII 한도 확대, 즉 외국투자기관이 중국증시에 투자할 수 있는 한도가 점차 확대됨에 따라 세계자금은 지속적으로 중국증시에 유입되고 있다. 중국정부는 2009년 9월, 증시 부양을 위해 내국인 전용 A주에 투자할 수 있는 QFII별 투자

---

17) 김은화(2010), 중국의 금융시장 개방 현황은, 중국금융시장 포커스 2010년 3월호, 자본시장연구원, 5쪽.

한도를 10억 달러로 상향 조정했다. 즉 개별 QFII 투자 한도가 기존 8억 달러에서 10억 달러로 25% 확대됐다. QFII의 총투자 한도도 300억 달러로 늘어났다. 이번 조치로 인해 증시에 1,024억 위안의 투자자금이 새로 들어오는 효과가 있다. 2009년 9월 말 현재 한국의 삼성투신운용, 한국투신운용, 산은자산운용 등 전 세계 76개 QFII가 138억 달러를 중국 증시에 투자하고 있다.

2009년 말까지 92개 외국계 금융회사가 QFII 자격을 이미 획득했으며, 허용한 투자금액은 157억 2,000만 달러다. 또한 중국정부는 2012년 4월 3일자로, 해외 자본 유치를 통한 경제 활성화를 도모하기 위해 QFII 한도를 대폭 증액했다. 증권감독관리위원회(CSRC)는 QFII한도를 종전 300억 달러에서 800억 달러로 500억 달러 증액 했다. QFII 신규승인액도 2011년 연간 19억 달러에서 2012년 1월 1일~3월 9일 중 19개 외국기관에 대해 29.1억 달러로 확대하는 등 자본시장 개방을 가속화하고 있다.

중국정부는 2012년 3월 말까지 23개국, 158개 기관투자자에 대해 QFII 자격을 부여하였으며, 총 245.5억달러의 투자한도를 승인한 바 있다. 금융기관별로 보면 자산운용사 82개, 국부펀드·연금 등 29개, 상업은행 23개, 증권사 및 보험사 각 11개의 순으로 구성되어 있다. 2012년 3월 23일 현재 QFII 계좌의 총자산가치는 2,656억 달러로 주식 74.5%, 채권 13.7%, 은행예금 9.6% 등으로 구성되어 있으며, QFII 주식지분은 중국 A주 시가총액의 1.1%를 차지하고 있다.

2011년 11월에는 RQFII 제도를 도입했다. QFII는 달러 기준으로 투자 한도를 받는 외국 기관을, RQFII는 위안화 기준으로 투자 한도를 받은 외국 기관을 가리킨다.

2012년 5월 9일, 중국 증권감독관리위원회(이하 증감회)가 발표한 QFII리스트에 따르면, 2012년 4월 QFII 신규허가를 받은 기업은 예측투자관리회사(남아공), 동부자산운용(한국), 야누스캐피탈(미), 미즈호파이낸셜(일), 핸더스글로벌인베스터스(영)의 5개사로 지금까지 QFII자격을 보유한 기관은 163개 사에 달한다. 2011년 12월, 증감회는 14개 기업에게 QFII를 허가했고, 이후 신임의장 취임과 함께 44개 기업에 허가를 내주었다. 증감회는 2012년 4월 초 국무원의 비준을 받아, 증감회, 중앙은행 및 외환관리국이 500억 달러 규모의 투자를 늘리면서 QFII의 총 투자액이 800억 달러에 달한다고 발표한 바 있다. 국가외환관리국 통계에

따르면 2012년 4월 16일까지 133개 사의 QFII 투자액은 251.93억 달러이다.[18]

2019년 9월 10일에는 QFII 제도 개혁이 또 한번 이루어졌다. 바로 QFII와 RQFII의 투자 한도를 폐지한 것이다. QFII와 RQFII 의 투자 금액에 대한 규제가 사라지면서 외국자본의 중국 자본시장 투자 편리성이 대폭 제고되고, 외자의 중국 유입도 더욱 늘어날 것으로 기대된다.

2020년 5월 기준, 현재 295개 QFII 자격을 보유한 외국 기관투자자들이 중국 시장에 투자하고 있다. 이들에게 할당된 투자 한도는 1,146억 6,000만 달러. 이들 QFII가 2020년 1분기 말 기준 보유한 A주 투자 종목은 371개로 집계됐다.[19]

4) QDII 제도

QDII(Qualified Domestic Institutional Investor)는 적격 국내기관 투자자, 즉 중국 외환관리 당국으로부터 해외 자본시장에 투자할 권리를 부여 받은 금융기관을 뜻한다. QDII는 중국 국내 은행, 증권사, 자산관리사, 보험회사, 신탁회사 등 금융회사가 당국의 승인을 얻어 일정 한도 내에서 펀드를 조성해 해외 주식 및 채권에 투자할 수 있도록 허용하는 제도다. 중국 금융회사들은 이 자격을 얻어야 해외 자본시장에 투자할 수 있다.

중국에서는 QDII 자격을 얻어야 한국 같은 해외 주식시장 투자가 가능하다. 2009년 10월까지 중국 당국에 승인된 한도는 559억 5,000만 달러였고, 2012년 말 기준으로는 106개 사 866.47억 달러로 늘었다.

'차이나 머니'는 중국 본토에서 나온 투자자금을 일컫는 말이다. 주로 중국 국부펀드 운용사인 중국국제금융공사(CICC)와 QDII에서 나온다. 국내 기관투자가로 선정된 중국 내 금융기관이 일정 한도(Quota) 내에서 고객들로부터 펀드를 조성해 해외 자본시장에 투자할 수 있다. 중국 주요은행의 해외점포를 통한 자산 운용 외에 개인투자자들이 해외에 투자할 길을 열어준 것이다. 2006년 7월부터 중국·홍콩 금융기관과 국제은행 등 12곳, 자산운용사 1곳 등 13개 금융기관이 QDII로 지정되었다. 이들에게 최초에 허용된 2006년 투자한도는 모두 126억 달

---

18) 證券日報(2012.5.10)

19) 뉴스핌(2020.5.8.)

러였다.

　국가외환관리국에 따르면, 2010년 3월 말까지 은행, 펀드회사, 증권사, 보험 및 신탁회사의 QDII 투자액은 총 642.62억 달러에 달하며, 그중 26개 펀드회사가 385.27억 달러의 비준을 획득하였다.

　최근 위안화는 절상압력을 받고 있어 QDII 펀드는 수익률을 보존하는데 리스크를 안게 되었다. 따라서 전문가들은 QDII펀드가 일정자금을 위안화 절상 리스크에 따른 환율 헤지(hedge)를 해 놓아야 한다고 조언하고 있다. 바꾸어 말하면 QDII 펀드의 동향(투자규모의 증감)은 위안화 평가절상의 선행지표가 될 수도 있다는 의미이다.

　실제 중국정부는 꾸준히 QDII 한도를 확대하고 있다. 2021년에도 국가외환관리국은 위안화 강세 행진이 이어지자 외화예금 지급준비율(지준율)을 인상한 데 이어 QDII 해외 투자 한도도 확대했다. 2021년 12월 15일 QDII의 투자 한도를 35억 달러로 확대했다. 2021년 들어서만 7번째 한도를 늘린 것이다. 국가외환관리국은 2020년 4월부터 8월까지 약 5개월간 자금 유출과 위안화 약세 현상을 우려 해 QDII 신규 쿼터를 부여하지 않다가, 2020년 9월부터 QDII 제도를 재개해 한도를 확대하고 있다. 2020년 11월 말 기준 누적 한도액은 1540억 달러였는데, 이번 한도 확대로 누적 승인 한도액은 1,575억 달러로 높아졌다.

　2021년 1월 13일까지 중국 당국의 QDII 누적승인 한도액은 1,257억 1,900만 달러였고, QDII를 부여받은 금융회사는 은행 33곳, 증권사 67개, 보험사 47개, 신탁기관 24개 등 171개에 달했다.

　QDII 중에서 한국증시에 투자하는 '차이나 머니'가 늘고 있다. 한국 금감원 자료에 따르면, 2008년 초 2,459억 원에서 2008년 6월 4,668억 원, 2009년 4월 4,583억 원으로 증가하였다. 가장 최근인 2010년 1월 말에는 1조 1,695억 원으로 2008년 초 대비 5배 가까이 급증했다. 이처럼 한중 양국의 주식시장은 급격히 가까워지고 있다.

　2021년 9월 말 기준 아시아 국가들이 보유한 국내 상장채권은 총 94조 6,510억 원이었다. 5년 전인 2016년 말(35조 1,660억 원)보다 2.7배나 급증했다. 9월 말 외국인의 국내 상장채권 보유액은 203조 6,140억 원을 기록해 월말 기준 사상 최초로 200조 원을 돌파했다. 2016년 말 89조 3,360억 원에 비해 2.3배 불어난 액수다. 증권가에서는 중국 등을 위시한 아시아계 자금이 증가세를 주도했다는 분석이 나온다. 실제로 외국인의 한국 상장채권 보유액 가운데 아시아 국가들이 차지하는 비중은 2016년 39.4%에서 2021년 9월 말 46.5%로 7.1%포인트 증가했다.

금감원은 2016년 이후부터 국적별 상장 채권 보유액을 공개하지 않고 있다. 그러나 전문가들은 과거 한국 상장 채권 보유액, 외환 보유액 등을 종합할 때 중국이 전체 아시아계 자금 중 60% 수준을 차지하고 있을 것이라 추정한다. 이를 환산하면 약 50조 원으로 외국계 자금의 20~30%, 국내 전체 상장 채권의 2~3%를 차지하고 있는 셈이다.[20]

표 7-10 중국 주요 QDII 자격취득 기관 및 한도 (2009년 9월 말 기준)

기관명칭	투자한도 (억 달러)	기관명칭	투자한도 (억 달러)
중국은행	25	화하기금관리공사	50
중국공상은행	20	가실기금관리공사	50
교통은행	15	상투모건기금관리공사	50
자오상은행	10	공은서신기금관리공사	40
민생은행	5	화보흥업기금관리공사	40
건설은행	20	HSBC(중국)	10
중국광대은행	5	중국국제금융유한공사	50
북경은행	5	평안보험	88.9
중국농업은행	10	중국인수보험	15
남방기금관리공사	50	캉타이 보험	3.85

자료: 국가외환관리국(2010.1)

5) 비유통주

중국 주식은 해당기업의 주식을 시장에서 거래할 수 있는지의 여부에 따라 유통주와 비유통주로 구분할 수 있고, 비유통주는 국가가 보유한 주식인 국유주와 법인이 보유한 주식인 법인주로 분류된다. 중국정부는 1990년 주식시장을 개설한 이후 총 발행주식의 66%를 국가소유 주식, 즉 국유주 형태로 묶어 비유통주로

---

20) 서울경제(2021.10.21.)

제한했다. 따라서 발행 주식총수의 2/3 정도가 국가나 국유법인이 보유하고 있는 비유통주로 시장에서 격리된 상태이다. 이는 국유기업을 주식회사로 전환하는 과정에서 나타난 중국 특유의 현상이다.

중국정부는 1999년과 2001년에 비유통주의 유통화를 계획했지만, 시장의 수급악화에 대한 부담 때문에 개혁을 단행하지 못했다. 이러한 비유통주 문제는 중국 주식시장의 불투명성을 심화시켰고, 주식시장은 2001년 이후 하락하기 시작해 5년간 침체에 빠졌다. 또한 상장기업 지분의 2/3를 보유하고 있는 정부가 회사경영에 미치는 영향력이 컸고, 이러한 지배력을 이용하여 무리한 증자를 진행시키거나 우량자산을 가로채는 등 기업가치를 하락시키는 일들이 많았다. 이로 인해 유통주 주주들이 해당 기업의 주식을 포기하거나 매각하기 시작했고, 이는 주식시장의 장기침체로 이어졌다.

이를 해결하기 위해 2005년 5월 중국증권감독관리위원회는 비유통주를 전부 유통화하겠다는 개혁안을 발표했다. 2005~2007년 중국정부는 비유통주 개혁에 나선다. 이를 통해 비유통주를 유통주로 전환하였다. 이 조치로 비유통주를 보유한 국유기업 대주주(국가)는 유통주 주주와 협의를 통해 비유통주 유통화 방안을 실시할 수 있게 했다. 기존 유통주 10주 당 3주를 무상 증여하는 방식을 통해 비유통주를 유통주로 전환할 수 있게 됐다.

개혁 실시 약 1년 만인 2006년 4월 상하이와 선전 거래소 상장사 1,344개 기업 가운데 65%인 868개 기업이 비유통주의 유통화 개혁을 마무리했다. 시총 기준으로는 총 시총의 70%에 해당한다. 주식 수 기준으로는 67%의 성과를 거뒀다. 이러한 과정을 통해 점진적으로 비유통주의 유통화를 진행하고 있다. 2008년 말 69.6%에 달했던 상해증시의 비유통주 비중은 2011년 말에는 11.1% 수준으로 감소했다. 그럼에도 2020년 말 현재 중국 A주 주식의 전유통화(모든 주식의 유통화)는 아직 실현하지 못했다. 다만 비유통주 비중이 점차 축소되고 있는 상황이다.

표 7-11 중국 주식시장 주요 지표 추이 (개, 억 위안, 억주, %)

	1992	1995	2000	2005	2007	2009	2010	2011
국내상장사 (A, B주)	53	323	1,088	1,381	1,550	1,718	2,063	2,342
B주	18	70	114	109	109	108	108	108
국외상장사 (H주)	–	18	52	122	148	158	163	168
총발행주	69	848	3,191	7,630	22,417	26,163	33,185	35,811
유통주식 (유통비중)	21 (30.4)	301 (35.5)	1,354 (42.4)	2,915 (38.2)	10,332 (46.1)	19,760 (75.5)	25,642 (77.3)	28,512 (79.6)
시가총액	1,048	3,474	48,091	32,430	327,141	243,939	265,423	214,758
유통주식 (유통비중)		938 (27.0)	16,088 (33.5)	10,631 (32.8)	93,064 (28.4)	151,259 (62.0)	193,110 (72.8)	164,921 (76.8)
對GRDP비율	0.8	5.7	48.5	17.5	123.1	71.6	66.2	46.7
거래액	683	4,036	60,826	31,665	460,556	535,987	545,634	421,645
상해 종합지수	780	555	2,073	1,161	5,262	3,277	2,808	2,199
심천 종합지수	241	113	636	279	1,447	1,201	1,291	867
평균PER (상해)	–	15.7	58.2	16.3	59.2	28.7	21.6	13.4
평균PER (심천)	–	9.5	56.0	16.4	69.7	46.0	44.7	23.1

자료: CSRC, 상해 · 심천 · 홍콩증권거래소, 중국증권선물통계연감 각호.

6) 중국증권감독관리위원회(中国证券监督管理委员会. China Securities Regulatory Commission)

금융시장의 발전에 따라 증권 감독체제는 지방감독으로부터 중앙감독, 분산감독으로부터 집중감독의 과정을 거쳤다. 1992년 10월에 설립된 중국증권감독관리위원회(약칭: 증감회)는 〈증권법(证券法) 1998.12 제정, 2005.10 수정〉에 국무원 증권감독관리기구로 명시되어 법률적 근거를 보유하게 된다. 증감회는 국무원으로부터 권한을 위임받아 전국 증권시장을 통일 감독관리하고 있다.

1998년 8월, 국무원은 증감회와 국무원증권위원회를 개편된 증감회로 통합하고, 증감회를 기존의 부성급(副省級)에서 성급(省級) 사업기관으로 격상하였고, 지방증권 부처에 대하여 수직적 지도를 실시하여 통일적인 감독관리시스템을 형성하는 동시에, 양 증권거래소(심천, 상해), 증권업협회, 선물업협회 등 자율기관으로 구성되는 증권시장의 '이중적 감시시스템'을 구축했다. 증감회 조직은 본부(베이징)에 19개 본부 부서, 4개 직속사업부서, 주식발행심사위원회, 행정처벌위원회가 있다. 증감회는 31개 성, 직할시, 자치구 수도에 지방증권감독국을 설립하였으며, 이외에도 심천(광동성), 대련(요녕성), 영파(절강성), 청도(산동성), 하문(복건성) 등에도 파출기구를 두고 있다. 또한 양대 증권거래소가 있는 상해와 심천에는 증권감독전문위원 사무소가 설치되어 있다. 증감회 주요업무를 보면, 증권시장 감독관리에 관한 제도·규칙 연구 및 제정, 증권선물시장 관련 법률·법규·규정 제정, 주식·전환채·증권투자펀드의 발행·거래·보관과 청산 규제, 기업체 상장 비준, 상장국채와 기업체의 거래활동 감독관리, 선물시장 규제, 상장회사 및 정보공개 의무가 있는 주주의 증권업무활동 감독관리 등을 들 수 있다.

2. 선물시장

선물(先物)은 파생상품의 한 종류로서 품질, 수량, 규격 등이 표준화되어 있는 상품 또는 금융자산을 미리 결정된 가격으로 미래 일정시점에 인도·인수할 것을 약정한 거래를 말한다. 중국어로는 치휘(期貨)라고 하며, '(매매)기간을 정해놓은 상품'으로 해석될 수 있을 것이다.

중국은 1990년에 이미 정주상품거래소에서 선물거래를 시작하여 그 역사는 짧지 않으나, 규모나 운영방식은 사회주의 시장경제 시스템에 맞추어져 있었다. 이후 다롄(1993년 2월), 상하이(1999년 12월)에도 선물거래소가 개설되었다. 이외에도 상하이에 중국금융선물거래소(2006년 9월)가 있다.

이들은 중국경제 규모의 급증에 따라 미국에 이은 세계 2위 상품 선물시장과 세계 1위 농산품 선물시장으로 성장하였다. 2009년 기준, 전 세계 상위 10대 농산물 선물 상품에 7개가 중국 선물이다. 거래 규모를 보면 2009년 중국 선물시장 거래량은 21억 5,743만 계약으로 전년비 36.7% 성장하였고, 거래금액은 130조

5,107억 위안으로 100조 위안을 넘어섰다.

중국의 4대 선물시장을 살펴보면, 허난성 정저우시에 위치한 정주상품거래소는 1990년 10월에 설립되었지만 1993년 5월에서야 정식으로 거래를 시작하였다. 222개 회원사가 있으며, 주요 상품으로는 목화, 벼, 유채유, 백설탕, PTA(테레프탈산, 폴리에스터 원료), 소맥, 강글루텐 소맥(强筋小麦) 등이 있다. 주 거래 품목이 농산물인지라 거래 규모의 성장속도는 그리 빠르지 않다.

대련상품거래소는 동북3성(省) 최대 항구 도시인 랴오닝성 다롄시에 1993년 2월 개설되었다. 220개 회원사가 있으며, 대두, 옥수수, LLDPE(선형저밀도폴리에틸렌, Linear Low Density Polyethylene, 비닐원료), 대두박, 종려유, 폴리에틸렌, 대두유 등 총 8가지 상품 선물이 거래되고 있다. 다롄상품거래소 거래량은 지속적으로 증가하고 있으며, 특히 2009년 폴리에틸렌이 새로 상장되어 거래량이 급증했다.

상해선물거래소는 상하이시에 위치하고 있으며, 기존 상하이금속거래소, 상하이 곡물 및 오일 거래소, 상하이상품거래소가 통합된 거래시장이다. 1999년 12월부터 영업을 하였으며 212개 회원사가 등록되어 있다. 현재는 구리, 알루미늄, 아연, 금, 천연고무, 유류, 철근, 선재(건축용 철강제품) 등 9개 상품 선물이 거래되고 있으며, 특히 2009년 많은 논란을 거친 끝에 철근이 새로 상장되었다. 중국 부동산 투자 증가로 선재와 철근이 주도하는 선물거래가 급증하고 있다.

마지막으로 중국금융선물거래소는 2006년 9월 상하이에 설립되었으며, 총 260개 회원사가 있다. 거래소 설립후 4년동안 거래할 상품이 없었으나, 2010년 4월에 중국 최초의 주가지수선물(CSI 300)이 상장되면서 그동안의 개점 휴업상태를 끝낼 수 있었다.

CSI 300은 상하이와 선전증권거래소에 있는 중국의 대표적 A시장 주식 300개 기업(상하이 208개, 선전 92개)의 시가총액가중평균으로 지수가 만들어 졌으며, 기준일은 2004년 12월 31일, 지수 포인트는 1,000포인트 이다. CSI 300 지수의 시가총액은 중국 주식시장 전체의 60%에 달한다.

현재 중국정부는 CSI 300 출현을 계기로 2006년부터 준비해 온 〈선물법(期貨法)〉의 제정을 서두를 전망이다. 2021년 4월 26일, 13차 전인대 상임위원회에서 〈선물법 초안〉을 심의하였고, 중국정부는 14·5 규획 기간 내 제정을 목표로 하고 있다. 〈선물법〉이 제정되어 각종 선물 거래가 상위법으로 제도화 될 경우, 코크스(공업용 석탄), 백은, 생돈과 같은 상품은 물론 다른 금융파생상품도 출시될 전망이다. 또한 선물시장의 발전은 중국경제를 전망하는 유력한 선행지표 종류를 다양하게 해 줄 수 있을 것이다.

3. 채권시장

1) 발전 과정

중국은 1949년 성립직후부터 국채를 발행해 왔으며, 공채권(公債券) 및 국고권(國庫券)으로 불렸다. 중국의 국채 발행은 3단계로 나누어 볼 수 있는데, 먼저 新중국 성립 다음 해인 1950년에 국가 기초 인프라 건설에 쓰일 자금을 모집하기 위하여 302억 위안의 인민승리공채(人民胜利折实公债)를 발행 것이 그 효시이다. 이후 1954년부터 1958년까지 사회주의 경제건설을 위해 5차례에 걸쳐 3,546억 위안 규모의 국가경제건설공채(国家经济建设公债)를 발행하여, 본격적으로 사회 인프라 건설에 투입하기 시작한다. 마지막으로 3단계는 1979년 개혁개방 정책의 착수 이후에 국채발행을 재개하기로 결정한 후, 1981년부터 8종류의 국채를 발행 하였으며 1995년까지 총 3,300억 위안 규모의 국채를 발행하여 각기 목적에 맞게 사용한 바 있다.

이 시기 발행된 주요 국채로는 국고권(国库券), 국가중점건설채권(国家重点建设债券), 재정채권(财政债券), 특종채권(特种债券), 정향채권(定向债券, 특수목적채권), 가치보전채권(保值债券), 전환채권(转换债券) 등이 있다.

이러한 채권, 특히 국채를 중심으로 한 채권이 거래되는 채권시장은 1981년에 재개설 되어 주로 은행 간 시장 형태로 국유상업은행 간에 국채를 거래하는 형식으로 운영되어 왔다. 중국 내에서 본격적으로 채권시장이 형성된 것은 상해 및 심천증권거래소가 개설되고 이곳에서 국채가 거래되기 시작한 1994년부터이다.

이후 1994년에 국가개발은행에서 정책성 금융채를 발행하였으며, 1998년에는 중앙은행인 인민은행이 중앙은행 어음 형식으로 통화안정채권(Monetary Stabilization Bond, 中央银行票据)을 발행하기 시작하였다.

기업이 자신의 신용을 담보로 발행하는 회사채는 중국에서 기업채권(企業債券)으로 통칭된다. 중국은 1983년에 처음으로 기업에게 채권 발행을 허용하였으며, 회사채 발행의 규범화를 위해 1987년에는 국무원이 〈기업채권관리잠행조례(企业债券管理暂行条例)〉를 공포하여, 회사채 발행의 조건, 기준, 감독 등 필요한 사항을 규범화 하기에 이른다. 이 시기 허용된 기업채권은 주로 대형 국유기업 위주였다.

표 7-12 중국 채권시장 주요 발전 연혁

기간	발전 연혁
1950	중국 최초의 국채인 인민승리공채 발행
1981	국고권(國庫券) 외 8종 국채 발행 재개
1983	국유기업 중심의 기업채권(企業債券) 발행 허용
1994	국가개발은행 정책성 금융채 발행
1998	인민은행 통안채 발행 개시(중앙은행 어음)
2003	흥업은행 후순위 채권 발행
2005	IFC, ADB *판다본드발행 (*비거주자가 중국본토에서 발행하는 위안화 채권)
2009	HSBC와 동아은행 현지법인 *딤섬본드발행 (*비거주자가 홍콩에서 발행하는 위안화 채권)
2010	도쿄-미스비시은행 현지법인은 외자은행으로서는 최초로 중국본토에서 위안화 채권 발행

자료: 중국인민은행(2012.3)

이처럼 정부의 정책적 필요에 따라 중국 내 채권시장이 발전하였으며, 따라서 아직도 채권시장에 대한 정부 개입이 적지 않다. 중국 채권은 '국채→통화안정채→금융채' 순서로 발전해 왔으며, 회사채 발행시장은 아직도 활성화 되지 못하고 있다. 1981년부터 단순한 정부의 재정자금 조달 수단으로 채권시장에서 국채를 발행한 이후, 채권시장은 중앙은행의 공개시장조작을 위한 통안채 발행과 금융기관의 대출자원 확보와 자본충실화의 수단으로서의 금융채 발행 순으로 점차 그 역할이 확대되고 있다.

채권시장의 주요 상품은 국채, 정책금융채(Policy Financial Bond), 중앙은행어음(Central Bank Bills), 회사채(Corporate Bond) 등이 있는데, 2006년 중 전체 채권 발행규모는 5조 7,096억 위안이다. 중앙은행어음이 3조 6,574억 위안(64.1%)으로 가장 많고 그 다음은 금융채 9,550억 위안(16.7%), 국채 6,933억 위안(12.1%) 등의 순서를 나타내고 있다.

[그림 7-9] 중국 기업채권(회사채)과 국고권(國庫券)

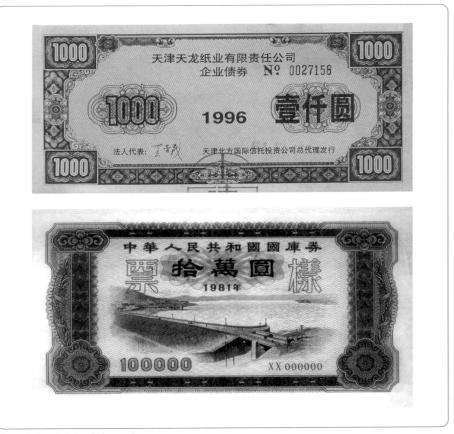

자료: 바이두 이미지 D/B(2012.4)

　채권유통시장은 상해 및 심천의 거래소시장, 은행 간 시장, 장외시장(OTC, Over-The-Counter Market)으로 구분되는데 은행 간 시장은 은행, 농촌신용협동조합, 보험회사, 증권회사 등 금융회사만 참여 가능하며 총 1,193개 사(2005년 말)가 참가하고 있다. 또한 인터넷의 보급 확대로 2002년 6월부터 4대 국유상업은행의 인터넷망을 통해 OTC 방식에 의한 국채매매가 개시되고 있다.

발행금리는 정부가 결정해 왔으나 점차 경쟁요소가 가미된 시장 지향적 발행방식에 의해 결정되었다. 1980년대 초반 국채발행 초기에는 정부가 강제할당방식으로 국유기업과 개인투자자를 대상으로 국고권을 배정하는 형태로 사실상 발행시장은 존재하지 않았다. 1998년 발행금리 자율화를 추진하기 위하여 국가개발은행 채권에 대한 공개입찰 방식 도입하였다. 2010년 말 현재 국제기관 채권과 회사채를 제외한 모든 종류의 채권 발행금리는 공개입찰방식에 의해 결정되고 있다. 국채를 제외한 모든 채권은 수익률이 고시된 예금이자율보다 높게 형성되어 발행물량 대부분이 소화된다.

2) 채권시장 현황

2006년말 현재 채권유통시장의 채권거래규모는 41조 582억 위안이고 이 중 은행 간 시장 거래규모는 전체 거래의 93.4%를 차지했다. 은행 간 시장 거래 비중의 경우 1998년에는 전체 채권유통시장의 4.7%에 불과했으나, 중앙은행어음 거래의 급증으로 대폭 확대되고 있다. 거래방식은 국채와 금융채는 단순매매거래와 RP거래(Repurchase Agreements. 환매조건부 채권매매)가 함께 이루어지고 있으나 회사채는 주로 단순매매방식으로 거래되고 있다.[21]

중국의 채권시장규모는 발행잔액 기준으로 2010년 2조 6,000억 달러 정도로 1996년의 620억 달러에 비하면 40배 이상 증가하였지만, 미국의 25조 달러, 일본 9조 8,000억 달러에 비하면 아직 국제적으로는 규모가 작다. 또한 GRDP 대비 비중이 50% 수준에 불과해 아직 전체 자본시장에서 차지하는 비중 역시 낮은 상황이다. 이는 경제규모에 비해 채권시장이 아직 덜 발달되었으며, 향후 발전 가능성이 높은 시장이라고 할 수 있다.

---

21) RP거래: 일정기간이 경과한 후 일정한 가격으로 동일한 채권을 다시 사거나 파는 조건으로 채권을 매매하는 금융거래방식이다. 매도기관은 수익성이 높으나 팔기 어려운 채권을 RP거래를 통해 유동화 하여 일시적으로 필요한 자금을 구할 수 있고, 매수기관은 국채 등을 담보로 자금을 안전하게 운용할 수 있다. 통화정책 수단으로서 중앙은행은 금융기관에 대하여 RP거래를 집행한다. RP는 중국어로 同業附買回 혹은 回購라고 한다.

2011년 채권발행액은 7조 8,143억 위안으로 발행비중을 보면 금융채가 29%로 가장 큰 비중을 차지하고 있으며, 국채 20%, 중앙은행 어음 18%, 단기융자채 13%, 중기어음 10%, 회사채 5%, 지방정부채 3% 순이다. 채권의 주요 발행주체는 재정부, 중앙은행, 국유상업은행이며 이들은 전체 발행시장에서 약 90%를 점유하고 있다.[22] 이 중 국채와 중앙은행 채권이 높은 비중을 차지하고 있다. 회사채의 경우에도 주로 국유기업의 회사채 비중이 높아 채권발행은 대부분 정부에 의해 주도되고 있다고 할 수 있다. 중국에서 발행되고 있는 채권은 발행주체에 따라 국채, 금융채, 중앙은행채권, 회사채로 구분되며 주로 정부의 정책적 필요에 따라서 채권 발행규모가 결정되는 경향이 높다. 2011년 현황을 보면 국채, 중앙은행채, 금융채의 비중이 높으며 회사채시장은 아직 활성화되지 못했었다. 따라서 이 시기 기업의 자금조달은 주로 은행대출을 통한 간접금융의 형태이며 회사채를 통한 직접금융의 비중은 아직 낮은 상태였다.

실제 2010년 중 회사채 발행규모는 4천억 위안 정도로 전체 채권발행액인 9조 5천억 위안의 3.8% 수준에 불과했다. 이는 2005년 〈증권법〉과 〈회사법〉 개정으로 회사채(公司債) 발행요건, 심사절차를 대폭 강화하였기 때문이다. 또한 기업의 파산여파를 우려한 당국이 부도가능성이 현저히 낮은 일부 초우량 국유기업과 SOC(기초건설, 사회간접자본투자) 관련 기업에 대해서만 은행보증을 조건으로 발행을 허용하면서 기업채 발행도 위축된 바 있다. 이에 따라 기업의 자금조달은 주로 은행대출을 통한 간접금융에 의존하고 있으며 주식, 회사채 등 직접금융을 통한 자금조달 의존도는 여전히 매우 낮은 상태이다.

이로부터 10년 후인 2020년에는 상황이 많이 바뀐 것을 알 수 있다. 2020년 채권 발행액 37조 7,500억 위안 중 발행 비중을 보면, 회사채 비중이 21.3%로 가장 큰 폭으로 늘어났다. 이는 회사가 직접 금융을 통해 필요한 자금을 적극적으로 조달했음을 보여준다. 또한 정부 정책 변화로 지방정부 채권 발행 비중도 17%로 늘어났다. 국채 발행 비중은 18.3%로 여전히 큰 역할을 하고 있다. 반면 금융채 비중은 18.1%로 줄어들었다.

---

22) 김은화(2012), 중국 위안화 역내·역외 채권시장 현황과 전망, 중국금융시장 포커스 2012년 4월호, 4쪽.

표 7-13 중국 채권별 발행 비중

	2011년	2020년
총발행액	7조 8,143억 위안	37조 7,500억 위안
금융채	29%	정책금융채 13% 상업은행채 5.1%
국채	20%	18.3%
중앙은행어음	18%	4%
단기융자채	13%	13.2%
중기어음	10%	6%
회사채	5%	21.3%
지방정부채	3%	17%
기타	2%	신탁자산자본증권 2.1%

자료: 자본시장연구원(2012.4), 중국인민은행(2022.2)

가. 국채

최근 글로벌 금융위기 기간 동안 중국에서는 위기극복을 위한 각종 경기부양조치 시행으로 정부의 재정적자가 확대되었으며 국채 발행규모도 크게 확대되었다.

국채는 이자소득에 대한 면세혜택 부여로 고시된 은행예금 금리보다 다소 낮은 금리로 자금모집이 가능한데, 기장식(Book-entry T-bond, 记账式国债)국채와 증빙식(Certificate T-bond, 凭证式国债)국채, 무기명 국채(无记名/实物国债)로 분류된다. 기장식 국채는 대부분이 은행 간 시장과 거래소시장을 통해 발행 및 거래되며, 기관투자자가 대부분을 거래(전체 국채의 약 80% 정도)하고 있다. 저축채권(Saving bonds)으로도 불리는 증빙식 국채는 은행 등을 통해 주로 개인투자자에게 매각되며 만기전 거래는 불가능하나 중도환매는 가능하다.

국채는 2009년 글로벌 금융위기 극복을 위한 각종 부양조치 시행으로 정부의 재정적자가 확대되면서 크게 증가하였으며, 2010년에는 1조 8,000억 위안으로 통화안정채에 이어 두 번째의 발행규모를 보이고 있다.[23]

---

23) 이원호(2011), 「중국 채권시장 대외개방 동향과 시사점」, 글로벌경제이슈, 산은경제연구소, 149-150쪽.

나. 통화안정채권

통화안정채라 불리는 중앙은행 어음(中央銀行票据)은 국채 및 정책성 금융채와 함께 공개시장 조작의 주요 정책수단으로 사용되고 있다. 주로 중국의 높은 무역 흑자 및 외국인투자 증가 등 해외부문으로부터 발생하는 과잉유동성을 흡수하기 위해 중앙은행(인민은행)에 의해 발행되고 있으며, 발행규모는 지속적으로 증가하고 있다. 은행 간 시장에서만 발행되고 있으며 국채와 함께 공개시장 조작의 주요 수단이다. 통화안정채권은 무역수지 흑자 및 외국인투자 증가 등으로 외환보유액이 지속적으로 증가하면서 발행규모도 지속적으로 증가하여, 2010년에는 4조 7천억 위안으로 전체 채권 발행량의 49%를 차지하고 있다.

다. 금융채

금융채는 3대 정책은행이 재원조달을 목적으로 하는 정책성 금융채(Policy Financial Bonds)와 상업은행, 증권회사, 캐피털 회사 등이 발행하는 일반 금융채로 구분할 수 있다. 정책성 금융채는 주로 은행 간 시장에서만 거래되고 인민은행의 공개시장 조작 대상증권으로 활용되기도 하며, 3대 정책은행 즉 국가개발은행, 수출입은행, 농업발전은행의 주요 자금조달원으로 사용되고 있다. 일반 금융채는 상업은행의 후순위채, 일반금융채, ABS 등을 중심으로 발행규모가 계속 증가하는 추세이다.

라. 회사채와 기업채권

회사채는 주식회사 또는 유한회사가 증감회(CSRC) 심사 후 발행하는 회사채(公司債)를 말하나, 1990년대 초부터 국유기업들이 국가발전개혁위원회의 허가를 받아 발행하던 기업채(企業債)를 포함한다. 반면, 기업채는 중앙정부의 부속기관 또는 국유기업 등이 발행하는 채권으로 채권 발행주체 및 허가기관, 채권규모로 볼 때 지방정부의 자금조달 방식 중 하나이다.

회사채(公司債)는 일반회사가 발행하는 진정한 의미의 회사채로 볼 수 있으며 기업의 중장기 자금조달의 주요 방식 중 하나이다. 회사채는 일반회사채, 전환사채, 기업단기융자채권으로 다시 분류할 수 있다. 전환사채는 증감회로부터 발행 승인을 받은 주식회사에 의해 발행되는 것으로 일반적인 의미의 회사채로 볼 수 있으며, 기업의 주요 중장기 자금조달원 중 하나로 사용되고 있다.

표 7-14 중국 주요 채권 발행기관 및 유형

발행기관		채권유형	발행목적	만기
중앙정부 (재정부)		국채	부족한 재정자금 마련	3개월~50년
지방정부		지방정부채	지방정부 재정자금 마련 · 사회간접시설 확충 등	3~5년
인민은행		통화어음	과잉유동성 흡수, 공개시장조작 수단	3개월~3년
정책 은행	국가 개발은행	정책금융채	인프라 · 에너지 · 교통 등 국가프로젝트 추진을 위한 자금 조달	2~20년
	수출입 은행		상품 및 서비스 무역 촉진	2~20년
	농업 발전은행		중요 농산물 저장 · 수매 · 농업개발 등 농업정책 관련 자금 조달	2~20년
상업은행		금융채	기업 대출 등 상업금융자금 조달	2~20년
기업	국영기업	기업채	사회간접자본 투자자금 조달	6개월~10년
	민간기업	회사채 · 기업어음	기업 운영자금 · 시설투자자금 조달	3개월~10년
국제기구		국제기구채	중국내 대규모 프로젝트 자금 조달	3~10년

자료: 한국은행(2012), 중국의 금융제도, 310쪽.

4. 보험시장

1) 발전 과정

중국정부는 1949년 중국 설립 직후 그동안 보험산업을 지배해오던 외국계 보험회사들의 영업을 제한하는 한편, 기존 민영보험사를 통합하여 국영보험사인 中國人民保險公司(People's Insurrance Company of China: PICC)를 설립하였고, 1952년 1월까지 모든 외국 보험사들을 중국시장에서 철수시켰다. 이후 中國人民保險公司는 중앙은행인 인민은행의 한 부서로 편입되었다.

중국이 개혁개방 정책을 착수함에 따라 인민은행 내 보험업무가 재개되었고, 1979년 11월에는 중국보험학회가 설립되는 등 20여년간 중단되었던 중국 내 보험업무가 재개되었다.

1988년에는 민영보험회사의 설립을 허용함으로써 1979년부터 약 10년간 유지되어

오던 PICC 독점체제가 붕괴되었고, 최초 민영보험회사인 주식회사 형태의 中國平安保險公司가 설립되었으며, 그로부터 1996년까지 10개 이상의 민영보험회사가 설립되었다. 1992년에는 중국정부가 외국자본에 대한 보험산업의 조건부 개방을 발표하면서, 미국 AIG사가 외국보험회사 중 처음으로 1992년 9월부터 상해에 지사를 설립하고 영업을 시작하였다. 1980년에는 도쿄해상일동화재보험도 지사를 개설한 바 있다.[24]

1995년에 이르러 〈보험법〉, 〈보험계약법〉 등과 같은 이 보험업 발전을 위한 법제도가 마련되기 시작하면서, 중국 보험업이 본격적으로 발전 궤도에 오르게 된다. 1996~1999년간 중국경제가 디플레이션 국면으로 진입함에 따라 중국정부는 4년간 7차례에 걸쳐 예금이자율 인하를 실시하여 국내 소비를 자극하였으며, 이에 따라 생명보험 상품의 경우, 금리 경쟁력이 제고되어 빠르게 성장했다.

[그림 7-10] 중국의 보험 분류

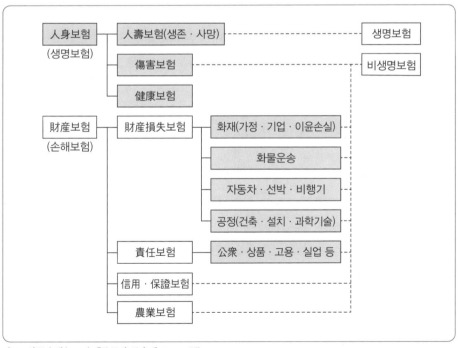

자료: 한국은행(2012), 『중국의 금융제도』, 136쪽

---

24) 왕양비(2012), 중국 금융시장 - 보험산업 발전 역사와 현황, KIRI Weekly 2012.3.5. 보험연구원, 16-18쪽.

2) 시장 현황

1997년, 중국 생명보험 수입보험료 규모가 사상 최초로 손해보험 수입보험료 규모를 초과하였고, 이후 매년 격차가 확대되어 왔다. 2000년 이후 보험시장은 경제성장과 더불어 빠르게 성장하였으며, 2011년 한 해를 제외한 11년 동안 수입보험료 두 자릿수의 고성장을 기록했다. 즉 중국 전체 보험산업 수입보험료는 2000년 997억 위안에서 2011년에 1조 4,339억 위안으로 증가 하였으며, 이를 연평균으로 계산하면 증가율이 22.1%에 달한다.

2011년 현재, 중국에는 손해보험회사 59개, 생명보험회사 61개가 있으며, 손해보험 수입보험료는 4,618억 위안(비중은 32.2%), 생명보험 수입보험료는 9, 721억 위안(비중은 67.8%) 수준이다. 즉 2006년과 비교하여 손해보험 성장이 가파름을 알 수 있다.

중국의 보험시장은 크게 생명보험과 손해보험 시장으로 나누어지며, 생명보험은 개인보험과 단체보험으로 분류되고, 손해보험은 기업보험, 자동차보험, 화물적하보험, 책임보험 등으로 나누어진다. 개인보험은 세부적으로 생명보험, 사고보험, 건강보험으로 나누어지며, 단체보험의 경우 개인보험에 비해 규모는 작은 편이나 외국사들이 거의 진출을 하지 못하고 있다.

개인보험시장에서는 총수입보험료 중 외국보험사가 차지하는 비중은 9%에 불과하다. 생명보험시장은 Big3인 中國人壽(China Life), 太平洋人壽, 平安人壽가 시장점유율 77%를 장악하고 있으며, 특히 中國人壽(China Life)는 44%의 점유율을 차지하고 있다.

손해보험시장에서 자동차보험이 차지하는 비중이 69%로 월등하나 외국 보험사들은 강제보험인 제3자 책임보험에 진출하지 못하고 있으며, 주로 기업보험, 화물적하보험 등 중국에 진출한 자국기업이나 그들의 무역관련 보험에서 주수입원을 얻고 있다.

외국보험사들의 시장점유율은 1%대의 미미한 수준이며, 생명보험시장과 마찬가지로 손해보험시장 또한 Big3인 中國人保(PICC), 太平洋, 平安 등 3사가 시장점유율 78%를 차지하고 있으며, 中國人保(PICC)는 손해보험 시장의 절반 이상인 55%의 시장을 점유하고 있다.

5. 외환 시장

1) 개요

외환시장(Foreign Exchange Market)이란 외환의 수요자와 공급자 간에 외환거래가 정기적 또는 지속적으로 이루어지는 시장을 가르킨다. 기업의 경우, 수출 후 받은 달러화를 환전해서 자국화폐로 임금을 지급해야 하기 때문에 직접 혹은 은행을 통해서 외환시장에 참여하여, 보유한 외환을 팔고 자국화폐를 매입하게 된다. 그 반대의 경우도 마찬가지이다. 해외에서 상품을 수입하려는 기업 역시 국제통용 화폐로 상품대금을 지급해야 하기 때문에 외환시장에서 필요한 외환(달러, 엔화 등)을 구매하게 된다. 외환시장은 이처럼 외국 화폐를 공급하는 측과 필요로 하는 측이 만나는 시장이며, 그 균형점에서 특정 외환의 환율이 결정되는 것이다.

한국에서 해외로 나가려는 해외여행자가 늘어나서 여행경비인 달러를 원하는 사람이 많아지면, 외환시장에서 달러로 환전하려는 한국 원화의 공급이 늘어날 것이다. 그 결과, 공급이 늘어난 화폐인 원화의 경우 달러화에 대한 가치가 떨어질 것이고, 반대로 필요하는 사람이 늘어난 달러화는 원화에 대한 가치가 오르게 된다. 이와 같은 두 종류의 화폐(외환)의 수요와 공급의 움직임에 따라 외환시장에서 원화대 달러화, 혹은 달러화대 원화 환율이 결정되는 것이다.

2) 발전 과정

철저한 계획경제를 유지했던 개혁개방 정책전 중국에서 외환시장은 거의 존재하지 않았다. 新중국 성립 후 1953년부터 당시 외환업무는 4대 국유은행 중 하나인 중국은행(中國銀行)에게 전담하도록 하였으며, 외환 수지균형 업무의 원칙은 '외환수입에 맞추어 지출을 정하며, 수출을 참고하여 수입을 확정(以收定支, 以出定进)'하는 외환 수급균형 정책을 고수하였다. 이는 모든 외환 수입은 국가에게 보고후 납입하며, 외환 지출은 국가에게 신청하여 할당 받는 외환관리 시스템이었기에 가능했다.

1979년 개혁개방 정책이 시작된 후, 막대한 외국인 투자자금이 중국에 유입되기 시작했다. 그 결과 단계적으로 외환거래시스템이 개선되기 시작했다. 중앙정부는 외환 수입액 중 일부를 지방정부나 기업에게 유보할 수 있게 하여, 지역 및 기업 발전을 위해 사용하는 것을 허용했다. 그 결과 1980년 10월부터, 중국은행은 북경, 천진 등 12개 대도시에서 제한적으로 기업 간 외환조절을 위한 중개업무를 시작할 수 있었다. 그후 심천시에 외환조절센터가 설립되었고, 중앙정부와 외환업무를 총괄하는 국가외환관리국(国家外汇管理局)을 설치함에 따라 기업 간 외환 조절업무도 국가외환관리국으로 이관되었다.

1988년 3월에는 외환 조절업무가 일부 개방되어, 환율이 일방적으로 결정되지 않고, 매도자와 매입자 간에 협의를 거쳐서 결정되는 진전이 있었다. 그후 상하이에 중국 최초로 회원제 및 공개경쟁매매방식으로 운영되는 외환 조절센터가 개설되었는데, 당시 외환시장은 주로 수출입 기업 간에 외화 과부족을 조정하는 역할에 한정되었다. 그 후 하문, 심천, 대련 등에도 유사한 외환조절센터가 추가 설립되고 거래량도 크게 늘게 되었다.

1985년부터는 중국정부가 개인이 외국으로부터 송금되어 온 외환을 100% 보유하고, 개인 외환통장에 입금하도록 허용하여, 외환 공급측면에서 개인 부문이 개방되기 시작했다. 1991년 11월에는 개인이 외환시장에서 이민, 유학, 해외취업 관련 증빙서류에 근거하여 필요한 외환을 매입하도록 허용함에 따라 외환 수요측면에서도 개인 부문이 허용되었다.

1994년 4월, 대대적인 외환제도 개혁조치로 일부 경상항목에서 외화 태환이 조건별로 자유화 되었으며, 모든 외환은 은행을 통해 결제하도록 하였고, 위안화 환율을 기존 시장환율과 관방환율에서 1개로 통일하였으며(1994.1.1), 상하이에 전국 단일체계의 은행 간 외환시장(1994.4.1)인 중국외환교역중심(中国外汇交易中心 CFETS: China Foreign Exchange Trade System)이 개설되어 현재까지 중국 외환수급의 중추적 역할을 하고 있다.

1996년 11월 1일 중국정부는 경상항목에 존재하던 외화 태환과 관련된 모든 제한조치를 철폐하여, 수출을 통해 벌어들인 외환 혹은 수입을 위해 필요로 하는 외환에 대해서 자유롭게 외환시장에서 수급할 수 있도록 허용하였다. 즉 경상거래에 관한 지급제한을 대부분 폐지하고 자유태환을 허용하도록 규정한 IMF 8

조국에 중국이 가입(1996.12.1)함에 따라, 이루어진 결과이다. 현재 외환시장 참가자의 조건은 일정한 요건을 갖춘 외국환 은행이다. 종전에는 은행 및 일부 금융회사로 제한하였으나, 2005년 8월부터 실수요 거래를 위한 비은행 금융회사 및 자격을 갖춘 비금융회사(보험사, 증권사, 신탁사, 캐피탈회사, 자산운용사, 일반기업)까지 참가범위가 확대되었다. 중앙은행인 인민은행도 외환시장 회원 자격으로 거래에 참가하며, 필요 시 외환시장에 개입한다. 2009년 3월 말 현재 은행 간 외환시장 회원수는 755개이며, 이 중 은행이 85개, 보험사 9개, 증권사 44사, 기업 367개 수준이다.

거래 구조를 보면 금융회사간 포지션 조정을 위한 위안화와 4종 통화(미달러, 유로, 엔화, 홍콩달러) 간 현물환 거래가 주류를 이루고 있다. 거래 방식은 경쟁매매방식은 물론 개별협의를 통한 상대매매방식도 허용되고 있다.[25]

[**그림 7-11**] 외환시장의 수급 구조

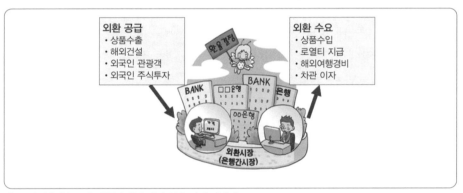

자료: 한국은행(2008), 한국은행의 알기 쉬운 경제 이야기.

3) 외환시장 현황

1998년 이후 달러당 8.28 위안 수준을 유지해오던 위안화 환율은 2005년 7월 약 2% 폭의 절상을 단행하며 달러화 페그제에서 통화바스켓에 기초한 미달러화 대비 일일변동 폭 ±0.3%의 관리변동환율제도로 바뀌었다. 이후 2007년 5월에는

---

25) 이창영(2009), 「중국의 금융제도」, 한국금융연수원, 346-347쪽.

일일변동 폭을 ±0.5% 확대하였고, 2008년 중반까지 점진적으로 약 12% 정도의 위안화 가치절상을 실행하였다. 하지만 2008년 6월 금융위기가 심화될 조짐을 보이자 변동 폭의 제한은 유지하였으나, 실질적인 고시환율을 미달러화에 고정시키며 실제적으로 더 이상의 절상을 허용하지 않았다.

이후 중국정부는 미국을 중심으로 한 대중 무역수지 적자국의 지속적인 위안화 절상압력으로 인해 2010년 6월 위안화 환율의 유연성 확대를 내용으로 한 성명을 발표하며 최근 다시 위안화의 절상추세를 유지하고 있다. 최근 칸 G20 정상회의에서는 중국의 환율문제가 주요 의제로 다뤄졌으며, 위안화의 시장결정 환율시스템으로의 보다 신속한 전환과 이에 따른 환율유연성 제고를 위해 중국정부와 합의가 이뤄졌다. 이처럼 중국 외환시장에서 위안화 환율은 중국정부의 경제정책 목표에 따라서 좌우되고 있으며 앞으로도 위안화가 자유변동환율제로 변화하는 데는 오랜 시일이 걸릴 것으로 예상된다.

2010년 4월을 기준으로 중국의 외환거래규모는 일평균 198억 달러로 2004년 6억 달러에 비해 거래규모가 약 30배 이상 증가하였다. 이는 같은 시기 세계 외환 거래규모가 약 2배 정도 증가한 것과 비교하면 빠른 속도의 증가율이다. 그러나 세계 외환시장에서 중국이 차지하는 비중은 0.4%로 영국 36.7%, 미국 17.9%, 일본 6.2%에 비하면 아직 미미한 수준이다.

국가외환관리국에서 공포한 최근 수치를 보면 2020년 말 기준 중국 외환시장의 거래액은 206조 위안으로 전년 대비 5조 위안(2.73%) 늘어난 수치를 보였다. 또한 2021년 1~11월말 기준으로 거래액은 213조 6,700억 위안으로 이는 미화 33.08만 달러에 해당된다. 이를 연율로 계산해보면 2021년 거래량은 전년비 약 13% 증가할 전망이다.

표 7-15 2015~2020년간 중국 외환시장 거래액 추이

	2015	2016	2017	2018	2019	2020	2021.1~11
시장 거래액 (조 위안)	111	135	162	193	201	206	213.67
증가율 (%)	–	21.6%	20%	19.1%	4.1%	2.5%	–

자료: 국가외환관리국(2022.2)

| 표 7-16 | 주요국 외환보유고 현황(2015년 및 2020년 기준) | | | | | (단위: 억 달러) | |

| 순위 | 2015년 | | | 2020년 | | |
	국가	외환보유고(억$)	비중	국가	외환보유고(억$)	비중
1	중국	34,061	32.3%	중국	33,989	22.8%
2	일본	12,332	11.7%	일본	14,057	9.4%
3	사우디아라비아	6,164	5.8%	스위스	10,861	7.3%
4	스위스	6,025	5.7%	인도	6,350	4.3%
5	러시아	3,684	3.5%	러시아	6,305	4.2%
6	한국	3,680	3.5%	대만	5,473	3.7%
7	홍콩	3,588	3.4%	홍콩	4,995	3.3%
8	브라질	3,565	3.4%	한국	4,639	3.1%
9	인도	3,504	3.3%	사우디아라비아	4,505	3.0%
10	싱가포르	2,477	2.3%	싱가포르	4,181	2.8%
11	멕시코	1,776	1.7%	브라질	3,703	2.5%
12	독일	1,737	1.6%	독일	2,967	2.0%
13	태국	1,565	1.5%	태국	2,821	1.9%
14	영국	1,559	1.5%	미국	2,512	1.7%
15	프랑스	1,382	1.3%	프랑스	2,444	1.6%
16	이태리	1,308	1.2%	영국	2,299	1.5%
17	미국	1,185	1.1%	이태리	2,269	1.5%
18	터키	1,105	1.0%	이스라엘	2,087	1.4%
19	인도네시아	1,059	1.0%	멕시코	2,023	1.4%
20	말레이시아	953	0.9%	체코	1,716	1.2%
20개국 소계		92,709	87.9%		120,203	80.6%
77개국 합계		105,458	100.0%		149,193	100%

자료: SWIFT(2015.12), IMF(2022.2).

4) 중국의 환율 제도

중국의 환율제도는 시기별로 큰 변화를 겪어 왔다. 또한 환율제도의 변화는 중국경제 시스템의 변화와 그 맥락을 같이 한다. 먼저 중국이 건국된 1949년부터 개혁개방정책 실시 직전인 1980년까지는 계획경제하에서 '계획 환율제도'를 운영하였다. 즉 외환이 부족했기 때문에 엄격하게 외환 수지를 통제하였고, 유입되는 모든 외화는 정부에 매각하도록 하였다. 또한 필요한 외환은 국가가 직접 분배하였다.

중국이 부분적으로 환율제도를 자율화 한 것은 '이중환율제도'를 도입하면서부터이다. 개혁개방 정책으로 대외무역이 늘어나면서 더 이상 정부가 100% 주도적으로 외환시장을 통제할 수 없었다. 따라서 1981년부터 1993년까지는 공정환율과 조절환율이 공존하는 '이중환율제도'를 운영하였다. 즉 중앙은행인 인민은행은 거의 변동이 없는 공식환율을 공포하였으며, 외환조절센터에서 실제 외환 거래시 적용되는 시장환율도 공존하였다.

1994년부터 중국은 '사회주의 시장경제'를 시작하였다. 보다 시장경제 시스템에 가까이 다가가게 된 것이다. 이 시기 중국은 '관리변동 환율제도'를 1997년 9월까지 운영하였다. 이전 제도와 비교하여 가장 큰 특징은 소폭의 환율변동을 허용한 점이다. 1997년 10월에는 다시 고정환율제도(1997년 10월~2005년 7월)로 후퇴하였다. 그 이유는 아시아발 금융위기였다. 환율은 정부에 의해서 고정되었으며, 제도상 환율 변동이 허용되었으나, 실제는 미화 1달러당 8.27위안으로 고정되어 있었다.

2001년 중국의 WTO 가입으로 전 세계의 환율제도 개혁에 대한 열망은 높아졌다. 문제는 중국의 자본수지 항목이 자유화 되지 않았다는 점. 중국은 '점진적인 외환제도 개혁'이라는 단골 레퍼토리만 반복하며 꿈쩍도 하지 않았다. WTO 가입 후 대미 무역흑자는 갈수록 불어났고, 미국 및 유럽의 불만도 고조되었다. 결국 중국의 고정환율제도는 사실상 국유기업에게 수출보조금을 주는 제도라며, 통상마찰이 빈번해지자 중국이 움직이기 시작한다.

저우샤오찬 인민은행장은 2004년 9월 30일 '확실하게 그리고 점진적으로' 시장에 기반한 변동환율제도로 옮겨 갈 것이라고 밝혔다. 비슷한 시기에 위융딩 통화정책위원은 중국 통화정책의 독립성을 유지하고 자본자유화를 추진하기 위해서는 위안화 페그제를 장기적으로 유지하기 어렵다고 주장했다. 청스웨이 전인대 부위원장은 2004년 11월 11일 조만간 위안화 변동 폭을 확대하고 중장기적으로 통화바스켓 제도를 도입할 것을 검토 중이라고 밝혔다. 드디어 중국 당국자의 입에서 '통화 바스켓 제도'가 나온 것이다. 인민은행 부총재 겸 국가외환관리국장 궈슈칭은 안정성은 'not fluctuating'을 의미하지는 않으며, 환율제도가 일정 수준의 유동성(fluctuation)을 가지되, 급격한 변동성이나 위기를 통제할 수 있기를 원한다고 밝혔다. 중국이 구상하고 있던 '바스켓'을 시사하는 발언이었다. 드디어 2005년 7월 21일(목) 19시, 인민은행은 홈페이지 공고를 통해 위안화 환율을 달러당 8.27 위안에서 8.11위안으로 절상(절상폭은 2%) 한다고 전격 발표한 것이다. 이후 중국은 '복수통화 바스켓을 참고하는 관리변동 환율제도'를 채택하여 지금까지 유지하고 있다.

표 7-17 중국의 환율제도 변천 및 주요 환율 변동 내역

기간	제도 내역
계획경제체제 (1949~1980년)	고정환율제(계획환율): 외환 부족으로 외환수지를 통제, 유입되는 모든 외화는 정부에 매각, 국가가 외환을 분배
1981년 1월	이중환율제: 공정환율과 조절환율 공존(인민은행 공식환율과 외환조절센터 환율) (무역거래: 2.80위안, 무역외거래: 1.5위안)
1984년	두 종류 환율을 달러당 2.8 위안으로 수렴
1986년	달러당 3.2위안으로 평가절하
1986년 7월	달러당 3.7위안으로 평가절하
1989년	달러당 4.7위안으로 평가절하
1990년	달러당 5.2위안으로 평가절하
1994년	관리변동환율제: 소폭 환율변동 허용 달러당 8.7위안으로 고정. 단일환율제도/관리변동, 미달러화에 페그되어 운영
1995년 6월	달러당 8.3 위안으로 평가절상. IMF Article 8 채택(IMF 8조국)
2005년 7월	복수바스켓제도 도입 후, 변동환율제 채택
2007년 5월	1일 변동폭 ±0.3%에서 ±0.5%로 확대
2008년~2010년 6월	2008년 미국발 금융위기 대응, 달러당 6.83~6.85위안에서 사실상 고정관리
2010년 6월 19일	인민은행 변동 재허용

2012년 2월 10일	달러당 6.2937 위안(6.3 위안 돌파)
2012년 4월 16일	1일 변동폭 ±0.5%에서 ±1.0%로 확대
2014년 3월	1일 변동 폭 확대 ±2%(1$=6.16186. 2014.3.30)
2015년 8월	위안화 환율 결정방식 시장화. 달러당 6.11(8/11) → 6.40위안(8/13)

자료: 김동하(2010), 「위안화 경제학」, 한스미디어, 113쪽 및 기타 공개자료(2016.8)

가. 복수통화 바스켓을 참고하는 관리변동 환율제도

환율 제도는 간단히 양분된다. 고정이냐 변동이냐? 그리고 변동이면 얼마나 허용할거냐? 따라서 현행 중국의 환율 제도를 설명하면 관리가 들어가는 변동환율제도, 즉 관리변동 환율제도라고 설명할 수 있다. 그런데 얼마나 변동시킬지는 여러나라 돈이 들어있는 바구니(바스켓)를 참고 하겠다는 의미이다. 따라서 현재 중국의 환율제도는 복잡하지만 '복수통화 바스켓을 참고하는 관리변동 환율제도'라는 호칭이 정확하다. 이는 중국이 2005년 7월 21일, 달러화에 고정(페그)되어 있던 제도를 폐지하고, 유로, 엔화, 홍콩달러 및 11개 통화를 바스켓으로 묶은 뒤 이들 통화의 환율 움직임을 반영해 가중평균 방식으로 적정환율을 산출해 고시하는 방식이기 때문이다. 이는 고정환율제도에 비해 훨씬 유연하지만 환율을 시장에 완전히 맡기는 게 아니기 때문에 관리변동 환율제도라고 칭한다.

전 세계의 관심사는 얼마나 관리할 거냐, 즉 변동 폭이었다. 최초 중국정부가 발표한 변동 폭은 전일종가 대비 ±0.3%(달러), ±3%(유로, 엔, 홍콩달러) 였다. 또한 각 통화별 비중은 미달러화 44%, 엔화 18%, 유로 14%, 한국 원화 9% 수준이었다. 변동 폭은 공식적으로 공포된 것이지만 바구니(바스켓)에 어떤 통화가 얼마나 들었는지는 아무도 모른다. 위 비중은 발표 당시 중국 내에서 언급된 전문가의 추산일 뿐이다. 중국과의 통상(무역 및 투자) 비중에 따라 통화별 비중 변동도 있었을 것이다.[26]

그로부터 약 2년 후, 중국 환율제도에 작지만 또 한걸음의 진전이 있었다. 2007년 5월 20일, 중국정부는 위안화 환율 변동폭을 종전의 ±0.3%에서 ±0.5%

---

26) 홍콩발행 일간지인 사우스차이나 모닝포스트(2005.7.23)는 홍콩 달러를 제외하고 '바스켓'에 들어갈 통화 비중으로 미달러화 33%, 일본 엔화 29%, 유로화 27% 한국 원화 11% 수준을 전망한 바 있다.

로 확대하였다. 하지만 실제로 변동 폭을 확대하여도 중국정부가 막대한 외환보유고를 동원하여 외환시장에 개입한다면, 정부가 원하는 방향으로 환율을 좌지우지 할 수 있다. 그 결과가 8.11에서 16% 평가절상된 6.8이라는 수치이다. 1달러당 6.8위안 이라는 환율은 글로벌 금융위기에 대응하기 위해 수출기업을 보호할 목적으로 2008년 6월 말부터 중국정부가 '관리'하고 있는 환율인 셈이다. 외환시장에서 전 세계에서 가장 외환을 많이 가지고 있는 중국정부에 대항할 세력은 아무도 없다. 따라서 변동 폭은 중국에서 큰 의미가 없는 것으로 판단된다. 어찌하건 ±0.5% 변동 폭은 2012년 4월 15일까지 유지된 바 있다.

복수통화 바스켓제도는 주요 교역 상대국이나, 외환시장에서 거래 비중이 높은 국가들의 통화가치를 가중 평균하여 환율을 결정하는 방식이다. 몇 개국 통화를 하나의 바구니 안에 넣어서 경제적 연관 관계나 중요도에 따라 가중치를 두고, 이를 평균해서 환율을 결정하는 것. 이 방식을 이용하면 자국통화의 가치가 달러화와 같은 특정 외국통화에 대해 고정돼 있는 것이 아니라, 바스켓에 포함된 다른 통화의 가치 변화에 따라 변동하게 된다. 복수통화 바스켓 제도 하에서는 달러화가 바스켓에 포함된 통화들에 대해 약세를 보일 경우 달러화에 대한 위안화의 환율도 영향(평가절상)을 받게 된다. 이는 달러화뿐만 아니라 바스켓 안에 들어있는 다른 통화들의 가치를 동시에 평가해서 최종환율을 결정하기 때문이다.

문제는 바스켓 안에 어떤 통화를 포함시킬 것인가, 또 각 통화에 대한 가중치를 어떻게 부여할 것인가 하는 점이다. 중국은 달러, 유로, 엔화와 함께 한국 원화가 바스켓에 포함되는 주요 통화이며, 對中 교역이 연간 100억 달러 이상인 싱가포르, 영국, 말레이지아, 러시아, 호주, 태국, 캐나다 등의 통화가 바스켓에 포함될 것이라고 인민은행의 저우샤오촨 총재가 밝힌 바 있다. 각 통화의 비중은 달러화가 약 35%, 유로화와 엔화가 각각 20%, 원화가 10% 정도를 차지할 것으로 추정된다.

하지만 이 제도 하에서도 환율이 바스켓에 포함된 통화들의 가치 변동을 그대로 반영해서 결정되는 것은 아니다. 과거 한국의 경우 바스켓에 의해 산출된 환율을 기준으로 한국은행 총재가 국내외 금리차, 국내외 물가상승률차, 외환시장 전망 등을 감안해서 당일의 환율을 결정하도록 했는데, 일종의 관리변동 환율제

도라고 할 수 있다.[27)]

　2012년 4월 16일자로 중국정부는 위안화 환율의 1일 변동 폭을 기존의 ±
0.5%에서 ±1.0%로 확대하였다. 이번 조치의 배경은 환율결정 시스템을 좀 더
시장 친화적으로 바꿔 위안화 국제화를 촉진하고, 인플레 압력을 줄이고 기업투
자를 활성화해 성장을 촉진하겠다는데 있다. 2014년 3월에는 위안화 환율 1일 변
동 폭이 ±2.0%로 다시 확대되었으며, 2015년 8월 중국정부는 위안화 환율 결정
방식을 시장화 하겠다고 선언하기에 이른다.

---

27) 한국은행, 환율제도의 종류와 국가별 차이점(2005.5)

제3절 위안화 국제화

1. 위안화 국제화 배경

위안화 국제화는 비거주자 사이의 위안화 거래와 위안화 표시 금융자산의 해외발행 및 대외거래의 결제통화로서 위안화의 사용비중이 확대되는 것을 의미한다. 이러한 위안화의 국제화 현상은 1997년 아시아 외환위기 이후에 중국 주변국을 중심으로 시작되었다. 당시 위안화는 주로 무역결제수단으로 사용되면서 점차 사용범위를 확대하였다.

위안화 국제화 과정에서 중국은 외환시장이나 자본시장의 규제를 해제하는 접근방법보다는 실물 무역거래에서 위안화 결제를 확대하는 방식을 채택했다. 이는 국제화의 초기 단계에서 외환 및 자본 규제를 급격히 해제할 경우에 발생할 수 있는 투기자본의 금융시장 교란에 대한 우려 때문이었던 것으로 보인다. 하지만 근래에는 외환시장과 자본시장의 규제 완화 및 개방 정책도 함께 실시하면서 위안화 기능의 다변화도 꾀하고 있다.

위안화의 국제화는 외환시장 개혁 및 관련 법제도 개정을 통해서도 이루어지고 있다. 1996년 12월, 경상계정의 외환거래에 대한 자유태환을 허용하면서 외환통제에 대한 개혁이 시작되었다. 하지만 1997~1998년 아시아 외환위기를 겪으면서 중국정부는 외환시장 개방으로 인한 부작용을 우려하여 일시적으로 외환시장 개방 확대보다는 해외자본에 대한 통제를 강화하기도 하였다. 이후 2001년 WTO가입을 계기로 환율제도의 점진적 개정을 통해 위안화 기준환율의 산정방식에 시장메커니즘을 반영하였다. 그리고 일정 자격요건을 갖춘 금융회사나 기업들에 대해 외환거래를 허용하기도 했다.

한편 인민은행은 2005년 7월 위안화 환율제도 개혁도 실시하였다. 중국은 아시아 외환위기 이후 사실상 미달러 페그제를 운용했는데, 이에 따라 당시 위안화는 미달러 대비 2% 정도 평가절상되었다. 2007년 4월에는 위안화 국제화의 중요한 요건 가운데 하나인 외환시장 기반시설 확충을 위해 위안화 외환 현물·선물·스왑 거래와 외환거래가 일원화된 외환거래시스템을 구축하였다. 같은 해 8

월부터는 은행 간 외환시장에서 위안화와 미달러, 유로화, 엔화, 홍콩달러, 영국 파운드 등과 통화스왑 거래를 개시하기도 했다. 이어 2008년 8월 중국은 톈진에 위안화 역외 거래시장 개설 계획을 발표했으며, 인민은행도 외환정책국을 신설하여 위안화의 자유태환 및 외환제도 개혁을 추진 중인 것으로 알려졌다.

드디어 '위안화 국제화'의 단초는 중국 중앙은행 총재의 입에서 나오게 된다. 2009년 3월 24일, 인민은행 총재인 저우샤오촨은 인민은행 홈페이지에 공개된 보고서를 통해 '트리핀의 딜레마'에 갇힌 달러 대신 IMF의 특별인출권인 SDR(Special Drawing Rights)을 기축통화로 택해야 한다고 주장했다. 하지만 다음 표 7-18에서 보이는 중국의 위안화 국제화 관련 정책조치로 인해 저우 총재의 新기축통화론의 주인공은 SDR이 아닌 위안화임이 드러나게 된다.

중국은 중기적으로는 아시아에서 위안화 사용을 확대함으로써 위안화의 국제적 저변 확대를 꾀하고 있다. 중국은 위안화 국제화의 지리적 확대범위를 다음 세 단계로 구분하여 추진하고 있는 것으로 보인다. 첫 번째 단계로 홍콩·마카오·대만을 포함한 중화권지역, 두 번째 단계는 ASEAN 지역, 마지막 단계에서는 전 세계에 걸쳐 위안화의 국제화를 추진하려는 계획이다. 이렇게 진행되는 위안화 국제화는 '중화권 지역과의 무역거래와 결제통화 확대를 통한 주변화 → 동남아시아에서 지역통화의 역할 증대를 통한 지역화 → 달러나 유로와 같은 기축통화의 지위확보를 통한 세계화'의 단계로 국제화를 추진한다는 구상이다. 또한 최근 중국-대만관계의 급속한 진전 등으로 가속화되고 있는 대중화경제권(The Greater China)의 형성은 향후 위안화의 성공적인 국제화를 위한 발판이 될 것으로 예상된다.

2010년 중국-대만 간 ECFA(경제협력기구협정)체결에 따른 FTA 시대의 개막 역시 위안화 국제화를 가속화하고 있다. 2008년 6월 중국인 단체 관광객의 대만 관광 허용으로, 양안 간 매주 270편에 달하는 직항기 항로가 개설되었다. 2008년 6월에 대만 당국은 대만 내 시중은행의 위안화 환전을 허용했으며, 그 결과 위안화 평가절상을 겨냥한 대만인들의 위안화 환투기(사재기)가 나타나기도 했다. 2009년 5월, 대만 금융감독원은 중국 투자자들의 대만 증시에 대한 투자 허용하였고, 2010년 4월에는 대만 6개 은행(토지·제일·화남·창화·합작금고·국태세화)이 중국 대륙에 지점 개설을 신청했다.

표 7-18 위안화의 국제화 추진현황

일 시	주요 조치
2009.4	상하이 · 광저우 · 선전 · 주하이 · 둥관(5개 시범도시) 소재 홍콩 · 마카오 기업에 위안화 무역결제 허용
2009.7	광시 · 윈난지역 내 중국기업의 對아세안 10개국 거래 시 결제허용 – 상하이 등 5개 시범도시 내 중국기업에도 허용
2009.10	브라질과 자국통화로 무역결제 착수
2010.4.28	우리은행 위안화 결제은행 자격을 취득(2010.3) – 의류수입업체인 FnC코오롱 상해법인, 우리은행 중국법인을 통해 한국의 수출업체에게 수입대금 20만 위안을 위안화로 지급
2010.6	20개 省 · 市로 확대, 대상 국가도 전 세계 모든 국가로 개방
2010.8	홍콩에서 맥도날드사 위안화 채권 발행 성공(2억 위안)
2010.10	터키와 무역 시 양국통화로 결제('09년 170억$ 규모) 러시아와 무역 시 양국통화로 결제('09년 400억$ 규모)
2010.12	수출분야 위안화 무역결제 시범기업 365개에서 67,359개로 확대(인민은행) * 수입분야는 제한 없음
2011.1	중국 시범기업의 위안화 해외직접 투자 허용
2011.3	위안화 무역결제 지역을 중국 전역으로 확대(인민은행)
2011.10	외국인의 위안화 직접투자(FDI) 허용
2012.3	모든 수출기업에 위안화 결제 허용 – 무역거래 시 위안화 결제 등록제 폐지
2012.7	아시아개발은행 위안화 결제 허용(Trade Financial Project 분야)
2013.6	영국과 위안화 통화스왑 체결(2000억 위안)
2013.7	상하이, 자유무역지역(Free Trade Zone)으로 선정
2013.10	유럽중앙은행(ECB)과 위안화 통화스왑 체결
2014.9	공상은행 룩셈부르크지점, 중국은행 파리지점 위안화 청산결제은행 지정
2014.11	• 공상은행 서울지점, 위안화 청산결제은행 지정 • 후강퉁(상하이 · 홍콩증권거래소 교차거래) 시행
2014.12	원화 · 위안화 직거래시장 출범. 중국기업에 해외 위안화 채권 발행 허용
2015.5	예금자 보호제도 도입(한도 50만 위안)
2015.10	런던에서 첫 국외 위안화 국채 발행. 독일 위안화상품거래소 설립 및 위안화 국제결제시스템 구축 · 운영
2015.11.30	IMF 이사회, SDR 통화바스켓에 위안화 편입 결정(2016.10부터 산정)

자료: 국내외 공개자료 종합(2016.8)

2. 위안화 국제화 과정

1) 무역결제를 통한 국제화

중국은 무역결제통화로서 위안화의 기능을 강화하기 위해 위안화 무역결제를 위한 다양한 규제완화조치를 시행하였다. 2003년부터 국경무역을 중심으로 위안화 무역결제협정을 유지하고 있고, 중국과 홍콩·마카오 기업 간 위안화 무역결제 개시를 추진하였다. 2009년 4월부터 중국정부는 상하이와 광동 지방의 기업을 대상으로 외국계 은행을 통해 홍콩과 마카오 내 해외기업과 위안화 결제시스템을 가동하였으며, 2010년 6월 22일부터는 그 대상을 국내 20개 기업으로 확대했다. 특히 2010년에는 위안화 무역결제 해외대상지역에 대한 제한을 철폐하고, 외국기업의 위안화 결제계좌 개설을 허용하였다. 또한 중국은 무역결제에서 브라질(2009년 12월) 및 러시아(2010년 11월)와 상호 자국통화를 이용하기로 합의하였다.

2010년 3월 21일 중국정부는 우리은행(한국)의 중국 현지법인인 중국우리은행에 위안화 결제은행의 자격을 부여했다. 이와 같은 위안화 무역결제에서 대리결제는 역외기업이 외자은행의 대리은행을 통해 개설한 위안화 계정을 통해 이루어지고, 청산결제는 주로 역외기업이 중국은행의 역외지점에 개설한 위안화 계정을 통해 이루어진다.

2010년 2/4분기 중 위안화 무역결제규모는 전분기 대비 두 배 이상 늘어난 487억 위안(약 72억 달러)을 기록하였고, 2010년 11월에는 연간 500억 달러가 넘는 중국·러시아간 교역에서 달러 대신 자국통화를 사용하여 결제하기로 합의했다. 최근 들어 동남아시아에서 위안화의 사용범위가 확대되면서 무역결제수단으로 통용될 뿐만 아니라 거래통화로도 사용되고 있다. 2011년 1/4분기 동안 중국의 무역결제에서 위안화의 비중은 7%에 달했으며, 그 액수는 3,603억 위안으로 2010년에 비해 20배가 증가한 것이다. 본격적으로 위안화 무역결제가 시작된 2010년에는 무역총액 중 위안화 결제비중이 2.49%에 머물렀으나, 이후 매년 급속히 증가하여 2011년에는 8.8%, 2012년 12%, 2013년 17.9%, 2014년 22.3% 그리고 2015년에는 위안화 결제액이 7조 2,300억 위안으로 29.4%까지 늘어났다. 이후 2017년에는 전체 무역액 중 위안화 결제 비중이 6.35% 수준까지 떨어졌으나, 2021년에는 14.8% 수준까지 올라갔다.

표 7-19 중국의 위안화 무역결제 추이 (단위: 억 위안)

	결제액 합계	무역총액	점유비 (%)		결제액 합계	무역총액	점유비 (%)
2010년	5,026	201,722	2.49	2016년	52,274	244,720	21.4
2011년	20,800	236,402	8.8	2017년	17,600	277,231	6.35
2012년	29,400	244,160	12.0	2018년	36,600	305,543	11.7
2013년	46,339	258,168	17.9	2019년	42,400	315,416	13.4
2014년	59,000	264,241	22.3	2020년	47,800	320,182	14.9
2015년	72,300	245,741	29.4	2021년	57,700	391,000	14.8

자료: 인민은행 각 연도「人民币国际化报告」(2022.2)

2) 투자통화로서의 기능 확대를 통한 국제화

중국은 금융자산에 대한 투자통화로서의 기능 확대를 위해 해외금융시장에서 위안화 표시 채권을 발행하고 있다. 이에 따라 최근 홍콩과 싱가포르를 중심으로 위안화 표시 역외 채권시장의 확대를 도모하고 있다. 2007년 홍콩에서 위안화 표시 채권(딤섬본드) 발행이 시범적으로 허용되었고, 2010년에는 위안화 펀드와 보험의 판매가 허용되었다. 이러한 딤섬본드의 규모는 2007년 말 100억 위안 정도였던 것이, 2010년 말에는 410억 위안으로 급증하였다.

중국은 은행 간 위안화 표시 채권 투자를 허용하면서 채권시장을 개방하였다. 이와 함께 채권시장을 육성하기 위해 2004년부터 금융당국의 규제 완화가 점진적으로 진행되었다. 따라서 국제개발기구의 중국 내 위안화 표시 채권(판다본드) 발행이 가능해지고, 보험회사의 해외 증권투자가 허용되는 등 다양한 자본자유화 정책을 시도하였다. 이에 따라 2004년에 HSBC상하이지점이 외국은행지점으로는 처음으로 중국 내에서 발행되는 중국 국채 발행업무를 취급할 수 있게 되었다. 2005년에는 국제개발협회(IDA)의 위안화 채권 발행이 허용되었으며, 국제금융공사(IFC)와 아시아개발은행(ADB)도 다자개발은행으로는 처음으로 중국 내 위안화 채권을 발행하였다. 이후 2007년에는 인민은행과 국가발전개혁위원회의 승인을 얻은 중국 은행에 한해 홍콩에서 위안화 표시 채권을 발행할 수 있도록 규제를 완화했다.

또한 인민은행이 해외투자자들의 투자를 확대하기 위해 2010년 8월 17일 외국계은행 및 해외 중앙은행 등에 대해 중국 내 위안화 표시 은행 간 채권시장 참여를 허용하였다. 이에 따라 홍콩과 마카오에서 위안화 결제업무를 담당하는 외국계은행, 중국과 위안화 통화스왑 계약을 체결한 해외 중앙은행, 그리고 중국내 20개 지방 소재의 기업과 글로벌 위안화 결제계약을 체결한 외국계 은행 등이 위안화 표시 은행 간 채권시장에 참여할 수 있게 되었다.

중앙정부, 은행, 기업 등의 주요 채권발행 주체인 중국의 은행 간 채권시장 발행규모는 2010년 6월말 14조 3,000억 위안으로 중국 전체 채권시장 규모의 97%를 차지하고 있다. 이러한 조치 발표이후 Citigroup, HSBC, Standard Chartered, CIMB 등 외국계 은행들이 은행 간 채권시장 투자자격 취득 의사를 표명하는 등 관심이 높아지고 있다. 최근에는 중국이 홍콩에서 60억 위안 규모의 위안화 표시 국채 발행과 함께 은행들이 발행하는 금융채도 위안화로 발행하도록 허용했는데, 이는 위안화의 태환성을 제고하기 위한 노력으로 평가된다.

주식시장에서도 위안화 국제화를 위한 조치들이 제한적이지만 단계적으로 이루어지고 있다. 중국은 기본적으로 내국인이 투자할 수 있는 A주식시장과 외국인 투자자가 거래할 수 있는 B주식시장으로 분할하여 통제하고 있다. 하지만 투자통화로서 위안화의 기능을 확보하기 위해 중국은 QFII 제도를 도입하여 외국기관투자자의 A주식시장 투자를 제한적으로 허용하고 있다. 2003년 6월 UBS와 노무라 증권에 QFII 자격을 부여하였고, 2012년 4월에는 QFII의 총투자한도를 최초 100억 달러(2002년)에서 800억 달러로 확대하면서, 자격요건을 완화했다.

맥도날드는 2010년 8월, 다국적 기업 최초로 홍콩에서 위안화 채권을 발행했다. 맥도날드는 주관사를 스탠다드차타드은행으로 하여 홍콩에서 만기 3년 위안화 표시 채권 2억 위안 분량을 발행했다. 이번 채권 발행은 위안화 채권이 중국사업을 하는 외국기업에 새 자금조달원으로 부상한 것을 의미한다. 당시 1,100개의 매장을 보유했던 맥도날드는 이번 조달 자금을 매장 확대(175개)에 사용할 계획이다. 2009년 홍콩에서 HSBC와 둥야은행(BEA)이 비중국계 은행 처음으로 위안화 표시채권을 발행했는데, 홍콩당국은 2010년 2월, 위안화 채권 발행사를 외국기업으로 확대, 그 결과 맥도날드 채권이 발행된 것이다.

위안화 채권발행은 다국적기업 사이에 유행하고 있다. 중국에 진출한 월마트 역시 위안화 채권 발행 계획을 밝힌 바 있다. 다국적 기업이 발행하는 위안화 채권은 새로운 투자 상품으로 부상하고 있다. 홍콩에서 위안화 채권은 위안화 절상에 베팅하는 투자자들에게는 새 투자 대상이다. 실제 맥도날드 위안화 채권은 수익률이 연 3%로, 위안화 예금금리(0.5%)를 크게 웃돌아 발행 물량의 수배가 넘는 주문이 몰렸다. 구매자 대부분은 기관투자가, 전문투자자였다.[28]

3) 비축통화를 향한 국제화

중국은 위안화 국제화의 최종목표인 국제적 준비자산(reserve assets)으로서의 비축통화기능을 갖추기 위해 지속적으로 통화스왑 협정을 확대하고 있다. 중국은 세계 1위 규모의 외환보유고를 유지하면서 유동성 부족으로 어려움을 겪을 가능성이 있는 국가들과 위안화 통화스왑계약을 체결해 왔다. 2008년부터 한국, 말레이시아, 인도네시아, 벨라루스, 아르헨티나, 홍콩, 아이슬란드, 싱가포르, 뉴질랜드, 우즈베키스탄, 카자흐스탄, EU 등 27개국(지역)과 총 2조 7,282억 위안(4,330억 달러) 규모의 통화 스왑계약을 체결하였다.[29]

한편 2011년 4월 브릭스(BRICS: 브라질, 러시아, 인도, 중국, 남아프리카공화국) 정상회의에서 브릭스 국가 간의 금융거래에서 현행 기축통화인 미달러 대신에 자국통화를 사용하기로 합의하기도 했다. 하지만 중국의 이러한 행보는 당장 미달러를 대체하기보다는 위안화를 달러·유로에 이어 세계 3대 국제통화로 통용시키겠다는 목표를 위해 진행되고 있는 것으로 판단된다.

---

28) 한국경제(2010.8.20)

29) 통화스왑(Currency Swap): 통화스왑 거래란 미래의 특정일 또는 특정기간 동안 어떤 상품 또는 금융자산(부채)을 상대방의 상품이나 금융자산과 교환하는 거래를 말한다. 국가 간 통화스왑 협정은 두 나라가 자국통화를 상대국 통화와 맞교환하는 방식으로, 외환위기가 발생하면 자국통화를 상대국에 맡기고 외국통화를 단기차입하는 중앙은행 간 신용계약이다. 이 협정을 국가간에 체결하면 어느 한 쪽이 외환위기에 빠질 경우 다른 한 쪽이 미달러화 등을 융통해 준다. A국가에서 외환보유액이 바닥나 환란사태에 직면했을 경우 B국가에서 돈을 빌려오고 그 액수에 해당하는 자기나라(A국) 화폐를 B국에 담보로 맡기는 것이다. 내용상 차입이지만 돈을 맡기고 돈을 빌려오는 것이기 때문에 형식은 통화교환이 된다.

2010년 10월 26일, 한국과 인민은행 간 통화스왑 규모를 현재의 1,800억 위안에서 3,600억 위안(약 568억 달러, 약 64조 원)으로 확대했다. 이번 한ㆍ중 통화스왑은 2009년 4월에 체결하였던 원/위안 통화스왑 계약을 조기종료하기로 하고, 그 규모를 확대하여 새롭게 체결한 것이다.

최근 인민은행과 홍콩금융관리국은 통화스왑 협정을 또 체결했는데, 그 규모는 기존의 2,000억 위안(2,270억 홍콩달러)에서 4,000억 위안(4,900억 홍콩달러)으로 확대하였다. 또한 한국과 홍콩 모두 3년의 유효기간과 함께 양측이 동의한다면 기간을 연장할 수 있도록 했다.

표 7-20 위안화 통화스왑 체결 현황 (단위: 억 위안)

대상국	규모	시기	대상국	규모	시기
한국	1,800	2008.12.	태국	700	2011.11.
	3,600(확대)	2011.10.	파키스탄	100	2011.12.
홍콩	2,000	2008.12.	UAE	350	2012.1.17
	4,000(확대)	2011.	터키	100	2012.2.21
말레이시아	800	2009.2.	몽골	100	2012.3.20
	1,800(확대)	2012.2.8	호주	2,000	2012.3.22
벨라루스	200	2009.3.	우크라이나	150	2012.6.26
인도네시아	1,000	2009.3.	브라질	1,900	2013.3.26
아르헨티나	700	2009.3.	영국	2,000	2013.6.22
아이슬란드	35	2010.6.	헝가리	100	2013.9.9
싱가포르	1,500	2010.7.	알바니아	20	2013.9.12
	3,000(확대)	2013.3.7	EU	3,500	2013.10.10
뉴질랜드	250	2011.4.	스위스	1,500	2014.7.21
우즈베키스탄	7	2011.4.	스리랑카	100	2014.9.16
몽골	50	2011.5.	**합계**	\	**2조 7,282억 위안**
카자흐스탄	75	2011.6.			

자료: 인민은행(2012.4), 중국 및 국내 언론자료 종합(2016.8)

4) 최근 동향

가. 위안화의 SDR 편입

2015년 12월 30일, IMF는 미국 워싱턴에서 집행이사회를 열고 SDR(Special Drawing Rights, 특별인출권) 통화 바스켓에 위안화를 편입하기로 결정했다. 이에 따라 2016년 10월 1일부터 위안화는 SDR 구성통화로 역할을 하게 된다. 국제준비자산으로 불리는 SDR는 그 동안 달러화, 유로화, 엔화, 파운드화 등 4종의 화폐로 구성돼 있었다. 개발도상국 및 신흥경제국의 화폐가 SDR 통화 바스켓에 편입되긴 처음이다. 특히 위안화의 편입 비율은 10.92%로 정해졌다. 이는 달러화(41.73%)와 유로화(30.93%)보다는 낮은 것이지만 엔화(8.33%)와 파운드화(8.09%)보다는 높은 것이다. 이 비율만 보면 위안화를 세계 3대 기축통화로 인정한 셈이다.

SDR(Special Drawing Rights, 특별인출권)이란 무엇인가? SDR은 IMF가 창출하는 국제통화로 1968년부터 운용하고 있다. SDR은 IMF에서 담보없이 외환을 인출할 수 있는 권리이다. 가치는 달러(비중 41.9%), 유로(37.4%), 파운드(11.3%), 엔화(9.4%)의 통화바스켓으로 구성하며, 최근(2022.2.4) 가치를 보면 1U$=0.710926 SDR 수준이다. SDR은 일종의 국제준비통화로 IMF회원국이 IMF로부터 무담보로 외화를 인출할 수 있는 권리, 즉 국제유동성을 인출할 수 있는 권리이다. 해당국 국제수지가 적자상태에 빠졌을 경우에 SDR을 외국중앙은행에 인도함으로써 필요외화를 입수, 그 외화를 국제결제에 이용하는 형식의 대체통화로 유형(有形)의 실물통화는 아니다. SDR 가치는 당초 1달러와 같은 0.888671g의 순금과 등가(等價)로 정했으나, 이후 기준을 표준바스켓방식(standard basket system), 즉 세계무역비중이 큰 16개국 통화시세를 가중평균하는 방법으로 계산·표시하였고, 1980년부터는 5개국(미·영·프·독·일) 통화로 축소하였으며, 유로화가 출범한 후, 2001년에 다시 4개 통화(미달러, 유로화, 영국 파운드, 일본 엔화)로 조정되었다. 이제 다섯 번째 SDR 기준통화 자격을 위안화가 획득한 것이다.

SDR는 IMF가맹국에게 출자액 비율에 따라 무상배분되며 사용은 IMF 내에 설치된 SDR계정을 통해 이루어진다. 2015년 11월 말 현재, SDR 배분총액은 2,041억 SDR(약 2,850억$. 1SDR =1.39637U$)이며, 이 중 미국이 17.68%로 최대이며, 중국은 4%에 불과하다. 이외에도 독일 6.12%, 프랑스 4.51%, 일본 6.56%, 한국

1.41%, 영국 4.51% 수준이다. SDR 바스켓에 포함되는 화폐들은 국제적 기축통화로 통용된다. 그래서 위안화가 SDR 바스켓에 편입된다는 것이 국제화 통화 자격증을 의미하는 것이다.

나. 디지털 위안화

디지털 위안화는 중국 중앙은행(인민은행)이 발행하는 디지털화폐(CBDC: Central Bank Digital Currency)이다. 글로벌 동향을 보면, 2022년 5월 현재 105개 국가에서 CBDC를 고려 중이며 바하마, 자메이카, 나이제리아를 비롯한 10개국에서 이미 도입한 바 있다. 2020년 5월 35개 국가만 CBDC를 고려하였으나 2022년 6월 현재 50개 국가가 적극적인 탐색 단계(개발, 파이럿, 도입)이다. G20 국가 중 19개 국가가 CBDC를 고려 중이며 16개 국가가 이미 개발과 파일럿 단계에 진입했다.[30]

중국은 2014년에 디지털 위안화(数字人民币, e-CNY) 연구개발을 개시했으며, 2019년부터 본격적인 소매 디지털 위안화 실험이 시작되었다. 그 결과, 2019년 말에 5개 지역에서 처음으로 디지털 위안화가 사용되기 시작했다. 이후 사용 지역(시범지역)은 3차례에 걸쳐 확대되었으며, 현재 23개 도시에서 사용이 가능하다.

향후 인민은행은 디지털 위안화 시범 테스트를 지속하면서 사용자, 사용용도, 사용처, 사용방법, 사용지역 등을 점진적으로 확대하는 방법으로 디지털 위안화 상용화를 추진해 나갈 전망이다. 2022년 2월, 베이징 동계올림픽 대회에서 디지털 위안화 사용을 테스트한데 이어, 청두 유니버시아드 대회(2022년 6월) 및 항저우 아시안게임(2022년 9월) 개최 장소 등에서도 내·외국인을 대상으로 사용을 한 적이 있다. 2022년 12월에는 기존 도시별로 시범 지역을 정해서 운영하던 방식에서 진일보 확대하여, 광동성, 강소성, 하북성, 사천성 전 지역에서 사용이 가능하도록 허용하였다. 향후 디지털 위안화는 더욱 그 사용 범위가 확대될 전망이다.

---

30) 박동욱(2022), 디지털 위안화의 국제화 전망과 시사점, 「KISDI Primium Report(2022-06)」, 정보통신정책연구원, pp.1~34.

표 7-21 디지털 위안화 시범 사용 지역

지정 시기	시범지역
제1차 (2019년 말~)	선전(深圳), 수저우(苏州), 청두(成都), 슝안(雄安), 2022 베이징 동계올림픽 개최지역(베이징, 장자커우)
제2차 (2020년 11월)	상하이, 하이난(海南), 창사(长沙), 시안(西安), 칭다오, 다롄
제3차 (2022년 4월)	톈진, 충칭, 광저우, 푸저우(福州), 샤먼, 항저우 아시안게임 개최지역 6개 도시(항저우, 닝보, 원저우, 후저우, 샤오싱, 진화)
제4차 (2022년 12월)	광둥성, 강소성, 하북성 사천성 전체 지역, 산동성 지난시, 광서장족자치구 난닝시, 팡청강시, 운남성 쿤밍시 및 시쌍반나 타이주자치주

자료: 중국 국내외 공개자료 종합(2023.5.5)

중국정부는 디지털 위안화 사용을 통해 위안화 국제화를 도모하고 있다. 즉 중국정부의 단계별 도입 전략을 보면, 1단계는 시범운영지역 내 이용 실험, 2단계는 시범운영지역 간 교차 이용실험, 3단계는 전국적 사용실험, 4단계는 홍콩과 중국내륙, mCBDC Bridge[31] 등 국경간 결제를 통한 글로벌 사용 등이다. 2023년 4월 말 현재, 2단계에 도입해 있음을 알 수 있다.

그동안 사용 실적을 보면, 2022년 초 2.6억 명의 사용자가 4.5백만 개의 가맹점에서 디지털 위안을 사용할 수 있으며 2022년 5월까지 830억 위안(120억 달러, 17조 원)을 거래에 사용했다. 디지털 위안화와 비교하면 중국 내 주요 민간 전자결제 시스템인 알리페이는 2020년 6월 시점 월간 이용자수가 7억 명, 거래금액이 10조 위안 수준이다. 또한 사용 편의성을 위해서 2022년부터 23개 시범지역 어디서나 iOS와 Android의 중국 앱스토어를 통해 앱을 다운로드해서 사용가능하며, 알리페이와 위챗페이에서도 디지털 위안화 사용이 가능하도록 하였다.

향후 중국정부는 디지털 위안화를 달러 패권에 도전하는 수단으로 적극 활용할 전망이다. 이를 위해 기존의 경제적 기술적 네트워크를 활용한 디지털 위안화 확산을 꾀하고 있다. 기존의 핀테크 기술과 결제 네트워크를 통해 전자상거래, 관광 등 국경간 소매 결제부문에 디지털 위안화 사용을 확산하려 한다. 그 주요 대상은 일대일로 연선 국가들, 웨강아오대만구(광둥-홍콩-마카오) 등이며, 이곳에

---

31) Multiple CBDC Bridge: 중국과 홍콩, 태국 아랍에미레이트의 국경 간 CBDC 거래 프로젝트. 2022년 9월, 국제결제은행(BIS)에서 해당 국가(지역)의 20개 시중은행 대상으로 1차 프로젝트 완료.

서 국경 간 소매 결제 및 B2B 거래에 디지털 위안화를 사용하려 한다. 또한 아프리카 주요국 등 중국이 이동통신 인프라를 구축한 곳의 네트워크를 통해 디지털 위안화를 확산할 계획이다.

중국정부는 4단계(글로벌 사용) 실행을 위해 국경간(cross-border) CBDC 결제를 위한 다양한 실험에 참여하고 있으며, 기술뿐만 아니라 규범에서 글로벌 CBDC 표준화를 선도하고 있다. 실제 쌍방 거래를 실험하기 위해 홍콩 통화당국과 양해 각서를 채결하고 기술적 테스트, 음식점과 상점 등에서 사용을 계획 중이다. 또한 국제결제은행(BIS)이 주관하고 홍콩, 태국, UAE가 참여하는 다자 국경간 거래인 m-CBDC Bridge 실험에 참여하고 있다. m-CBDC Bridge 프로젝트는 여러 국가의 CBDC를 하나의 시스템에 묶고 통일된 규정, 접근기준 및 지원인프라를 적용하는 방식으로 다양한 통화권 사이에 실시간으로 동시결제를 지원한다. 2022년 9월에 국제결제은행(BIS)에서 해당 국가(지역)의 20개 시중은행을 대상으로 1차로 프로젝트를 완료한 바 있다.

[그림 7-12] 중국 디지털 위안화 발행과정

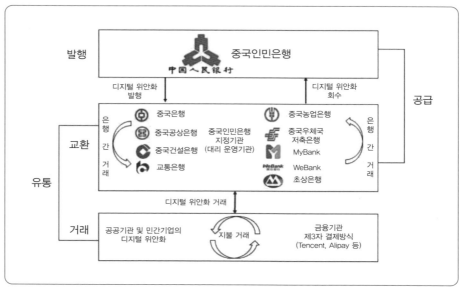

자료: 한국은행 상해사무소(2022) 인민은행, 디지털 위안화 사용 시범지역 확대, 현지정보(4.6).

중 · 국 · 경 · 제 · 론

제 **8** 장

중국 소비시장

제8장 중국 소비시장

제1절 소비시장 현황, 규모

중국소비시장은 국민소득의 빠른 증가와 지역개발 및 도시화를 통한 시장의 확대로 급속한 성장세를 보이고 있다. 소비시장 규모를 판단할 수 있는 지표로는 중국정부가 공식적으로 발표하고 있는 사회소비품소매총액(이하 '소매총액')이 주로 이용되고 있다.

중국의 소매총액 증가현황은 표 8-1과 같은데, 2010년 처음으로 10조 위안 규모를 넘어선 이래 2012년 20조 위안, 2015년 30조 위안, 2019년 40조 위안의 규모를 기록하며 시장이 빠르게 확대되는 추세를 보였다. 그러나 코로나19(코로나)이 본격화된 2020년에는 개혁개방 이후 처음으로 시장규모가 대폭 감소(2,844억 달러 감소)하였다. 2021년 빠른 회복세를 보였으나 2022년 강력한 방역조치로 상해, 북경 등 주요 도시가 봉쇄되면서 소비시장이 얼어붙었고, 이에 따라 소비규모가 다시 2,952억 달러의 대폭 감소를 보였다. 2023년에는 중국도 팬데믹에서 벗어났기 때문에 회복세를 보일 것으로 전망되고 있다.

표 8-1 중국의 사회소비품소매총액

연도	2007	2010	2012	2015	2019	2020	2021	2022
소매총액 (억 위안)	93,572	158,008	214,433	300,931	411,649	391,981	440,823	439,733
소매총액 (억 달러)	12,306	23,341	33,970	48,316	59,672	56,829	68,329	65,377
증가규모 (억 달러)	2,378	3,769	4,840	4,053	1,933	-2,844	11,500	-2,952
증가율(%)	18.2	18.8	14.5	10.7	8.0	-4.1	12.5	-0.2

자료: 「中國統計摘要(2013, 2017)」, 각 년도 国民经济和社会发展统计公报 이용하여 저자 작성.

▶ 지역별 소비규모

중국전체 소비시장에서 각 지역이 차지하는 비중을 보면 경제가 가장 발달한 동남부가 50.5%를 차지하고 있으며, 성시별로는 광동, 강소 2개성이 4조 위안 규모, 산동, 절강 2개 성이 3조 위안 규모(한국의 소비시장규모와 유사)를 넘어섰으며, 하남, 사천, 호북, 안휘, 복건 지역이 2조 위안 규모를 넘어섰다. 이러한 상황은 소비시장이 경제가 발달한 동남부에 형성되어 있다는 점을 알려주는 동시에, 당연한 귀결이긴 하지만 중국에서 경제대성으로 일컬어지는 지역과 인구가 비교적 많은 지역의 소비규모가 컸다는 것을 보여주고 있다. 2016년과 2022년 6년 동안 변동치를 기준으로 광대역별 소비 규모의 변화를 보면 동남부 비중 감소(51.6%-〉50.5%), 동북3성 비중 급감(8.8%-〉4.2%), 중부 6성 비중 대폭 증가(21.1%-〉24.5%), 서부 12개 성시 증가(18.5%-〉20.8%)를 보였다.

그러나 소득수준과 밀접한 관계가 있는 일인당 소비규모를 보면 발달지역이 다름을 알 수 있다. 소매총액 기준으로 2022년 중국의 1인당 소비규모는 4,645달러였는데, 하북, 해남을 제외한 동남부 모든 지역이 평균치를 훨씬 넘어서고 있어 소비규모가 클 뿐만 아니라 높은 수준의 소비가 이루어지고 있음을 알 수 있다. 특히 직할시이며 각각 환발해 경제권과 장강델타경제권의 핵심도시들인 베이징, 상하이 지역은 1인당 소매총액이 6천 달러대를 훨씬 넘어서고 있어 소비가 고도화된 지역임을 알 수 있다. 31개 성시 중 전국 평균치(일인당 소매총액)를 넘어선 지역은 동남부의 7개 성시와 중부의 호북성, 안휘성 서부의 중경시 등 총 10개 지역으로 2016년 대비 2개 지역이 감소하였다. 소비시장의 편중 현상이 동남부 7개 성시로 편중되는 모습이다. 소득수준이 낮은 대부분의 중서부 지역과 동북3성은 소비수준이 평균 수준보다 훨씬 아래에 있다.

[그림 8-1] 지역별 사회소비품소매총액(2022) (단위: 억 위안)

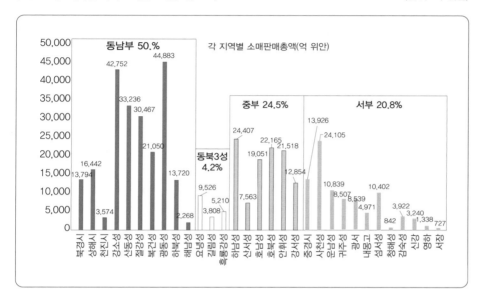

[그림 8-2] 지역별 일인당 소매총액(2022) (단위: 달러)

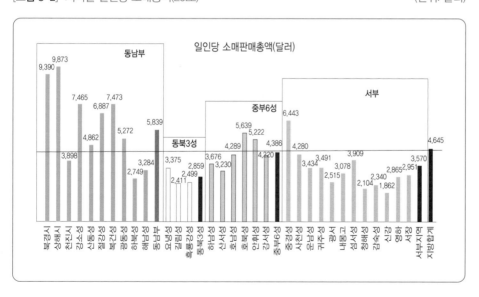

| 표 8-2 | 중국의 지역별 사회소비품소매총액(2022) |

지역	억 위안	억 달러	비중(%)	지역	억 위안	억 달러	비중(%)
북경시	13,794	2,051	3.1	요녕성	9,526	1,416	2.2
상해시	16,442	2,445	3.7	길림성	3,808	566	0.9
천진시	3,574	531	0.8	흑룡강성	5,210	775	1.2
강소성	42,752	6,356	9.7	**동북3성**	**18,544**	**2,757**	**4.2**
산동성	33,236	4,941	7.6	중경시	13,926	2,070	3.2
절강성	30,467	4,530	6.9	사천성	24,105	3,584	5.5
복건성	21,050	3,130	4.8	운남성	10,839	1,611	2.5
광동성	44,883	6,673	10.2	귀주성	8,507	1,265	1.9
하북성	13,720	2,040	3.1	광서	8,539	1,270	1.9
해남성	2,268	337	0.5	내몽고	4,971	739	1.1
동남부	**222,187**	**33,034**	**50.5**	섬서성	10,402	1,546	2.4
하남성	24,407	3,629	5.6	청해성	842	125	0.2
산서성	7,563	1,124	1.7	감숙성	3,922	583	0.9
호남성	19,051	2,832	4.3	신강	3,240	482	0.7
호북성	22,165	3,295	5.0	영하	1,338	199	0.3
안휘성	21,518	3,199	4.9	서장	727	108	0.2
강서성	12,854	1,911	2.9	**서부지역**	**91,358**	**13,583**	**20.8**
중부6성	**107,558**	**15,991**	**24.5**	**지방합계**	**439,647**	**65,364**	**100.0**

제2절 소비 구조와 내수확대정책

1. 소비구조

1) 소비증가율 둔화

　　최근 들어 경제성장률이 한 자릿수로 떨어지면서 경제성장이 둔화되고 있다. 주요 원인 중의 하나가 내수확대 정책에도 불구하고 예상보다 소비증가율 더 둔화된데 따른 것으로 분석되고 있다. 중국의 소매총액의 증가율은 2008년 무려 22.7%에 달했었으나 이후 계속해서 하락하여 10년이 지난 2018년부터는 한 자릿수 증가율로 둔화되었다. 특히 코로나19시기에는 큰 폭의 소매총액 증가 감소의 변화를 보였는데 이는 팬데믹에 따라 도시봉쇄, 오프라인 소비 격감 등 내수경기가 급격히 위축된데 따른 것으로 보인다. 2023년 들어 경제와 소비 모두 회복세를 보이고는 있지만 소매총액의 증가율은 여전히 한 자릿수에 머물 것으로 전망되고 있다.

[그림 8-3] 중국 GDP와 소매총액 증가율(%)

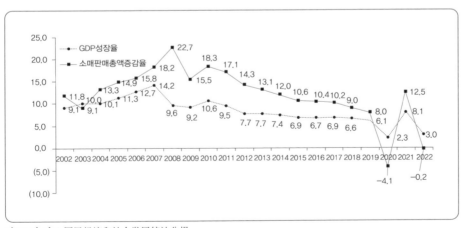

자료: 각 년도 国民经济和社会发展统计公报

2) 도시(城鎭)지역을 중심으로 확대되고 있는 소비시장

소비규모로 보면 도시지역이 농촌지역의 6배 이상의 규모를 보이고 있다. 표 8-3을 보면 도시와 농촌 간의 상대적인 소비규모는 큰 변화는 없이 고착되는 상황이다. 급속한 도시화 진행으로 인해 농촌인구가 지속적으로 도시로 유입되고 있어 이러한 도시 위주의 소비구조를 고착화시키고 있다.[1](온라인 소비의 확대, 온라인과 오프라인 결합을 통한 농촌소비 진작 및 젊은 층의 농촌회귀 등이 확대된다면 이러한 움직임이 반전될 가능성도 있다.)

표 8-3 도시와 농촌의 사회소비품소매총액　　　　　　　　　　　　　(단위: 억 위안, %)

	2015년	비중	2019년	비중	2020년	비중	2021년	비중	2022년	비중
소매 총액	300,931	100.0	411,649	100.0	391,981	100.0	440,823	100.0	439,733	100.0
도시 지역	258,999	86.1	351,317	85.3	339,119	86.5	381,558	86.6	380,448	86.5
농촌 지역	41,932	13.9	60,332	14.7	52,862	13.5	59,265	13.4	59,285	13.5

자료: 각 년도 国民经济和社会发展统计公报

3) 도시와 농촌지역 소득격차 감소-〉 소비수준 차이도 줄어들어

도시와 농촌 주민 간의 소득격차는 3:1의 수준에서 점차 줄어드는 추세를 보여 2022년 2.45:1이 되어 소득격차가 점차 해소되고 있음을 알 수 있다. 도시지역 주민과 농촌지역 주민이 자신의 소득에서 지출하는 소비 비중을 살펴보면 농촌 주민의 지출비율이 80% 이상으로 상당히 높은 것으로 나타나고 있다. 이는 농촌지역의 소비규모가 크지는 않지만 활성화되고 있다는 면과 도시에 비해 상대적으로 소득이 낮은 농촌에서 그만큼 소득을 축적할 수 있는 여유가 없음을 동시에 보여주고 있다.

---

1)　2012년 도시화율(전체 인구 중 도시 및 읍지역 상주인구비율)은 52.6%였었는데, 10년이 지난 2022년 65.2%로 빠르게 도시화가 진행되고 있는 것으로 나타난다.

표 8-4 도시와 농촌주민의 소득 및 소비

	단위	2000	2010	2015	2020	2022
도시주민 일인당 가처분소득 (A)	위안	6,280	19,109	31,195	43,834	49,283
도시주민 일인당 소비지출(B)	위안	4,998	13,471	21,392	27,007	30,391
농촌주민 일인당 가처분소득(C)	위안	2,253	5,919	11,422	17,131	20,133
농촌주민 일인당 소비지출(D)	위안	1,670	4,382	9,223	13,713	16,632
도농소득격차(A/C)		2.79	3.23	2.73	2.56	2.45
도농소비지출차(B/D)		2.99	3.07	2.32	1.97	1.83
도시주민소득대비 소비지출률 (B/A)		0.8	0.7	0.69	0.62	0.62
농민소득대비 소비지출률(D/C)		0.74	0.74	0.81	0.80	0.83

자료: 中國統計摘要2017, 각 년도 「国民经济和社会发展统计公报」 이용하여 저자 작성.

4) 뚜렷한 온라인 소비 증가 추세

80년대 이후 태어난 계층이 사회주요 소비층을 이루고 모바일판매가 보편화되면서 온라인을 통한 소비비중이 급증하고 있다. 특히 코로나19로 인해 온라인 소비가 늘어나면서 전체 소비의 1/4이상이 온라인으로 이루어지고 있는 상황이다.

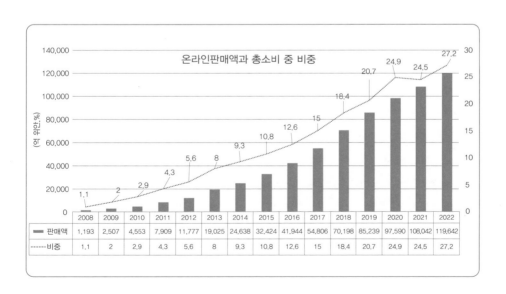

온라인판매액과 총소비 중 비중

	2008	2009	2010	2011	2012	2013	2014	2015	2016	2017	2018	2019	2020	2021	2022
판매액	1,193	2,507	4,553	7,909	11,777	19,025	24,638	32,424	41,944	54,806	70,198	85,239	97,590	108,042	119,642
비중	1.1	2	2.9	4.3	5.6	8	9.3	10.8	12.6	15	18.4	20.7	24.9	24.5	27.2

5) 이원화된 소비구조

중국 전체주민의 일인당 가처분소득을 보면 고소득가구와 하위소득가구 간에는 여전히 10배 이상의 소득격차가 나고 있다. 최상위 20% 가구의 일인당 가처분소득은 중국의 1인당 GRDP 12,741달러를 상회하고 있지만, 나머지 80%는 이에 미치지 못하고 있는데, 이는 소비시장이 고급제품과 중저가제품으로 뚜렷하게 구분되는 이유라고 볼 수 있다.[2]

표 8-5 중국 전체주민의 일인당 가처분소득   (단위: 위안)

분위별 일인당가처분소득	2015	2020	2022 위안	2022 달러
고소득가구(A)	54,544	80,294	90,116	13,398
중상소득가구(B)	29,348	41,172	47,397	7,047
중소득가구(C)	19,320	26,249	30,598	4,549
중하소득가구(D)	11,894	16,443	19,303	2,870
하위소득가구(E)	5,221	7,869	8,601	1,279
소득격차 A/E	10.4	10.2	10.5	
지니계수	0.462			
일인당가처분소득 중위수(미디언)	19,281	27,540	31,370	4,664

자료: 각 년도 国民经济和社会发展统计公报

6) 엥겔계수(Engel coefficient)가 여전히 높은 소비구조

소비성지출에서 차지하는 식품지출의 비중인 엥겔계수는 2010년 36.7%로부터 2015년 30.1%로 빠르게 감소하였으나 그 이후로 여전히 높은 수준인 30%대에 머물고 있다. (한국의 경우 10%대) 최근 들어 국민소득의 빠른 증가로 거주 관련 지출과 의료보건 관련 지출이 증가하고 있다. 일반적으로 국민소득의 증가에 따라 엥겔계수가 낮아지는 경향을 보이지만 중국의 경우 급속한 소득증가에도 불구 여전히 높은 수준을 보이고 있어 아직 중국의 국민소득과 소비구조가 중진국

---

2) 한국통계청 자료에 따르면 한국의 2022년 최상위 20% 가구의 경상소득은 14,973만 원이었고 최하위 20% 가구의 경상소득은 1,323만 원으로 11.3배의 차이를 보이고 있어 중국보다 소득격차가 큰 편이다.

초기단계에 있음을 보여주고 있다.

표 8-6 중국 일인당 소비지출구조 (단위: 위안, %)

	2010		2015		2020		2022	
	금액	비중	금액	비중	금액	비중	금액	비중
소비지출 총액	7,943	100	15,712	100	21,210	100.0	24,538	100.0
– 식품	2,914	36.7	4,814	30.6	6,397	30.2	7,481	30.5
– 의류	801	10.1	1,164	7.4	1,238	5.8	1,365	5.6
– 거주	809	10.2	3,419	21.8	5,215	24.6	5,882	24.0
– 생활용품 및 서비스	447	5.6	951	6.1	1,260	5.9	1,432	5.8
– 의료보건	601	7.6	1,165	7.4	1,843	8.7	2,120	8.6
– 교통 및 통신	997	12.6	2,087	13.3	2,762	13.0	3,195	13.0
– 교육문화레저 서비스	1,098	13.8	1,723	11	2,032	9.6	2,469	10.1
– 기타 상품 및 서비스	278	3.5	389	2.5	462	2.2	595	2.4

자료: 각 년도 国民经济和社会发展统计公报

2. 소비 관련 내수확대정책

소비와 관련된 중국의 내수확대정책의 결정판은 국무원에서 통지 형식으로 발표한 '중국국내무역발전 상업발전 14·5 규획(十四五商務發展規劃, 商務部 2021.6.30.)'라고 할 수 있다. 중국정부는 그동안 분야별로 단기적인 소비촉진책[3]을 써왔으며, 12·5부터 중국전역을 대상으로 국내무역(소비)발전 관련 지역들을 확정하고 이를 추진하는 종합적인 계획을 발표하고 있다.

중국정부가 동 계획을 통해 발표한 주요 지표를 보면 소비품소매총액의 규모

---

3) 2009년 경기침체를 극복하고 소비를 진작하기 위하여 시행하였던 농촌지역 가전 및 자동차 제품 소비보조금 지불 정책인 가전하향(家電下鄉), 기차하향(汽車下鄉)이나 신제품 소비를 유도한 이구 환신(以舊換新)같은 소비진작책이나 최근에 발표한 정보통신 소비확대계획(国务院关于促进信息消费扩大内需的若干意见 国发〔2013〕32号 2013.8.8)같은 소비정책들이 있으나 중국전역을 소비적 관점에서 계획을 세운 것은 관련 계획이 처음이다.

를 2025년까지 매년 5% 이상 증가시켜 50조 위안(한화 약 9,000조 원)에 달하게 한다는 계획이며, 최근 빠르게 늘어나고 있는 인터넷 소매판매액도 2025년이 되면 전체 소비재 소매총액의 34% 수준(2022년 27.2%)인 17조 위안(연평균 7.6% 증가)으로 확대시킨다는 계획이다.

표 8-7 중국의 국내무역발전계획 주요 지표

구분	단위	2020	2025	연평균 증가율
소비재소매총액	조 위안	39.2	50	5%
인터넷소매판매액	조 위안	11.8	17	7.6%

자료: 十四五商務發展規劃, 商務部 2021.6.30

또한 중국정부는 인터넷을 통한 소비촉진과 전자상거래발전을 위해 2015년 3월 항저우(杭州)에 국제전자상거래 시범지역(跨境電子商務綜合試驗區)을 설치한 이래 현재 132개 도시로 시범지역을 늘려 국제전자상거래를 확대하기 위해 노력하고 있다.

중국의 상무발전계획에 나타난 국내무역발전을 위한 정책방향은 아래와 같다.

▶ 전통소비 고도화

관련 계획은 전통소비의 형태고도화 추진에 중점을 두고 자동차, 서비스부문소비, 농촌지역소비, 도시지역소비 네 분야를 언급하고 있다. 자동차의 경우 중고차매매 편리성제고, 오래된 자동차의 신규 제품으로 교체, 신에너지 자동차 소비촉진, 폐기자동차의 회수시스템 구축 등을 추진할 계획이며, 가전·가구·실내장식 등 소비를 촉진할 계획이다. 서비스 분야에서는 서비스품질 고급화 및 분야다양화, 가사서비스 품질 확대, 요식분야 소비 확대를 요구하고 있다. 또한 농촌소비 특히 현(縣)급지역의 소비환경개선 및 소비촉진을 중점으로 두고 있으며, 도시지역은 야간경제 등 새로운 형태의 소비촉진과 시내면세점 정책 개선, 도시소비품질 개선 등을 촉진할 계획이다.

▶ 신형소비 육성

상품소비의 새로운 방식을 발전시키며, 맞춤소비 · 체험소비 · 스마트소비 · 유행소비 등 발전을 장려한다. 소비영역에서 플랫폼기업의 창조혁신능력을 확대하며, 신기술을 운용하여 디지털소비의 새로운 현상을 확대하며, 더욱 많은 '작지만 아름다운' 온라인 브랜드를 육성하며, 라이브 커머스 전자상거래기업 · 커뮤니티 전자상거래기업 등의 활용을 확대한다. 생활서비스의 스마트화를 추진하며 생활서비스의 온라인화 및 클라우드화를 촉진한다. 기업들이 더욱 풍부한 온라인 서비스를 공급하도록 하며, 점포와 가정 사이의 쌍방향 서비스모델체험에 있어 우위를 확보한다. 스마트서비스 터미널 구축을 강화하고, 무인거래서비스를 발전시킨다. 규범적이며 질서있는 신형소비발전환경을 조성한다.

▶ 소비플랫폼 고도화

'점-선-면' 연계전략으로 국제적인 소비중심도시(면)-도시의 중점상업지역(선)-각 주민생활 지역별 소비연결망(점)의 배치를 고도화하여 다차원 · 다양화된 소비플랫폼시스템을 추진한다. 몇 개의 국제적 경쟁력 · 영향력을 갖춘 종합적인 국제소비중심도시를 육성한다. 도시상업권의 교차적 발전을 도모하며, 보행가(步行街)의 고품질개선을 통해 인기가 있고 특색이 강하며 문화적 색채가 짙은 보행가를 조성하며, 스마트거리, 스마트상업지역을 적극적으로 발전시켜 각종 시설의 편리화 · 스마트화 수준을 제고하여 상업 및 소비환경을 지속적으로 고도화한다. 중국국제소비박람회를 통해 전 세계적 고품질소비제품의 전시교역플랫폼을 조성하며, 소비촉진의 달 · 전통브랜드 카니발 · 온라인 연말연시 상품절 · 브랜드(品牌)와 품질(品質)을 갖춘 소비인 '쌍품(雙品)온라인구매절' 등 활동을 진행한다.

▶ 유통망 고도화

종합입체교통망(계획)과 연결시키며 국가차원의 물류중심을 근간으로 하여 '상품집산센터', '종합물류원구', '물류배송센터' 등 유통연결점을 합리적으로 계획한다. 농산품공급사슬 구축을 강화하고, 농산품의 콜드체인물류기지시설을 고도화한다. 도시-농촌 사이의 고효율 배송시스템을 구축하여 구역별 유통일체화발전을 추진하며 상업과 무역의 물류표준화 수준을 제고한다. 디지털화된 상업거래를 통해 농촌을 부흥시킨다(数上興農)을 추진하여 농촌에 전자상거래 신기지를 구축하며 농산품의 품질인증을 강화하여 농산품의 온라인브랜드를 육성한다.

▶ 유통방식 혁신

유통의 스마트화·집약화·표준화 발전을 촉진하여 유통방식의 창조혁신을 가져오고 이를 통해 소비와 산업의 개선을 추진한다. 스마트상점을 적극적으로 발전시켜 상업분야에서 5G, VR, AI, Big data 등 정보기술을 운용하여 서비스체험이 우위를 갖게 하며, 전통적 판매장소를 소비·체험·커뮤니티 커뮤니케이션의 종합적 공간이 되도록 한다. 창고·운송·분류·포장·배송 등 물류시설의 정보화·스마트화 개조를 추진한다. 상업무역유통업과 1,2차 산업의 디지털화의 융합을 촉진하다. 전국적인 공급사슬의 창조혁신과 시범도시·시범기업에서의 응용을 촉진하고, 상업무역의 유통표준체계를 구축한다.

[참고] 13·5시기에 발표된 11개 주요 상업 기능구역
① 장강삼각주, 주강삼각주: 현대적 서비스업, 무역거래 중심지, 소비 집중 기능
② 장강중류, 성유(사천, 중경), 관중－천수(섬서－감숙성): 농산물 등 상품의 현대 물류기지 기능, 중서부 지역 상품과 소비 집중 기능
③ 운남성, 귀주성, 광서장족자치구, 감숙성, 영하회족자치구, 청해성, 신강: 소수민족의 주요 거주지역인 동 지역의 특색상품의 유통, 소수민족무역거래, 변경무역 발전
④ 흑룡강성, 길림성: 곡물 등 중요 작물 유통 발전, 상품 집산과 서비스 역량 강화

[그림 8-4] 중국의 주요 상업기능구 분포도

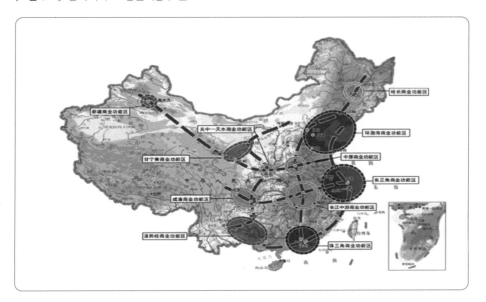

제3절 소비 유통

중국의 소비유통은 근본적인 변혁을 겪고 있다. 기존의 오프라인 중심에서 온라인 소비로 급격하게 옮겨가고 있다.[4] 또한 다양한 방식의 온라인거래가 본격화되면서 기존의 유통경로, 유통방식, 결제방식, 기업의 규모 등에 있어 근본적 변화를 겪고 있다. 중국소비유통 관련 두드러진 몇 가지 특징을 살펴보면 아래와 같다.

▶ 전자상거래 전성시대

중국 중산층 증가 및 수입 확대 정책에 따라 다수의 글로벌 브랜드가 중국 시장에 진출하고 있다. 2013년 이후 중국 정부는 크로스보더 전자상거래 완화 정책을 잇달아 발표하고 있으며, 그에 따라 각종 인증·관세·통관 등의 문턱이 크게 낮아졌다. 중국에 진출한 3만여 개의 해외 브랜드 중 다수가 크로스보더 전자상거래 플랫폼을 통해 처음으로 중국 시장에 진출했을 정도이다.

중국 정부는 대외무역 다변화를 위해 크로스보더 전자상거래 산업을 적극적으로 활용하고있다. 중국 국가 14.5 규획에서 크로스보더 전자상거래로 구매할 수 있는 수입 제품 및 시범구 확대, 물류기지 건설 장려 등 정책을 발표하였으며 이를 추진하고 있다.

국제전자상거래시범구는 2015.3월 항주에 처음 설치된 이래 현재 130여 개 도시에 설치되었다. 그만큼 전자상거래를 통한 소비유통에 신경을 쓰고 있다.

---

4) 소비유통과 관련된 내용은 주로 코트라 보고서(www.kotra.or.kr)을 참조 또는 인용하였다. 중국시장의 정보를 전달하는 데 국내 여러기관이나 매체 중에서 가장 뛰어난 기관이 코트라라고 할 수 있다.

▶ 소비유통 경로의 축소-C2M(Customer to Manufacturer)

유통경로를 축소하여 가격을 낮추고 이를 통해 제품경쟁력을 강화하여 소비판매를 촉진하려는 C2M 방식의 소비유통이 전자상거래기업을 중심으로 활성화 되고 있다.

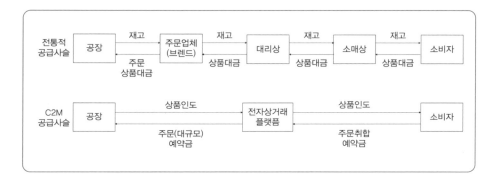

중국의 전자상거래 업체들이 해외 유명 브랜드에 납품하는 생산 공장들과 다이렉트로 계약을 체결하고 이들이 만든 자체 브랜드 제품들을 소비자에게 판매한다. 이 과정에서 기존 공장에서 고객에게 제품이 도달하기까지의 과정(물류, 보관, 리테일, 브랜딩, 마케팅)은 생략된다. 그 결과 해외 유명 브랜드와 같은 품질이지만 아주 낮은 가격에 판매할 수 있다. 플랫폼에서 발생하는 데이터를 분석, 고객들의 니즈와 구매 습관을 해당 공장들에게 전달한다. 공장들은 이 데이터를 바탕으로 새로운 제품을 기획하고 재고 조절에 나설 수 있다. 고객과 생산공장의 실시간 소통이 이뤄지기 때문에 기존의 브랜드나 리테일 업체에 납품할 때보다 효율적으로 생산에 나설 수 있다

▶ 오프라인 고전 속 복합쇼핑몰 부상

오프라인 소비의 전반적인 부진 속에서도 복합쇼핑몰은 선전하고 있는 것으로 나타나고 있다. 복합쇼핑몰은 소비, 외식, 휴식, 오락 등이 한 장소에서 이루어지는 공간으로 소비자들에게 선호되고 있어, 경제적 기여가 높은 오프라인 플랫폼으로 자리 잡고 있다. 관련 자료에 따르면 2021년 중국 전역 복합쇼핑몰 수는 6,387개에 달했다.

2022년 5월 중국 프랜차이즈 경영협회(CCFA)가 발표한 "2021 쇼핑몰센터기업 70대 기업" 리스트에 따르면 70대 기업이 보유한 복합쇼핑몰 수는 2,061개이며, 총면적은 2.13억㎡에 달했다. 전년대비 신규개장 쇼핑몰 수는 210개, 신규증가 면적은 1,798만㎡인 것으로 나타났다.

표 8-8 복합쇼핑몰 상위 기업 현황

기업명	주요 쇼핑몰	영업중인 쇼핑몰	총면적 (만㎡)
Wanda Commercial Management Group 万达商业管理集团有限公司	万达广场	417	5,895
China Vanke Co., Ltd. 万科企业股份有限公司	万科广场, 万科里, 印象城MEGA, 印象城, 印象汇	211	1,139
Xincheng Commercial Management 新城商业管理集团有限公司	吾悦广场	130	1,248
Powerlong Commercial Management 上海宝龙商业地产管理有限公司	宝龙一城, 宝龙城, 宝龙广场, 宝龙天地	88	993

CR Mixc Lifestyle 华润万象生活有限公司	万象城,万象汇,万象天地	71	760
Longfor Group Holdings Ltd. 龙湖集团控股有限公司	天街, 星悦荟	61	594
Hengtai Commercial 恒太商业管理集团有限公司	恒太城, 恒太太平洋	50	400
Golden Resources Commercial 世纪金源商业管理有限责任公司	世纪金源购物中心, 方圆荟	47	646
CapitaLand 凯德集团(中国)	凯德MALL, 来福士, 凯德广场	44	470
Changchun Ouya Group 长春欧亚集团股份有限公司	欧亚购物中心, 欧亚购物广场	44	199

출처: 중국 프랜차이즈 경영협회(CCFA)

▶ 무인경제 활성화

중국의 무인경제 시장규모는 2016년 71억 위안에서 2020년 325억 5,000만 위안으로 크게 성장했다. 중상(中商)산업연구원에 따르면, 2021년 중국 무인경제 시장규모는 392억 7,000만 위안으로 추정된다. 2012년 이후 중국의 무인경제 관련 업체 수는 꾸준히 증가세를 보여왔으며, 2020년 관련 업체 수는 8,932개로 전년동기 대비 123.5% 증가해 2012년 이후 가장 크게 증가했다.

무인경제 관련 업체의 전국 분포 현황을 보면, 광둥성 무인경제 관련업체가 6,872개로 다른 성/시와 비교해 크게 앞섰다. 산둥성은 2,979개사로 전국 2위, 장쑤성은 2,475개로 전국 3위를 차지했다. 중국의 무인 소매 경제에서 자동판매기는 비교적 큰 시장 점유율을 차지하고 있으며 점유율이 85%에 달한다. 무인상점의 비율은 12%에 달하며, 스마트 진열대 및 기타의 점유율이 3%에 달한다.

팬데믹 이후, 자동판매기 제조업자들은 학교, 아파트단지 및 기타 인원 밀집 장소에 활발히 진출해 설치 비율을 높였으며, 심지어는 소형 슈퍼마켓, 상점 등의 수요도 늘어 무인 소매업의 새로운 발전 기회가 되었다.

▶ 라이브 커머스

'라이브 커머스(Live Commerce)'란 실시간 동영상 방송으로 인플루언서(왕홍, 网红)가 상품을 판매하는 방식으로 중국에서 중요한 소비유통의 형태로 자리 잡았다. 중국소비자에게 더욱 직관적이고 생생한 구매경험을 제공하여 구매율을 높이는 효과적인 마케팅 방법이 되고 있다.

중국의 라이브 커머스는 2018년 경에 숏클립 동영상이 유행함에 따를 이를 활용하면서 등장하였고, 주요 전자상거래 플랫폼들이 잇달아 라이브방송을 통해 상품을 판매하는 데 뛰어들었다. 특히 코로나19로 오프라인 마켓이 침체에 빠지자, 라이브방송 유입량이 급격하게 증가하였으며 각 지역 위성 방송의 스타들도 관련 라이브 커머스에 합류하면서 거래 규모가 급격히 성장했다.

관련 자료에 따르면, 2022년 중국 온라인 라이브방송 이용자 규모는 6억 6,000만 명에 달한 것으로 추정된다. 중국 소비자들의 라이브 방송에 머무는 시간이 길어지고 유입량이 늘어나면서 기존 전자상거래 플랫폼은 물론, 콘텐츠 플랫폼 또한 라이브 커머스 영역을 확장하고 있다.

▶ 스마트물류

중국에서도 전자상거래 플랫폼을 통한 온라인 구매가 보편화 되면서 소비유통에 있어 제품을 보관할 수 있는 창고 관리 및 운영 그리고 배송에 대한 중요성이 커지고 있다. 스마트 물류는 정보통신기술과 재고 관리 소프트웨어를 적용해 물류 효율성을 높이고 최적의 물류환경을 제공하는 분야다. 스마트 물류에서는 기존에 사람이 담당하던 상품 분류와 재고 관리를 기계로 대체할 수 있으며 배송지 정보를 분석해 가장 빠른 시간에 배송이 가능한 운송기사를 연결하고 물건의 실시간 위치파악이 가능하다. 향후 기술 발전으로 정교한 컨트롤이 가능하다면 드론을 활용한 무인배송도 가능할 전망이다.

중국 최대 전자상거래 플랫폼을 운영하고 있는 알리바바, 징둥(京东) 등은 모두 스마트 물류를 활용해 창고를 운영하고 재고관리, 배송 및 운송시스템을 운영하고 있다.

중국에서 물류창고를 운영하는 기업은 150만여 개 사가 있는데 이 중 스마트 물류 시스템을 도입한 기업은 6만여 개 사가 넘는 것으로 추정되고 있다. 최근 스마트 물류 분야 신규기업이 지속해서 증가하고 있다.

제4절 신유통과 디지털경제

1. 전자상거래 현황

1) 전자상거래 개요

전자상거래는 인터넷을 통해 제품 및 서비스를 사고파는 행위로 생산자와 소비자를 한층 가깝게 해서 비용절감 효과를 극대화 한다. 전자상거래는 Electronic Commerce의 줄임말 '이커머스(e-Commerce)'로 통용되기도 하며 1993년 미국 상무성에 의해 용어가 대중화 되었다. 전자상거래는 거래 주체에 따라 '기업-기업(B2B)', '기업-개인(B2C)', '기업-정부(B2G)', '소비자-소비자(C2C)' 등 4가지 거래 유형으로 구분된다. B2B(business-to-business)는 기업과 기업 사이의 거래를 기반으로 한 비즈니스 모델로 판매자와 구매자 모두 기업이다. B2C(business-to-customer)는 하나의 기업이 다수의 개인을 상대하여 제품 및 서비스를 온라인으로 판매한다. B2G(business-to-government)는 정부가 조달 예정상품을 가상 상점에 공시하면 기업들은 이를 확인하고 거래 낙찰받기 위해 입찰에 응모하는 방식이다. C2C(Consumer-to-consumer)는 인터넷 경매 또는 벼룩시장과 같이 어떤 중개기관을 거치지 않고 소비자들이 인터넷을 통해 직거래를 하는 방식이다.

표 8-9 전자상거래 유형별 특징

유형	특징	플랫폼
B2C	• 멀티미디어 카탈로그를 갖춘 가상 상점에서 소비자 대상으로 제품 판매 • 상호대화적 주문	아마존, 인터파크 등
B2B	• e-마켓플레이스에서 판매자와 구매자가 모여 거래 • 기업 간 직거래 장터	축산물, 건설 등 전문 사이트
B2G	• 정부 기관을 대상으로 제품 및 서비스 판매 • 인터넷 기반의 전자입찰시스템 통해 거래	조달청
C2C	• 소비자 간 거래 진행	이베이, 옥션 등

자료: 홍일유, p.173

2) 글로벌 전자상거래 시장 동향

미국 시온 마켓리서치에 따르면 2027년 세계 전자상거래 시장 규모를 5,342 조 원으로 예상하는데 중국과 미국 소비자들의 높은 전자상거래 침투율 영향 때문이다. 글로벌 전자상거래 시장의 확대는 인터넷 보급 및 사용자 증가와도 밀접한 연관성이 있다. 2005년 전 세계 인구 중 약 10억 명이 인터넷을 사용했다면, 2022년에는 약 53억 명이 인터넷을 사용함에 따라 17년간 사용자의 5배가 증가한 것을 알 수 있다. 이는 전자상거래 시장에 참여할 판매자 및 구매자의 비율이 높아진다는 측면에서 긍정적이다. 반면, 전 세계 인구의 약 27억 명(2022년 기준)은 여전히 오프라인 상태로, 이 또한 전자상거래 시장의 잠재력으로 해석될 수있어 차후 확장성을 기대해 볼 수 있다.

UNCTAD에서 발표한 보고서에 따르면 2019년 총매출(B2B and B2C)은 미국이 9조 5,800억 달러로 가장 높았으며, 다음으로 일본 3조 4,160억 달러, 중국 2조 6,040억 달러, 한국 1조 3,020억 달러, 영국 8,850억 달러 순으로 나타났다. 중국을 제외한 미국, 일본, 한국, 영국 등에서는 B2C 전자상거래보다 B2B 전자상거래가 더 활성화되어 있는 것으로 나타났다.

표 8-10 · 2019년 전자상거래 매출 상위 10개국 (단위: 10억 달러, %)

순위	국가	전자상거래 총매출	B2B 전자상거래 매출 (비중)	B2C 전자상거래 매출 (비중)
1	미국	9,580	8,319(87)	1,261(13)
2	일본	3,416	3,238(95)	178(5)
3	중국	2,604	1,065(41)	1,539(59)
4	한국	1,302	1,187(91)	115(9)
5	영국	885	633(72)	251(28)
6	프랑스	785	669(85)	116(15)
7	독일	524	413(79)	111(21)
8	이탈리아	431	396(92)	35(8)
9	호주	347	325(94)	21(6)
10	스페인	344	280(81)	64(19)

자료: UNCTAD, 2021: 4 재작성

이러한 전자상거래 시장의 성장세 속에 주요 국가들의 경쟁도 치열하다. 2019년 B2C 전자상거래 매출을 기준으로 본 주요국들의 경쟁력은 중국과 미국이 가장 강력했고, 다음으로 영국, 일본, 프랑스, 한국, 독일 순이며, 인도의 경우 불과 5년 만에 10위권으로 진입해 전자상거래 시장에서의 저력을 보여주고 있다. 또한 매출액을 기준으로 국가 경쟁력을 예측한 2020년 이후 자료들(eMarketer, 2020a; eMarketer, 2022a)에서는 다른 국가들의 순위 변동은 있지만 1, 2순위인 중국과 미국의 위상은 계속 지속될 것으로 나타났다.

[그림 8-5] 2019년 B2C 전자상거래 매출 상위 20개국   (단위: 10억 달러)

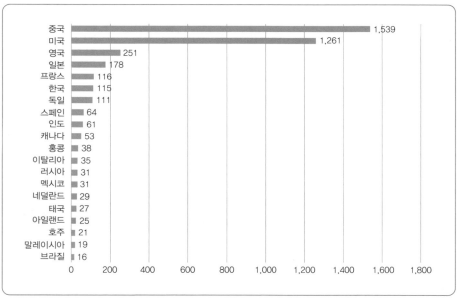

자료: UNCTAD, 2021: 5 재작성

2021년 전 세계 B2C 전자상거래 매출은 약 5조 2,000억 달러로 이는 2026년까지 56% 증가해 약 8조 1,000억 달러에 이를 것으로 예상된다. 전자상거래는 B2C 시장에서 점점 더 중요한 거래 방식으로 자리매김하며 2021년 전체 B2C 판매의 약 19%, 2026년에는 4분의 1인 약 24%의 비율을 차지할 전망이다.

[그림 8-6] 연도별 전 세계 B2C 전자상거래 매출 (단위: 10억 달러)

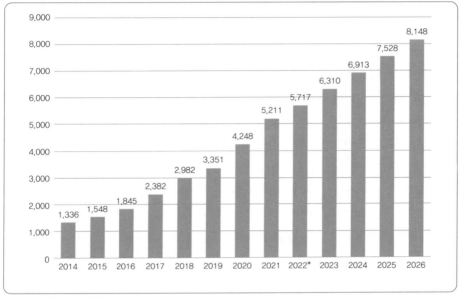

주: *해당 년도부터 예측됨
자료: eMarketer. 2022b 재작성

　글로벌 B2C 전자상거래 시장에서 매출을 기반으로 가장 빠르게 성장하는 국가는 싱가포르(36.0%), 인도네시아(34.0%), 필리핀(25.9%), 인도(25.5%) 등으로 아시아를 중심으로 높은 성장세를 보이고 있으며, 모바일 전자상거래 판매 수익 증가 등의 이유로 남아메리카 지역의 아르헨티나(25.3%), 멕시코(18%), 브라질(17.2%) 등에서도 빠른 성장세가 나타나고 있다. 브라질의 경우 모바일 전자상거래 매출이 2021년 230억 달러로 추정되며, 2025년까지 약 126% 성장한 520억 달러의 매출을 얻게 될 것이다.

　모바일 기기를 통한 전자상거래는 소비자가 손쉽게 언제 어디서나 실시간으로 전자상거래를 할 수 있다는 이동성, 즉시성, 편리성 등의 이점을 바탕으로 데스크탑이나 태블릿보다 사용률이 증가하고 있다. 스마트폰의 사용은 전 세계 B2C 사이트 트래픽의 약 74%, 온라인 쇼핑 주문의 63%를 창출하며 전자상거래 활성화에 기여하고 있다. 특히 남아메리카 및 동남아시아 등의 디지털 인프라가 부족한 지역에서는 모바일 기기를 채택함에 따라 온라인 쇼핑에 대한 경험을 높이고 전자상거래 시장에 활력을 불어 넣고 있다.

　인터넷 및 정보통신술의 발달, 모바일 기기 확산 등은 전통적인 무역 방식에도 영향을 미치며 새로운 기술 및 비즈니스 모델을 접목한 국경 간 전자상거래로의 전환을 이행하고 있다. 전자상거래가 자국 시장에서 주로 활용되었다면, 국경 간 전자상거래는 글로벌 플랫폼 및 유통 기업들의 탄생, 물류 시스템의 변화 등과 더불어 전 세계를 대상으로 시장을 확대해 가고 있다. 코로나19 시기에는 전 세계 국경 간 전자상거래 시장이 주춤하였으나 여러 국가들은 자국의 경쟁력을 향상시키기 위해 국경 간 전자상거래에 유리한 세제 및 통관 정책, 국제 물류 시스템을 확보하며 거래장벽을 낮추기 위한 노력들을 이어가고 있다. 기업 입장에서도 국경 간 전자상거래가 거래 비용을 낮추고 복잡한 공급 체계를 해결한다고 했을 때 글로벌 기업으로의 성장을 기대해 볼 수 있을 것이다.

　2019년 국경 간 B2C 전자상거래 전 세계 매출은 약 4,400억 달러로 추산되며, 2018년 대비 9% 증가한 것으로 보인다. 상품 수출을 기준으로 주요국은 중국, 미국, 영국, 홍콩, 일본, 독일 등의 순으로 나타났다. 국경 간 B2C 전자상거래 시장 가치는 2026년 약 2조 2,500억 달러에 이를 것으로 전망되며 그 성장세는 지속될 것이다.

　IPC(2023)에서 전 세계 39개국의 일부 국경 간 전자상거래 쇼핑객을 대상으로 실시한 조사에 따르면, 한 달에 한 번 이상 국경 간 전자상거래를 통해 상품을 구매하는 쇼핑객은 83%였으며, 가장 최근 상품 구매 국가는 중국 32%, 미국 13%, 독일 12%, 영국 9%로 나타났다. 한국의 경우는 미국(47%), 중국(24%), 일본(11%)에서 주로 구매하였으며, 미국은 중국(41%), 영국(15%), 캐나다(9%)에서, 중국은 일본(15%), 호주(11%), 미국(11%)에서, 일본은 중국(34%), 미국(26%), 한국(22%)에서 주로 구매하는 것으로 나타났다. 가장 많이 사용하는 플랫폼으로는 기타 33%를 제외하고 '아마존(Amazon)' 27%, '알리익스프레스(AliExpress)' 17%, '이베이(eBay)' 9%, '쉬인(Shein)' 6%, '위시(Wish)' 5%, '잘란도(Zalando)' 3% 순으로 나타났으며, 룩셈부르크, 인도, 오스트리아, 캐나다 등의 쇼핑객들은 절반 이상이 '아마존(Amazon)'을 사용하는 것으로 나타났다. 구입 품목으로는 '의류 및 신발(36%)'이 가장 많았으며, 다음으로 '가전제품 및 액세서리(20%)', '건강 및 미용

(16%)', '스포츠, 레저 및 취미(14%)' 순으로 인기가 있었다. 또한 쇼핑객들은 배송 위치, 배송비, 배송 추적 등에 대한 만족도는 높은 편이었으나. 세관 및 배송 속도에 대해서는 불만족하는 모습을 보였다.

3) 중국의 전자상거래 현황

중국의 디지털 경제 부가가치는 2020년 국가 GRDP의 38% 이상을 차지하며 중국 경제에 새로운 지평을 열고 있다. 중국 상무부(商务部)에 따르면 2021년 전체 전자상거래 거래액은 전년 대비 19.6% 증가한 약 42조 3,000억 위안이며, 그 중 B2C 전자상거래 거래액은 약 13조 900억 위안, B2B 전자상거래 거래액은 약 29조 1천억 위안인 것으로 나타났다.

B2C 전자상거래의 경우 코로나19와 함께 기업들의 엇갈린 운명이 나타났다. 2020년 총거래액(Gross Merchandize Volume, GMV)에서 우버(Uber), 에어비앤비(Airbnb)와 같은 여행 및 공유 서비스 등의 기업들은 GMV가 감소한데 반해, 알리바바(Alibaba), 아마존(Amazon)과 같은 전자상거래 플랫폼 기업들은 GMV가 증가하였다. 중국의 전자상거래 기업 중 알리바바(Alibaba), 징동닷컴(JD.com), 핀둬둬(Pinduoduo), 메이투안(Meituan)은 전 세계 상위 10위권 내 진입하며 중국의 전자상거래 저력을 다시 한 번 확인시켜 줬다.

2. 신유통 수단 라이브 커머스

1) 라이브 커머스 개요

코로나19로 비대면 문화가 일상화됨에 따라 온라인을 통한 판매와 소비가 급속히 증가하였는데, 핸드폰 사용의 대중화와 연결된 '라이브 커머스(Live Commerce, 중문명 '电商直播')라는 새로운 유통 방법이 등장하였다. 라이브 커머스는 라이브 스트리밍(Live Streaming)과 전자상거래(Ecommerce)의 합성어로, 실시간 동영상 스트리밍을 통해 상품을 소개하고 판매하는 방식이다. 라이브 스트리밍은 미리 제작된 영상이 아니라 인터넷 환경에서 실시간 동영상을 재생하는 생방송(live) 방식을 채택한다. 라이브 커머스는 판매자가 방송을 통해 제품을 설명하고 소비자는 채팅으로 참여해서 제품 정보를 추가적으로 수집하는 방식의 보다 적극적인 능동적 쇼핑 방법이다. 이 점은 전자상거래 쇼핑이 제품 사진, 제품 설명 및 구매 후기를 보고서 구입 여부를 결정하는 수동적 쇼핑과 가장 큰 차이점이라고 볼 수 있다. 그리고 라이브 커머스는 핸드폰만 있으면 누구나 어디서나 별도의 스튜디오나 전문 장비 없어도 판매가 가능하다. 즉, 스마트폰만 있으면 실시간 라이브로 일반인까지도 전문 TV쇼핑 도움 없이 독립 방송을 할 수 있다. 일부에서는 라이브 커머스는 TV홈쇼핑의 축소판이라고 하지만 TV홈쇼핑은 채널 운영 관련해서 송출수수료 부담하지만 라이브 커머스에는 해당사항이 없다는 다른 점이 있다. 그리고 TV홈쇼핑은 허가된 채널에서 방송 편성표대로 방송해야 하지만, 라이브 커머스는 판매자가 원하는 플랫폼에서 다수의 판매 방송을 동시에 진행할 수도 있다.

표 8-11 라이브 커머스 특징

특징	내용
1인 멀티플레이 가능	• 홈쇼핑방송의 판매자, 상품기획(MD), 쇼호스트, PD 역할을 라이브 커머스에서는 1인 혼자 소화
높은 확장성	• 생방송 종료 후에도 다양한 온라인 플랫폼 경로를 통한 재방영 가능
낮은 공간 제약(판매자)	• 라이브 커머스의 방송 장소는 무제한적(시장, 바다, 제조현장 등) • 홈쇼핑 방송에 비해 방송장비 및 인력 적음
낮은 공간 제약(구매자)	• 휴대폰으로 라이브 방송 시청하고 바로 구매 가능
고객의 직접 방송 참여	• 생방송에 댓글로 참여 또는 현장촬영 시 직접 영상으로 참여해서 방송몰입도 증가

자료: 각 언론보도 내용 정리

　　개인 모바일 시대에 진입함에 따라 온라인 및 TV방송 매체도 모바일로 옮겨왔고, 운영자의 '재미', '신뢰'가 더해져서 라이브 커머스는 급성장하였다. 라이브 커머스는 소비자와 실시간 소통을 통해 상품의 진정성을 전달·확인하는데 효과적이다.

표 8-12 라이브 커머스와 홈쇼핑 비교

항목	라이브 커머스	홈쇼핑
장소	제약 없음	TV 필요
시청-구매과정	통합	분리
구매 결제	편리하고 빠름: 네이버페이, 카카오페이	라이브 커머스와 비교해서 상대적으로 느림
이용자	MZ세대(20~30대)	40~50대
구매자 질문 경로	쌍방향 소통: 채팅 창으로 바로 응대	실시간 응대 불가
상품 가격 설정	방송 중 가격 변경 가능	방송 중 가격 변경 불가
법적지위	통신판매업자 · 통신중개업자	TV방송사업자, 통신판매업자
진입절차	신고(전자상거래법)	승인(방송법), 신고(전자상거래법)
콘텐츠 심의	정보통신 심의	방송 심의(방심위 전담침)

자료: 황기섭. TV홈쇼핑 산업의 동향과 공정경쟁을 위한 정책적 검토. 한국방송통신전파진흥원. 2020.

라이브 커머스에 적합한 판매 품목이 정해진 것은 없고, 무엇이든 다 판매할 수 있다. 국내 라이브 커머스에서는 화장품, 생활용품 등이 주요 판매 품목이지만 라이브 커머스가 발달한 중국에서는 굴삭기, 자동차까지 판매하고 있다. 중국 라이브 커머스 플랫폼 '콰이쇼우(Kuaishou)', '도우인(DouYin)'에서는 쇼호스트와 업계 전문가가 직접 굴삭기 사용 시연 및 고객과 실시간 소통(질의응답)을 통해 제품을 판매한다.

라이브 커머스 시장은 전체 온라인쇼핑 시장내에서 차지하는 비율이 약 2% 수준으로 아직은 미미 하나 구매 전환율이 타 커머스 대비 높은 시장이라는 점에서 매력적인 플랫폼으로 주목받고 있다.[5] iResearch에 따르면 전통적인 전자상거래의 구매전환율은 0.37%, 소셜 전자상거래 구매전환율은 6~10% 수준이나 라이브 커머스(상위권) 구매 전환율은 20% 수준으로 매우 높은편이다. 이는 라이브 커머스가 라이브방송+이커머스 결합 형태의 최적화된 쇼핑 방법으로서 비용 효율성이 높고 고객과의 상호 소통에 의한 상품구입 성공률이 높기 때문이다.

라이브 커머스는 국내에서 시작 단계이지만 중국은 이미 일상적인 쇼핑 방식으로 자리잡았다. 중국 라이브 커머스 시장은 이미 성숙기에 진입해서 유명 인플

---

5) 주용완(2021.3.), 국내 라이프 커머스 플랫폼 시장 진단, 한국인터넷진흥원, p.6

루언서 등장, 플랫폼마다 차별성, 지방정부마다 지원정책 등 경쟁이 치열해졌다. 경쟁이 과열됨에 따라 허위 과장 광고, 실제와 다른 저질 상품 판매, 접속자(팔로워) 수 조작 및 시청자 수 조작 등 문제가 발생해서 법적 보호장치 마련도 논의되고 있다. 중국인터넷정보센터(CNNIC)에 따르면 2020년 중국 라이브 커머스 이용자는 3.1억 명이고 라이브 커머스 방송이 1,000만회 이상 방영되는 것으로 알려지고 있다.[6]

2) 중국의 라이브 커머스 현황

중국의 라이브 커머스 플랫폼에는 타오바오(淘宝), 더우인(抖音), 콰이쇼우(快手), 징동(京东), 핀둬둬(拼多多), 웨이핀후이(唯品会) 등이 있다. 타오바오는 2016년 알리바바(Alibaba)가 출시한 소비자 라이브 스트리밍 플랫폼으로 출시 이후 1억 명 이상의 시청자 확보했으며 현재 시장 점유율이 가장 높다. 2016년 9월 시장 출시부터 더우인은 젊은층에서 음악 동영상 커뮤니티로 큰 환영을 받았고 2022년 기준 1조 4,100억 위안 매출을 달성했다. 콰이쇼우는 그림파일(GIF) 공유 모바일 앱으로 시작해서 개인 일상을 생중계하는 플랫폼으로 확장된 결과 2022년 기준 941억 위안 매출을 달성했다. 전자상거래 대표 주자 격인 징동은 강력한 시장 영향력을 기반으로 쇼호스트의 '전문성' 확보를 통해 정품 제품을 공급한다는 전략을 채택하고 있다. 핀둬둬는 모바일 전자상거래 플랫폼으로 해외 직구 쇼핑 앱 '테무(Temu)' 운영을 통해 해외 소비자에게 의류 및 가구 등 소비재를 공급한다.

2021년 중국의 라이브 커머스 사용자는 5억 6천만 명 이상으로, 전체 라이브 커머스 시장 규모는 1조 2,000억 위안 이상에 도달하였다. 알리 연구원(阿里研究院)에 따르면 최근 라이브 커머스 성장률이 연간 약 90% 성장했으며 앞으로도 지속 성장할 것으로 예측했다. 라이브 커머스를 통한 식품, 화장품, 의류, 가전제품 및 악세사리 판매는 이미 주류가 되었고 애완동물, 보석류, 경공업 등 모든 산업 영역에서 까지 라이브 커머스 플랫폼 진출을 시도하고 있다.

---

6) 东方财富网(2021.1.13.), 2020年中国直播电商行业市场现状与发展趋势分析2021年市场规模有望突破2万亿, https://baijiahao.baidu.com/s?id=1688745978686412213&wfr=spider&for=pc(검색일: 2021.7.31.)

[그림 8-7] 중국 및 해외 라이브 커머스 플랫폼 현황

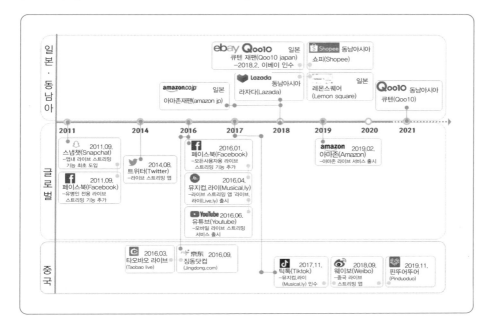

[그림 8-8] 라이브 커머스 플랫폼(더우인) 사례

자료: 더우인(抖音) 홈페이지(https://www.douyin.com)

제 **9** 장

한중경제교류

제9장 한중경제교류

제1절 한중무역

한국과 중국은 정식 외교관계수립 이전에도 홍콩을 통해 소규모의 비공식적 경제교류가 있었으나, 1990년 12월 Kotra(대한무역투자진흥공사)와 CCPIT(중국무역촉진위원회)가 양국의 합의에 따라 북경과 서울에 각각 대표처를 설치하면서 경제교류가 공식화되기 시작하였다. 뒤이어 1992년 8월 24일 정식으로 외교관계가 수립되면서 빠르게 늘어나기 시작하였다. 마침 1992년은 덩샤오핑이 연초부터 무한, 심천, 상해를 순시하면서 대외에 개혁개방을 변함없이 추진할 것을 천명한 해[1]로, 사실상 개혁개방정책이 본격화 되었던 시기여서 한–중 관계는 순항하기 시작하였다.

양국 간 경제교류가 증가하면서 경제교류를 원활하게 하기 위해 무역협정, 투자보호협정 등이 연이어 체결되었으며 2015년에는 오랜 기간 협의되었던 한중자유무역협정(FTA)이 체결되었다. 한–중 양국 사이에 체결된 관련 주요 협정들을 보면 아래와 같다.

표 9-1 한국-중국 경제 관련 협정

협정명	발효일자	발효내용
한중무역협정	1992.2.1	투자허가 및 전쟁 시 손실보장 등에 대한 최혜국대우와 투자과실의 공정 환율에 의한 송금보장(Kotra-CCPIT대표부명의)
한중투자보호협정	1992.12.4	사업수익의 국외송금을 보장하고 해외 리스크를 회피
한중해운협정	1993.6.26	선원, 여객 등에 대한 규정, 협약 당사국에 대한 최혜국대우원칙, 선박 여객 및 화물 운송 허용 등

---

1) 남순강화(南巡講話)라고 하며, 이를 계기로 중국의 경제가 본격적으로 날아오르기 시작했다.

한중환경협력협정	1993.11.27	협정의 주요 목적은 환경보호와 관련된 정보/기술 및 경험을 교환하고 상호 관심사항에 관해 협조하는 데 있어 보다 나은 기회 제공
한중조세조약 (한중이중과세방지협정)	1994.9.28	한국정부와 중국정부 간의 소득에 대한 조세의 이중과 세회피와 탈세방지를 위한 협정
한중어업협정	2001.6.30	서해상 양국 사이의 어업분쟁을 조정하고 체결
한중사회보장협정	2013.1.16	중국 현지에서 일하는 파견근로자와 현지채용자의 연금 보험 및 고용보험의 이중가입 면제
한중영화공동제작 협정	2014.9.1	한중 영화 공동제작 장려 및 한중 공동제작 영화는 외국 영화가 아닌 (중국)국내영화로 인정
한중자유무역협정 (FTA)	2015.12.20	대중 수출 연간 87억 달러 해당 물품 관세가 발효 즉시 철폐

자료: 국가기록원, 외교부, KOTRA

1. 교역규모

한-중 간의 무역규모 확대속도는 사상 유례가 없을 정도로 확대되었다. 1992년 수교 이래 2022년까지 31년간 교역규모는 48.5 배, 한국의 대중국 수출규모는 57.7배, 대중국 수입규모는 41.8배나 확대되었다. 같은 기간 한국 전체의 대외교역 규모가 8.9배 확대되었고 수출규모가 8.8배, 수입규모가 8.9배 확대된 것과 비교해 보면 한-중 간의 교역규모가 얼마나 빠른 속도로 확대되었는지를 알 수 있다.

1992년 한-중 양국의 교역규모는 64억 달러에 불과하였으나, 10년이 지난 2003년에 500억 달러를 기록하였고, 2년 후인 2005년에는 1,000억 달러를 달 성하였다. 2011년 2,000억 달러를 돌파한 양국 교역규모는 2012년에는 드디어 3,000억 달러를 넘어섰다.

표 9-2 한국의 교역규모 확대(2022/1992년)

구분	교역규모	수출	수입
한국전체	8.9배	8.8배	8.9배
對중국	48.5배	57.7배	41.8배

| 표 9-3 | 한-중 교역 현황 | | | | | | (단위: 백만 달러, %) |

년	수출		수입		수지	규모
	금액	증감률	금액	증감률		
1992년	2,654	164.7	3,725	8.3	−1,071	6,379
1993년	5,151	94.1	3,929	5.5	1,222	9,080
1994년	6,203	20.4	5,463	39.0	740	11,666
1995년	9,144	47.4	7,401	35.5	1,743	16,545
1996년	11,377	24.4	8,539	15.4	2,838	19,916
1997년	13,572	19.3	10,117	18.5	3,455	23,689
1998년	11,944	−12.0	6,484	−35.9	5,460	18,428
1999년	13,685	14.6	8,867	36.7	4,818	22,552
2000년	18,455	34.9	12,799	44.3	5,656	31,254
2001년	18,190	−1.4	13,303	3.9	4,887	31,493
2002년	23,754	30.6	17,400	30.8	6,354	41,154
2003년	35,110	47.8	21,909	25.9	13,201	57,019
2004년	49,763	41.7	29,585	35.0	20,178	79,348
2005년	61,915	24.4	38,648	30.6	23,267	100,563
2006년	69,459	12.2	48,557	25.6	20,902	118,016
2007년	81,985	18.0	63,028	29.8	18,957	145,013
2008년	91,389	11.5	76,930	22.1	14,459	168,319
2009년	86,703	−5.1	54,246	−29.5	32,457	140,949
2010년	116,838	34.8	71,574	31.9	45,264	188,412
2011년	134,185	14.8	86,432	20.8	47,753	220,617
2012년	134,323	0.1	80,785	−6.5	53,538	215,108
2013년	145,869	8.6	83,053	2.8	62,816	228,922
2014년	145,288	−0.4	90,082	8.5	55,206	235,370
2015년	137,124	−5.6	90,250	0.2	46,874	227,374
2016년	124,433	−9.3	86,980	−3.6	37,453	211,413
2017년	142,120	14.2	97,860	12.5	44,260	239,980
2018년	162,125	14.1	106,489	8.8	55,636	268,614
2019년	136,203	−16.0	107,229	0.7	28,974	243,432
2020년	132,565	−2.7	108,885	1.5	23,680	241,450
2021년	162,913	22.9	138,628	27.3	24,285	301,541
2022년	155,789	−4.4	154,576	11.5	1,213	310,365

자료: 한국무역협회(www.kita.net) (검색일자: 2023.5).

2. 무역수지

수교 첫해를 제외하고 30년 동안 한국은 지속적인 무역수지흑자를 기록하고 있었으나 2013년을 정점으로 등락을 거듭하다가 2019년부터 급격히 감소하기 시작하여 2022년에는 흑자 폭이 12억 달러에 불과하였다.[2] 그동안 한국의 대외무역수지 개선에 주요한 구성부분이었던 중국과의 무역수지가 급격히 감소되면서 한국의 대외무역수지도 적자로 돌아섰다. 이는 기본적으로 한국과 중국의 산업구조가 빠른 속도로 유사한 구조로 바뀌면서 상호보완적 관계에서 경쟁적 관계로 돌아선데 기인한 것으로 보인다.

표 9-4 중국과의 무역수지와 한국의 전체 무역수지

연도	대중국무역수지 (백만 달러)	한국의 무역수지 (백만 달러)
1992년	-1,071	-5,143
1993년	1,222	-1,564
1994년	740	-6,335
1995년	1,743	-10,061
1996년	2,838	-20,624
1997년	3,455	-8,452
1998년	5,460	39,031
1999년	4,818	23,933
2000년	5,656	11,787
2001년	4,887	9,341
2002년	6,354	10,345
2003년	13,201	14,990
2004년	20,178	29,382
2005년	23,267	23,181
2006년	20,902	16,082
2007년	18,957	14,643
2008년	14,459	-13,268
2009년	32,457	40,449
2010년	45,264	41,172

---

2) 2023년 1~3월에는 78억 달러의 적자를 기록하고 있다.

2011년	47,753	30,801
2012년	53,538	28,286
2013년	62,816	44,046
2014년	55,206	47,150
2015년	46,874	90,258
2016년	37,453	89,233
2017년	44,260	95,216
2018년	55,636	69,658
2019년	28,974	38,890
2020년	23,680	44,865
2021년	24,285	29,307
2022년	1,213	−47,785
2023년(1~3)	−7,840	−22,444

자료: 한국무역협회(www.kita.net) (검색일자: 2023.5).

3. 대중국 수출입 의존도

1) 수출

한국의 대중국 수출이 우리나라의 전체 수출에서 차지하는 비중은 지속적으로 증가하여왔으며, 2003년 처음으로 미국을 넘어섰고 최근에는 25% 이상이 되었었으나 2022년 들어 감소하여 22.8%였다. 과거 미국에 대한 수출의존도가 30%가 넘었던 적이 있었으나 그 당시는 우리의 경제규모가 작고 우리 수출제품의 구조가 단조로운 경공업제품 위주였기 때문에 어쩔 수 없는 면이 있었다. 그러나 지금은 우리나라의 경제규모가 세계 10위권에 있을 뿐만 아니라 무역규모도 1조 달러대에 있는 시점에서 한 나라에 대한 수출의존도가 22~25%나 된다는 것은 의존도가 지나치게 높다고 볼 수 있다.

수출에 있어 대중국 의존이 지나치게 커지고 있는 것은 중국시장진출 차원에서는 바람직한 것으로 볼 수도 있으나, 중국경제가 어려움에 부딪히거나 산업구조가 유사도가 높아질수록 우리경제의 안정성이 심각하게 영향을 받을 수 있다는 우려가 커지고 있다. 대중국 수출이 우리나라 전체 수출에서 차지하는 비중이

2007년부터는 2, 3위 수출대상국인 미국과 일본에 대한 수출비중을 합한 것보다도 더 커짐으로써 이러한 우려를 깊게 하고 있다.

(수출지역다변화)수출의 안정적 증가를 위해서는 또한 갑작스런 중국시장의 변화에 대한 충격을 완화하기 위해서는 수출선의 다변화가 요구되고 있다. 미국, 일본, EU 등 선진국 시장에 대한 수출확대와 인도, 브라질, 러시아 등 BRICS 국가들과 동남아 국가들에 대한 수출확대 노력을 더욱 기울여야 할 상황이 되었다.

표 9-5 한국 전체 무역에서 중국이 차지하는 비중

연도	한국전체교역중 중국의 비중(%)		
	무역규모	수출	수입
1992년	4.0	3.5	4.6
1993년	5.5	6.3	4.7
1994년	5.9	6.5	5.3
1995년	6.4	7.3	5.5
1996년	7.1	8.8	5.7
1997년	8.4	10.0	7.0
1998년	8.2	9.0	7.0
1999년	8.6	9.5	7.4
2000년	9.4	10.7	8.0
2001년	10.8	12.1	9.4
2002년	13.1	14.6	11.4
2003년	15.3	18.1	12.3
2004년	16.6	19.6	13.2
2005년	18.4	21.8	14.8
2006년	18.6	21.3	15.7
2007년	19.9	22.1	17.7
2008년	19.6	21.7	17.7
2009년	20.5	23.9	16.8
2010년	21.1	25.1	16.8
2011년	20.4	24.2	16.5
2012년	20.2	24.5	15.5
2013년	21.3	26.1	16.1
2014년	21.4	25.4	17.1
2015년	23.6	26.0	20.7

2016년	23.4	25.1	21.4
2017년	22.8	24.8	20.5
2018년	23.6	26.8	19.9
2019년	23.3	25.1	21.3
2020년	24.6	25.9	23.3
2021년	23.9	25.3	22.5
2022년	21.9	22.8	21.1
2023년(1~3)	20.5	19.5	21.5

2) 수입

우리나라의 총수입 중 중국이 차지하는 비중도 2019년부터 20%를 넘어서고 있다. 한국은 산업구조상 기계, 부품 등의 수입을 일본에 의존하고 있는 상황이어서 항상 일본으로부터의 수입이 가장 많았었다. 대일수입의존도가 높은 구조는 우리의 산업과 수출 나아가 경제발전이 일본의 영향을 강하게 받는 구조를 형성하였기 때문에 수입선다변화가 중요한 문제가 되었다. 그러나 중국으로의 투자진출이 급격히 늘고, 중국으로부터 값싼 농수산물과 경공업제품, 자원성 제품의 수입이 늘면서 중국이 우리나라 수입에서 차지하는 비중이 꾸준히 증가하여, 2007년부터는 일본을 넘어 우리나라 최대의 수입국이 되었다. 최근에는 우리나라의 경쟁력이 있었던 전기전자 제품들을 오히려 중국에서 수입하는 금액이 늘어나면서 전체 수입에서 차지하는 중국의 비중이 증가하고 있다. 수출과 마찬가지로 중국에 대한 수입의존도가 확대되고 있다.

(수입지역다변화)수출과 수입의 대중국의존도가 높아지는 것은 한국과 중국 양국의 경제 협력구조와 산업구조 등으로 어쩔 수 없는 면이 있으나 지나치게 비중이 커질 경우 우리경제와 산업이 중국경제의 상황변화에 지나치게 민감하게 되게 되어 문제가 심각해질 수 있다. 따라서 수출과 마찬가지로 수입시장 다변화 노력을 기울여야 하지만 이 역시 쉬운 문제는 아니다.

4. 대중국 주요 수출입상품

　　한중 양국 간의 교역품목을 살펴보면 양국의 산업이 상호보완적 관계에서 경쟁적 관계로 개편되고 있다. 양국 간의 분업체계가 산업 간 수직적 분업체계에서 산업 내 수평적 분업체계로 바뀌는 양상이다. 한국의 대중국 수출입품목을 주요 10대 수출품목을(MTI 6단위) 기준으로 10년 단위(1992, 2002, 2012, 2016)로 살펴보면 다음과 같다.

> ■ **수교 첫해(1992): 한-중 간에 산업구조 차이가 명확한 시기여서 수출입품에 있어 상호보완성이 강한 시기였다.**

　　〈수출〉 철근, 열연강판, 가죽, 냉연강판, HDPE, LDPE, 아연도강판, 백판지, 폴리에스텔섬유 등으로 철강, 화학원료, 섬유 등 가공무역용 원료 및 부품의 수출이 주를 이루었다. 이는 중국의 산업구조가 전통산업위주로 형성되고 있었던 시기로 원료, 부품, 기계설비에 대한 수요가 높은 시기였다.

　　〈수입〉 10대 수입 품목은 사료, 원유, 포트랜드시멘트, 유연탄, 기타순견직물, P/C직물, 기타정밀화학원료, 생지, 박류, 순재생단섬유직물 등으로 농산물, 광산물, 값싼 섬유방직제품이 주를 이루었다.

> ■ **수교 10년(2002): 한-중 간의 수출입구조는 여전히 보완적인 면이 강한 상태를 유지하고 있었으나 점차 경합품목이 나타나기 시작한 시기**

　　〈수출〉 휴대용전화기, 컴퓨터부품, 무선기기부품, 천연음극선관, 데이터디스플레이장치 등 전자통신제품과 부품의 수출이 주를 이루었다. 화학원료성 제품과 중국의 늘어나는 석유수요에도 불구 정유시설이 부족함으로써 우리나라에서 원유를 정유하고 이를 가져가는 상황으로 석유화학제품의 수출이 지속되었다. 이미 이 시기에 접어들면 중국의 철강산업, 방직섬유산업의 수준이 제고된 상태여서 대중 수출에서 산업 내 분업과 경쟁이 동시에 확대되는 상황이 되었다.

　　〈수입〉 유연탄, 사료, 정밀화학원료, 스웨터, 컴퓨터부품, 비금속광물, 알루미늄괴, 집적회로반도체, 경보신호기부품, 어류 등이 주요 수입품으로 여전히 농수산품과 자원성 제품의 수입이 주를 이루었으나, 중국투자진출 전자통신기업 제품의 역수입과 중국기업의 저가제품의 수입으로 전자부품에 대한 수입이 증가하였다.

■ **수교 20년(2012): 한-중 간 무역구조가 심한 경합성을 보이는 상황으로 변화되었다.**

〈수출〉액정디바이스, 메모리반도체, 프로세스와 콘트롤러, 자동차부품, 제트유, 무선통신기기부품, 경보신호기부품, 텔레프탈산, 파라크실렌, 개별소자반도체 등이 주요 수출품으로 우리나라의 대중국 수출제품은 전자통신제품과 화학원료 위주로 구성되어 있으며, 자동차산업의 진출과 중국의 자동차시장 확대로 자동차부품 수출이 주요한 수출품목으로 부상하였다. 2014년의 경우 2012년 대비 순위의 변동은 있으나 수출입품목의 구조변화는 없는 상황이다.

〈수입〉액정디바이스, 정밀화학원료, 메모리반도체, 배전 및 제어기, 전선, 휴대용컴퓨터, 철구조물, 개별소자반도체, 철 및 비합금강 열연강판, 자동차부품 등이 주요 수입품목으로 가공도나 품질면에서 약간의 차이는 있으나 주요 수출제품과 경쟁성을 보이는 제품들이 수입되고 있다. 이것은 중국에 진출한 우리기업의 제품수입과 기업체질이 강화되어 경쟁력을 갖추어나가는 중국제품의 수입이 늘고 있는 데 따른다. 이미 농수산품은 수입규모로 볼 때 전자통신, 전기제품 등 주요 수입제품에서 그 자리를 오래 전에 내준 상태이다.

■ **수교 30년(2022): 한-중 간 무역구조가 상보적 구조에서 더욱 심한 경합적 구조로 바뀌었으며, 수출입제품 구조가 유사성이 높아지고 있다.**

〈수출〉집적회로반도체, 합성수지, 정밀화학원료, 평판디스플레이, 화학원료, 화장품 등 등 주요 수출품으로 우리나라의 대중국 수출제품은 전자전기제품과 화학원료 위주로 구성되어 있으며, 중국의 자동차시장 확대로 자동차부품 수출이 주요한 수출품목으로 부상하였다. 특이 사항은 화장품의 수출이 확대되고 있는 상황이어서, 여타 소비제품도 품질과 브랜드의 경쟁력을 조금만 높일 수 있다면 중국시장 진출이 상당폭 확대될 수 있을 것으로 보인다.

〈수입〉중국으로부터 수입제품은 수출제품과 유사해졌는데 현지진출 우리기업의 생산제품 국내유입은 물론 중국기업의 경쟁력 강화로 한국진출이 확대되고 있다. 주요 수입제품으로는 집적회로반도체, 정밀화학원료, 축전지, 컴퓨터, 무선전화기, 자동차부품, 의류 등이 있다. 농수산품은 수입규모로 볼 때 전자통신, 전기제품 등 주요 수입제품에서 그 자리를 오래 전에 내준 상태이다.

표 9-6 한국의 대중국 20대 수출제품(MTI 4 단위 기준)

1992	2000	2005	2010	2015	2020	2022
합성수지	합성수지	집적회로 반도체	평판디스 플레이	집적회로 반도체	집적회로 반도체	집적회로 반도체
철근	중유	광학기기 부품	집적회로 반도체	평판디스 플레이	합성수지	합성수지
열연강판	음극선관	합성수지	합성수지	무선통신 기기부품	평판디스 플레이	기타정밀 화학원료
냉연강판	석유화학 합성원료	무선통신 기기부품	무선통신 기기부품	자동차 부품	화장품	평판디스 플레이
기타가죽	석유화학 중간원료	자동차 부품	자동차 부품	합성수지	경유	석유화학 중간원료
아연도강판	기타의직물	모니터	석유화학 합성원료	석유화학 중간원료	석유화학 중간원료	기초유분
폴리에스텔 섬유	기타가죽	석유화학 합성원료	석유화학 중간원료	기초유분	반도체제 조용장비	무선통신 기기부품
기타석유 화학제품	집적회로 반도체	컴퓨터 부품	광학기기 부품	광학기기 부품	무선통신 기기부품	화장품
판지	열연강판	중유	기초유분	보조기억 장치	평판디스 플레이 제 조용 장비	TV카메라 및 수상기
음극선관	컴퓨터 부품	석유화학 중간원료	건설중장비	개별소자 반도체	기초유분	전산기록 매체
강반제품	편직물	열연강판	축전지	인쇄회로	전산기록 매체	반도체제조 용장비
폴리에스터 직물	냉연강판	냉연강판	제트유 및 등유	기타플라 스틱제품	기타정밀 화학원료	동괴 및 스크랩
섬유기계	기초유분	제트유 및 등유	개별소자 반도체	기타정밀 화학원료	광학기기 부품	광학기기 부품
통신용광 케이블	폴리에스터 직물	기초유분	승용차	반도체제 조용장비	광학기기	계측기

철구조물	음향기기부품	평판디스플레이	선박용엔진/부품	기타전자응용기기	자동차부품	인쇄회로
아크릴섬유	폴리에스텔섬유	기타석유화학제품	인쇄회로	축전지	컴퓨터부품	동광
기초유분	기타석유화학제품	기타기계류	기타석유제품	기타기계류	인쇄회로	기타플라스틱제품
편직물	기타정밀화학원료	칼라TV	기타정밀화학원료	평판 디스플레이 제조용 장비	기타플라스틱제품	나프타
석도강판	양가죽	음향기기부품	냉연강판	화장품	동괴 및 스크랩	자동차부품
나일론직물	전자관부품	동조가공품	중유	기타석유제품	필름류	기타석유화학제품

자료: 한국무역협회(www.kita.net) 통계를 활용하여 저자 정리

표 9-7 한국의 대중국 20대 수입제품(MTI 4 단위 기준)

1992	2000	2005	2010	2015	2020	2022
사료	합성수지	집적회로 반도체	집적회로 반도체	집적회로 반도체	집적회로 반도체	집적회로 반도체
원유	중유	직물제의류	평판디스플레이	무선통신기기부품	기타정밀화학원료	기타정밀화학원료
시멘트	음극선관	컴퓨터부품	컴퓨터	기타정밀화학원료	컴퓨터	축전지
유연탄	석유화학합성원료	열연강판	기타정밀화학원료	평판디스플레이	무선전화기	컴퓨터
순견직물	석유화학중간원료	유연탄	열연강판	무선전화기	제어용케이블	무선전화기
폴리에스터단섬유직물	기타의직물	기타정밀화학원료	직물제의류	컴퓨터	자동차부품	자동차부품
기타정밀화학원료	기타가죽	알루미늄괴 및 스크랩	컴퓨터부품	제어용케이블	축전지	제어용케이블
순면직물	집적회로 반도체	경보신호기	중후판	직물제의류	평판디스플레이	평판디스플레이
천연섬유원료	열연강판	컴퓨터	철구조물	개별소자 반도체	선박	합성수지

곡류	컴퓨터부품	모니터	개별소자 반도체	열연강판	직물제의류	직물제의류
박류	편직물	편직제의류	선박	철구조물	무선교환기/ 중계기	편직제의류
재생단 섬유직물	냉연강판	사료	제어용 케이블	자동차부품	기타섬유 제품	기타화학 공업제품
모류	기초유분	무선통신 기기부품	무선전화기	편직제의류	개별소자 반도체	알루미늄 조가공품
기타석유 제품	폴리에스터 직물	기타비금속 광물	무선통신 기기부품	신발	무선통신 기기부품	무선교환기/ 중계기
합금철	음향기기 부품	전원장치	자동차부품	인쇄회로	기타화학 공업제품	개별소자 반도체
강반제품	폴리에스텔 섬유	중후판	기타비금 속광물	컴퓨터부품	편직제의류	전동기
식물성 한약재	기타석유 화학제품	신발	편직제의류	기타비금속 광물	기타플라 스틱제품	기타플라 스틱제품
기타비금속 광물	기타정밀 화학원료	평판디스 플레이	모니터	기타화학 공업제품	컴퓨터부품	신발
면사	양가죽	제어용 케이블	신발	합성수지	의자	인쇄회로
마직물	전자관부품	기타전자 응용기기	전원장치	기타플라 스틱제품	섬유기계	열연강판

자료: 한국무역협회(www.kita.net) 통계를 활용하여 저자 정리

5. 대중국 가공단계별 수출입

한국의 대중국 수출을 보면 중간재가 압도적인 다수를 차지하고 있다. 비교적 비중이 높았던 자본재(기계류)의 비중이 감소하고 중간재수출 비중이 급증하는 현상을 보이고 있다. 소비재는 여전히 대중수출 4%에 머물고 있다.

표 9-8 한국의 대중국 수출(가공도별)

년도	1차산품		소비재		자본재		중간재		기타		대중국 수출총액
	금액	비중	금액	비중	금액	비중	금액	비중	금액	비중	
1992	14	0.5	80	3	185	7	2,041	76.9	334	12.6	2,654

2002	117	0.5	1,170	4.9	4,395	18.5	18,068	76.1	4	0	23,754
2012	831	0.6	4,359	3.2	31,819	23.7	97,302	72.4	12	0	134,323
2022	2,162	1.4	7,292	4.7	15,891	10.2	130,257	83.6	187	0.1	155,789

자료: 한국무역협회(www.kita.net) 통계를 활용하여 저자 정리

한국의 대중국 수입도 중간재 비중이 60% 대로 상당히 높은 편이나 수출과 비교해 보면 소비재, 자본재의 수입비중이 높은 편이다. 1992년 한-중 수교 시 비중이 높았던 1차 산품의 비중은 1% 대로 미미한 비중이 되었다.

표 9-9 한국의 대중국 수입(가공도별)

년도	1차산품		소비재		자본재		중간재		기타		대중국 수입총액
	금액	비중	금액	비중	금액	비중	금액	비중	금액	비중	
1992	1,382	37.1	362	9.7	93	2.5	1,822	48.9	66	1.8	3,725
2002	2,196	0.1	4,224	0.2	2,586	0.1	8,388	0.5	6	0	17,400
2012	2,103	2.6	11,736	14.5	17,121	21.2	49,808	61.7	16	0	80,784
2022	2,092	1.4	18,821	12.2	28,760	18.6	104,403	67.5	501	0.3	154,577

자료: 한국무역협회(www.kita.net) 통계를 활용하여 저자 정리

6. 한국과 중국 각 지방(성, 시, 자치구)과의 교역현황

한국과 교역이 가장 많은 지역은 동남부 지역으로 대중국 수입 중 74.6%(중국의 대한국 수출), 수입 중 77.5%(중국의 대한국 수입)가 동 지역에 집중되었다. 반면에 서부지역은 각각 대중국 수입 중 11.9%, 수출 중 10.4%를 차지하고 있어 우리기업의 서부지역진출이 부진함을 알 수 있다. 그러나 동남부지역의 비중은 지속적으로 하강하고 있으며, 서부지역과의 교역비중은 계속 상승하고 있다.

지역별로는 강소성(859억 달러), 광동성(613억 달러), 산동성(423억 달러)과의 교역이 많았다. 동 지역은 모두 우리 한국기업의 투자진출이 많은 지역이다. 특히, 강소성과 광동성, 절강성은 한국의 무역수지흑자가 많은 지역으로 한국의 대중국 무역수지흑자 기록에 중요한 역할을 하고 있으며, 각각 장강삼각주와 주강삼각주의 핵심지역으로 대중교역에 있어 중요한 시장이 되고 있다. 한편, 동북3성 지역과는 교역비중은 지속적인 감소세를 보이고 있다.

지역	한국의 대중국수입		한국의 대중국수출		무역규모		무역수지
	금액	비중	금액	비중	금액	비중	
총계	**164,078**	**100.0**	**200,163**	**100.0**	**364,241**	**100.0**	**-36,085**
강소성	36,636	22.3	49,278	24.6	85,914	23.6	−12,642
산동성	28,174	17.2	14,102	7.0	42,276	11.6	14,071
광동성	18,089	11.0	43,288	21.6	61,377	16.9	−25,199
절강성	13,532	8.2	10,633	5.3	24,165	6.6	2,900
상해	9,988	6.1	22,806	11.4	32,794	9.0	−12,817
북경	2,597	1.6	3,476	1.7	6,073	1.7	−880
하북성	3,102	1.9	612	0.3	3,714	1.0	2,490
해남성	236	0.1	459	0.2	695	0.2	−224
복건성	6,351	3.9	3,006	1.5	9,357	2.6	3,344
천진	3,770	2.3	7,512	3.8	11,282	3.1	−3,741
동남부10개 지역	122,475	74.6	155,172	77.5	277,647	76.2	−32,698
강서성	4,670	2.8	1,947	1.0	6,617	1.8	2,723
호남성	3,204	2.0	1,404	0.7	4,608	1.3	1,800
호북성	2,828	1.7	2,469	1.2	5,297	1.5	359
안휘성	2,185	1.3	3,354	1.7	5,539	1.5	−1,169
하남성	2,543	1.5	9,999	5.0	12,542	3.4	−7,455
산서성	768	0.5	689	0.3	1,457	0.4	78
중부6개 지역	16,198	9.9	19,862	9.9	36,060	9.9	−3,664
요녕성	4,942	3.0	3,842	1.9	8,784	2.4	1,099
흑룡강성	472	0.3	38	0.0	510	0.1	435
길림성	495	0.3	418	0.2	913	0.3	77
동북3성	5,909	3.6	4,298	2.1	10,207	2.8	1,611
중경	4,025	2.5	7,790	3.9	11,815	3.2	−3,765
섬서성	8,514	5.2	5,275	2.6	13,789	3.8	3,239
사천성	4,022	2.5	5,825	2.9	9,847	2.7	−1,803
귀주성	504	0.3	67	0.0	571	0.2	437
광서장족 자치구	717	0.4	1,410	0.7	2,127	0.6	−693
내몽고 자치구	552	0.3	56	0.0	608	0.2	496

표 9-10 중국 각 지방의 한국과 대외교역(2022)　　　　　　　　　　(단위: 백만$, %)

영하회족 자치구	207	0.1	53	0.0	260	0.1	154
운남성	723	0.4	53	0.0	776	0.2	670
신강위구르 자치구	111	0.1	17	0.0	128	0.0	93
감숙성	89	0.1	279	0.1	368	0.1	−190
청해성	25	0.0	2	0.0	27	0.0	23
서장(티벳)	6	0.0	2	0.0	8	0.0	4
서부12개 지역	19,495	11.9	20,829	10.4	40,324	11.1	−1,335

자료: 한국무역협회(www.kita.net)의 중국통계를 이용하여 저자 작성(2022.5).

주: 지방정부의 입장에서 대한국수입(한국의 대중국수출)은 CIF로 계산되고, 반면에 한국입장에서 대중국수출 (중국의 대한국수입)이 FOB로 계산되는 관계로, 지방통계로 역산한 수치가 우리의 공식 통계와 상당한 차이 를 보이고 있다.

제 2 절 한중 FTA

1. 중국의 대(對)한국 FTA 전략

중국이 한국과 FTA를 추진한 동기는 무엇일까? 중국은 다양한 국가·지역과의 FTA 추진을 통해 에너지·자원확보, 수출시장확대, 대(對)선진국 우회 수출, 중국 동북지역개발 촉진 등의 경제적 목적을 핵심목표로 하고 있다. 이를 놓고 볼 때, 중국은 한국과의 FTA를 통해 무엇보다도 수출시장확대, 우회 수출, 동북지역개발 촉진 등을 중요 목표로 삼고 추진했다고 판단된다. 또한, 2003년 제3차 WTO 각료회의(멕시코 칸쿤)에서 도하개발 아젠다(DDA; Doha Development Agenda)가 결렬된 이후 지역주의로 통상외교전략을 전환한 만큼, 중국 중심의 지역주의 형성을 촉진하려는 전략적 목표도 존재했다고 생각한다.

중국의 FTA 로드맵에서 주목할 만한 사항은 중국의 FTA 추진 우선순위에서 한국이 갖는 위치이다. 중국에게 있어 한국은 ASEAN, SCO(상하이협력기구), 인도 등과 함께 FTA 추진 동기가 매우 강한 대상국 중 하나이다. 중국이 한국과의 FTA에서 기대하는 목적은 전술한 수출시장확대, 동북지역개발 촉진 등의 경제적인 측면 외에도 중국 중심의 지역주의 형성을 촉진하려는 전략적 목표도 내포하고 있다. 특히 중국은 동아시아 지역주의를 둘러싼 미국·일본과의 주도권 경쟁에서 한·중 FTA의 전략적 협력 및 필요성도 중요한 요인으로 작용했다고 생각한다. 이에 일부에서는 중국이 한국과의 FTA를 적극적으로 추진하였던 데에는 순수한 경제적 동기보다는 역내에서의 영향력을 강화하였던 요인이 강하게 작용하였던 것으로 보인다[3]고 평가하기도 한다.

그러나, 한·중 간의 경제적 교류·협력관계는 1992년 수교 이래 전례 없는 고속성장을 거듭해왔으며, 양국 간의 경제적 상호의존도도 매우 높은 수준이다. 물론 이러한 양국 간의 경제·무역 관계는 FTA 체결 이전에도 좋은 상호의존도를 유지해왔다. 최근 들어 한-중 무역 관계에 다소 어려움이 존재하고는 있으

---

3) 조현준·이인구(2007), 중국 FTA 정책의 정치경제적 목적과 결정요인, 「동북아경제연구」 제19권 1호, 66쪽.

나, 한-중 간의 경제의존도는 여전히 높은 수준이다. 따라서, 중국 정부는 한국이 EU(2011.7.1) 및 미국(2012.3.15)과의 FTA를 체결함에 따라 중국 정부는 한국을 FTA허브(Hub)로서 對EU, 대미(對美) 우회 수출지역으로 활용할 수 있는 경제적 요인에 대해서도 그 가치를 고려하였을 것이다.

2. 한-중 FTA 경과

중국은 2009년 12월 시진핑 국가부주석의 한국 방문을 계기로 한·중 FTA 조기체결 의지를 밝혔다. 그러나, 한-중 FTA는 2004년부터 2008년까지 산관학 공동연구 진행 이후 커다란 진전 없이 공전(空轉)을 거듭했다. 한·중 양국은 FTA 체결 필요성을 절감하고 있었으나, 한국은 중국산(産) 농산물 수입에 대한 우려가 크고, 중국은 한국산(産) 공산품 수입에 대한 우려가 커 타협점을 찾기가 쉽지 않았다[4].

한국의 경우, 농업개방 부담이 생각보다 클 수 있다는 점이 문제였다. 한국은 이미 발효된 한-미 FTA로 피해를 볼 수 있는 농업품목은 쇠고기와 감귤류에 한정되지만, 중국산 농산물은 고추, 마늘, 양파, 참깨 등 양념류와 축산물, 과실 등 다양하기 때문이다. 한국 대다수 농가가 자가소비 및 판매 목적으로 양념류 농사를 경작하고, 중국산 농산물 수입을 줄이기 위해 높은 수준의 조정관세를 부과해 왔다는 점은 농업부문의 부담을 짐작하게 한다.[5] 이러한 점은 한국의 협상력을 약화시키는 주요 요인이 되었다고 생각한다. 특히 농업개방에 대한 정치적 부담이 크게 작용함으로써 한-중 FTA에서 한국이 얻고자 했던 경제적 효과는 대폭 축소되었다고 볼 수 있다.

한-중 FTA의 경제적 효과가 제대로 반영되기 위해서는 현재 진행 중인 한-중 FTA 후속 협상, 즉 서비스·투자와 관련한 후속 협상이 조속히 마무리될 필요가 있다. 동 후속 협상은 한-중 FTA의 본격적인 경제적 효과가 전망된다는 점에서 한-중 경제협력에서 매우 중요하다고 생각한다. 더욱이 한국, 중국, 일본 등 동

---

4) 연합뉴스(2007.8.8).

5) 정인교, 한국경제연구원(2010.5.12).

북아 3국은 글로벌 상품무역 시장에서는 최고 선두권을 계속 유지하고 있는 반면에, 글로벌 서비스무역 시장에서는 3국 모두 단 한 차례도 흑자를 기록한 적이 없는 지속적인 서비스무역 적자 국가들이라는 점에서도 한-중 FTA 후속 협상은 매우 중요하다. 따라서, 한-중 FTA 후속 협상을 통해 서비스무역에 있어 한-중 경제협력의 새로운 이정표가 조속히 이루어질 필요가 있다.

1) 한-중 FTA 협상개시 공식 선언(2012.5)

한국과 중국은 2012년 5월 2일, FTA 협상 개시를 공식 선언하면서 ① 민감 품목 보호를 위해 협상을 1, 2단계로 나눠 진행하기로 협상 원칙을 정하였다. 한국 측은 농수산 분야를, 중국 측은 자동차, 기계, 석유 분야 등의 제조업을 민감품목으로 구분하였다. ② 상품, 서비스, 투자 분야의 분야별 협상 방식(modality)에 합의하고 이를 바탕으로 전면적인 2단계 협상을 하는 방식을 택하였다. ③ 상품 분야의 경우, 민감분야 보호를 세부화하여 일반품목과 민감품목으로 나누고, 민감품목군은 다시 일반적인 민감 상품과 초민감 상품으로 분류해 장기 관세철폐, 부분 감축, 양허 제외 등의 방식을 적용하기로 하였다. ④ 서비스 및 투자 분야에 대한 협상 체결 목표치의 경우, 서비스 분야는 WTO 협정보다 높은 수준의 자유화를, 투자 분야는 이미 체결한 투자협정 등을 고려해 양국 간 투자 흐름과 관련된 사항이 적절하게 다뤄지도록 규정했다.[6]

2) 한·중 FTA 상품협정 체결 결과와 그 함의(2015.12 발효)

2014년 11월 10일, 중국 베이징에서 개최된 한·중 정상회담에서 양국 정상은 한·중 FTA 협상이 실질적으로 타결되었다고 공식 선언했다. 이에 앞서 한·중 양국은 한·중 FTA 제14차 정부 간 협상(2014.11.4~9)을 통해 상품 및 서비스 시장개방과 품목별 원산지 기준(PSR) 등 모든 핵심 쟁점에 대해 최종 합의점을 도출한 바 있다. 그 후, 한·중 정상회담에서 양국 정상은 한·중 FTA 협상의 실질적

---

6) 연합뉴스(2012.5.2).

타결을 공식 선언하고, 기술적인 사안을 연내 마무리할 것을 양국 협상단에 지시하였으며, 양국 통상장관은 이러한 내용을 담은 '한·중 FTA 합의의사록'에 서명하였다. 이로써 2004년 민간 공동연구를 기점으로 본격적인 논의가 시작된 한-중 FTA는 2012년 5월 제1차 정부 간 협상을 개시한 이후 30개월 만에 실질적인 협상 타결이라는 결실에 도달하게 되었다. 그 후, 한·중 FTA는 양국 의회의 비준안이 통과되면서 2015년 12월 20일부터 발효되었다.

> 2005~2006 민간공동연구 → 2007~2010 산관학공동연구 → 2010~2012 정부 간 사전협의 → 2012.5월 한-중 FTA 제1차 협상 개시 → 14차례 공식 협상(2014.11) → 가서명(2015.2.25.) → 발표(2015.12.20)

한·중 FTA의 의의는 다음과 같다.

① 한·중 FTA를 통해 우리나라의 최대 수출시장이자 세계에서 가장 빠르게 성장하는 중국이라는 거대 시장을 우리의 제2 내수시장으로 선점할 기회를 확보할 수 있게 되었고, 이는 향후 우리 경제 발전의 새로운 활력소와 미래 성장 동력이 될 것이다.

> • 中 소비시장 규모(조 달러): (2013) 4.7 → (2015) 5.7 → (2020) 9.9(KIEP)
> • 中 총소비 증가(억 위안): (2008) 153,422 → (2013) 292,166(World Bank)

한·중 FTA를 통해 對中 수출 연간 87억 달러에 해당하는 품목의 관세가 발효 즉시 철폐되었으며, 對中 수출 458억 달러에 해당하는 품목은 발효 10년 후 관세가 모두 철폐됨에 따라, 중소기업을 포함한 우리 기업들의 對中 수출 활로를 개선하는 데 큰 도움이 될 것으로 전망된다.[7]

철강(냉연·열연·도금강판 등)·석유화학(프로필렌·에틸렌 등) 등 일부 주력 소재 제품에 더하여, 패션(의류·악세사리 등), 영유아용품, 스포츠·레저용품, 건강·웰빙제품(의료기기 등), 고급 생활가전(냉장고·에어컨·밥솥 등) 등 기술력을 보유한 우리 중소기업 제품들이 對中 특혜관세로 가격 경쟁력을 강화하게 되어, 기존 가공무역 중심의 對中 수출구조가 중국 내수시장을 겨냥한 고부가가치 최

---

7) 산업통상자원부(2014.11.10).

종 소비재 위주로 바뀌는 중요한 전기(轉機)를 마련하였다.

또한, 한·중 FTA 자유화가 최종 달성될 경우 연간 관세 절감 예상액이 54.4억 달러(약 6조 원)에 달해 한·미 FTA(9.3억 달러)의 5.8배, 한·EU FTA(13.8억 달러)의 3.9배로 예상된다. 건설, 유통, 환경, 법률, 엔터테인먼트 등 중국 유망 서비스 시장에서 양허를 확보하고, 금융·통신 분야 규범을 강화함으로써 우리 기업들의 진출 기회가 확대되고, 안정적인 제도 틀 속에서 지속적으로 성장할 수 있는 기반을 마련한 것으로 평가된다.[8]

아울러, 협정 발효 후 2년 내 서비스 및 투자 분야에 대한 네거티브 방식의 후속 협상을 개시하여, 개시 후 2년 내 후속 협상을 종료하기로 합의하였다. 그러나, 서비스 및 투자 관련 후속 협상은 당초 합의와 달리 2018년부터 서비스 분야 협상을 개시하였다. 이는 표면적으로는 사드(THAAD) 사태에 따른 한-중 간의 정치외교적 문제로 보이나, 실제로는 서비스 시장개방에 대한 두려움이 큰 중국 측의 문제에서 비롯되었다고 판단한다.

② 중국 현지화 전략을 추진하고 있는 품목(자동차, LCD 등), 중국 내 공급과잉이 심각한 품목(철강 등)에 대한 공세적 이익보다는 우리 주요 농수축산물에 대한 국내적 우려를 최대한 반영하였다. 對中 수입 농수축산물 중 60%(수입액 기준)를 관세 철폐(일정 기간 후 무관세) 대상에서 제외하였으며, 그 가운데 절반에 해당하는 30%(수입액 기준)는 어떠한 추가적인 개방 의무로부터 보호되는 '양허제외' 지위를 획득하는 등 최대한 보호하였다. 국내적으로 우려가 컸던 쌀을 비롯하여 주요 농수축산물(고추, 마늘, 양파, 사과, 감귤, 배, 조기, 갈치, 쇠고기, 돼지고기 등) 대부분을 양허 대상에서 제외한 것이다.

---

* 한국의 FTA 중 농수축산물 관세철폐율 비교(품목수기준/수입액기준, %)
  • 한-미(98.3/92.5), 한-호주(90.7/98.4), 한-ASEAN(62.8/56.2), 한-중(70/40)
* 양허 제외율(수입액기준, %): 한-미 FTA 0.9%, 한-EU FTA 0.2%, 한-캐 FTA 3.4%

중국 농수축산물에 대한 국내의 식품 안전 우려를 감안하여, 한·중 FTA SPS(위생·검역) 협상에서 우리 농업계의 우려가 컸던 지역화 조항 등은 협정문에서

---

8) (예) 중국에서 설립된 한국 건축·엔지니어링 및 건설서비스 기업의 면허 등급 판정시 한국에서 달성된 실적을 인정받게 됨.

제외하고 WTO/SPS 협정 수준으로 타결함에 따라 WTO/SPS 협정을 넘어서는 추가적인 의무 부담이 발생하지 않도록 하였다.

③ 중국 내 각종 비관세장벽 및 우리 기업의 애로사항('손톱밑 가시') 해소에 역점을 두어 우리 수출기업 및 현지 진출기업 보호를 위한 제도적 기반을 강화했다. 중국주재(在中) 주재원 최초 2년 체류 기간 및 복수비자 발급 확대, 700달러 이하 품목의 원산지증명서 제출 면제, 48시간 내 통관 원칙, 세관 집행의 일관성 증진, 특송화물 서류 최소화, 지재권 침해 물품의 압류·폐기 명문화, 중국 정부 내 우리 기업 애로 해소 담당 기관(중앙·성 단위) 지정 등을 통해 우리 기업들의 실질적인 애로사항을 해소하는 동시에, 국제 공인시험성적서 상호 수용, 시험·인증기관 설립지원, 시험 샘플 통관 원활화 등 기술장벽 및 시험·인증과 관련된 중국의 비관세장벽을 해소할 방안들도 포함되었다. 또한, 비관세조치 시행 전 충분한 유예기간 확보를 통해 관련 규정 제·개정 시 우리 기업의 법규 대응 어려움을 완화할 수 있는 법적 근거를 마련하였으며, 양국 정부가 비관세조치 해결 방안을 모색하기 위해 작업반을 설치하고, 각종 비관세조치를 보다 신속하고 효율적으로 해결하는 중개인을 통한 해결안 마련을 명문화하는 등 비관세장벽 문제 해소를 위한 제도적인 방안 마련에도 노력하였다.

④ 한·중 FTA를 통해 우리나라는 글로벌 3대 경제권과 FTA 네트워크를 완성하여 명실상부한 FTA 허브 국가로 발돋움할 수 있게 되었다. 우리나라는 세계 10대 교역 국가 중에서 처음으로 세계 3대 경제권(미국, EU, 중국) 모두와 자유무역협정을 맺게 되었으며, 이를 통해 우리 기업들의 국내 투자를 촉진하고, 국제통상 무대에서 우리 경제력에 맞는 위상을 확보하는 계기를 마련하였다.

FTA 허브 국가로의 부상은 우리가 기체결한 한·EU, 한·미 FTA 활용을 희망하는 중국기업들의 對韓 투자 확대와 중국시장 진출을 모색하는 미국·EU·일본 등 선진국 기업들의 對韓 투자 증대 및 고부가가치 일자리를 창출하는 데 많은 도움이 될 것이다. 나아가, 한·중 FTA는 한-중-일 FTA, TPP, RCEP, FTAAP 등 아태지역 역내 경제협력 및 동북아 지역 통합 활성화 움직임 속에서 우리나라가 핵심축(Linchpin) 역할을 할 수 있는 중요한 계기를 마련한 것으로 평가되고 있다.

> * 美 · EU · 中 모두와 FTA를 체결한 국가: 칠레, 페루
> * 각국의 경제영토: 칠레(85.1%), 페루(78.0%), 멕시코(63.6%), 코스타리카(63.5%)

⑤ 영화 및 TV 드라마, 애니메이션 공동 제작, 방송 · 시청각 서비스 분야 협력 증진, 중국 내 엔터테인먼트 합자기업 설립 개방, 관광 분야(해외 여행 영업) 우리 기업 우선 고려 약속 등으로 인해 양국 간 문화 · 관광 교류도 더욱 활성화될 것으로 보인다. 이와 동시에, 저작권과 저작인접권(음반 · 방송사업자)을 강화하여 중국 내 한류 콘텐츠를 보호할 수 있는 기반을 마련했다. 또한, 한반도 역외가공지역(예: 개성공단)에서 생산되는 제품에 대해 원산지 지위를 인정하기로 합의했다.

한 · 중 FTA 협정문은 상품(6개: 상품, 원산지, 통관 및 무역원활화, 무역구제, SPS, TBT), 서비스 · 투자(4개: 서비스, 통신, 금융, 자연인의 이동, 투자), 규범 · 협력(6개: 지재권, 경쟁, 투명성, 환경, 전자상거래, 경제협력), 총칙(5개) 등 총 22개 챕터로 구성되어 있어 명실공히 무역관련 제반 분야를 총망라하는 '포괄적인 FTA'로 평가된다.

> * 한−미 FTA: 24개 챕터, 한−EU FTA: 15개 챕터
> * 중국의 FTA 중 가장 포괄적인 챕터/중−뉴질랜드(18개), 중−스위스(16개)
> • 통신, 금융, 전자상거래는 중국의 기체결 FTA 중 최초로 독립 챕터로 구성

[**그림 9−1**] 한 · 중 FTA 활용 개념도

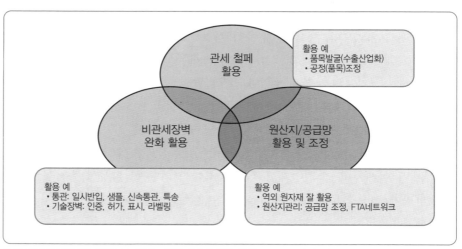

자료: KOTRA(2017), 한중 FTA 발효 1주년 성과와 활용 사례, KOCHI 자료 16-017.

표 9-11 한·중 FTA 활용전략

활용전략	활용 예	내용
관세 철폐 활용	품목발굴(수출산업화)	고관세로 수출하지 못했던 수출품목 발굴
	공정(품목) 조정	관세 부담으로 중간재로 수출했던 품목을 추가 가공하거나 완제품으로 수출
비관세장벽 (NTB)완화 활용	기술장벽(TBT) 완화 활용	기술무역장벽 개선을 수출 기회로 활용 – 성적서 상호인정, 적합성 평가절차
	통관	시험용 샘플 통관, 마킹·라벨링 등 조항을 활용
원산지/공급망 활용 및 조정	네트워크 재구성	원부자재 조달선을 양국으로 전환(누적원산지 효과 겨냥)하거나 양국이 체결한 FTA상대국으로 조달 및 수출 추진(투자 거점 조정 포함)
	원산지 규정 활용	원산지 보충규정 활용한 원부자재 조달 이전 – 미소기준, 누적기준 등

자료: KOTRA(2017), 한중 FTA 발효 1주년 성과와 활용 사례, KOCHI 자료 16-017.

표 9-12 한중 FTA 상품협정 협상 경과(2012.5~2015.12)

구분			주요 협상 내용
1단계 협상	1차	2012.5.14 (中 베이징)	• 협상운영세칙(TOR: Terms of Reference) 확정 • 무역협상위원회(TNC: Trade Negotiating Committee) 설치
	2차	2012.7.3~5 (제주도)	• 상품분야 품목군에 대한 정의와 기준에 대한 논의 개시 • 서비스와 투자 분야 작업반 개최
	3차	2012.8.22~24 (中 웨이하이)	• 상품을 민감도에 따라 일반·민감 • 초민감 품목군으로 구분
	4차	2012.10.30~11.1 (경주)	• 비관세장벽 및 무역규제 분야에 대한 논의 개시
	5차	2013.4.26~28 (中 하얼빈)	• 서비스·투자 모델리티의 핵심 요소에 대한 의견 교환
	※ 한·중 정상회담(2013.6) "높은 수준의 포괄적 FTA" 추진 합의		
	6차	2013.7.2~4 (부산)	• 상품 모델리티 및 협정 대상 및 범위 등에 대해 상당한 진전
	7차	2013.9.3~5 (中 웨이팡)	• 모델리티(Modality, 협상기본지침) 합의→ 1단계 협상 마무리 – 품목 수 기준 90%, 수입액 기준 85% 자유화 수준에 합의 – 서비스/투자 및 규범 분야 협정문 구성 요소에 합의

2단계 협상	8차	2013.11.18~22 (인천)	• 상품은 양허 및 협정문 협상을 동시에 진행 • 원산지, 통관 등 여타 분야는 협정문안 협의
	9차	2014.1.6~10 (中시안)	• 상품분야 양허수준 및 서비스/투자 분야 자유화 방식 협상 ※(韓) 제조업 조기관세철폐 요구 vs. (中) 농수산 품목 개방 확대 요구
	10차	2014.3.17~21 (일산)	• 상품분야 양허수준 및 서비스/투자 분야 자유화 방식 협상 ※(韓) 제조업 조기관세철폐 요구 vs. (中) 농수산 품목 개방 확대 요구
	※ 한 · 중 정상회담(2014.3) "한중 FTA 조기타결"에 대한 정상 간 공감대 확인		
	11차	2014.5.26~30 (中 쓰촨성)	• 상품분야 2차 양허안(offer)을 교환하고, 양측 핵심 관심품목에 대해 2차 양허요구안(request) 교환 • 서비스 분야는 1차 양허요구안(request)을 교환하고 상호 관심분야에 대한 의견 교환
	※ 한 · 중 정상회담(2014.7) "한중 FTA 연내 타결을 위한 노력 강화"에 합의		
	12차	2014.7.14~18 (대구)	• 서비스 · 투자분야 자유화 방식(韓 네거티브 vs. 中 포지티브)에 대한 원칙적 합의 도출 ※중국이 양자 FTA에서 네거티브 방식에 합의한 최초 사례
	13차	2014.9.22~26 (中 베이징)	• 상품분야 집중 협의를 진행하여 잠정 종합 패키지(안) 교환
	※ 한 · 중 정상급 회담(2014.10) "한중 FTA 연내타결 목표" 재확인		
	14차	2014.11.4~9 (中 베이징)	• 6개분야 잔여쟁점 집중 논의
서명	가서명	2015.2.25	• FTA 발표 즉시 개성공단에서 생산되는 제품에도 원산지 지위를 인정해 특혜관세 혜택을 적용하기로 함. • 국내 여행사 진출 및 양국간 금융업체 진출도 간소화
	정식 서명	2015.6.1	• 한중 FTA 정식서명(총 22장, 205쪽 분량)
발효		2015.12.20	• 한중 FTA 비준동의안 국회 통과(11.30)

자료: 산업통상자원부(2014.11.10, 2015.2.25, 2023.4.18)

3) 한 – 중 FTA 서비스 · 투자 후속 협상 개시(2018.3)

한–중 양국은 서비스 · 투자 분야와 관련한 후속 협상을 2015년 한–중 FTA 상품무역협정 발효 후 2년 내 개시하며, 개시 후 2년 내 마무리하기로 합의하였다. 그러나, 한-중 FTA 후속 협상은 사드(THAAD) 사태에 따른 한-중 간의 정치·외교적 문제 등으로 인해 기존 합의보다 지연된 2018년 3월부터 제1차 정부 간 협상을 개시하였으나 5년여가 흐른 지금까지 종결되지 못하고 답보상태를 거듭하고 있다.

현재까지 진행된 후속협상의 정부 간 협상은 2020년 10월 개최된 제9차 회의가 마지막이다. 표면적으로는 사드 사태에 따른 지연이나, 실제적으로는 서비스·투자 분야 경쟁력 약화 및 자국 내 시장 보호를 위한 중국의 시장개방 지연 가능성이 매우 농후하다고 생각한다. 이는 그동안 중국이 기체결한 지역무역협정(RTA)에서 서비스·투자협정이 중-홍콩 CEPA, 중-싱가폴 FTA를 제외하면 대부분 매우 형식적인 내용을 담고 있기 때문이다. 이를 방증하듯, 한-중 FTA 후속 협상도 극히 완만한 진전을 보여 중국의 서비스·투자 분야에 대한 시장개방의 두려움을 여실히 짐작해볼 수 있다.

표 9-13 한중 FTA 서비스·투자협정 후속 협상 경과(2018.3~현재)

구분			주요 협상 내용
서비스·투자 후속 협상	1차	2018.3.22~23 (서울)	• 향후 협상의 기본원칙, 적용 범위, 협상 구조, 시기 등에 합의 • 서비스·투자 관련 법제 및 정책과 상호 관심 분야 의견교환
	2차	2018.7.11~13 (북경)	• 관광, 문화, 금융, 의료 등 중국 서비스 시장진출 지원 및 투자 보호 강화
	3차	2019.1.15~17 (부산)	• 교환한 협정문 초안의 통합 작업을 가속화하고 시장개방 협상 시기와 방식 결정을 위한 협의 • 시장개방 수준, 투자자 보호 강화 등 양측 관심 분야의 핵심 쟁점에 대한 논의 진행
	4차	2019.3.27~29 (북경)	• 협정문의 핵심 쟁점 사안 논의의 가속화 및 시장개방의 협상 시기·일정 관련 결정을 위한 협의 진행

5차	2019.7.17~19 서울)	• 서비스, 투자, 금융 분야 등 협정문 주요쟁점 사안에 대한 논의 심화 • 기술적 사항 등에 대한 협상 진전 도모 • 시장개방 수준과 투자자 보호 강화 등 양국의 관심 분야 핵심 쟁점에 대한 논의
6차	2019.11.19~21 (북경)	• 서비스, 투자, 금융 분야 등의 시장개방 협상과 통합형 협정문 주요 쟁점 사안 논의 심화 • 높은 수준의 자유화 원칙과 관심분야의 시장개방이 최대한 반영될 수 있도록 지속적인 노력 • 불확실성이 증대되는 글로벌 통상 환경 속에서 자유무역 확산에 대한 양국의 의지 재확인
7차	2020.5.26~29 (화상회의)	• 관심 분야의 시장개방이 최대한 반영될 수 있도록 분과별 심층 논의 지속
8차	2020.7.20~23 (화상회의)	• 서비스, 투자, 금융 분야의 협정문 및 시장개방 협상의 진일보한 추진 노력
9차	2020.10.26~30 (화상회의)	• 서비스, 투자, 금융 분야의 협정문 및 시장개방의 주요 쟁점 사안에 대한 논의 심화 및 협상의 가속화

자료: 산업통상자원부(2023.4.18.); FTA 강국, KOREA(fta.go.kr, 검색일: 2023.7.10.)

한중 교역량은 수교 첫 해인 1992년 64억 달러에서 2021년 3,015억 달러(약 344조 1,000억 원)로 교역규모 47배 증가하였다(한국통계기준).[9] 2016년 한국은 반도체, 평판디스플레이 수출부진과 2020년 코로나19 영향으로 교역량 감소한 것을 제외하면 매년 지속적으로 교역량이 증가하였다. 중국과의 수교 초기 중국은 단순경공업에서 한국은 중화학 위주 품목에서 경쟁우위를 보였다. 당시 한국은 철강·섬유제품 수출하고 중국으로부터 식물성물질 및 원유를 수입하는 서로 다른 '산업 간 무역방식'이 진행되었다. 그러나 최근에는 양국 모두 산업고도화로 반도체, 무선통신기기, 컴퓨터 등 동일산업에서 수출·입이 동시에 이루어지는 '산업 내 무역' 형태로 변화하였다.

[그림 9-2] 한중 양국 교역현황

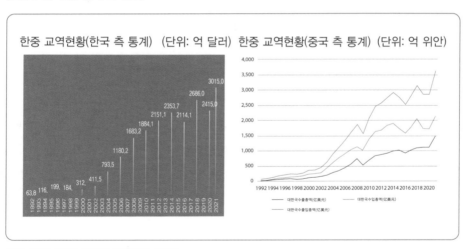

자료: KITA NET, 중국통계국(1992-2021)

9) 중국통계기준으로는 1992년 50억 달러에서 2021년 3,624억 달러로 확대되어서 약 72배 증가한 것으로 나타났다.

| 표 9-14 | 한국 對중국 10대 수출입 품목 비중(%) 변화 |

순위	수출						수입					
	1992		2010		2021		1992		2010		2021	
1	철강판	15.8	디스플레이 및 센서	16.8	반도체	30.8	식물성 물질	17.6	반도체	9.2	반도체	16.8
2	합성수지	11.3	반도체	14.7	합성수지	6.1	원유	6.0	컴퓨터	8.4	컴퓨터	7.2
3	선재본강 및 철근	8.8	합성수지	5.9	디스플레이 및 센서	4.8	인조단 섬유직물	6.0	디스플레이 및 센서	5.9	정밀화학 원료	6.3
4	가죽	5.3	석유제품	5.8	석유제품	4.2	시멘트	5.8	철강판	5.6	무선통신 기기	5.3
5	인조섬유	4.9	무선통신 기기	4.0	광학기기	3.4	석탄	5.6	의류	4.0	산업용 전기기기	3.6
6	인조장 섬유직물	3.7	자동자 부품	3.4	무선통신 기기	3.1	견직물	4.8	무선통신 기기	3.9	철강판	3.3
7	종이제품	3.4	석유화학 섬원료	3.0	석유화학 중간원료	3.1	곡실류	3.8	산업용 전기기기	3.8	의료	2.7
8	섬유 및 화학기계	2.9	철강판	2.7	비누치약 및 화장품	3.0	정밀화학 원료	2.9	정밀화학 원료	3.1	건전지 및 축전지	2.4
9	석유제품	2.8	석유화학 중간원료	2.2	반도체 제조용장비	2.9	면직물	2.8	선박해양 구조물부품	2.3	자동차부품	1.6
10	기타석유 화학제품	2.6	컴퓨터	2.1	컴퓨터	2.7	기타 농산물	2.8	레일 및 철구조물	2.2	기구	1.5

자료: KITA.NET

한중 양국의 경제협력 배경은 크게 세 가지 이유에서 시작되었다. 첫째, 한중 양국의 상호보완적 경제 필요성이 제기되었다. 1990년대 중국은 노동력 풍부했으나 일자리공급이 부족해서 외자유치가 절실했다. 중국 도시, 농촌의 많은 노동자들이 일자리를 구하는 상황에서 중국내 적은 일자리 공급은 임금수준 하락시켰고 소득수준이 낮아서 소비로 연결되지 않아서 기업의 재투자로도 연결되지 않았다. 한중 수교 논의 당시 중국은 경제개방 속에 공업화가 전면적으로 실현되는 고속 경제성장기에 있었고, 경제성장을 위한 자본유치 및 노동자 공급처를 지속적으로 확대할 필요가 있었다. 한편으로는 중국의 낮은 임금이 기업에게는 세계시장에서 가격경쟁력 확보라는 장점을 제공해서 적극적인 투자를 유도하는 요인이 되었다. 당시의 한국은 1988년 성공적인 올림픽 개최 이후 지속적 경제성장, 높은 저축률을 통해 한국은 상대적으로 넉넉한 자금을 확보한 상태였다. 그러나 경제성장을 견인했던 노동집약적 산업을 중심으로 국내 투자환경이 계속 악화되고 있어서 탈출구가 필요해졌다. 국내 임금 상승, 노동환경 개선요구 및 유해환경 단속강화 등 전통적·노동집약적 산업발전을 기대할 수 없는 상황으로 내몰리는 상황에서 중국투자는 좋은 기회로 다가왔다. 둘째, 한중 양국의 외교적 공감대가 형성되었다. 당시 한국의 노태우정부는 '북방외교' 추진 속에 한중 관계 정상화를 위한 분위기 조성에 박차를 가하였다. 1988년 3월 노태우 정권에서는 한반도 평화통일을 위해 '동유럽-소련-중국'과 수교를 추진하였고 중국은 개혁개방을 확대·발전시켜서 사회주의 시장경제 체제를 구축해야 했다. 마지막으로 양국 정부의 강력한 의지 속에 지방정부까지 적극적으로 참여하였다. 한중 양국은 경제무역협력을 강화하기 위해 1992년 9월 '한중정부무역협정《中韩政府贸易协定》', '이중과세방지 및 탈세방지에 관한 협정《中韩避免双重征税和防止偷漏税协定》', '한중무역협정《设立经济贸易及技术合作共同委员会协定》'을 체결하였다. 그리고 1994년 6월 6일 베이징에서 '한중공업협력위원회 설치에 관한 협정《关于成立中韩产业合作委员会的协定》'에 서명하고 경제 무역 협력과 동시에 새로운 분야에서 협력 확대 가능성이 모색되었다. 양국 정부는 '한중경제무역기술합작위원회(中韩经贸和技术合作联委会)', '한중산업합작위원회(中韩产业合作委员会)', '한중투자합작위원회(中韩投资合作委员会)', '한중무역실무회의(中韩贸易实务会议)' 등 설치해서 양국 간 경제무역협력의 순조로운 발전을 위한 소통 창구 조성을 통해 본격적으로 추진되었다. 그 결과 부산광역시는 상하이(1993.8.24)와 자매도시 관계를 체결하고, 선전(2007.5.17), 톈진(2007.7.23), 충칭(2010.12.2), 광저우(2019.11.1)와 우호협력도시를 맺는 것으로 이어졌다. 인천광역시 또한 톈진시(1993.12.)와 자매도시 관계를 체결 이후 지금까지 중국 11개 도시와 우호협력도시 관계로 발전시켰다.

1990년대 중국에 우호적 노동집약형 생산환경이 조성되면서 1992년 한중 수교는 신발업종(삼호산업·세원 등)을 중심으로 중국 칭다오에 생산공장 설립이 본격화되었다. 2000년대 한국기업 대중국 투자는 바이어 지원 측면에서 동반진출하는 경향이었다. 동일고무는 현대자동차와 현대모비스에게 자동차 부품을 납품하고 있는데, 2002년 설립한 북경현대의 생산지원을 위해 중국 칭다오에 투자를 결정하였다. 서봉전자는 전자제품 부품업체로써, 창원에 소재한 LG전자의 협력업체였으나 해당 기업이 중국으로 이전하면서 2003년 텐진에 투자를 결정하였다. STX조선을 위해 동남권 소재 여러 조선기자재업체들이 중국 다롄으로 투자 진출하였다. 그리고 2003년 산동성 라이시(萊西市)에는 부산전용 공단이 조성됨으로써 부산·경남 소재 기업 중심의 중견·대기업(태광/신발·넥센/타이어) 및 협력업체 10여 곳이 동반 진출하였다. 2008년 베이징 올림픽, 2010년 상하이 엑스포, 2013년 상하이 자유무역시험구 등 중국정부의 사회 전분야에 대한 대대적인 투자확대 분위기 속에 국내기업들은 중국내수 소비시장 확대를 기대하고서 투자가 이루어졌다. 특히 2015년 한중FTA 발효를 계기로 소비대국으로 성장한 중국 내수시장 직접 겨냥한 직접투자 목적이 92.9%였다(2021년기준, 한국무역협회). 배터리중국망(电池中国网)에 따르면 LG화학은 2019년 1월 난징(南京)에 배터리 생산공장 설립을 시작으로 2020년 11월 중국난징(南京)경제개발구에 5억 달러(약 5,680억 원)의 추가 투자의향서를 제출했다. 난징은 LG화학 전기차(EV) 배터리 1·2공장이 가동 중으로 난징(빈강)경제개발구에 전기차 배터리 2공장 2단계 자동차용 배터리 생산공장 건설을 통해 테슬라, BMW에 납품계획을 수립했다. 특히 테슬라3 모델이 시장에서 크게 성공함에 따라 배터리 공급수요도 크게 증가한 것이 LG화학의 재투자로 이어졌다. 테슬라3 모델이 매월 1만 대 이상 판매되고 테슬라 모델Y 등이 상하이 공장에서 양산되면서 배터리 수요도 빠르게 증가하였다. LG화학은 2023년이면 총 투자액 2조 원으로 테슬라의 전 세계 전기차 공급에 상당한 역할을 할 뿐만 아니라 모터, 차량용 충전기, 레이더 등의 전기차 부품생산 공급역할도 하고자 한다. 세계적으로 배터리 수요가 계속 증가함에 따라 배터리 공급업체들의 생산라인 증설도 경쟁적으로 확장하고 있어서 중국 배터리시장의 투자 확대 전망은 긍정적이다.

2021년 중국 우시 하이테크존(지구) 상무국에 따르면 LG화학 중국기술센터가 3000만 달러 투자하면서 우시 하이테크존 입주 준비에 들어갔다. 2023년 2월 총 건축면적 약 7300평방 미터, 첨단 실험설비를 갖추고서 준공식을 개최하였다.

[그림 9-3] LG화학의 우시 투자협약식 및 기공식

자료: LG화학(2012)

표 9-15 한국의 해외직접투자 현황 (단위: 억 달러)

국가	투자금액	투자연도	투자지역	투자항목
삼성	108.7	2012	시안	삼성(중국)반도체 1기공정
	70	2017	시안	
	80	2019	시안	2기공정
	216	2022	시안	2기공정
	24	2018	톈진	OLED생산라인
현대자동차	85	2021	광저우	연구개발, 생산, 판매기지
	22.3	2021	즈양	2기공정
	4.71	2022	베이징	베이징현대 증자
	6	2022	옌청	기아자동차 증자
LG	50,000억 원	2017	광저우	OLED평판
	5억 달러	2020	난징	배터리
	2억 위안	2021	우시	LG화학 기술센터
	1,016억 원	2022	난징	전동계통설비
SK	162억 위안	2021	옌청	100GWH동력전지
	127억 위안	2022	우시	D-RAM
Posco	41.25억 위안	2022	탕산	자동차강판

자료: 中国对外直接投资统计公报(2021년)

제4절 중국의 대한국 투자

　한중 수교 이후 양국 간 경제 협력은 나날이 긴밀해지고 있다. 그동안 양국 정부 간에 체결된 30개 이상의 협정(협정, 각서 등 포함)은 외교, 무역, 투자 및 기타 거시적 분야뿐만 아니라 노동, 세관, 항공 운송 및 어업과 같은 특정 분야를 목표로도 진행되었다. 한국에 직접투자는 주로 서비스업에 집중되고 있는데 투자지역은 서울·경기·인천의 수도권 지역에 집중돼 있다. 2004년 중국 상하이자동차의 쌍용자동차 지분(48.9%)을 5억 달러에 인수, 2016년 이후 제주도와 강원도의 중국자본 적극 유치 전략은 중국의 대한국 직접투자를 크게 증가시켰다. 이시기 중국투자자들은 사드문제로 한중 관계가 급냉각되기 전까지 부동산 및 관광업 등에 집중 투자가 이루어졌다. 무엇보다도 2012년 5월 한중 자유무역협정 정부 간 협상이 시작된 이래 2015년 12월 20일에 협정이 공식적으로 발효되기 까지 상호 신뢰 구축은 커다란 성과물이다.

　최근 중국 기업의 대한국 투자는 분야가 다양화되고 투자 지역이 상대적으로 집중되는 특성이 있다. 중국 기업들은 전자 정보, 부동산, 식품, 화학, 기계 및 장비, 의료, 운송 창고 및 환경 보호 분야 등 다방면에서 투자가 이루어지고 있다.

　2017년부터 중국의 대한국 투자는 전기전자, 기계장비, 정밀기기, 의료기기, 금속·금속가공 등에서 증가하였다. 중국 투자자들은 한국의 로봇, 의료 바이오, 미용 헬스케어 등 강점 산업분야에도 투자하며 한중 FTA로 인한 낮은 관세율 효과를 노리고서 자동차 부품, 알루미늄 등 분야에도 진출하고 있다. 2016년 중국 녹지그룹은 한국 제주도에 60억위안을 투자계획을 수립했으며 2018년 칭다오 쌍싱(青岛双星)은 칭다오 궈신(国信), 칭다오 청투(城投)와 함께 약 39억 위안을 투자하여 한국 금호타이어의 지분 45%를 인수했다.

　중국의 대한국 직접투자 규모는 한국의 대중국 투자에 비해 낮은 수준으로, 2010년 이후 증가세를 보이다가 등락을 거듭하고 있다. 중국의 대한국 투자액(도착금액)은 1992년 약 280만 달러로 미미한 수준이었고, 2011년 1억 달러를 돌파한 이후 증가세를 보였으나 뚜렷한 추세를 보이지 못하면서 등락을 거듭하고 있다. 2015년에는 17억 7천만 달러로 최대치를 기록하였고, 2018년에도 7억 9천만 달러로 높은 수준을 보였으나, 2021년에는 4,774만 달러로 매우 저조한 실적을 기록했다. 2020년 중국의 대세계 투자(1,537억 1천만 달러)에서 한국(1억 3,900만 달러)이 차지하는 비중은 0.9%로 여전히 미미한 수준이다. 2020년 중국의 신규 해외 직접투자는 홍콩(58%), 아세안(10.4%), EU(6.6%), 미국(3.9%) 등에 집중되고 있다.

중국의 대한국 투자는 전반적으로 서비스업에 대한 비중이 높으나, 일부 제조업에 대한 대규모 투자가 간헐적으로 이루어지는 등 뚜렷한 추세 없이 시기별로 편차가 크게 나타난다. 1992~2021년 중국의 대중국 직접투자 누적액(도착금액 기준)은 65억 5천만 달러로, 이 중 제조업은 35%(22억 9천만 달러), 서비스업은 63.6%(41억 6천만 달러)를 차지했다. 동 기간 제조업 투자(누적액 기준)는 운송용기계, 화공, 기계 장비·의료정밀, 전기·전자 순으로 이루어졌으며, 4개 업종이 전체 제조업 투자에서 차지하는 비중은 93.3%를 차지했다. 동 기간 서비스업 투자(누적액 기준)는 금융·보험, 부동산, 도·소매(유통), 연구개발·전문·과학기술 순으로 이루어졌으며, 4개 업종이 전체 서비스업 투자에서 차지하는 비중은 86.8%를 차지했다.

시기별로 살펴보면 1992~2001년에는 서비스업 중 도·소매(유통), 음식·숙박, 운수·창고(물류)에 대한 투자가 주를 이루다가 2002~2005년에는 운송용 기계, 전기·전자, 화공 등 제조업 투자가 일시적으로 급증하였다가, 2006년 이후 다시 금융·보험, 부동산 등 서비스업 투자 비중이 확대되었다. 2016~19년 중국의 대한국 제조업 투자 중 기계장비·의료정밀에 대한 투자(3억 5천만 달러)가 크게 확대된 것도 특징이다.

표 9-16 최근 5년간 중국의 대한국 업종별 투자 규모 (단위: 백만 달러)

업종	2017	2018	2019	2020	2021
제조업 전체	52	132.9	111.5	63	37.4
화공	27	1.6	3.3	4.9	0.8
기계장비·의료정밀	0.2	96.6	80.3	4.7	0
전기·전자	19.1	21.1	9.7	17.9	18.5
서비스업 전체	145.5	653.2	73.4	125	10
도·소매(유통)	38.5	42.2	35.1	15.2	7.3

음식 · 숙박	13.9	4.3	6.4	2.3	1.2
운수 · 창고(물류)	2.3	0.6	10	0.9	0
정보통신	13	7.1	4.8	6.8	0.4
금융 · 보험	1.7	589.8	0	0.6	0.1
부동산	41.2	3.5	11.7	86.4	0
연구개발 · 전문 · 과학기술	31.9	2.7	1.5	2.2	0.7

주: 도착금액 기준.
자료: 산업통상자원부 외국인투자통계(2022.8)

강준영(1999), 중국 사회주의 시장경제체제의 발전과 한계, 「중국연구」 제24권

강하연 외(2012), FTA 협상대상국 방송통신서비스 시장 개방 및 규제제도 현황(정책자료 12-11), 정보통신정책연구원(2012.12)

국제무역연구원(2013). 창조경제 실현을 위한 지식서비스산업 규제개선 및 경쟁력 강화방안, 한국무역협회 (2013.4)

공봉진 · 김태욱(2013), 「차이나 컨센서스」, 한국학술정보

곽복선(2009), 중국 내수시장 부양책이 우리에게 주는 기회, 친디아저널 2009년 4월호. POSRI

곽복선(2009), 도시화로 열리는 중국 내수시장, 친디아저널 2009년 10월호, POSRI

곽복선(2010), 세수로 보는 2010 중국경제, KOTRA, 2010.4

곽복선(2013), 중국 지역개발정책의 유형변화에 대한 연구, 「CHINA 연구」 제15집

금혜윤(2012), 주요국의 FTA 동향과 시사점, 「지역경제포커스」, Vol.6 No.33, 대외경제정책연구원, (2012.9.20)

김동하(2001), 중국 서부대개발 정책이 한국기업에 주는 시사점, 「중국연구」 제27권

김동하(2007), 「중국 거시경제정책과 철강산업」, 한국철강신문사

김동하 · 최병헌(2007), 新審計法을 통해서 본 중국 심계제도의 특징과 정책적 함의, 「POSRI 경영연구」 Vol.7 No.2, 포스코경영연구소

김동하(2007), 중국의 중부굴기 정책에 대한 소고, 「국제 · 지역연구」 16권 3호

김동하(2010), 중화학 시대 자동차와 에너지 분야 급성장, 친디아저널 2010년 5월호, POSRI

김동하(2010), 최근 중국의 노동쟁의에 따른 공회의 역할 변화에 관한 연구, 「중국학연구」, 제53집

김동하(2010), 중국 사회보험법 제정과 그 정책적 함의, 「중국학」, 제37집

김동하 · 안병국(2010), 중국 사회보장제도 개혁이 기업에 미치는 영향, 「한중사회과학연구」 제8권 3호

김동하(2010), 고소득자 숨은 세원 찾아 나선 중국, 친디아저널 2010년 8월호, POSRI

김동하(2010), 「위안화 경제학」, 한스미디어

김동하(2011), 중국 사회보장제도 구축에 노동법제가 미친 영향력 연구, 협동연구총서 11-03-25, 경제 · 인문사회연구회

김동하(2012), 2012년 중국 양회 민생 소비확대 강조, 친디아저널 2012년 4월호, POSRI

김동하(2012), 중국 도시화와 경제성장, 친디아저널 2012년 7월호, POSRI

김동하(2012), 「현대 중국경제와 통상제도」, 부산외대출판부

김동하(2013), 「차이나 머천트」, 한스미디어

김동하(2013), 「중국지리의 이해」, 부산외대출판부

김민석(2011), 170개 기업의 격전장 중국 가전 시장에서 살아남으려면, LG Business Insight(2011.1.12)

김부용(2012), 질적 변환기 맞은 중국기업의 해외진출, 친디아저널 2012년 2월호, POSRI

김성옥 외(2013), 「중국통상론」, 도서출판 두남

김수한(2013), 중국 상하이자유무역시범구 설립현황 및 주요 내용, 인천발전연구원

김용준(2012), 「차이나마케팅」, 박영사

김윤기 · 문정희(2010), 위안화 평가절상이 국내 원화 및 대중 수출에 미치는 영향(이코노믹이슈), 대신경제연구소 (2010.4.7)

김윤환(1985), 「경제정책」, 박영사

김은화(2009), 중국의 금융감독관리시스템은 어떻게 구성되었는가, 중국금융시장 포커스 2009년 12월호, 자본시장연구원

김은화(2010), 중국의 금융시장 개방 현황은, 중국금융시장 포커스 2010년 3월호, 자본시장연구원

김은화(2011), 중국 보험업 최신 동향 및 의료보험 제도 현황, 중국금융시장 포커스 2011년 1월호, 자본시장연구원

김은화(2012), 중국 위안화 역내 · 역외 채권시장 현황과 전망, 중국금융시장 포커스 2012년 4월호, 자본

시장연구원

김익수(1999), 「중국의 WTO 가입이 동아시아와 한국경제에 미치는 영향」, 대외경제정책연구원, KIEP

김재욱(1996), 「중국의 공업화 전략과 외국인 직접투자」, 대외경제정책연구원 지역정보센터

김적교(1996), 「경제정책론」, 박영사

김진용(2013), 중국 집단시위 비확산 원인과 양보전략, 「대한중국학회 2013 추계학술대회 논문집」

김춘송(1992), 「중국식 경제개혁」, 민지사

김행범(2002), 지대추구비용 규모에 관한 비판적 연구: 규범적 지대추구론을 중심으로, 「한국사회와 행정연구」, Vol.13. No.3

김형근(2012), 중국 동북3성 개발에 따른 물류협력, 「중국학」, 대한중국학회

김형근(2012), 부산항과 중국 주요 항만간 협력 전략에 관한 연구, 「중국학연구」, 중국학연구회

김형근(2013), 중국 서삼각 경제권 물류산업 환경 분석에 관한 연구, 「한중사회과학연구」, 한중사회과학회

김형근(2013), 중국 물류산업의 국민경제적 파급효과 분석, 「중국학」, 제45호 대한중국학회

김화섭(2011), 중국 제12차 5개년 계획의 평가와 시사점, KIET 산업경제 2011년 7월

김효명(2003), 「경제정책의 이해」, 박영사

Gang Qiu · Xiao-liang Zhang(2008), 중국 대형국유기업의 지배구조 개혁과 관리체계 혁신, SERI China Review 제2008-6호

邱罡 · 炯 · 菲(2010), 급성장하는 중국의 신에너지산업, 「Issue Report(10-1호)」, 중국삼성경제연구원

나카가네 카츠시(2001), 이일영 · 양문수 역, 「중국경제발전론」, 나남출판

나영주(2004), 중국 인민해방군 연구의 동향과 쟁점, 「統一問題研究」 통권 제42호

남영숙 외(2004), 중국진출 한국기업의 경영실태와 시사점, KIEP

노수현 · 이상희(2011), 상하이시 부가가치세 개혁의 주요 내용과 평가, 중국성별동향브리핑, Vol.2 No.27, KIEP

대한상의 베이징사무소(2008), 코참차이나 비즈니스정보 (2008.12.21)

대한상공회의소(2013), 2012-2013년 중국 ICT산업 발전 동향 (2013.1.21)

동애영 · 송경희(2010), 중국 통화정책의 키워드 인플레 위험, 하나금융경영연구소, 2010.3.9

리단(2009), 해외 교화 중국의 소프트 파워 네트워크, 친디아저널 2009-12월호

리인터내셔날무역투자연구원(2009), 「중국의 통상정책 변화에 따른 주요국의 전략과 한국의 대응방안」, 산업통상자원부

리우루이 · 루펑치(2007), 중국의 "저우추취" 전략 및 그 효과에 대한 분석, 「한중사회과학연구」 5권 1호

Liu siyang(2011), 중국 노동시장의 변화와 영향, SERI China 이슈 리포트 제11-3호

Ma zihui(2011), 중국의 도시화 과정과 향후 전망, SERI China Review 제11-12호

박동준(2010), 아시아 지역에서의 중국효과, 한국은행(해외경제정보 2010-9호), 2010.3.4

박래정(2011), 중국 중부굴기의 도시경쟁력 비교, LG Business Insight

박번순(2001) "최근 중국 국유기업 개혁의 방향", 「삼성경제연구소」

박복영 · 오승환 · 정용승 · 박영준(2011), 「국제금융에서 중국의 위상 변화와 시사점」, KIEP

박선민 외(2011), TV 홈쇼핑을 통한 아시아 소비시장 진출전략: 중국, 일본, 대만, 베트남, 인도네시아, 인도를 중심으로, *Trade Focus*, Vol.10 No.56, 한국무역협회(2011.12)

박용석(2010), 중국 게임시장 진출 전략, 〈2010 세계 게임시장 전망 세미나〉 발표문, 한국콘텐츠진흥원(2010.1.27)

박유영(2000), 「생활의 질 향상과 경제정책」, 삼영사

박월라(1997), 중국의 경제개혁과 중앙 · 지방관계(Policy Analysis 97-15), KIEP

박월라 외(2011), 중국의 보조금 현황과 주요국의 대응사례 연구, KIEP

박월라 외(2011), 중국기업의 해외직접투자 현황과 시사점, KIEP

박현정(2005), 국유상업은행의 전략적 투자자를 둘러싼 중국내시각, 세계경제초점(2005.12.8), KIEP

박현정(2006), 중국 兩會 개막과 사회주의 신농촌 건설, 「KIEP 세계경제초점」, KIEP

박혜리(2012), 중국의 WTO 정부조달협정(GPA) 가입협상 동향과 시사점, 「KIEP 지역경제 포커스」, Vol.6 No.35, KIEP

변희석(2007), 중국 정부조달협정(GPA)가입협상 주요 고려사항(2007.12.1), 주중한국대사관 (www.koreanembassy.cn)

배리 노턴(전용복·이정구 역), 「중국경제」, 서울경제경영, 2010.4

배민근(2010), 위안화 절상되면 무역수지는 소폭 개선, LG경제연구원(LG Business Insight), 2010.3.3

백권호(1999), 중국의 대외개방정책 변화에 관한 연구, 계명대학교 국제학논총 제4집

부산발전연구원(2012), 「부산의 차이나드라이브 전략」, 한국학술정보

산은경제연구소(2010), 2010년 중국주식시장의 제도적 변화 전망과 시사점(China Issue), 2010.3

산업은행 조사부(2001), 「중국의 개혁전략과 성과: 부문별 추진과정과 전망」

산업통상자원부·KOTRA(2013), 국내 U턴 기업 지원제도 및 투자환경 설명회

서석흥(2004), 중국의 新자동차산업 발전정책의 주요쟁점 분석, 「현대중국연구」 제6집 1호

서창배·정인교 외(1999), 「동북아 경제협력: 관세, 통상 등 지역경제협력」, KIEP

서창배(1999), WTO 가입협상의 현황과 문제점, 「KIEP 세계경제」 제2권 제7호, KIEP

서창배(2000), WTO 가입협상의 문제점 및 개선방안 모색, 「KIEP 세계경제」, 제3권3호, KIEP

서창배(2002), WTO 신규 가입협상의 최근 동향 및 향후 개선방안, 「KIEP 세계경제」, 제5권9호, KIEP

서창배(2005), WTO 가입이 중국의 경제전형(經濟轉型)에 미치는 영향, 한양대학교 학위논문

서창배(2006), '11.5 규획'에 담긴 '사회주의 新농촌건설'의 주요 의미와 한계, 「한중사회과학연구」, 제7권

서창배(2006), 중국의 외국자본 규제 강화와 한국기업의 對中투자 최근 트렌드에 관한 소고, 「한중사회과학연구」, 제8권

서창배(2006), 중국의 FTA 정책과 추진 현황, 「한·미 FTA 대한민국보고서(나성린편)」, 선진화국민회의

서창배(2007), 중국의 FTA 정책에 담긴 정치·경제적 함의, 「한중사회과학연구」, 제9권

서창배 外(2007), 중국 및 대만의 IT산업경쟁력 분석, 정보통신정책연구원(2007.12)

서창배(2007), 중국경제의 구조적 한계와 성장잠재력 분석, 한국동북아학회 국제세미나(2007.7.26)

徐 培(2008), 后WTO时代 国对 投 效 分析及其展望. 中国人民大学 学位 文.

서창배(2008), 중국IT산업의 경쟁력 분석: 노동생산성과 자본생산성 분석을 중심으로, 2008 경제학 공동학술대회(2008.2.20~21)

서창배(2008), 중국의 IT산업 발전 현황과 성장잠재력 연구, 「중국학」 제31권

서창배 외(2009), 「현대중국사회: 10개의 시선, 하나의 중국」, 세종출판사

서창배(2009), 중국경제의 구조적 문제점 분석, 「한중사회과학연구」, 제14권

서창배(2009), 중국의 외국인투자 환경과 그 특징, 「한국동북아논총」, 제14권 1호

서창배(2009), 중국의 정부조달 시장개방에 대한 연구: 개방에 대한 중국내 시각분석을 중심으로, 「서석사회과학논총」, 제2권 1호

서창배 외(2012), 자유무역협정의 의미와 현황, 「글로벌 이슈와 해결방안Ⅲ(김호준편)」, 부산외대 출판부

서창배(2011), 한·중·일 FTA의 추진 현황과 필요성 연구, 「China 연구」 제10집

서창배(2013), 중국의 정부조달시장 개방과 WTO GPA 가입 전망, 「한중사회과학학회 2013년 하계국제학술대회 발표논문집」, (2013.6.1)

서창배(2013), 중국 정부조달시장과 우리기업의 진출방안, 광주과학기술원 특강자료 (2013.4.30)

서창배·고미영 외(2013), ICT in China: 중국 디지털 비즈니스를 중심으로(Issue Crunch: Special Report), No.8, KT경제경영연구소(2013.6.25)

손병해(1990), 「경제통합론: 이론과 실제」, 법문사

손병해(2002), 「경제통합의 이해」, 법문사

신주식(2006), 중국 사회주의 시장경제 이론형성의 근원과 발전과정에 관한 연구, 「중국연구」 제38권

신태용(1996), 21世紀를 향한 중국의 韓·中 産業協力에의 示唆, 산업연구원

심상형(2012), 시진핑의 중국경제, 터닝 포인트에서 출범, 친디아저널 2012년 10월호, POSRI

안병국(2009), 중국은행체계의 변화, 친디아저널 2009년 9월호, POSRI

안병국(2010), 외자기업의 중국증시 상장여건, 친디아저널 2010년 9월호, POSRI

안유화(2012), 금융강국 부상을 위한 자본시장 개방, 친디아저널 2012년 4월호, POSRI

안종석·최홍석(2002), 체제전환기 중국의 대외투자, 「국제지역연구」, 6권 1호

양평섭(2000), 중국의 WTO 가입이후 산업별 개방계획과 그 영향, KIEP

양평섭(2002), 중국 정부조달법 제정의 의미와 시사점, 한국무역협회 무역연구소

정명(2011), 중국 통화금융정책의 특징과 시사점, SERI 경제포커스 제337호

오승렬(1994), 중국경제개혁과 시장기구의 역할, 「현대중국연구」 제2집

오승렬(2007), 「중국의 발전과 거시경제정책」, 폴리테이아

오용석(1991), 중국경제특구 전략의 평가와 한국기업의 대응, KIEP

오정수(2006), 「중국의 사회보장」, 집문당

王國剛(2009), 중국외환관리제도와 핫머니 유입, 중국금융시장 포커스, 자본시장연구원, 2009.11

왕기공·김민영(2007), WTO가입5년, 중국산업정책의 변화와 경제적 성과, 「지역발전연구」 제6권 제2호

왕양비(2011), 중국 금융시장-은행산업 현황, KIRI Weekly 2011.12.12. 보험연구원

왕양비(2012), 중국 금융시장-보험산업 발전 역사와 현황, KIRI Weekly 2012.3.5. 보험연구원

원석조(2009), 중국의 조화사회론과 사회보장 개혁, 「사회복지정책」 36권 2호

윤선민(2009), 중국 조선업 현황 및 전망, KOTRA 다롄 KBC 뉴스레터 (2009.11.27)

이경태(1996), 「산업정책의 이론과 현실」, 산업연구원

이근·한동훈 공저(2000), 「중국의 기업과 경제」, 21세기북스

이만용(2009), 중국계 은행들의 부상, 잠재력과 과제, 친디아저널, 2009년 5월호, POSRI

李牧群(2011), 중국 중부지역 발전계획, 이슈리포트 11-6호, 중국삼성경제연구원

이봉걸(2010), 위안화 절상이 우리 무역에 미치는 영향, 국제무역연구원(Trade Focus), Vo.l9 No.14

이성근 외(2013), 중국 IT산업의 빠른 성장, 한국기업의 혁신 압박 커진다, LG Business Insight, LG경제연구원(2013.5.15)

이중희(2004), 중국의 사회보장제도의 도입과 추진, 「중소연구」 28권 3호

이치훈(2009), 최근 차이나머니의 국내 유입 급증 배경과 향후 전망, 국제금융센터, 2009.5.12

이치훈(2009), 중국 외자은행에 대한 첫 판다본드 발행 허용과 시사점, 국제금융센터, 2009.6.2

이원호(2011), 「중국 채권시장 대외개방 동향과 시사점」, 글로벌경제이슈, 산은경제연구소

이은호(1985), 중국 사회주의 상품경제론, 「중국연구」 제9권

이창영(2008), 중국 금융산업 현황과 유망분야에 대한 진출전략, 「한중사회과학연구」 제6권 제2호

이창영(2009), 「중국의 금융제도」, 한국금융연수원

이창영(2008), 「중국의 금융산업 현황과 교역장벽 분석」, KIEP

이철용(2011), 중국 서부대개발, LG Business Insight(2011.2.23)

임기택(2003), 「중국 자동차산업의 현황과 미래」, 화서당

임민경·여지나(2013), 중국 진출 한국기업의 유턴 유형화 및 유턴정책 개선방안, KIEP

임성일(1998), 「중국의 지방재정제도」, 한국지방행정연구원

자본시장연구원(2009), 중국은행들의 수익운용 구조와 시사점, 중국금융시장포커스, 2009.6

자본시장연구원(2009), 2009년 한국 금융투자회사의 중국투자 동향과 2010년 과제, 중국금융시장포커스, 2009.12

자본시장연구원(2010), 위안화 평가절상에 대한 최근 동향 및 전망, 중국금융시장포커스, 2010.1

자본시장연구원(2010), 중국 선물시장 동향 및 전망, 중국금융시장포커스, 2010.2

자본시장연구원(2010), 중국 자산운용시장 전망, 중국금융시장포커스, 2010.3

Zhang Shenwei(2010), 중국 가전산업의 업그레이드와 전략적 전환, SERI China Review 제10-25호

(2010.12.8)

장경식(2008), 「중국을 읽는 기술」, 천케이

장정재(2010), 「쉽게 풀어쓴 중국재무회계와 조세 실무」, 송산출판사

장정재·금성근(2012), 부산기업의 중국진출 현황과 대응방안, 「부산발전연구원」

장정재(2012), 국가 해양특구 지정으로 中 해양경제 전략에 대응, 「부산발전포럼」

장정재(2012), 중국의 해양경제 전략 강화와 부산의 대응, 「BDI포커스」

장정재(2013), 상하이 자유무역시범구 출범과 부산의 대응방안, 「BDI포커스」

장정재(2013), 중국투자 국내기업의 U턴 동향과 대응과제, 「BDI포커스」

장정재·황영순(2013), 중국의 산업구조 고도화와 부산기업의 대응; 신발산업을 중심으로, 부산발전연구원

진병진(2008), 중국의 동북진흥계획 추진성과와 전망, 「한국동북아논총」 제47권

전신욱(2009), 중국 국유기업의 개혁과정과 운영방향, 「한국동북아논총」 제50집

정도숙(2012), M&A규모 최대 서구기업들의 경계심 고조, 친디아저널 2012년 2월호, POSRI

정은희·김화(2007), 중국 국유기업 개혁의 경제사적 고찰, 「專門經營人研究」 제10집 제2호

정인교(2001), 「FTA 시대에 어떻게 대처할 것인가?」, 대외경제정책연구원

정재호(1999), 「중국의 중앙─지방 관계론」, 나남출판

정철호·최영훈(2010), 위안화의 향방과 시사점, POSRI CEO Report, 2010.5.11, POSRI

정환우(2008), 중국기업의 해외진출 전략변화, 국제무역연구원

정환우(2012), 한·중 FTA 서비스분야 협상시 쟁점과 시사점, *Trdae Focus*, 한국무역협회(2012.5)

조달청(2008), 중국의 조달업무 및 법규현황, 「조달시장동향」, 2008.4.28

조철(2010), 「중국의 구조변화 전망과 우리산업의 중장기 대응전략」, 산업연구원

조하연(2004), 「거시경제이론(제2판)」, 세경사

조현준(1996), 「중국 국유기업 민영화의 전개와 전망」, 대외경제정책연구원

조환익(2011), 「우리는 사는 줄에 서 있다」, 청림출판

존나이스비트·도리스나이스비트(2010), 「메가트랜드 차이나」, 비즈니스북스

주상하이 총영사관(2005), 「메갈로 폴리스, 상하이」, 박영사

중국삼성경제연구원(2010), 중국 경제성장을 저해하는 지방정부의 융자플랫폼(CBF10-7호), 2010.2.25

중국삼성경제연구원(2010), 중국 국영기업 개혁정책과 국진민퇴(SERI China Review 10-2호), 2010.1.28

증벽균·임목서(1993), 박상선·최영렬 역, 「중국현대경제사」, 매일경제신문사

지만수·이승신·여지나(2010), 중국·대만 ECFA의 주요 내용과 시사점, 오늘의 세계경제 Vol.10 No.23, KIEP

지만수(2013), 「중국의 성장전략 전환: 그 의미와 도전」, 한국고등교육재단(www.kfas.or.kr), 2013.10.29

채희병(1998), 신발산업의 현황 및 대책, 신발산업 재도약을 위한 토론회, 「한국신발피혁연구소」, 부산상공회의소

최명해 외(2010), 중국 12·5 규획의 주요 내용과 시사점, 「SERI 경제포커스」(제314호), 2010.10.27, 삼성경제연구소

최창열(2010), 중국 투자환경 변화와 수출기업의 대중국 진출전략, 「무역보험연구」 제11권 제1호

최정식(2009), 외상투자 유한책임회사 및 주식회사에 관한 몇 가지 고찰, 「중국법연구」 제10집

최정덕(2010), 차이완 효과 LCD 산업 지형 바꾼다, LG경제연구원(LG Business Insight), 2010.1.13

탁세령(2004), 중국의 무역정책과 우리의 대응방안, 수은해외경제 2004년 7월호

포르투갈 신발 부품피혁 용품 제조협회(APICCAPS), WORLD FOOTWEAR 2012 YEARBOOK

포스코경영연구소(2001), 「21세기 중국 철강산업을 조명한다」, 한국철강신문

포스코경영연구소(2005), 「중국 철강산업의 오늘과 내일」, 한국철강신문

콩타오(2007), 등소평체제의 개혁개방 정책연구: 중국의 개혁개방 과정과 전망, 원광대학교 학위논문

하나금융경영연구소(2009), 중국 자동차산업 및 중국진출 국내업체 성장성 분석(산업연구시리즈 제18호), 2009.5.31

하상조(1997), 중국자동차 산업의 발전과 산업정책 평가, 「경제학논집」 제6권 1호

하용호(2001. 편저), 「신발패턴실무」, 경남정보대학 신발패션산업과

한국무역협회 상해지부(2013), 중국 조선업 동향과 대응 방안, 조사보고서 13-4

한국신발피혁연구원(2013), 미래성장산업 도약을 위한 신발산업 육성전략

한국은행(2005), 환율제도의 종류와 국가별 차이점, 2005.5

한국은행(2005), 우리나라의 통화정책, 한국은행

한국은행(2008), 한국은행의 알기 쉬운 경제이야기. 한국은행

한국은행(2009), 최근 중국의 고용대책의 주요내용 및 평가, 해외경제정보 2009-34호, 한국은행 (2009.5.6)

한국은행 북경사무소(2010), 중국 상업은행의 부실채권 현황과 전망, China Weekly (2010.3.8)

한국은행 북경사무소(2010), 최근 위안화 절상 압력에 대한 중국의 견해, China Weekly (2010.4.6)

한국은행(2011), 중국 무역수지의 구조적 특징과 향후 전망, 국제경제정보 2011-22호 (2011.5.19)

한국은행(2012), 위안화 국제화 추진과정에서의 리스크, 국제경제정보 제2012-2호

한국은행 북경사무소(2012), 중국 자본시장 개방 확대에 대한 평가, China Weekly (2012.4.9)

한국은행 북경사무소(2012), 중국인민은행 금리인하의 배경과 전망, China Weekly (2012.6.11)

한국은행(2012), 「중국의 금융제도」, 한국은행

한국은행(2012), 위안화 국제화 추진과정에서의 리스크, 국제경제정보 제2012-2호

한국은행 북경사무소(2013), 「China Weekly」 (2013.10.14)

한국외국어대학교 국제지역연구센터(2011), 「중국중소기업 진출 가이드」, 중소기업진흥공단

한국전자부품연구원(2006), 중국 산업 및 산업기술경쟁력 정보구축: 이동통신 산업 분야 (2006.3.2)

한내희 외(2005), 「중국 철강산업의 오늘과 내일」, 한국철강신문.

한동훈·이준엽(2001. 공역)(林毅夫·蔡昉·李周 共著), 「중국의 개혁과 발전전략」, 백산서당

한상국(2002), 중국의 재정관리 체제, 「재정포럼(2002.12)」, 한국조세연구원

황매희 편집부(2010), 「중국행정구획총람」, 황매희

허윤수 외(2013), 해양경제특별구역 추진 방안, 「부산발전연구원 창의연구」 2013-02-482호

허흥호(2012), 중국 장강삼각주 지역의 경제통합 추진과 발전전망, 「중소연구」 제36권 1호

현대경제연구원(2009), 중국과 대만의 경제 통합화와 시사점(경제주평 357호), 2009.7.10

BDI포커스(2013.8.19), 부산-상하이 교류 20년 성과와 향후 과제, 부산발전연구원

KIEP(1994), 「최근 중국경제 상황과 경제체제 개혁」, 「지역경제(제3권 제6호)」, KIEP

KIEP 지역정보센터(1996), 「21세기를 향한 중국의 경제발전 계획」, KIEP

KIEP 북경대표처(2001), WTO 가입에 대한 중국 각계의 반응, 「중국경제동향보고」, 제2001-41호. KIEP

KIEP(2001), 중국의 WTO 가입작업반 보고서 초안: 주요 내용 및 평가, 「용역보고서」, KIEP

KIEP(2005), 중국 위안화 환율제도 변경의 시사점, 오늘의 세계경제 05-26호, KIEP

KIEP(2009), 중국 위안화의 국제화 추진과 시사점, 오늘의 세계경제, 2009.3.16, KIEP

KIEP(2010), 위안화 절상 가능성과 국내에 미치는 영향, 오늘의 세계경제, 2010.3.15, KIEP

KIEP(2010), 선양경제구 발전계획을 통해 본 랴오닝성 도시화 추진 전략, 중국 성별동향브리핑 10-19호, KIEP

KIEP(2011), 12차 5개년 규획기간 중국의 세제개편방향, KIEP 북경사무소 브리핑 11-3호, KIEP

KIEP(2011), 「광둥성 산업지도」, 중국 권역별 성별기초자료(11-01), KIEP

KIEP(2011), 중국 서부지역 청위경제구 발전계획의 주요 내용과 전망, 중국 성별동향 브리핑 Vol.2 No.16, KIEP

KIEP(2011), 주요 성별 12차5개년규획의 주요내용과 평가(7): 중부 6개성, 중국 성별동향 브리핑 11-08호, KIEP

KIEP(2011), 국민경제 및 사회발전 제12차 5개년 규획강요. 북경사무소 브리핑. KIEP

KIEP(2011), 2030년 중국 경제발전과 성장 전망, 북경사무소 브리핑, Vol.13 No.16, KIEP

KIEP(2012), 한 동북3성 경제협력세미나, 동북진흥계획과 의미(국무원발전연구중심, 허우융즈, 2012.11.13), KIEP

KOTRA(2005), 「세계비즈니스 정보: 중국」, KOTRA

KOTRA(2007), 中外国人투자 산업지도목록(2007) 수정판 발표, 중국투자뉴스 (2007.11.7), KOTRA

KOTRA(2007), 중국 외상투자 산업지도목록 개정의 영향과 전망(Global Business Report 07-43), 2007.11.21, KOTRA

KOTRA(2009), 대만 양안경협 현황 총정리(중국투자뉴스 183호), 2009.12.31, KOTRA

KOTRA(2009), 중국 도시화를 알면 시장이 보인다(Global Business Report 09-49), 2009.12.17, KOTRA

KOTRA(2009), 중국 내수의 신블루오션 유망 2,3선 도시 소비트랜드(2009.3.31), KOTRA

KOTRA(2010), KOTRA가 바라본 중국 성시별 비즈니스 기회와 진출전략, KOTRA.

KOTRA(2010), 중국의 해외투자동향 및 중국투자유치 확대를 위한 정책과제, *FDI Theme Report* 10-007, 투자조사연구팀, 2010.7.12, KOTRA

KOTRA(2011), 中·新외상투자산업 지도목록 윤곽드러나, 중국투자뉴스 제244호(2011.4.22), KOTRA

KOTRA(2011), 닻 올린 중 권역개발. 내수시장진출 열쇠(곽복선, 정다은), KOTRA

KOTRA(2011), 중국소비, Code로 잡는다(곽복선. 2011.5), KOCHI자료11-004. KOTRA

KOTRA(2011), 「해외진출 한국기업 디렉토리-중국편」, KOTRA

KOTRA(2012), 「해외진출 한국기업 디렉토리-중국(2011-2012)」, KOTRA

KOTRA(2013.10.01) '상하이 자유무역구 운영 로드맵 세부내용과 시사점, KOTRA

LG경제연구원(2009), 중국 실업문제의 실태와 시사점(2009.3.18)

Australian Government Department of Foreign Affairs and Trade(2006), *Australia-China Free Trade Agreement, Joint Feasibility Study*.

Arthur Kroeber, "中国世 到了," FT China(FT 全球 报道, zhongwen.ft.com), 2005.6.13

Anderson, K. and R. Blackhurst(1993), *Regional Integration and the Global Trading System*, Brighton: Harvestor-Wheatheaf

Crawford, Jo-Ann and Roberto Z. Fiorentino(2005), The Changing Landscape of Regional Trade Agreements, *WTO Discussion Paper*, No.8

China Federation of Logistics & Purchasing(2013), Logistics Industry in China

China's Retail Logistics Management Problems and Countermeasures. (n.d.). Enterprise Research Papers.(2011) Retrieved June 20,from http://eng.hi138.com/?i46219

Daniel Okimoto(1989), Between Multinational and the Market, Stanford University Press

Dominic Barton, Yougang Chen, and Amy Jin(2013), Mapping China's middle class, *McKinsey Quarterly*, June 2013

Gregory C. Chow(2002), China's Economic Transformation, Blackwell Publishing

Glenn, H. R. (2007), *Money, the Financial System and the Economy*(6th Edition), Addison-Wesley

Harding, Harry(1993), The concept of Greater China: Themes, Variations and Reservations, The China Quarterly, No.136, pp. 660-686

James Gwartney, Robert Lawson, Erik Gartzke(2005), Economic Freedom of the World 2005 Annual Report, The Fraser Institute

Janos Kornai(1980), Economics of Shortage(Volume A,B), Amsterdam, North-Holland Publishing Co.

Janos Kornai(1986), 「短缺經濟學」, 經濟科學出版社 (중문 번역서)

Junjie, H (2007). Logistics development in China: a provider perspective, Transportation Journal, 46, (2), 55-65.Retrievedfromhttp://search.ebscohost.com/l

K.E.Boulding(1958), *Principles of Economic Policy*, Prentice-Hall, Inc.

Kim & Choi(2013), Third-party enterprises' perceptions of green logistics in China, 「Journal of Logistics and Trade」, Jeongsuk Logistics&Trade Institute

Li & Fung Research Center 보고서 (2012)

Morgan Stanley(2012), The Logistics Journey is Just Beginning

Naughton, Barry(1997), The China Circle: Economics and Electronics in the PRC, Taiwan, and Hong Kong, Brookings Institution Press

National Intelligence Council(2008), *Global Trends 2025: A Transformed World, NIC 2008-003*, November 2008

National Intelligence Council(2012), *Global Trends 2030: Alternative Worlds, NIC 2012-001*, December 2012

Porter, N. & Teng Teng Xu(2009), What Drives China's Interbank Market? (IMF Working Paper WP/09/189), IMF

POSRI(2013), POSRI China Steel Monthly Brief 2013년 2호, POSRI

Shaghil Ahmed(2009), Are Chinese exports sensitive to changes in the exchange rate?, International fianance discusiion papers 987, Board of Governors of the Federal Reserve System

Several problems in the logistics sector in China (2011, June 20.), Jobs in Logistics. Retrieved June 20, 2011, from http://www.jobsinlogistics.org

Schwab, Susan C.(2008), U.S. Trade Representative' Remarks at AmCham-China & US-China Business Council Event, *Office of the USTR's*, August 29, 2006

The Ministry of Commerce, China and the Ministry of Foreign Affairs and Trade, New Zealand(2006), *A Joint Study Reportona Free Trade Agreement Between China and NewZealand*

WTO Committee on Government Procurement(2008.1.14), "application for accession to the agreement on government procurement: Communication from the People's Republic of China," WTO, GPA/93

WTO Committee on Government Procurement(2010.7.9), "ACCESSION OF THE PEOPLE'S REPUBLIC OF CHINA TO THE AGREEMENT ON GOVERNMENT PROCUREMENT: Communication from the People's Republic of China - Revised Offer," *WTO, GPA/ACC/ CHN/16.* (restricted)

World Bank(2012), The Logistics Performance Index and its Indicatiors, World Bank

WTO(1994), *Agreement Establishing the World Trade Organization(WTO)*, 1994.4.15

WTO(2012), *2012 Trade Policy Review: China*

Zhang, S. and Zhang, A(1987), "The present Management Environment in China's Industrial Enterprises," Reform in China : Chanllenges and Choices, Reynolds, B.L.

ZHANG HANG(2009.7), *Development of China's Government Procurement*, Ministry of Finance

Zhu Jianyuan(2009.4), *Public Procurement Market In China*, China Tender Ltd.

UN, *World Population Prospects: The 2010 Revision Comprehensive Tables*, 2013

蔡昉(2003), 「中國人口與勞動問題報告」, 社會科學文獻出版社

財政部注冊會計師考試委員會辦公室編(2004), 「2004年度注冊會計師全國統一考試輔導教材」, 經濟科學出版社

陈群元·喻定权(2012), 长株潭城市群一体化模式构建探索,「国土与自然资源研究」2012年1期

陈荣辉(1996), 我国企业跨国经营的主要动因,「上海经济研究」, Z1期

陈国平(2012), '围观2012中国鞋类进出口数据', 中国皮革

何干强主編(2005), 「當代中國社會主義經濟」, 中國經濟出版社

胡晓峰(2005), 国有军工企业改革任重道远, 航空工业经济研究, 2005年06期

胡曉義(2009), 「走向和諧: 中國社會保障發展60年」, 中國勞動社會保障出版社

方志(2005), 「當代貨幣政策理論與實踐」, 上海三聯書店

樊綱(2000), 「面向新世紀的中國宏觀經濟政策」, 首都經濟貿易出版社

桂世鏞(1991), 「國民經濟和社會發展十年計劃和第八個五年計劃綱要講話」, 中國計劃出版社

韓文秀 · 劉成(2000), 「積極財政政策的潜力和可持續性」, 經濟科學出版社

何干強主編(2005), 「當代中國社會主義經濟」, 中國經濟出版社

桁林(2005), 「中國的凱恩斯主義」, 經濟管理出版社

國家統計局(2009), Tom Orlik: 如何看待中国经济减速时期的GDP统计, 國家統計局 (2009.4.14)

國家發展改革委員會(2012), 「東北振興12 · 5規劃」

工業信息化部(2012), 「船舶工業12 · 5發展規劃」

胡鞍鋼(1993), 「中國國家能力報告」, 遼寧人民出版社

金三林(2002), 「2002年夏季宏观论坛专家观点综述」, 「宏观中国(第27期)」

江小娟(1996), 「經濟轉軌時期的產業政策」, 上海三聯書店/上海人民出版社

江澤民(2006), 「當前經濟工作需要把握的几個問題(2000.11.28)」, 「論社會主義市場經濟」, 中央文獻出版社

李長明(1997), 「中國經濟發展研究」, 經濟管理出版社

李鵬(1991), 「關於國民經濟和社會發展十年規劃和第八個五年計劃綱要的報告」, 人民出版社

李賢沛(2005), 「21世紀初中國的產業政策」, 經濟管理出版社

李曉西(2003), 「2003年度中國市場經濟發展報告」, 中國對外經濟貿易出版社

李興山主編(2004), 「社會主義市場經濟理論與實踐」, 中共中央黨校出版社

李暉(2009), 論中國外商投資股份有限公司市場准入制度, 北京工業大學(學位論文)

林毅夫(1994), 「中國奇迹: 發展戰略與經濟改革」, 上海人民出版社

林武郎 · 臧程遠(1998), 中國大陸企業在海外投資之分析, 「中國大陸研究」41:9, 國立政治大學國際關係研究中心

林家彬 · 刘洁(2013), 「中国企业 "走出去" 發展报告」, 社会科学文献出版社

劉溶滄(2000), 積極財政政策的理論分析與政策評價, 「中國財政理論前言II」, 社會科學文獻出版社

劉樹成(2005), 「經濟周期與宏觀調控」, 社會科學文獻出版社

柳永明(2002), 「通貨緊縮理論」, 上海財經大學出版社

刘涛(2005), 行政区经济-长株潭经济一体化的瓶颈, 「经济地理」2005年5期

伊藤元重 외(1992), 「산업정책의 경제분석」, 산업연구원 무역연구부 일본실(日書번역본)

馬洪(1997), 「中國宏觀經濟分析(1996~1997)」, 南開大學出版社

南曉莉(2005), 中國汽車產業政策分析與展望, 「大连民族學院學報(第7卷6期)」

全國工商行政管理局(2009), 「2008年 全國市場主體發展情況報告」

宋立(2005), 「中國貨幣政策傳導機制與金融體系重構」, 中國計劃出版社

孫健(2000), 「中國經濟通史. 下卷」, 中國人民大學出版社

汤在新(2001), 「宏觀調控: 理論基礎與政策分析」, 廣東經濟出版社

万解秋(2001), 「貨幣供給的内生性與貨幣政策的效率」, 「經濟研究(2001.第3期)」

王小鲁(2009), 国民收入分配与灰色收入, 「財經」, 2009.8.11

王保安(2005), 「轉型經濟與財政政策選擇」, 經濟科學出版社

王光偉(2003), 「中國金融體制改革焦点問題研究」, 復旦大學出版社

王乃學(2001), 「宏觀調控失效與微觀基礎建設」, 經濟科學出版社

王妍 · 李世朗(2005), 中國經濟領域制度性尋租行爲剖析, 「哈爾濱工業大學學報(第7卷第5期)」

王玉梁(2005),「中國:走出去」, 中國財政經濟出版社

吳俊培(2004),「積極財政政策問題研究」, 經濟科學出版社

夏杰長(2001),「中國通貨緊縮的財政分析」, 社會科學文獻出版社

熊義杰(2005), 諸侯經濟現象與區域經濟發展,「經濟學家」, 西安理工大學

亞諾什·科尔内(1986),「短缺經濟學」, 經濟科學出版社

尹繼志(2002),「中國貨幣政策操作研究」, 新疆人民出版社

余永定(2005),「中國經濟的夏天」, 中國青年出版社

余暉(1997),「政府與企業: 從宏觀管理到微觀管理」, 福建人民出版社

趙錫斌(1995),「政府對市場的宏觀調控–理論與政策」, 武漢大學出版社

趙云旗(2005),「中國分稅制財政體制研究」, 經濟科學出版社

张县平(2011), 我国对外直接投资及其立法建议,「西安邮电学院学报」, 16:6

周小川(2009), 关于储蓄率问题的若干观察与分析, 中国人民银行, 2009年2月10日

周長才(2004),「宏觀調控以來的中國經濟分析」, 中國時代經濟出版社

周叔蓮(1990),「中國產業政策研究」, 經濟管理出版社

柯炳生(2005), 十一五规划与新农村建设专题研究: 对新农村建设的若干思考与认识,「山东农业大学
　　学报: 社会科学版」, 2005年 第4期, 總第27期

劉江(2000),「21世紀初中國農業發展戰略」, 中國農業出版社

刘斌·张兆刚·霍功(2004),「中国三农问题报告」, 中国发展出版社

劉瑞(2005), 中国的第十一个五年规划: 问题及其解决, 中國人民大學出版社

马凯(2005),「十一五规划战略研究(上)」, 北京科学技术出版社

马晓河(2006), 如何开展新农村建设,「决策」

陈昭玖·周波·唐卫东·苏昌平(2006), 韩国新村运动的实践及对我国新农村建设的启示,「月刊 农业
　　经济问题」, 2006年 第2期

李善同(2011),「2030年中国经济」, 经济科学出版社

中国对外贸易经济合作部(2002),「中国对外经济贸易白皮书 2002」, 中国物资出版社

程大为(2004), 中国商务外交实践三年回眸: 博弈声里论短长,「WTO 时代经贸」, 第12期(总第18期)

贾玉凤(2003), 我国政府采购市场对外开放的挑战,「人文杂志」, 2003年 第5期

孟夏(2006), 中國的自由貿易安排及其與WTO的關係,「哲學社會科學」南開大學, 2006年第4期

王红茹(2006), 政府采购: 如何平衡对外开放与国货保护,「国际经济论坛」, 2006年 第20期

任丁秋·谢倩(2007), WTO《政府采购协议》及其对中国的影响, *China Government Procurement*, Vol.7

张小瑜(2007), 加入WTO《政府采购协定》: 中国政府采购市场的对外开放,「国际贸易」, 2007年 第6期

国务院(2005.11.9), 促进产业结构调整暂行规定 国发[2005]40号

国家发展和改革委员会(2013.2.16), 2013 产业结构调整指导目录(2011修正)

国务院(2010), 國務院關於加快培育和發展戰略性新興產業的決定 國發[2010]32號

国务院(2010.10.10), 国务院关于加快培育和发展战略性新兴产业的决定　国发〔2010〕32号

国务院(2011.7.23), 国家发展改革委关于印发鼓励和引导民营企业发展战略性新兴产业的实施意见的
　　通知, 发改高技[2011]1592号

国务院(2011.9.8), 关于促进战略性新兴产业国际化发展的指导意见, 商产发[2011]310号

国务院(2012.7.9), 国务院关于印发十二五国家战略性新兴产业发展规划的通知, 国发[2012]28号

国务院(2012.2.23), 十二五时期文化产业倍增计划, 文化部

工业和信息化部(2011.11.25), 机械基础件、基础制造工艺和基础材料产业"十二五"发展规划

工业和信息化部(2012.1.4), 新材料产业"十二五"发展规划

工业和信息化部(2012.2.24), '电子信息制造业"十二五"发展规划

国务院(2013.8.1), 国务院关于印发宽带中国战略及实施方案的通知 国发〔2013〕31号

工业和信息化部(2012.3.27), 电子商务"十二五"发展规划

工业和信息化部(2012.1.19), 医药工业"十二五"发展规划

工业和信息化部(2011.12.13), 石化和化学工业"十二五"发展规划

商务部(2012.4.26), 对外贸易发展"十二五"规划

国务院办公厅(2012.9.1), 国务院办公厅关于印发国内贸易发展十二五规划的通知(国办发〔2012〕47号

国家发展和改革委员会·商务部(2007), 《外商投资产业指导目录(2007年修订)》(2007.10.31)

国家海洋局(2011), 「2011中國海洋發展報告」, 海洋出版社

国务院发展研究中心 调查研究报告(2013.5.9), 经济转型与创新: 认识与问题

国务院发展研究中心 调查研究报告(2013.5.10), 经济转型与创新: 对策建议

国务院发展研究中心 调查研究报告(2013.5.3), 促进我国跨国公司发展的政策体制研究

国务院发展研究中心 调查研究报告(2013.4.22), 中国物流业中长期发展战略思路研究

国家统计局(2009), 中國統計出版社(2009), 「吉林統計年鑒」

国家统计局(2010), 中國統計出版社(2010), 「中國統計年鑒」

国家统计局(2011), 中國統計出版社(2011), 「中國統計年鑒」

国家统计局(2012), 中國統計出版社(2012), 「中國統計年鑒」

国家统计局(2013), 中國統計出版社(2013), 「中國統計摘要」

国务院(2013), 「国务院关于加快发展节能环保产业的意见」

国家改革和发展委员会(2012), 中国共产党第十七届中央委员会第5次会议资料

中国产业地图编委会(2006), 「中国IT产业地图 2006-2007」, 社会科学文献出版社

中国产业地图编委会(2007), 「中国IT产业地图 2007-2008」, 社会科学文献出版社

※ 본문에서 인용된 신문, 잡지(정간물)는 참고문헌에 별도로 표기하지 않았음. 본문 내 각주를 참고할 것.

【참고 인터넷 사이트】

부산항만공사(www.busanpa.com)

상하이 연도별 통계연감(www.shanghai.gov.cn)

한국수출입은행(www.koreaexim.go.kr)

KOTRA(www.kotra.or.kr)

주중한국대사관(chn.mofa.go.kr), 「중국경제 개요」

한국무역협회(www.kita.net)

한국무역협회 FTA 무역종합지원센터(http://okfta.kita.net)

한국은행(www.bok.or.kr)

조달청 해외조달정보센터(www.pps.go.kr/gtom/web/jsp/usr/index.jsp)

외교통상부 자유무역협정 Website(http://www.fta.go.kr/new/index.asp)

中国国家海洋局(www.soa.gov.cn)

中国产业研究报告网(www.chinairr.org)

中国投资指南(http://www.fdi.gov.cn)

找法网(http://china.findlaw.cn)

新浪财经(http://finance.sina.com.cn)

中国国家统计局(www.stats.gov.cn)

中国商务部 综合司(zhs.mofcom.gov.cn)

中国人民银行(www.pbc.gov.cn)

中国国际贸易促进委员会(www.ccpit.org)

中国工程建设信息网(www. cein.gov.cn)「中华人民共和国政府采购法」

中国采购与招标网(www.chinabidding.com.cn)「中华人民共和国招标投标法」

中國商務部 中國自由貿易區服務網(http://fta.mofcom.gov.cn/)

Eurostat's website(epp.eurostat.ec.europa.eu)

EIA(Energy information administration. www.eia.gov) Overview data for China

United States Department of Commerce's(www.commerce.gov)

USTR(www.ustr.gov)

WTO(www.wto.org)

1. 국립국어원 중국어 표기법

한어병음	한글	한어병음	한글
b	ㅂ	j	ㅈ
p	ㅍ	q	ㅊ
m	ㅁ	x	ㅅ
f	ㅍ	zh [zhi]	ㅈ [즈]
d	ㄷ	ch [chi]	ㅊ [츠]
t	ㅌ	sh [shi]	ㅅ [스]
n	ㄴ	r [ri]	ㄹ [르]
l	ㄹ	z [zi]	ㅉ [쯔]
g	ㄱ	c [ci]	ㅊ [츠]
k	ㅋ	s [si]	ㅆ [쓰]
h	ㅎ		
a	아	yai	야이
o	오	yao (iao)	야오
e	어	you (ou, iu)	유
ê	에	yan (ian)	옌
yi (i)	이	yin (in)	인
wu (u)	우	yang (iang)	양
yu (u)	위	ying (ing)	잉
ai	아이	wa (ua)	와
ei	에이	wo (uo)	워
ao	아오	wai (uai)	와이
ou	어우	wei (ui)	웨이 (우이)
an	안	wan (uan)	완
en	언	wen (un)	원 (운)
ang	앙	wang (uang)	왕
eng	엉	weng (ong)	웡 (웅)
er (r)	얼	yue (ue)	웨
ya (ia)	야	yuan (uan)	위안
yo	요	yun (un)	윈
ye (ie)	예	yong (iong)	융

주 : [   ]는 단독 발음될 경우, (   )는 자음이 선행할 경우의 표기임.
성조는 구별하여 적지 않음. ㅈ, ㅉ, ㅊ으로 표기되는 자음 뒤의 ㅑ, ㅖ, ㅛ, ㅠ 음은 ㅏ, ㅔ, ㅗ, ㅜ로 적는다(쟈 → 자. 졔 → 제). (제3장 표기세칙. 제7절 중국어표기)

자료: 국립국어원 외래어표기법 제2장(www.korean.go.kr)

2. 중국 지명 발음 표기 대조표

국립국어원 중국어 표기법	한자음/중국어	소속 주요도시 본고 표기	한자음/중국어	비고
베이징	북경시 北京市	–	–	중국의 수도
톈진	천진시 天津市	–	–	직할시
상하이	상해시 上海市	–	–	직할시
충칭	중경시 重慶市	–	–	직할시
지린	길림성 吉林省	창춘	장춘 長春	성 수도
		지린시	길림시 吉林市	공업도시
		투먼	도문 圖們	북한 국경도시
랴오닝	요녕성 遼寧省	선양	심양 瀋陽	성 수도
		다롄	대련 大連	동북 최대항구
		단둥	단동 丹東	북한과 국경도시
		잉커우	영구 營口	항구 도시
헤이룽장	흑룡강성 黑龍江省	하얼빈	합이빈 哈爾濱	성 수도
		다칭	대경 大慶	최대 원유산지
허베이	하북성 河北省	스자장	석가장 石家庄	성 수도
허난	하남성 河南省	정저우	정주 鄭州	성 수도
		카이펑	개봉 開封	허난의 옛도읍
		뤄양	낙양 洛陽	허난의 옛도읍
산둥	산동성 山東省	지난	제남 濟南	성 수도
		칭다오	청도 靑島	산둥 최대항구
		옌타이	연대 煙臺	항구공업도시
		웨이하이	위해 威海	항구공업도시
산시	산서성 山西省	타이위안	태원 太原	성 수도
샨시	섬서성 陝西省	시안	서안 西安	성 수도
깐수	감숙성 甘肅省	란저우	난주 蘭州	성 수도
칭하이	청해성 靑海省	시닝	서녕 西寧	성 수도
안후이	안휘성 安徽省	허페이	합비 合肥	성 수도
장쑤	강소성 江蘇省	난징	남경 南京	성 수도
		옌청	염성 鹽城	
		우시	무석 無錫	공업도시
		창저우	상주 常州	
		타이저우	태주 泰州	

		항저우	항주 杭州	성 수도
		쑤저우	소주 蘇州	
		닝보	영파 寧波	저장 최대항구
저장	절강성 浙江省	샤오싱	소흥 紹興	
		타이저우	태주 台州	
		린하이	임해 臨海	항구공업도시
		원저우	온주 溫州	민영기업 집산지
장시	강서성 江西省	난창	남창 南昌	성 수도
후베이	호북성 湖北省	우한	무한 武漢	성 수도
후난	호남성 湖南省	창사	장사 長沙	성 수도
쓰촨	사천성 四川省	청두	성도 成都	성 수도
구이저우	귀주성 貴州省	구이양	귀양 貴陽	성 수도
윈난	운남성 雲南省	쿤밍	곤명 昆明	성 수도
		광저우	광주 廣州	성 수도
		선전	심천 深圳	경제특구
		주하이	주해 珠海	경제특구
광둥	광동성 廣東省	둥관	동완 東莞	공업도시
		포산	불산 佛山	공업도시
		후이저우	혜주 惠州	석유화학
하이난	해남성 海南省	하이커우	해구 海口	성 수도
푸젠	복건성 福建省	푸저우	복주 福州	성 수도
		샤먼	하문 廈門	경제특구
광시	광서장족 廣西壯族자치구	난닝	남녕 南寧	자치구 수도
네이멍구	내몽고 內蒙古자치구	후허하오터	호화호특 呼和浩特	자치구 수도
닝샤	영하회족 寧夏回族자치구	인촨	은천 銀川	자치구 수도
시짱	서장 西藏자치구	라싸	랍살 拉薩	자치구 수도
신장	신강 新疆위구르자치구	우루무치	오노목제 烏魯木齊	자치구 수도
홍콩	香港특별행정구	홍콩	香港 Hongkong	1국가2체제
마카오	澳門특별행정구	마카오	澳門 Macau	1국가2체제

저자소개

곽복선(郭福墠)

現 경성대학교 중국학과 교수
現 중국지역학회 명예회장
성균관대학교 무역학과 졸업
KOTRA 베이징무역관장
KOTRA 중국사업단장
중국지역개발정책의 유형변화에 대한 연구(2013)
중국산업정책의 유형변화에 대한 연구(2014)
「개원의 치세」(2002, 역서)
「죽림칠현─빼어난 속물들」(2007, 역서)
「부산의 차이나드라이브전략」(2012, 공저)
「차이나인사이트」(2014, 공저)
「중국 소비시장의 패러다임 변화와 진출방안」(2016)
「치마폭에 흐르는 중국역사」(2017, 역서)
「속물들이 빚어낸 어둠의 역사」(2019, 역서)
「바람결에 새겨진 중국역사」(2021, 역서)

김동하(金東河)

국제경제학박사
現 부산외국어대학교 중국학부 교수
現 글로벌지식융합학회 부회장
중국칭화대학, 한국외국어대학교 졸업
포스코경영연구소(POSRI) 연구위원
한국외환은행경제연구소 연구원
중국의 5G 정책 확산에 관한 연구─이동통신에서 산업인터
넷을 중심으로(2021)
부산 외자 유치를 위한 부산항 항만배후단지 활성화 방안
연구(2022, 공저)
중국 양로 문제에 대한 부모 · 자녀 세대간 인식 연구(2023)
중국 청년세대의 비혼주의 인식에 관한 연구(2023)
「위안화 경제학」(2011)
「차이나 머천트」(2013)
「화교 역사 · 문화 답사기1」(2017)
「차이나 키워드(공저)」(2019)
「현대중국경제사: 5개년 경제계획을 중심으로」(2019)
「중국MZ세대와 미래」(2023)

서창배(徐暢培)

중국인민대학 경제학박사 / 한양대학교 정치학박사
現 국립부경대학교 중국학과 교수

現 중국지역연구(JCAS) 편집위원장
現 한중사회과학학회(KCSSS) 명예회장
한중사회과학학회(KCSSS) 제10대 회장
SAIS of Johns Hopkins Univ. 방문학자
중소기업기술혁신(INNOBIZ)협회 부산울산지회 자문위원
기획재정부 공공기관 경영평가단 위원(2013)
대외경제정책연구원(KIEP) 북경대표처 대표
미─중 무역 분쟁의 원인과 주요 변수에 관한 연구(2018)
한─중 수교 이후 무역구조 변화와 특징 분석(2022)
중국 EV 폐배터리 재활용 산업정책과 무역 · 경제적 효과
분석(2023)
중국의 핵심광물 자원 확보전략과 정치 · 경제적 의미 분석
(2023, 공저)
한 · 중 EV 배터리 생산설비의 해외투자 요인분석(2023, 공저)
주요국의 고위기술 소재부품산업 수출경쟁력 비교 분석
(2023, 공저)
「현대중국사회 : 10개의 시선, 하나의 중국」(2009, 공저)
「중국의 WTO 분쟁 사례 연구」(2011, 공저)
「Reports on Development of Marine Economy」(2014, 공저)
「환태평양지역 경제통합과 중국의 FTA정책」(2019)
「글로벌 전기차 배터리 전쟁: 기술과 정책」(2022, 공저)

장정재(張正在)

중국인민대학 기업관리학 박사
現 부산연구원 책임연구위원
現 부산광역시 기업애로해소대책위원회 위원
現 부산광역시 물가대책위원회 위원
중국 상하이교통대학 방문학자(2019)
중국의 해외투자 동향과 투자유치 확대 방안(2014, 공저)
새만금 한중경제협력단지 조성을 위한 부동산 투자이민제
도 도입의 필요성(2014, 공저)
중국 상하이자유무역시범구 운영 현황 분석(2015, 공저)
국제교류협력 확대를 위한 지방정부의 효율적인 해외사무
소 운영방안에 관한 연구(2016)
부산의 대중국 투자 및 무역 구조 분석을 통한 수출확대 방
안(2016)
부산 외자 유치를 위한 부산항 항만배후단지 활성화 방안
연구(2022, 공저)
한 · 중 · 일 국경 간 전자상거래 교역관계 분석(2023, 공저)
「부산의 차이나 드라이브 전략」(2012, 공저)

제4판

중국경제론

초판발행	2014년 2월 15일
제4판발행	2024년 1월 31일
지은이	곽복선·김동하·서창배·장정재
펴낸이	안종만·안상준
편 집	탁종민
기획/마케팅	박부하
표지디자인	BEN STORY
제 작	고철민·조영환
펴낸곳	(주) **박영사**
	서울특별시 금천구 가산디지털2로 53 210호(가산동, 한라시그마밸리)
	등록 1959.3.11. 제300-1959-1호(倫)
전 화	02)733-6771
f a x	02)736-4818
e-mail	pys@pybook.co.kr
homepage	www.pybook.co.kr
ISBN	979-11-303-1851-6 93320

정 가 27,000원